21世纪高等院校规划教材·公共课系列

经典电影作品赏析读解教程
（第四版）

张险峰　编著

北京大学出版社
PEKING UNIVERSITY PRESS

内容简介

本书是 2016 年出版的第三版的修订版。全书共有七章，前六章以电影鉴赏方法为编写纵轴，以类型片、艺术片及反类型片等的赏析为编写横轴，纵横交叉，分别从叙事造型、声音画面、时间空间、蒙太奇、长镜头等几个角度，分析鉴赏了二十多部中外经典电影；第七章则从读解的角度出发，介绍了随着结构主义理论勃兴而诞生的研究、赏析电影的另一种理论和方法——电影符号学。

全书既有理论的深度和系统性，又深入浅出，通俗易懂。读者通过本书，既可以在较短时间内对电影艺术本体、电影发展脉络有较清晰的认识，也可以迅速地掌握电影赏析的方法及要领。

本书既可作为影视艺术院校的专业课教材，又可以作为综合类院校开设的"电影艺术导论""电影艺术鉴赏"等公共选修课教材以及大学生素质教育通识课教材，同时还是一本面向广大电影爱好者的比较全面、有效的电影鉴赏读物。

图书在版编目（CIP）数据

经典电影作品赏析读解教程/张险峰编著．—4 版．—北京：北京大学出版社，2020.7
21 世纪高等院校规划教材.公共课系列
ISBN 978-7-301-31037-3

Ⅰ.①经… Ⅱ.①张… Ⅲ.①电影评论—世界—高等学校—教材 Ⅳ.①J905.1

中国版本图书馆 CIP 数据核字（2020）第 007553 号

书　　　名	经典电影作品赏析读解教程（第四版）
	JINGDIAN DIANYING ZUOPIN SHANGXI DUJIE JIAOCHENG（DI-SI BAN）
著作责任者	张险峰　编著
策划编辑	周　伟
责任编辑	周　伟
标准书号	ISBN 978-7-301-31037-3
出版发行	北京大学出版社
地　　　址	北京市海淀区成府路 205 号　100871
网　　　址	http://www.pup.cn　　新浪微博：@北京大学出版社
电子信箱	zyjy@pup.cn
电　　　话	邮购部 010-62752015　发行部 010-62750672　编辑部 010-62754934
印刷者	大厂回族自治县彩虹印刷有限公司
经销者	新华书店
	787 毫米×1092 毫米　16 开本　15.5 印张　383 千字
	2010 年 9 月第 1 版　2013 年 8 月第 2 版　2016 年 10 月第 3 版
	2020 年 7 月第 4 版　2023 年 7 月第 5 次印刷
定　　　价	41.00 元

未经许可，不得以任何方式复制或抄袭本书之部分或全部内容。
版权所有，侵权必究
举报电话：010-62752024　电子信箱：fd@pup.pku.edu.cn
图书如有印装质量问题，请与出版部联系，电话：010-62756370

第四版前言

一

电影被称为第七艺术,同时又叫综合艺术。它融汇了诸如文学、绘画、雕塑、音乐、建筑、戏剧等艺术因素的精华,并且采用了声学、光学、机械学、计算机科学等多种自然科学和应用科学的技术成果,在20世纪的百年中迅速发展起来,成为综合能力极强、表现能力极其丰富生动、审美价值极高,同时又是传播最快、最广、最具有国际性的一门艺术。

电影对文学、绘画、雕塑、音乐、建筑、戏剧等各门艺术的手段和技巧的吸收与融汇,不是简单的拿来与拼凑,而是经过改造后形成的一种兼收并蓄的质的飞跃,这也使得电影艺术成了电影文学、电影导演、电影表演、电影造型、电影声音等各门类艺术的集合。

另外,电影刚刚问世时,只是用"活动照相"的方式机械地复现生活现象,后来,随着"电影的先驱者们先后发现了运动摄影、特技摄影、特写镜头等一系列表现手段,特别是创造了镜头组接——蒙太奇——这一银幕特有的叙述方式之后,电影找到了自己表述世界的艺术方法,形成了一门独立的艺术。"[①]

再之后,电影艺术及电影产业便迅猛地发展起来,优秀作品层出不穷。虽说社会的发展使当下观众的审美情趣日趋多元化,但电影文化始终占据着审美文化的主流。

电影艺术的经典作品,尤其是走在世界前列的欧美电影作品,以及近年来异军突起的韩国、伊朗等国家的作品,乃至我国本就历史悠久,如今渐已复兴并开始享誉世界的各个作品,都以其独特的美学价值和文化品位赢得了各国电影研究者、观众的重视与喜爱。从事或爱好影视的学生应该把对这些电影的观摩和学习当成自己首要的任务,在深刻理解作品内涵的同时,也要通过对影片艺术手法的分析和读解来提高自己的专业知识和人文素养水平。

基于此,在充分整理、审核、补充、提高近年来教学成果的基础上,

---

① 许南明,富澜,崔君衍.电影艺术辞典[M].修订版.北京:中国电影出版社,2005:2.

作者从一切为了指导教学和艺术实践的理念出发，编写了这本《经典电影作品赏析读解教程》（第四版），奉献给广大师生及其他读者，希望本书能对他们了解电影知识、鉴赏电影文化、学习电影手法、提高人文素养有所裨益、有所指导、有所帮助。

二

国内有关电影赏析的教材有很多，与其他同类教材相比，本书具有以下特色：

（1）本书不单是对一些电影的赏析读解，还在于通过对这些电影的赏析读解，提供了一个能让读者在最便捷的时间内通过最便捷的途径熟悉并掌握电影分析的基础理论和实用方法。

（2）相对于那些虽很有学术价值，但内容过于高深、晦涩、难懂的同类作品，本书的文字生动活泼、平实朴素、不事雕琢；表述侧重艺术分析，力求准确、凝练、具有概括力，同时还挖掘相关文献及资料的参考价值，所以，对读者更具有实践和指导意义。

（3）在体系、结构方面，本书以电影鉴赏方法为编写纵轴，以类型片、艺术片及反类型片等的赏析为编写横轴，纵横交叉，构成了一个全面的介绍世界经典电影的赏析读解体系。

（4）本书所选的电影作品在兼顾其艺术性的同时，有意识地向商业性和观赏性方面靠拢，以满足更多读者的需求。对每一部电影的评析，出于全书体系的考虑，有的讲得全面，有的则有所侧重。

三

本书自2010年面世以来，蒙读者垂青，已三次再版，被国内诸多高校选用。2017年，本书的第三版荣获中国高等教育学会影视教育委员会颁发的"中国高教影视教材奖二等奖"，并入选浙江省普通高校"十三五"新形态教材。

在深感欣慰并向读者致谢之余，作者深知，本书仍存在一些有待提高和完善之处。再加上艺术观念、艺术实践和电影技术在日新月异地发展，本书只能是电影艺术发展过程中一个阶段的探索和总结，故对本书再次做了补充和修订，期待继续得到广大读者的支持和指正。

修改后的第四版删除了一些相对陈旧的电影，如《谁说我不在乎》《喜福会》《洗澡》等，新增了对新电影《我不是药神》《江湖儿女》《无问西东》《摔跤吧，爸爸》等的赏析读解内容，这并非意味着删除的电影不够经典，而是随着时间的推移，新的电影不断地涌现，它们更契合本书所讲的内容，也能使本书与时代保持同步。

四

究竟应该如何分析鉴赏一部电影？如何才能成为一个电影赏析读解的行家里手？答案也许成百上千，但最重要的有以下三个方面：

第一，受众不能仅仅满足于"看"，还要学会去"鉴赏"。

"看"电影是比较简单的，也是被动的，它仅仅局限于所"看"到的东西。换言之，在看电影时，受众不需做任何有关电影知识的准备，也不必做更多意义的思考，就能"看"懂影片所提供的全部剧情，还能接受影片的"控制"并产生出喜怒哀乐之类的审美情绪，真可谓既愉悦又轻松。

"鉴赏"电影则不同，它要求受众在"看"电影的同时，还要进入一种再创作的境地。也就是说，受众要通过感知、理解、调动情感、触发联想，既要被所看影片的情节、人物、画面、造型等吸引，还要学会从影片中走出来，靠自己已有的生活经验、社会阅历、文化知识、理论水平和艺术修养等去读解和挖掘出影片所蕴含的更加深刻、更加耐人回味的艺术及思想内涵，在知其然的同时，再知其所以然。所以，它是对电影更深一步的介入，是艺术的再创作，是一种更高层次的审美，相对于看电影的轻松，鉴赏电影则显得要"累人"得多。

不过，很有意思的是，一旦受众通过紧张、剧烈的大脑活动鉴赏和读解出电影中深刻的、独到的艺术价值和社会价值，从有限的形式里捕捉到了无限的内容，他就会在感情上获得极大的满足，甚至会自我陶醉，体验到一种在日常生活中难以感受到的满足、舒适、紧张、放松、甜蜜、梦幻以及自我认知等感觉。而这正是电影艺术赢得公众喜爱的魅力所在。

第二，鉴赏电影需要受众有足够的知识储备和理论储备。

电影好看、易看，但要想真正地看懂、看出门道却很难。在日常观影体验中，我们经常会遇到如下的情况：一部艺术特色十分独到，内容形式也十分优秀的电影，却遭到或无人问津，或众口铄金的尴尬局面，而另一部明明不怎么样的"爆米花"电影，观众对其却津津乐道、趋之若鹜，票房赚了个盆满钵满，这其中就有欣赏水平高低的问题。而欣赏水平的高低与受众的文化修养、知识水平有很大的关系。

正如马克思所说："如果你想得到艺术的享受，你本身就必须是一个有艺术修养的人。如果你想感化别人，你本身就必须是一个能实际上鼓舞和推动别人前进的人。"[①] 电影赏析读解也同样如此。你要想成为一个电影赏析读解的行家里手，首先得是一个有着很高艺术修养的人，有着很多知识

---

① 中共中央马克思恩格斯列宁斯大林著作编译局. 马克思恩格斯文集：第1卷[M]. 北京：人民出版社：247.

积累的人，有着很强艺术感悟能力的人。而这，就需要有足够的知识储备和理论储备。知识，唯有知识，才能担当起带你遨游电影世界的引路人。

鉴赏电影所需的知识有很多，从大类上划分，可以分为电影方面的知识和电影场外的知识两类。电影方面的知识将在本书中一一提及，而电影场外的知识，如文学知识、美学知识、历史知识、政治知识等，则需要受众在日常的学习和实践中日积月累。

第三，具体来讲，要想成为电影赏析读解的行家里手，还应从以下的六句话着手：

（1）牢记电影艺术的特点之一是叙事与造型的结合。

（2）牢记电影艺术的特点之二是声音与画面的结合。

（3）牢记电影艺术的特点之三是时间与空间的结合。

（4）牢记无论是造型与叙事的结合，还是视听结合，或是时空结合，都离不开一个重要的词语——蒙太奇。

（5）牢记除了蒙太奇以外，还有长镜头，以及由长镜头理论产生的电影写实主义。

（6）再有，就是要学会用电影符号学的方法来分析和读解电影。

这六句话看似简单，却涵盖了电影赏析读解的实质，所以我们需要牢记。至于这六句话字里行间究竟包含着怎样的电影赏析读解理论，让我们在接下来的学习中通过对具体电影的赏析读解一点一点地加以深化理解。

张险峰
2020 年 3 月

目 录

第一章 电影是叙事与造型的结合 ……………………………………………（1）

  第一节 电影是用画面讲出来的故事
      ——史蒂文·斯皮尔伯格的电影《印第安纳·琼斯与失落的约柜》赏析 …（2）

  第二节 人物是电影作品的核心
      ——对电影《生死朗读》中汉娜形象的分析 …………………………（7）

  第三节 色彩是象征和表意的因素
      ——张艺谋的电影《山楂树之恋》赏析 ………………………………（14）

  第四节 结构是支撑全剧的钢梁
      ——德国电影《罗拉快跑》结构分析 …………………………………（21）

  第五节 改编是一种全新的创造
      ——美国电影《特洛伊的海伦》赏析 …………………………………（27）

第二章 电影是声音与画面的结合 ……………………………………………（41）

  第一节 真正意义的有声电影
      ——应云卫的电影《桃李劫》赏析 ……………………………………（42）

  第二节 声画对位含蓄且富有诗意
      ——陈凯歌的电影《霸王别姬》赏析 …………………………………（47）

第三章 电影是时间与空间的结合 ……………………………………………（57）

  第一节 苦难中的寓言和童话
      ——罗伯特·贝尼尼的电影《美丽人生》赏析 ………………………（58）

  第二节 四段青春 百年历史
      ——李芳芳的电影《无问西东》赏析 …………………………………（64）

  第三节 高超的结构 美丽的人生
      ——奥斯卡金像奖获奖电影《贫民窟的百万富翁》赏析 ……………（75）

第四章　蒙太奇是构成电影艺术的最基本的手段 (81)

第一节　蒙太奇手法运用的典范
——史蒂文·斯皮尔伯格的电影《辛德勒的名单》赏析 (82)

第二节　让蒙太奇成为全片的隐喻
——尹力的电影《云水谣》赏析 (96)

第三节　精到的杂耍　成功的改编
——陈凯歌的电影《赵氏孤儿》赏析 (100)

第五章　长镜头理论及写实主义 (105)

第一节　现代电影的里程碑
——奥逊·威尔斯的电影《公民凯恩》赏析 (106)

第二节　意大利新现实主义电影的代表作
——德·桑蒂斯的电影《罗马 11 时》赏析 (113)

第三节　技术主义与写实主义的完美嫁接
——张艺谋的电影《我的父亲母亲》赏析 (134)

第四节　诗意的现实主义
——张猛的电影《钢的琴》赏析 (138)

第五节　青鸾舞镜，没有同类
——侯孝贤的电影《刺客聂隐娘》赏析 (143)

第六章　类型电影与反类型电影 (150)

第一节　"拜金女"与"落魄叔"
——薛晓路的电影《北京遇上西雅图》赏析 (151)

第二节　"追逃模式"与"麦克古芬"
——阿尔弗雷德·希区柯克的电影《西北偏北》赏析 (157)

第三节　上帝面前人人平等，是吗？
——米洛斯·福尔曼的电影《莫扎特》赏析 (167)

第四节　穿越时空爱上你
——科幻电影作品"回到未来"系列赏析 (174)

第五节　既要写好故事　也要写好赛事
——印度电影《摔跤吧，爸爸》赏析 (185)

第六节　颠覆迪士尼
——梦工厂动画电影作品《怪物史莱克》赏析 (190)

第七节　科幻电影的集大成者
——詹姆斯·卡梅隆的电影《阿凡达》赏析 (196)

第七章　用符号学来分析读解电影 ……………………………………………（207）

第一节　情与义
——贾樟柯的电影《江湖儿女》赏析 ……………………………………（208）

第二节　向福尔克·施隆多夫致敬
——姜文的电影《太阳照常升起》赏析 …………………………………（216）

第三节　为众人抱薪者，不可使其扼于风雪
——文牧野的电影《我不是药神》赏析 …………………………………（228）

参考文献 ……………………………………………………………………………（235）

第一章

电影是叙事与造型的结合

本章提要

电影艺术的第一个特性是叙事与造型的结合。所谓叙事，主要是指电影的主题、人物、情节、结构和语言等。所谓造型，主要是指电影的画面，既包括画面中的光影、色彩、构图和场面调度，乃至镜头剪辑所造成的节奏和情节冲击力等，也包括美术造型和演员形体动作的造型等。

赏析读解电影的第一个出发点，就是既要分析它的叙事，也要分析它的画面造型，还要看两者是否做到了完美的统一。

本章通过对电影《印第安纳·琼斯与失落的约柜》《生死朗读》《山楂树之恋》《罗拉快跑》以及《特洛伊的海伦》等的鉴赏分析，分别从造型、人物、冲突、结构和改编等几个方面深入地探讨了电影在叙事与造型结合方面的艺术特性。

第一节　电影是用画面讲出来的故事
——史蒂文·斯皮尔伯格的电影《印第安纳·琼斯与失落的约柜》赏析

▶ 影片资料

中文译名： 印第安纳·琼斯与失落的约柜
国家/地区： 美国
类　　型： 动作/冒险
导　　演： 史蒂文·斯皮尔伯格
主　　演： 哈里森·福特　凯伦·阿兰　阿尔弗雷德·莫利纳　保罗·弗里曼（等）

▶ 剧情简介

第二次世界大战期间，希特勒在世界各地召集考古学家寻找"失落的约柜"——在《圣经》中引导希伯来人与上帝交流的圣物来护佑纳粹的战争。

为了使希特勒的计划破灭，印第安纳·琼斯博士奔赴尼泊尔，一边奋力寻找蛛丝马迹，一边还要与无孔不入的纳粹分子周旋。凭借着过人的智慧、异于常人的胆量和大无畏的勇气，印第安纳·琼斯博士终于在罗马找到了指示约柜位置的太阳手杖，继而发现了约柜。

就在即将大功告成之际，纳粹却侵吞了胜利果实，还将印第安纳·琼斯博士等人留在了蛇穴里。但是，无往不胜的印第安纳·琼斯博士总是有办法死里逃生，并狠狠地还以颜色……

▶ 拍摄背景

电影《印第安纳·琼斯与失落的约柜》由卢卡斯电影公司和派拉蒙影片公司合拍，是"印第安纳·琼斯探险三部曲"系列的第一部，由哈里森·福特主演。它结合了大导演史蒂文·斯皮尔伯格和监制乔治·卢卡斯的才华，塑造了印第安纳·琼斯博士这个充满智慧和冒险精神的考古学家的形象。本片曾于1982年荣获第54届奥斯卡金像奖最佳视觉效果、最佳艺术指导、最佳电影剪辑、最佳音响效果、特别成就奖和多项提名，还是1981年的北美年度票房冠军。

本片的导演史蒂文·斯皮尔伯格被美国电影界评定为100分，素有"电影神童"之称。1975年，他在27岁时因执导《大白鲨》一片而一举成名，成为电影界崭露头角的新星，并以精湛的艺术技巧和出色的导演才华成为20世纪70年代振兴好莱坞的中坚力量。1993年，他完成了其他导演毕生追求而不可得的功业：《侏罗纪公园》一片在世界各地创下电影史上最高的年度卖座纪录；《辛德勒的名单》一片荣获1994年第66

届奥斯卡金像奖最佳影片、最佳导演、最佳改编剧本、最佳艺术指导、最佳摄影、最佳电影剪辑、最佳原创配乐7项大奖。

史蒂文·斯皮尔伯格曾在一次采访中表示："我什么都不会做，只会拍电影。"此言不虚，他13岁就开始玩8毫米摄影机，16岁拍摄了首部16毫米短片《火光》。高中毕业时他报考了加州大学电影系，因成绩太差而名落孙山，只好进入加州州立大学长滩分校学习英文和人类学。在大学期间，史蒂文·斯皮尔伯格继续拍摄了16毫米短片，21岁时他找人投资拍摄了第一部35毫米短片《安培林》，赢得了MCA环球影片公司的董事西德尼·肖恩伯格的赏识，也因此获得了一份长达7年的导演合约，从此走上了电影之路。由于他从小就钻研电影的表达方式，因此熟练地掌握了电影技巧，同时由于他在大部分时间都是通过电影镜头来看世界的，因此保持了"丰富的想象力和赤子之心"。他于1975年执导的《大白鲨》一片荣获1976年第48届奥斯卡金像奖最佳电影剪辑、最佳原创配乐、最佳音响效果、最佳剧情片原创音乐，1982年执导的《E.T.外星人》一片荣获1983年第55届奥斯卡金像奖最佳音效、最佳音效剪辑、最佳视觉效果、最佳原创配乐，1986年执导的《紫色》一片荣获1986年第58届奥斯卡金像奖11项提名，1993年执导的两部大片《侏罗纪公园》和《辛德勒的名单》更是威风八面、无可匹敌。总之，在世界电影史上，不论是在艺术上还是在商业上，几乎没有一个导演能像史蒂文·斯皮尔伯格一样拥有如此巨大的影响力。

史蒂文·斯皮尔伯格的电影大致分为两类：一类关注人性，关注全人类的命运，充满人道主义思想，具有很强的哲理意味和深刻的思辨色彩，如《辛德勒的名单》《拯救大兵瑞恩》《紫色》和《人工智能》等；另一类则把电影是造梦工厂这一特点发挥到了极致，好看、刺激、动作性强、想象丰富，如《第三类接触》"印第安纳·琼斯探险三部曲"系列、"侏罗纪公园"系列、《大白鲨》和《虎克船长》等。

史蒂文·斯皮尔伯格其他重要的电影作品有《少数派报告》《逍遥法外》《世界大战》《慕尼黑》《战马》《间谍之桥》《林肯》《头号玩家》《华盛顿邮报》《西区故事》等。

▶ 理论准备

一部电影，总是要叙事。情节强化也好，情节淡化也好，常规叙事也好，非常规叙事也好，都要有一个前提，就是这一切皆要通过造型来实现。

所谓叙事，主要是指电影的主题、人物、情节、结构和语言等。所谓造型，主要是指电影的画面，既包括画面中的光影、色彩、构图和场面调度，乃至镜头剪辑所造成的节奏和情节冲击力等，也包括美术造型和演员形体动作的造型等。

赏析读解电影的第一个出发点，就是既要分析它的叙事，也要分析它的画面造型，还要看两者是否做到了完美的统一。

凡是做到了叙事与造型完美结合的电影都可以算是一部好电影。

长期以来，我国的电影过于偏重叙事，忽视了对画面造型的探讨。我国电影第五代导演（以下简称第五代导演）以自己的作品（如《一个与八个》《黄土地》《猎场扎撒》《盗马贼》《晚钟》等）吹响了对画面造型和影像系统等电影本体自觉追求的号角，并在这一方面立下了汗马功劳。

但是，第五代导演在重造型的同时也曾一度忽略了叙事的重要性。特别是在我国，广大观众的审美趣味是喜爱观看有故事情节的电影，这就导致第五代导演的早期作品得不到广大观众的欢迎。他们的电影拷贝卖不出去，只能"孤独地离群索居"，所以，对叙事与造型的重视应该是双管齐下，不可厚此薄彼。

美国著名的编剧、制片人悉德·菲尔德说："电影是什么？是用画面讲出来的故事。"它实际上讲的就是这个道理。

鉴赏分析

擅长在自己的电影作品中用镜头与画面制造幻境和银幕奇观是史蒂文·斯皮尔伯格的一项才能，也是他所有电影的重要标志，这一点在1981年的《印第安纳·琼斯与失落的约柜》一片中就已经表现得淋漓尽致。此后，这个名叫史蒂文·斯皮尔伯格的人享誉世界，并称霸了全球商业和艺术的双料影坛。

史蒂文·斯皮尔伯格的电影之所以好看，与他深谙"电影是用画面讲出来的故事"这句放之四海而皆准的真理有很大的关系。他的电影总是在讲述一个好看的故事的同时不断地以"斯皮尔伯格观赏效果"的视听形象来满足或者刷新观众的期待。他在银幕上精心打造的奇异幻境和银幕景观无一不与电影的娱乐性和观赏性相吻合，所以，他的电影受到观众的热烈欢迎也就成了顺理成章的事情。

史蒂文·斯皮尔伯格在少年时代拍摄的第一部习作就是一部充满想象力的科幻电影。1975年，他以《大白鲨》一片名震影坛，此后更以一系列充满神奇想象的故事拉开了当代科幻电影的序幕，成为好莱坞商业电影帝国的领军人物。

1977年，史蒂文·斯皮尔伯格执导的《第三类接触》一片表现了地球人与外星人的一次神秘而友好的会面，整部影片不仅惊险、刺激、温馨、好看，而且还充满了宗教仪式般的神圣与庄严。1982年，他执导的《E.T.外星人》一片则讲述了一群地球孩子与一个外星小孩的友情故事，其中不乏今天被称为科幻电影经典的架构与画面，创下了高居世界电影最佳卖座片之首长达10年的纪录。1993年，他执导的《侏罗纪公园》一片以及4年后拍摄的续集《侏罗纪公园2：失落的世界》则将仅存在人们想象之中的史前巨兽——恐龙复活在银幕上，这些恐龙高大威猛、震天撼地、栩栩如生、呼之欲出。史蒂文·斯皮尔伯格的其他电影（如《世界大战》等）也都在叙事与造型两个方面征服了全世界的观众。史蒂文·斯皮尔伯格其他以思想性和艺术性见长的作品（如《拯救大兵瑞恩》和《辛德勒的名单》等）也通过各种途径，如奥马哈海滩登陆战和屠杀犹太人的骇人场面等制造了各种各样让观众深感震惊并难以忘怀的电影奇观。

《印第安纳·琼斯与失落的约柜》是20世纪80年代最出色的动作/冒险电影之一。在本片中，史蒂文·斯皮尔伯格让精巧的剧作构思和奇妙的幻想成分组合成最富有魅力的特色与品质。它不仅为今后同类题材的电影树立了一个难以逾越的标杆，而且也限定了类型电影所必需的基本情节和各个造型元素。在诸如《木乃伊》①和《国家宝藏》②等

---

① 《木乃伊》又名《神鬼传奇》，由导演史蒂文·索莫斯执导，1999年在美国上映，后又拍摄了续集。
② 《国家宝藏》是由尼古拉斯·凯奇主演的寻宝动作/冒险电影，2004年在美国上映，后同样拍摄了续集。

后来的影片中，我们总是能看到编导在不断地摘帽鞠躬向史蒂文·斯皮尔伯格致敬。

那么，在《印第安纳·琼斯与失落的约柜》里，史蒂文·斯皮尔伯格究竟是怎样运用他那只电影的魔幻奇手既向观众展现了一个跌宕起伏、惊险好看的故事，同时又呈现出一个充满幻想色彩和银幕奇观的盛大宴席呢？

让我们从画面说起。

毫无疑问，《印第安纳·琼斯与失落的约柜》的画面无一不是经过了导演的精心设计，这其中首先就是对影片画面所表现的地点的设计。在本片中，观众既看到了南美洲丛林密布的山区，也看到了始终蒙着一层神秘面纱的高山之国——尼泊尔，还看到了令无数欧洲人充满好奇和向往的埃及首都开罗；然后画面又切换到潜艇和小岛上，还有无边无际、酷热难耐的北非沙漠……观众千万不要小看这些看似随意的地点设置，实际上它满足了观众对未知世界的探知欲。南美洲的丛林无疑是令人感到恐怖的，可谓险象环生，但它能挑战人们的勇气、激发人们的斗志；高山之国尼泊尔很神秘，了解它的观众并不多，因此，本片把故事发生的地点放置在这些地方就可以满足观众对自己不知道、不了解的地方一窥究竟的潜在欲望。而埃及在历史上就是无数欧洲人充满好奇和向往的地方，把故事发生的地点放置在这里无疑构成了一种绝对的只属于电影本身的强大吸引力。因此，观众看到这样的地点、这样的画面，怎么能不被剧情所深深吸引，怎么能不心驰神往？

这些与地点有关的画面，如孤独的小岛、热带的雨林、北非的沙漠、高山之国的酒吧间、水里的潜水艇、用作偷渡的轮船以及幽深的山洞等，让本片因地点的不同而展现出不同的画面气质，一会儿寒冷、一会儿炎热、一会儿潮湿、一会儿干燥、一会儿平静、一会儿柔和、一会儿粗犷、一会儿恐怖……观众看到这样的画面就仿佛是被导游带着参加了一次和印第安纳·琼斯一样的冒险旅游一般，当然会大呼过瘾，觉着生动、有趣、好看、刺激，而这恰恰是一部电影赢得观众的必要条件。

更主要的是，史蒂文·斯皮尔伯格在处理这些画面时的手法之一，是将画面与叙事有机地结合在一起，让造型为叙事服务。以尼泊尔为例，画面紧紧围绕着玛丽莲的酒吧展开故事。酒吧的中心是一个炭火盆，它为本场景提供了一个主要光源，还形成了使活动在这一场景中的人物成为投射在墙壁上的巨影的独特视觉效果。围绕着炭火盆，史蒂文·斯皮尔伯格组织了一个有趣的情节段落：炭火盆不但为纳粹分子提供了刑具，而且还为接下来的一场精彩的打斗增添了视觉色彩。于是，观众看到从最初的一小团火焰，到屋子燃起一团团的大火，再到火引燃了从瓶子里流出的烈酒，画面变得愈发蒸腾，以至于那个纳粹分子去拿铜牌时手被狠狠地烫了一下就是情理之中的事情。再接下来，印第安纳·琼斯和玛丽莲冲出酒吧时，大火也破顶而出，像礼花绽放般地把雪地、夜空染得通红。一个壮观的视觉场面片段、一个精彩的酒吧打斗情节就这样被史蒂文·斯皮尔伯格完美地统一在了一起。

史蒂文·斯皮尔伯格在《印第安纳·琼斯与失落的约柜》中对画面的处理手法之二，是让画面运动起来，构成让人眼花缭乱、目不暇接的精彩画面和场面。而这一目标的实现与其在本片中使用了各种交通工具有很大的关系。在本片中，观众不仅看到了水上的小飞机、民航客机、德军的军用飞机，而且还看到了德军的卡车、轮船、潜水艇以及印第安纳·琼斯骑的马和骆驼等，这些交通工具的运用十分有利于展现紧张、动感十足的场面。其中，开罗街市上的那一场打斗，蒙面人、干草车、小灼勺敲击、草编滚筒等人物与道具的有机组合与使用使之成为动作/冒险片的经典名段，至今还被无数的导演所效仿和使用。而印第安纳·琼斯纵马奔下山崖，在敌群中夺车那场戏更是给观众以巨大的感官刺激，端出的可谓是一道视觉的盛宴。

《印第安纳·琼斯与失落的约柜》对画面的处理手法之三，是努力营造能让观众深感震惊、久久不忘、富于造型意识的"银幕奇观"。以片头为例，本片刚开始没有多久就出现了让观众刻骨铭心、久久不能忘怀的惊险画面：那是在南美洲丛林密布的山区，主人公印第安纳·琼斯在一个山洞里历经千难万险，终于拿到了他梦寐以求的金雕像，之后他准备逃离山洞。就在这时，一个滚圆的大石头从山洞里面呼啸着滚了出来，紧跟拼命奔跑的印第安纳·琼斯的步伐，几次到了要他性命的危险地步。这一画面和场面的设计充满了视觉造型意识，再加上镜头剪辑所造成的节奏张力，让观众紧张得喘不过气来，展现出了史蒂文·斯皮尔伯格丰富的画面想象力。还有本片表现印第安纳·琼斯化装潜入纳粹军队的挖掘现场发现约柜的那一段，当印第安纳·琼斯进入那个古祭坛式的洞坑，在碑铭上终于有所发现，脸上不禁露出欣喜的笑容时，镜头反打为从山洞顶上的圆形洞口里射进的灿烂、夺目的阳光；印第安纳·琼斯将嵌着玛丽莲的铜牌的一根杆插入了碑上的一个凹处，在激越的音乐伴奏下，摄影机的机位缓缓下降，将天空中灿烂的阳光、圆形的洞口、铜牌和一身白衣的印第安纳·琼斯连成了一条视觉上的直线，最终落幅在他庄严的面部表情上。此时，他占据了约1/2的画面，而画面的左侧是洞口的阳光照射后形成的一个明亮的光环。就这样，这个极富视觉造型意识的画面在叙事的同时一跃变成了导演和观众对印第安纳·琼斯这个美国式英雄共同的、发自内心的崇高礼赞。

接下来，当约柜被纳粹军队开启时，史蒂文·斯皮尔伯格先是表现了约柜的盖子一飞冲天，然后又表现了天似乎也有了灵魂、有了生命、有了意识，那陡然裂开的缝隙、云层里的电闪雷鸣传递的岂不就是它愤怒和咆哮的声音？这种天谴式的夜空霹雳、惊世骇俗的银幕奇观让观众在目不暇接、惊叹不已的同时，不禁联想起史蒂文·斯皮尔伯格的其他电影：《第三类接触》中外星母船飞临大地的时刻；《E.T.外星人》中几个孩子骑着自行车带着外星孩子以剪影的形式从月亮凌空划过的优美镜头；《侏罗纪公园》中对恐龙的全景展示以及在雨夜中一只恐龙撞击吉普车时嘴里呼出的哈气；《拯救大兵瑞恩》中被炸得飞向天空中的士兵的尸体以及刚刚摘下钢盔、庆幸自己死里逃生的士兵却在转瞬间被一颗子弹击中，爆起一团血雾的骇人时刻；《辛德勒的名单》中那犹太人被杀害后的如同地狱一般的图景……如果没有电影，所有这些如何能如此完美地被表现出来？如果没有善于营造这种电影奇观的大师级的导演，又如何能让观众陶醉其中？

由此可见，史蒂文·斯皮尔伯格的电影鲜明的艺术特色之一就是他极其善于通过各种电影化的手段把种种神奇的事物或场景变成震撼人心的电影奇观，并辅以精妙的叙事，把观众牢牢地吸引在银幕的面前。而这正是一部电影走向成功的基础，也是电影赏析读解的第一步。

第二节 人物是电影作品的核心
——对电影《生死朗读》中汉娜形象的分析

影片资料

中文译名：生死朗读
国家/地区：美国、德国
类　　型：剧情/爱情/战争/历史
导　　演：史蒂文·戴德利
主　　演：凯特·温斯莱特　大卫·克劳斯　拉尔夫·费因斯 （等）

剧情简介

第二次世界大战后的柏林满目疮痍。某天，当少年迈克尔（大卫·克劳斯饰）从学校回家时，突然生病倒地，这时一个叫汉娜（凯特·温斯莱特饰）的陌生女人帮助了他。迈克尔患黄疸康复后，找到了汉娜要答谢她，不料，两人很快卷入了一段激情而秘密的关系，虽然汉娜的年龄比迈克尔大了20岁。

迈克尔发现汉娜很喜欢听他读书，而他的朗读让他们的关系更为亲密。《奥德赛》《阴谋与爱情》《无用之人》……一本本读过来，汉娜深深着迷。然而，有一天，汉娜却突然不辞而别，只留下迈克尔暗自神伤。

8年后，迈克尔虽然已经淡忘了汉娜，但是那段关系却一直是他最甜蜜的回忆。已经是法学院实习生的迈克尔在毕业之前参加了一次对纳粹战犯审判的旁听。就在这时，迈克尔与汉娜又相遇了，但是令他始料不及的是，他无论如何也想不到自己会与汉娜这样见面——她作为一名纳粹战犯憔悴地坐在被告席上！

审判开始了，原来汉娜曾经做过奥斯维辛集中营的女看守，面对事实她供认不讳，并承认了所有的指控。审判进行得很顺利，汉娜面临的将是终身监禁……然而，此时迈克尔却发现自己仍然深爱着汉娜，而他也无法相信汉娜曾经是那样的人，于是他开始调查整个案件的始末，直到最后他发现了一个秘密，一个导致了比忏悔更令人心碎的爱情悲剧的秘密……

拍摄背景

电影《生死朗读》是根据德国作家本哈德·施林克的同名小说改编而成的。这部小说不仅被翻译成39种语言，在全球卖出了上百万本，而且还是第一部登上《纽约时报》畅销书排行榜冠军的德国小说。

在2002年奉献出那部让观众动容且获得了2003年第75届奥斯卡金像奖9项提名

（包括最佳影片、最佳导演、最佳女主角、最佳男配角、最佳女配角、最佳改编剧本、最佳原创配乐、最佳服装设计、最佳电影剪辑，最终助妮可·基德曼夺得后冠）的《时时刻刻》一片之后，导演史蒂文·戴德利苦寻良久，终于确定了自己的下一部电影计划——改编《生死朗读》。这个饱含着爱、罪恶、秘密与救赎的故事在打动全球无数读者的同时也深深地触动了他的心。也正是因为面对着如此令人唏嘘的故事，他感到了巨大的压力。早在开拍前和韦恩斯坦电影公司商谈影片时，史蒂文·戴德利就一直被自己能否把握好这部电影的改编所困扰。还好家人和影迷给了史蒂文·戴德利力量与自信，最终在他的带领下，电影《生死朗读》顺利拍竣。

虽然与第二次世界大战和纳粹有关的电影多如牛毛，但史蒂文·戴德利对《生死朗读》一片能脱颖而出充满了信心，因为本片对那段惨绝人寰的往事的观点非常独特：它不再关注那些惨无人道的罪行，也没有惨烈的画面作为刺激，而是全心全意地把焦点放到了普通人的身上，通过他们的转变来折射出那段罪恶的往事。"并不是每个人天生都是刽子手，更多的人都是不知不觉就参与到了罪恶之中，像汉娜一样"史蒂文·戴德利说，"他们其实也是受害者，只是没人关注过他们而已。而实际上他们往往付出了更为惨痛的代价"。也正是这样独特的观点才使《生死朗读》得到了史蒂文·戴德利的青睐。而如此具有威慑力的故事，再加上导演与主演的"小金人"星光，《生死朗读》早就在各大媒体的"2009年奥斯卡金像奖预测"上占据了一席之地，虽然最终败给了电影《贫民窟的百万富翁》，却并不能掩饰本片巨大的艺术魅力。

理论准备

叙事艺术作品的主题思想是要通过对人物的塑造才能得到体现的，所以，人物在叙事艺术作品中处于一个很重要的位置，它是叙事艺术作品的核心。自然，电影中的人物也是电影创作中的核心、作品的核心、矛盾冲突的核心，是电影造型的基础。人物塑造得鲜活，电影就活了；人物塑造得死板、没有个性，电影也就死板、没有个性。

人物若要塑造得鲜活，就必须写出其活生生的性格。所谓性格，是指表现在人对现实的态度和相应的行为方式中的比较稳定的、具有核心意义的个性心理特征。性格表现了人们对现实和周围世界的态度，并主要体现在对自己、对别人、对事物的态度和所采取的言行上。

创造人物性格，关键是要掌握好人物的性格逻辑。在电影中，人物的一言一行必须要符合其性格逻辑，或者说，要按照人物的轨迹向前走，他说的和他做的必须是他可能说的或可能做的。另外，电影还要写好人和人的关系，即将人物放到矛盾冲突中去表现他们的性格，与情节一起将人物的性格尽情地展示出来。

过去，有人把各种不同的人物分为所谓的正面人物、中间人物、反面人物和转变人物。其中，描写正面人物一定要高、大、全，描写反面人物一定要假、恶、丑。这种按图索骥式的标签式、脸谱化的写法既削弱了艺术反映生活的特殊功能，也违反了正确的审美原则。今天，电影在人物塑造上不再扁平、单一，而是变得丰富、多元、立体，这既体现了一种进步，也体现了一种对传统创作观念的解构与反叛，值得我们首肯与推崇。

鉴赏分析

> 有罪的爱情，各种奇特的狂欢，
> 充满了恶毒的亲吻，
> 一群魔鬼也高高兴兴地消遣，
> 在窗帘折褶里浮动。
>
> ——〔法〕夏尔·波德莱尔《恶之花——被杀的女人》（节选）

2009年美国洛杉矶当地时间2月23日凌晨1时，第81届奥斯卡金像奖颁奖仪式在柯达剧院（现更名为杜比剧院）落下了帷幕，34岁的英国演技派巨星凯特·温斯莱特凭借自己在电影《生死朗读》中精湛的表演如愿以偿地捧走了奥斯卡金像奖最佳女主角的奖杯。应该说，这是个令绝大多数人都能够满意的完美结果，但本片在最佳影片的角逐中败北却让许多看好此片的人大跌眼镜。

我们必须承认，在本次奥斯卡金像奖争夺最佳影片的5部提名影片中，《生死朗读》一片相当具备夺冠的实力。这不仅仅是因为它建筑在一个已经于全球取得广泛赞誉并荣登《纽约时报》畅销书排行榜冠军的原著基础之上，也不仅仅是因为它的导演是赫赫有名的史蒂文·戴德利，更不仅仅是因为它的制片人中竟然有两位大师级的人物——安东尼·明格拉和西德尼·波拉克，前者凭《英国病人》一片声振影坛，后者的《走出非洲》等影片则一直是影视学院的学生顶礼膜拜的经典……单凭剧中由凯特·温斯莱特扮演的女主人公汉娜的形象，便足以让《生死朗读》像一个坚硬的铁钩，牢牢地勾住了每个观众的心。恰如《玫瑰人生》的女主演玛丽昂·戈蒂亚在为凯特·温斯莱特致祝词时所说："……（汉娜这个角色）融合了你身上那些一直令我们着迷的气质：激情、敏感和惊人的深度，当你的人物穿越时间、爱还有艰难的环境，我们作为你的观众，凯特，无时无刻不为你揪心。"应该说，这些话既是对凯特·温斯莱特卓越演技的赞誉，也是对本片的高度首肯。

尽管如此，《生死朗读》还是失败了。原因很复杂，但其中一个原因是显而易见的，那就是在一部分专家、观众乃至奥斯卡金像奖的评委看来，本片在对第二次世界大战进行反思时，对导致这场人类灾难的纳粹分子过多地投入了同情与理解的成分，有为其翻案或洗刷罪行的嫌疑。如就有人指责本片的导演用一种艺术化的手法给残酷的历史披上了温情的外衣，甚至站到理解罪恶的立场上来描绘汉娜这个人物。

本片真的有为纳粹分子翻案或洗涮罪行的嫌疑吗？让我们从分析影片中的女主人公汉娜这个形象开始。

一、恶

汉娜到底是一个什么样的人？

1958年的夏季，15岁的德国少年迈克尔狂热地爱上了比他大20岁的汉娜，在她这里得到了爱情的欢愉，以及比家庭给予的还要多得多的温暖。我们除了对他们两人的年龄略感不适以外，其他方面似乎也说不出什么，甚至某些时候我们倒被两人炽烈的爱情感动着，衷心地希望他们能有一个美好的结局。然而，随着汉娜的不辞而别，阴云与谜团开始布满我们的心：汉娜到底是个什么样的人？她为什么神龙见首不见尾？为什么她会在点燃了迈克尔内心熊熊的火焰后又毫不留情地泼上一盆冷水？直到8年后，迈克尔已成为法学院的高才生。作为实习生，他去旁听一次对纳粹战犯的审判时，观众才和他一样恍然大悟，而过去的一切疑问也都随着法庭上那熟悉的声音的再次出现迎刃而解：汉娜之所以如此神秘，完全是因为她曾在奥斯维辛集中营当过女看守的缘故。

如果仅仅是当过女看守也没有什么大不了的。在影片中，迈克尔的老师在讲解法律时说：有8000人在奥斯维辛集中营工作，但只有19人被判有罪，6人被判谋杀。要证明谋杀，首先要证明意向的存在，也就是说，虽然当时你在奥斯维辛集中营工作，但如果只是按照上级的命令行事，并没有在上级的命令之外"额外作恶"的话，那么你就是无罪的。换句话说，如果你是完全被动作恶而不是主动作恶，那么你就是无罪的。审判不是按照道德而是按照法律，并且是按照"事件发生时的法律"进行的。

那么，汉娜有罪吗？她有主动犯罪的"渴望"和"行动"吗？

答案是肯定的。

幸存者指控说：汉娜在奥斯维辛集中营当看守期间常常挑选一些年幼的、虚弱的、会识字的女孩去为她朗读。她给她们吃的，给她们找地方休息，看起来像在保护她们，可真实的目的却是要处死她们，好为新来的犯人腾出牢房。

奥斯维辛集中营的幸存者还指控汉娜和其他的看守说：1944年冬，汉娜等人带着集中营的女犯们迁移，当晚在一个教堂住宿时遭到了盟军飞机的轰炸，汉娜和其他的看守眼睁睁地看着教堂内的几百个犹太人被活活烧死，却拒绝开门⋯⋯

更加可怕的是，汉娜还是一个身在"恶"中却对自己的"恶"毫无认识、毫无悔意的人，她不但不为自己所犯下的罪恶忏悔，相反，竟然为自己辩解说是工作需要而已。

"换了你，又能怎么样呢？"恐怕谁都忘不了，理直气壮的汉娜拍着桌子质问法官的这句话语。

够了，当影片讲到这里时，汉娜的形象已经十分明晰。她是一个恶人，一个像屠夫般残忍地杀人的人，她根本不是什么美丽的天使，而是一个长着一副迷人面孔和拥有优美身材的恶魔，是长着美丽花瓣迎风绽放、灿烂夺目的罂粟，谁沾上她谁就算是和撒旦结了亲。她之所以让迈克尔为她朗读，不是因为爱恋和倾慕，而是延续了在集中营的一种习惯和喜好，她从来也没有爱过迈克尔。迈克尔只是被她奴役和利用的一个工具，就像在集中营所挑选的朗读者当中的任何一个一样。

可怜的迈克尔意识不到这一点，他的世界只有汉娜，在和汉娜吵架之后他总是哭着请求汉娜的原谅：

"你肯原谅我吗？"

"你爱我吗？"

15岁，一个情窦初开、极度自尊、傲气冲天的少年，仅仅是因为爱着面前这个女人就忍受着一切不公平的待遇，甚至像乞讨一般地追问着对方爱不爱自己。尽管汉娜点头了，却只是在虚与委蛇。当时的迈克尔信以为真，而8年后身处法学院的迈克尔终于了解了事实。他的第一个举动是来到奥斯维辛集中营，望着这个已归于平静的、曾经的杀戮场所，他在想什么？极有可能的是：如果年代错乱、时光倒流，他也将成为被汉娜杀死的人当中的一个。他为自己的这个发现感到害怕、痛苦、惊悚、战栗，于是他采取了第二个举动——不仅停住了去看守所探望汉娜的脚步，相反，他还向一个一直对他有好感的女生交付了足以称为对恶女人背叛和报复的身体和感情。

迈克尔的选择是正确的，这也是我们希望他做的选择。

然而，且慢，当我们明白了这一点，为什么我们还跟迈克尔一样又陷入了另一个不可解开的结？望着法庭上一脸茫然、被人陷害的汉娜，听着旁听席上传来的阵阵"纳粹！纳粹！"的咒骂声，迈克尔在流泪，而我们的心情也久久不能平静……

我们是怎么了？我们的感情、道德究竟出了什么问题？难道汉娜不是一个十恶不赦的恶人吗？为什么我们要为她今后的命运感到揪心？想来想去，这全都是因为那个被汉娜苦心保守着，同时也未被迈克尔说破的秘密。

二、花

此时，我们不禁会问：在法庭上，汉娜要保守的秘密是什么？什么样的秘密值得她宁可终身坐牢也不愿意泄露？

汉娜想要保守的秘密其实很简单，就是她根本不识字，她是个文盲。当初，她之所以喜欢听迈克尔为她朗读而自己从来不看书就是这个原因。也正因如此，法庭上提交的那份写给监狱长的有关不开门让犹太人活活烧死的报告不可能出自她的手。在那场教堂惨案中，她和其他的看守犯的是同样的罪，既不是主谋，也不是主犯，所以，她应该和其他的看守一样是被判几年而不是终身监禁。

正是由于她死死地保守着这个秘密，拒绝在进行笔迹鉴定时透露出自己不识字的事实，让其他的看守钻了陷害她的空子，而她自己似乎也愿意以牺牲自由为代价来继续保守这个秘密。至于迈克尔，原本可以出庭作证，还历史一个真实的面目，让汉娜脱离终身监禁之灾，但他最终也没有说出这个真相。为什么？原因有两个：一方面，迈克尔在得知汉娜的真实身份和曾经犯下的罪行后，他为发生在自己与汉娜之间的那段恋情感到羞愧，他无法释怀自己曾与法西斯成员有染，他觉得自己一旦说出真相便会颜面尽失，因此，在说出真相面对羞耻与保持沉默求得体面之间，迈克尔选择了后者；另一方面，迈克尔这样做也是出于对汉娜的尊重，以维护汉娜极力想要维护的尊严。

尊严，是的，我们在这里讨论到了人的尊严。英国剧作家约翰·高尔斯华馁说："人受到震动有种种不同：有的是在脊椎骨上，有的是在神经上，有的是在道德感受上，而最强烈的、最持久的则是在个人尊严上。"

汉娜就是一个极其讲究个人尊严的人。她知道一旦对外公布自己是个文盲必将遭到这个社会的耻笑、嘲讽和唾弃。为了尊严，为了面子，她想尽一切办法来保守这个秘密，所以在和迈克尔一起旅行时，路线、地图全由迈克尔来设计，点餐时也和迈克尔保持一致，但有一点是必须做的，那就是自己也要摆出一副看菜单的样子，哪怕那菜单被自己的手拿倒了。

不管怎样，汉娜的这种自尊、自爱，甚至为了自尊而放弃自由的举动体现了人性中积极和美的一面，它深深地打动了所有观众的心。尤其是当我们想到汉娜这种对失落尊严的寻找，对尊严的极度追求，不是她自身的需要，而是社会偏见逼她如此的时候，我们就更加理解了发生在汉娜身上的这出悲剧的实质。是社会在按照一个人拥有知识的多少为标准对人进行划分，而这种划分的标准让汉娜落到了最底层，她无法得到别人的尊重，只能受到蔑视和嘲讽。她无法接受这一点，她也想活得像别人一样有尊严。可是，在和平年代，她找不到这样的机会，而战争到来时她惊喜地发现自己虽然是个文盲，但却比有知识的犹太人"高级"，于是她放弃了西门子公司给她提供的可以升迁的机会，主动报名到奥斯维辛集中营去当看守，之后便开始了各种残忍的报复行动：不仅杀死那些有知识的孩子，而且还眼睁睁地看着、听着教堂内几百个犹太人在火中呼喊救命却不开门。她为什么要这么做？思来想去，只能是因为强烈的自尊背后掩藏着强烈的自卑，而强烈的自卑导致了强烈的忌恨，强烈的忌恨让她成了一个杀人的人，也只有消灭了那些曾经瞧不起她的人才能满足她那变态的、极度的自尊。

同样，和迈克尔的关系也是如此，唯一的不同是她不能再像战争年代那样随意地奴役、随意地杀人，她必须拿身体做交易。但是，在这一过程中，我们依然可以感受到种种的不平等以及不容分说的条条命令：

"给我读《战争与和平》。"

还有，"你伤害我，还没这个资格"。

应该说，汉娜希望自己做一个有尊严的人，一个不被人蔑视的人，一个和别人平等的人，这个要求并不高、并不过分。只是，她不能为了找回做人的"尊严"便去做恶人，更不能去做一个对罪恶还产生了依赖感的人。好在汉娜在人生的最后关头终于意识到自己对他人、对迈克尔造成的伤害，她做出了心灵的忏悔，那索走她性命的书本以及那装钱的盒子荡涤出了她除了恶以外的善的潜质。

正因为汉娜在恶之外还具有这种善的潜质，正因为汉娜保守秘密的举动是为了自尊，才让迈克尔在接下来长达10年的岁月里欲罢不能，他开始用朗读的方式对汉娜进行救赎，只可惜汉娜出狱之际，爱被破灭，她走上了绝路。死，成了汉娜最得体也最能保持尊严的方式，而故事的感伤因素也在这一刻成了本片的主旋律。

汉娜是一个悲剧。她不知道自己是扭曲的社会风气的变种。她在罪恶中寻找尊严，却构成了对正义和良知的背叛。

从这个角度来说，汉娜是不是纳粹分子已经不重要了，德国人是否都参加过纳粹也不重要了。也许，这根本就不是一部反思第二次世界大战的电影，相反，它引导我们思索的是人性，是人性的本质、本质的剥离以及剥离后的挣扎与痛苦。换言之，本片的战争背景是完全可以被挪移和被替换的，第二次世界大战并不具有背景的作用。小说也好，电影也好，引导我们思索的是文盲与扫盲、文化与文明的那种触目惊心的，甚至足以让整个人类忧心忡忡的强烈冲突。也许这才是《生死朗读》带给观众的极其深刻的艺术内在性。

三、恶之花

在汉娜的身上，善与恶并行，这让我们想起了法国诗人夏尔·波德莱尔的诗集《恶之花——被杀的女人》。这本诗集的主题就是恶及围绕着恶所展开的善与恶之间的关系。恶指的不但是邪恶，而且还有忧郁、痛苦和病态之意，花则可以理解为善与美。夏尔·波德莱尔破除了千百年来的善恶观，以独特的视角来观察恶，认为恶具有双重性，它既有邪恶的一面，也散发着一种特殊的美。因此，用"恶之花"来形容汉娜恐怕是最准确不过的事情。

汉娜是恶的，恶得令人发指：她不但犯下了罪恶，而且不知罪恶，甚至直到临出狱的时刻，当迈克尔问她有没有多花点时间想想过去（自己所犯下的罪恶）？她却回答说关于你和我？这直接导致了迈克尔对她彻底失望，这种失望也把汉娜送上了一条不归路。

汉娜又是可敬的。她极有个性，美丽而又勤奋，努力工作并充满生气；她不仅喜好知识、喜好文学，而且还有极高的审美悟性。更主要的是她做出了自尊、自爱甚至为了自尊而放弃自由的举动。

汉娜是可怜的。为了一个不该做出的回答在监狱里度过了自己的余生，尽管有迈克尔朗读过的书做陪伴，但毕竟这是强加给她的不幸。

汉娜同时又是坚强的。她敢于直面事实，敢于承认自己所参与的罪恶的全过程。相对于那些矢口否认自己所犯的罪恶并且用极其卑鄙、恶劣的手段陷害她的看守，她明显要胜出一筹。

她对尊严的近乎狂热的追求迫使她承认了那莫须有的罪名，她情愿让其他看守的奸计得逞也不愿意暴露出自己是个文盲，她觉得这是自己一生中最大的耻辱。尊严与羞耻、自尊与自卑就像一枚硬币的两面，把一个真实的、复杂的、多元的、难以言说的汉娜摆在了观众的面前；又像是一块调色板，汇聚了人物的行为、情感、心理、个性等原色，画出了一幅立体的油画效果图。

观看《生死朗读》，读解汉娜的形象，让我们不由自主地想起了在1993年大导演史蒂文·斯皮尔伯格的《辛德勒的名单》里，通过对阿蒙·戈特入木三分的形象刻画，塑造了一个不同于以往影片中简单化、模式化的纳粹分子的形象，赋予了他立体的、多侧面的特征。同样，2002年，罗曼·波兰斯基①在《钢琴师》里也塑造了一个喜爱钢琴的纳粹军官的形象，他居然能与作为正面人物的钢琴家在音乐世界里心灵相通。今天，我们从汉娜这里再一次感受到艺术的力量，感受到这个人物的形象的力量和审美的丰富性居然能远远大于它所能概括的思想。

感谢导演史蒂文·戴德利，感谢小说的原作者本哈德·施林克，感谢主演凯特·温斯莱特和拉尔夫·费因斯，当然也要感谢青年迈克尔的扮演者大卫·克劳斯，正是由于他们杰出而又卓越的努力，让我们在已经拥有了《辛德勒的名单》《钢琴师》以及罗伯特·贝尼尼的《美丽人生》②之后，又在经典电影收藏夹里多放置了一部足以震撼我们心灵的《生死朗读》。

---

① 罗曼·波兰斯基，波兰籍著名导演，主要作品有《苔丝》《罗丝玛丽的婴儿》《苦月亮》《钢琴师》等。
② 参见本书第三章第一节对电影《美丽人生》的鉴赏分析。

第三节　色彩是象征和表意的因素
——张艺谋的电影《山楂树之恋》赏析

:arrow_forward: **影片资料**

> 中文片名：山楂树之恋
> 国家/地区：中国
> 类　　型：爱情
> 导　　演：张艺谋
> 主　　演：周冬雨　窦骁　于新博　李雪健　奚美娟　萨日娜（等）

:arrow_forward: **剧情简介**

　　这是一个发生在 20 世纪 70 年代初期的初恋故事。故事的女主人公静秋是城市里即将高中毕业的学生。她跟随教育革命实践小组来到一个名叫西坪村的地方采集革命传统故事，编写教育新教材。

　　静秋被派住在张村长的家里。村长家有个被称为"老三"的小伙子来吃饭，原来他是住在附近的地质勘探队队员。英俊的"老三"多才多艺，幽默风趣。静秋由于家庭出身不好而深感自卑，而"老三"的开导和关怀使静秋对其渐生好感。但是，在静秋离开西坪村返城之前，她对"老三"产生了小小的误解，然而"老三"却始终暗中关爱着静秋，终于，两颗年轻的心走到了一起。

　　静秋的母亲发现了他们的恋情，希望两个年轻人慎重考虑。身患白血病的"老三"隐瞒了自己的病情，为了静秋的未来，他忍痛从静秋的生活中消失了。

　　静秋苦苦寻觅，等她再见到"老三"时，却已是他弥留之际。"老三"以生命兑现了对静秋的感情承诺："我不能等你一年零一个月了，也不能等你到二十五岁了，但是我会等你一辈子。"

:arrow_forward: **拍摄背景**

一、关于原著

　　小说《山楂树之恋》里描写的爱情故事被称为最干净的爱情，故事发生在 1975 年前后那段贫穷而饱含理想的时光。

　　1974 年的初春，上高中的静秋被学校选中参加编写教育新教材，要到一个叫西坪村的地方去采访村民，然后将村史写成教材，供她所在的 K 市八中的中学生使用。

　　在去西坪村的途中，张村长向静秋介绍了一株开着红色花朵的山楂树。他说，这棵树原本是开白花的，但在抗日战争期间，无数抗日英雄被杀害在树下，他们的鲜血流进了地下，这棵树就开红花了。

不知为什么，静秋的脑海中总有一种幻觉，隐约看见一个身穿白衬衣的英俊小伙子正站在山楂树下等待自己心爱的姑娘的到来。

静秋被安排住在张村长家，很快她与张村长的二女儿长芳成了无话不谈的好朋友。张村长的妻子想撮合自己的二儿子长林与静秋，搞得静秋有点不知所措。

静秋得知张家的三儿子"老三"在地质勘探队工作，而与他的第一次见面是从静秋听到优美的手风琴琴声开始的，拉的正是静秋最喜欢的苏联歌曲《山楂树》。静秋一下子就被琴声吸引住了，不禁开始幻想起拉琴人的长相。出现在静秋眼前的是一个长相英俊的年轻人，长得一点都"不革命"，很"小资产阶级"，穿着也很洁净挺括。不知为什么，静秋突然开始变得无比慌乱起来，似乎突然很在乎自己的穿着打扮起来，这是她原来从未出现过的情况，她从没有在谁的面前如此局促不安过。

回到村长家，大家一介绍，静秋才知道原来"老三"不是张村长的儿子，他叫孙建新，只不过以前在张村长家住过一段时间。"老三"牵起了她的手，渐渐地，"老三"和静秋熟悉起来，经常趁中午休息的时间来找她，跟她聊聊天。静秋渐渐习惯了"老三"的存在。突然有好几天"老三"没有出现，静秋开始失魂落魄了，她越想越觉得自己被"老三"骗了，左思右想之下她写下了一份决心书，要和"老三"划清界限。没想到过了几天，"老三"突然又出现了，原来他是去别处解决技术故障去了。静秋想看到他又怕看到他，正不知如何是好时，"老三"主动找到了她，小声地告诉她下次出门之前一定亲自来告诉她，还送给她一支新钢笔。静秋犹豫了半天，收下了他的礼物，那份决心书也被她忘到了脑后。

过了几天，静秋要轮休回K市，晚上"老三"悄悄地给她留了言，约好第二天晚上8点在山上等她。静秋暗自兴奋，可又怕"老三"会对她做出什么出格的事，但她却根本不知道男人是如何对女人构成威胁的。左思右想之后静秋决定到时不让"老三"碰到她的身体就好了。

分手时，"老三"突然提出要跟静秋到K市去，静秋没有同意，只答应让他第二天下午去县里接她。一天后，静秋匆匆地从K市往回赶，没想到车在半路抛锚，等到了站"老三"已经等她很久了。两人趁着夜色回到了西坪村，"老三"牵起了静秋的手。路过山楂树的时候，"老三"提议去山楂树下坐坐，静秋却又想起了那个穿着白衬衣的幻影。"老三"骗静秋说鬼出来了，将她搂在了自己的怀里。静秋觉得这样不太好，却又舍不得离开，只觉得心里很踏实，黑也不怕了，鬼也不怕了，只怕被人看见。"老三"趁这个机会得到了静秋的初吻。

一天，静秋无意中提到妈妈的身体不好，需要吃核桃和冰糖补血。没过几天，长林提来了满满一篮子核桃，"老三"拿来了一袋冰糖。静秋感激不已，却对这两个男人的厚爱不知所措。

为了证明自己能还"老三"买冰糖的钱，静秋忍不住向他炫耀自己打零工的经历。听说静秋去干那些既粗重又危险的零工，"老三"十分不放心。为了劝静秋不要再去打零工，"老三"提出每个月给静秋几十块钱，却被静秋误以为他很瞧不起自己，内心产生了反感。

静秋无意中从别人的口中得知"老三"是有未婚妻的，而且是城里高官的女儿，她深受打击，决定从此不再理他，还向别人借钱将买冰糖的钱还给了"老三"。"老三"不明白静秋为何突然翻脸，内心感到惶惑不安。

　　结束了编写教材的任务，静秋就要回K市去了。"老三"要去送静秋，却遭到她的拒绝，心里十分不是滋味，于是他给静秋写了一封信，说尊重静秋的选择，还劝她别再去打那些危险的零工。甜蜜的地下约会、短暂的西坪村生活结束了，静秋回到了K市八中继续读书。五月的一天早晨，静秋在门外发现了一大丛盛开的山楂花，她猜想是"老三"偷偷送来的，心里感到一阵甜蜜，却又怕传出去影响不好，于是，她给"老三"回了一封信，警告他"苦海无边，回头是岸，既往不咎，下不为例"。

　　静秋利用暑假打零工，虽然辛苦但她却很满意有这份收入。"老三"生怕静秋打零工受伤，先后托长芳和长林给静秋送钱，静秋这才知道"老三"无时无刻不在关心着自己。几个月后，两人像特务接头般约到江边的亭子相见，"老三"终于向静秋说明自己没有未婚妻，并且直言自己对静秋的爱慕。在料峭的春风中，两人身穿一件军大衣抱在了一起，心也似乎贴得更近了。

　　毕业后，静秋开始准备下乡接受贫下中农的再教育，这让静秋的妈妈心急如焚——下去容易回来难，更何况静秋还是一个女孩子……这时K市出台了一项政策，教师的子女可以顶替父母上岗。于是，静秋的妈妈决定提前退休，然后让静秋顶职。然而，手续却迟迟批不下来，静秋一家不得不处处小心翼翼。

　　在等待审批的日子里，静秋不得不到处打零工，偶尔也与"老三"偷偷地约会。为了躲避他人的视线，两人不得不渡江到荒僻的对岸。"老三"告诉静秋，他正在争取调到K市来，那样就能与她天天见面了。静秋十分高兴。充满激情的一夜后静秋接到了一个新工作，为篮球场做地坪。由于没有钱买胶鞋，几天下来静秋的脚就被烧掉了一层皮，脚底还烂了几个小洞。与"老三"约会时，尽管静秋再三遮掩，但还是被他发现了。"老三"要送她上医院，静秋不肯，急得"老三"在自己的手背上划了一刀，吓得静秋不得不去医院。

　　两人分别包扎完，"老三"坚持要送静秋回家，于是他们的关系终于被静秋的妈妈发现了。妈妈和"老三"深谈了一番，没有明确表示反对他们的关系，只是跟"老三"约法三章：一年零一个月后他们才可再度会面。"老三"叮嘱静秋要好好地照顾自己，并与她互换了一张照片，还留给静秋一些钱，叫她不要再去打零工了，然后才万分不舍地离开了静秋。

　　接下来的日子，除了见不到"老三"让人挂心以外，静秋可谓喜事连连。她先是成功地顶替母亲到学校做了一名炊事员，而后又被告知只要下到基层锻炼一段时间就可以转为教师。更让人兴奋的是，静秋下放的农场离"老三"工作的地方不远。于是，静秋找了个机会找到"老三"工作的地质勘探队，却没有想到扑了个空，别人告诉她"老三"调走了。

　　静秋感到莫名其妙，找到长芳想打听一下"老三"的下落。长芳却说她的哥哥得了白血病住在县医院。静秋急忙找到县医院，却在病房里意外地遇见了"老三"。"老三"说自己得了感冒，所以在这里住院。"老三"送给静秋一块山楂红色的布料，让静秋做一件衣服。静秋很高兴再次看到"老三"，却害怕"老三"就是那个得了白血病的人。

回到家后静秋思前想后，决定无论"老三"是生是死都要与他再不分开。第二天，静秋穿着连夜赶制的衣服来见"老三"，两人共同度过了一个令他们一生难忘的夜晚。黑夜中，静秋躺在"老三"的怀里，听到他的心跳得很快，"老三"说想让静秋看看他的样子，否则可能会死不瞑目。静秋惊慌起来，以为"老三"发烧了，问他要不要叫医生。"老三"摇摇头，说自己很好。静秋也拉着"老三"的手在自己身上"看"，"老三"叹了一声，紧紧地搂住了静秋……

那一夜，"老三"和静秋终于抑制不住感情的冲动，但对性的无知与恐惧却令他们的举止显得荒唐而可笑。在特殊年代里被压抑的他们无知地过了一夜，其实两人什么都没有发生。回到农场后，静秋却再也没有接到"老三"的消息。静秋找到医院，只看到了"老三"留下的一封信，信上"老三"说他对静秋撒了谎，他不能与静秋相守一生一世了。静秋认为"老三"得了白血病，为了怕自己难过才留下这样一封信，她找到"老三"住院的医嘱本，又找到长芳，却得知"老三"得的只是感冒，没有人知道他的去向，只知道他调到 A 省 B 市去了。静秋开始相信"老三"欺骗了自己，"得手"后就跑掉了。尽管如此，静秋还是四处托人打听"老三"的病情，得到的结果是"老三"患有轻微的血小板减少，并不是白血病。静秋死心了。

半年后，静秋的女伴魏玲来找她，让静秋陪自己去做人工流产，静秋这才知道自己贫乏的生理卫生知识让她错怪了"老三"，"老三"当时并没有"得手"，极有可能是得了白血病，将不久于人世，所以躲了起来。为了能再次见到"老三"，静秋到 A 省去找他，却无功而返。

几天后，一名解放军来学校找到了静秋，他自称是"老三"的弟弟，来接静秋去见他最后一面。他告诉静秋，"老三"因为想见静秋最后一面，尽管已停止用药、停止抢救了，却仍旧闭不上眼睛。静秋这才知道"老三"其实就在 K 市，并一直暗中关心着自己。

静秋来到医院，见到了已是弥留之际的"老三"，他已经瘦得皮包骨头，深陷的眼睛半睁着，脸色像床单一样得苍白。静秋跪倒在床前，拉着"老三"的手，一遍一遍地说："我是静秋，我是静秋……"直到说的嗓子都哑了，"老三"还是没有反应。别人都劝她不用再叫了，静秋却一直记着"老三"说过即使他的一只脚踏进了坟墓，只要听到她的名字，他也会拔回脚来看看她。于是，静秋依旧不停地朝"老三"呼喊："我是静秋，我是静秋……"

静秋一边喊，一边抚摸着"老三"的眼睛。他的眼睛终于闭上了，两滴眼泪从他的眼角滚了下来……"老三"走了，按照他的遗愿，他的遗体火化后埋在了那棵山楂树下。"老三"生前把他的日记，写给静秋的信件、照片等都交给他的弟弟保管，并对他说如果静秋过得很幸福，就不要把这些东西给她；如果她的爱情不顺利或者婚姻不幸福，就把这些东西给她，让她知道这世界上曾经有一个人倾其全力爱过她。

"老三"在日记本的扉页上写着："我不能等你一年零一个月了，也不能等你到二十五岁了，但是我会等你一辈子。"

二、关于作者

小说《山楂树之恋》的作者艾米著有《致命的温柔》（与人合著）、《竹马青梅》、

《十年忽悠》等作品，但真正让她在华人世界名声大噪的则是《山楂树之恋》。《山楂树之恋》引发了无数个人博客、论坛、贴吧的热议，形成了奇异的"山楂树现象"，尤其是自称"老山楂"的"60后"读者更是对其赞叹不已："书中主人公的心理状况与我们每个人的初恋非常相似。从这个角度来看，所谓的山楂树之恋，就是超越时代的纯真初恋感情的代名词。"在众人热捧的同时，王蒙、刘心武、苏童、熊召政等著名作家也纷纷加入了"山楂"阵营，对《山楂树之恋》赞不绝口。

三、关于演员

当初，《山楂树之恋》的导演组兵分八路，几乎跑遍了全国所有的艺术院校，"过眼"的女孩数以万计，最后在南京艺术学院见到了前来报考舞蹈专业的周冬雨。眼神如山泉水般纯净的周冬雨先是打动了副导演，随后也打动了导演张艺谋。

在和周冬雨聊天和试戏的过程中，张艺谋发现这个女孩虽已18岁，但却像一张白纸，对现实社会中的很多人情世故全然不懂。她不仅长得干净、清纯，甚至连表情、性格都像山泉水一样清澈、透明，几乎就是现实生活中的原版"静秋"。

男主角窦骁的祖籍在西安，后来移民加拿大。窦骁在加拿大时参加了一个选秀活动并获奖，因此对表演产生了兴趣。之后，他回国进入北京电影学院学习表演。窦骁是剧组副导演在北京电影学院直接发现的，虽然经历了一番波折，但最终还是顺利地成为新一代"谋男郎"。

理论准备

银幕上的视觉效果主要来自它的造型表现力。这种造型表现包括人物造型、环境造型和摄影造型三个方面。其中，摄影造型起着非常重要的作用。

电影成为艺术，在某种程度上与摄影机运动起来有关。摄影机好比一只悬在空中的眼睛，可以从任何位置、任何方向、任何距离来观察演员的动作，可以在二维空间、三维空间甚至多维空间随意移动，从而使得银幕造型呈现出千姿百态的纷繁图景。

除了镜头的景别与拍摄方法以外，用光、色彩与影调也体现了导演鲜明的艺术特征。

在电影作品中，导演为了突显作品的视觉张力或者是情感基调，对色彩基调的利用和色彩的构成是他们最好的选择。不少导演甚至是独具匠心地进行夸张和"造假"，以强化某种色彩。色彩在这些导演的手中成为一种总体象征和表意的因素，从而起到了烘托环境、表现主题、塑造人物形象的作用。

由于电影色调是我们看到的所有色彩组合的基本倾向，所以我们也称之为"基调"。基调的区分有多种方式：从色相来区分，有黄调子、绿调子、蓝调子等；从色性的冷暖来区分，有暖调子、冷调子；从明度、纯度来区分，有明调子、灰调子、暗调子等。电影的基调颜色是整部电影作品首先呈献给观众的，它的选择会影响观众带着什么样的心情去观赏电影。所以，基本上电影作品的基调颜色就能反映出整部电影的感情基调。电影中的基调颜色统领着全片大的色彩倾向和色彩风格。

导演在选择电影的基调颜色时，往往会选择一种或者几种颜色相近的色彩作为影片的主导色彩。这样电影可以从整体上呈现出比较统一的风格，与电影的主题相契合，同时在视觉形象上也能营造出一种整体的氛围、情调和风格，起到烘托主题、美化场景、渲染情绪的作用。

鉴赏分析

《山楂树之恋》这部电影讲述的是"文化大革命"时期高中生静秋在下乡采集资料时，与一个名叫"老三"的地质勘探队队员相爱，却因种种原因不敢公开自己的情感，最终又失去了爱人的故事。本片的基调可谓哀婉动人、悲伤辛酸，它是通过情节表意系统与影像表意系统的完美结合来实现的。

首先我们来看情节表意系统，剧中的静秋来到乡下，邂逅了帅气，幽默，聪明，懂得关心人、体贴人的"老三"，两人很快就坠入了爱河。然而，在那个年代，在那个人性被压抑、被肃杀的年代，他们的爱情只能在偷偷摸摸中进行。要么，被母亲盘问；要么，是主人公自己退缩；要么，会被学校发现并开除。总之，那样的年代以及陈腐的观念成为他们爱情的绊脚石，最终酿就了他们的悲剧。

与情节相配合，导演张艺谋再一次发挥了他作为第五代导演在影像表意系统方面开掘的优势，那棵开出白花却始终未能开出红花的山楂树，那贯穿全片的绿色基调以及片中偶尔出现的几次红色等，都成了隐喻深层含义的符号，需要我们去读解、去揣摩。

在影片一开始，当静秋和老师、同学们来到那棵鲜绿茂盛的山楂树面前时，老师提到这棵树开得是红花。而村长对此虽欲语还休却也表示了认可，这就埋伏下了全片一个最大的贯穿性的悬念：本该开出白花的山楂树真的能开出红花吗？在接下来的日子里，静秋向"老三"一次又一次地提出想去看看山楂树，却都被对方以各种理由拒绝了，直到影片的最后，静秋在开花的日子回到村子里，再一次看到了那棵山楂树，却发现山楂树依然青绿，跟全片主色调的绿色是一样的颜色。

没错，在《山楂树之恋》中，绿色构成了全片的主色调，无论是开篇主人公穿过的大片的绿色田野，还是两人走夜路时那泛着青绿的小河，抑或是静秋工作的场所、居住的环境等，几乎都被绿色这一主色调充斥着。

影片中也曾出现过几次红色，但都未能一红到底：第一次是"老三"给静秋买了一件红红的泳衣的时候，观众都在期待着观看静秋穿上泳衣后会是个什么样子，但静秋让观众失望了，她在穿上红红的泳衣的同时却又套上了一件白色的衬衣；第二次是"老三"为静秋买了一块做衣服的红色布料，静秋很快就将这块红色布料塞进了绿色的书包里；第三次是在影片的最后，虽然静秋穿上了那件由红色布料做成的红色衣服，但当她出现在"老三"的面前时，"老三"已到了弥留之际，甚至"老三"为静秋买的那个画着红色山楂树的脸盆也因为误会被静秋用糨糊将红色抹去了。

就这样，影片中的红色似乎刚一出现就被抹杀，而绿色却始终占据着上风。实际上这就是我们所说的影像表意系统。在这里，绿色是那个特殊年代来自各方压力的象征，红色则是人性张扬、人性解放的象征。在那个人性肃杀的年代，纯美的男女之恋注定会失败，注定会被畸形的社会、陈腐的力量所压迫、所淹没、所折磨、所摧毁，就像那棵山楂树一样，是永远开不出红花的！

另外，《山楂树之恋》作为一部优秀的电影，也离不开两位主演的杰出表现。女主角静秋的扮演者周冬雨虽然初涉影坛，却将静秋的形象演绎得入木三分，其腼腆的微笑、羞涩的眼神，有时怯懦、有时坚定的性格，无一不形神具备，令人拍案叫绝。男主角窦骁的表演也值得称赞，相对于周冬雨的稍显稚嫩，窦骁虽然也是初登银幕但却更加成熟、自如，尤其是他笑起来时那口洁白的牙齿，以及如三月阳光般明亮的容颜，不仅温暖了静秋的心，而且也令观众折服。

《山楂树之恋》作为爱情片中的典型代表，其叙事核心自然是在男主人公"老三"和女主人公静秋的爱情故事上展开，因此"老三"与静秋之间那些相亲相爱的小细节也就不容忽视了，这些细节在导演的执导中得到了精心的营造与渲染。如影片开始没多久，一直盼着久未出现的"老三"来村长家吃饭的静秋，在听到"老三"进院的脚步声时心里一阵慌乱，先是掀开窗户上的帘子向外观看，随即又马上将帘子放下，正襟危坐地背对着门口，装出一副正在认真写作的模样，似乎对"老三"的到来与否根本不关心。这一细节的刻画充分显示了静秋在恋爱将始未始的羞涩心情，为这份干净、纯美的爱情开了一个好头。再有就是当"老三"和静秋的关系被静秋的母亲发现，母亲要求"老三"先暂时离开，"老三"在临别之际为静秋包扎受伤的脚的那场戏十分到位地描绘出了当时两人心中那种复杂的心理活动，不仅展现了"老三"对静秋的爱护和疼惜，而且也写出了静秋的母亲出于无奈才棒打鸳鸯的矛盾心理。母亲那一声声砸信封的声音，就仿佛是横亘在两人感情之间的一道不可逾越的鸿沟，预示着两人的爱情终将是不会美满的悲剧。

此外，影片中"老三"那些唯美至极的台词也为本片增色不少，如"你可能还没有爱过，所以你不相信这世上有永远的爱情""我不能等你一年零一个月了，也不能等你到二十五岁了，但是我会等你一辈子"等台词都十分隽永。

当然，《山楂树之恋》也并非无懈可击。与原著小说相比，导演张艺谋在打造史上最干净的爱情时，却又因不恰当地砍去了一些情节枝蔓而让本片显得过于平淡、沉闷；本片的主题音乐也与奥运会开幕式上的主题歌《我和你》的曲调相似，有偷工减料之嫌；个别地方也违背了时代的真实（如魏红烫发是那个年代绝对不可能出现的事情）；此外，"老三"向静秋表达爱的方式也有些陈腐，如过多地给钱等，这些都使本片减分不少。但瑕不掩瑜，《山楂树之恋》仍然是我们看到的我国电影中的精品之一，值得夸奖、值得回味。

第四节　结构是支撑全剧的钢梁

——德国电影《罗拉快跑》结构分析

▶ 影片资料

中文译名：罗拉快跑
国家/地区：德国
类　　型：动作/犯罪/剧情/爱情/惊悚
导　　演：汤姆·提克威
主　　演：莫里兹·布雷多　弗兰卡·波坦特（等）

▶ 剧情简介

德国柏林，黑社会喽啰曼尼打电话给自己的女友罗拉，说自己一不小心弄丢了走私得来的 10 万马克。如果 20 分钟后他不归还这 10 万马克，那么黑社会老大将处死他。

为了搞到 10 万马克和营救曼尼，罗拉在 20 分钟之内拼命地奔跑。同时，曼尼在电话亭中不断地打电话到处借钱。

电影表现了罗拉奔跑、找钱营救曼尼的 3 个过程和 3 种结果。

第一次奔跑：罗拉没有借到钱，罗拉和曼尼抢超市，罗拉被警方击毙。

第二次奔跑：罗拉在银行抢到钱，曼尼被急救车撞死。

第三次奔跑：罗拉在赌场赢钱，曼尼找回丢失的钱，罗拉和曼尼成为富人。

▶ 拍摄背景

德国电影从《卡里加里博士的小屋》开始就奠定了其影片追求风格化的基本特色，到了 20 世纪 80 年代，在法斯宾德等一批天才导演的带领下，到达了发展的高峰时期。然而，法斯宾德的逝世使得风头正劲的"新德国电影"运动戛然而止，随后，美国电影开始大量倾销进入德国市场。到了 90 年代，德国的电影行业开始进入全面萎缩的状态，大型的制作和发行公司包括老牌的"乌发"[①] 和作家电影出版社都陷入一蹶不振的窘境。1990 年，德国本土电影发行量甚至不到 10%，整个行业面临着全面洗牌的境况。就是在这种境况之下，德国涌现出了一批新的电影创作力量，他们大多数为独立电影人，拍摄的作品极富个人特色，显示出了前所未有的生命力。

汤姆·提克威正是这一时期杰出的代表人物，他在 34 岁时执导的这部与基耶斯洛夫斯基的《机遇之歌》结构类似的三段式电影《罗拉快跑》，以节奏感强烈的电子音乐

---

① 乌发指历史比较悠久的德国乌发电影公司，成立于 1917 年。

搭配十万火急的奔跑，加上卡通化的角色，风靡了全世界，在世界各地皆创下了惊人的票房佳绩，其天才的潜质让众多影评人预测他将成为德国的吕克·贝松，并将他看成是德国电影的新希望。

确实，从第一部剧情长片《垂死的玛莉亚》开始，汤姆·提克威就让观众看到了与以往沉闷又自虐的德国电影截然不同的风格，那便是速度与节奏感。

从汤姆·提克威1997年的作品《意外的冬天》来看我们就可以知道，其他的导演在拍摄冰雪纷飞的寒冬时多半会采取压抑沉缓的调子，他却完全反其道而行之，影片像滑雪般充满了动感，行云流水、汪洋恣肆，让多条故事线的发展时放时收，最后演变出叫人既惊讶又爆笑的结尾。

2000年，汤姆·提克威又以风格类似的《公主与侠客》一片赢得了众多的好评与出色的商业成绩。2002年的《天堂》既是他执导的第一部英语片，也是他第一部走向国际制作的电影。2006年，他执导了话题之作《香水》。2012年，他还与沃卓斯基兄弟联合执导了科幻悬疑电影《云图》等。

《罗拉快跑》一片曾荣获：1998年第55届威尼斯国际电影节金狮奖提名；1998年第11届欧洲电影节最佳影片提名；1999年第15届圣丹斯电影节"世界电影"单元"观众奖"；2000年第53届英国电影和电视艺术学院"最佳非英语片"电影奖提名等。

理论准备

对于一部电影来说，影片的叙事结构起着至关重要的作用，也因此在叙事上就有了浩繁的、很难确定归纳的模式。依据电影叙事学的理论，叙事一般可以从两个方面来理解：一是讲故事，这偏重于故事的种类；二是如何讲故事，这涉及一个导演的风格问题，即如何讲故事和使用什么样的视听手段来实现设想。如果我们要对一个导演的艺术水准及其风格进行分析和研究，并对其在系列作品中表现出的一个比较固定的手法有一个清醒的认识，首先应注意的便是影片所采用的叙事结构。这样做不仅可以使观众对故事的构成能有一个基本的认识，而且还能基本把握一部电影追求和可能追求的主题。

传统电影的叙事结构多是时间顺序式结构。这种结构主要表现为：把戏剧冲突作为电影结构的基础，按照戏剧冲突展开的规律，遵循从"开端"到"发展"、到"高潮"再到"结局"或"解决"的布局方式，并依次展开冲突的动作历程。以意大利新现实主义和法国新浪潮为开端的现代电影推翻了这种时间顺序式结构，使现代电影冲破了时间顺序式结构的单一模式，实现了叙事结构的多视角、多元化。我国的电影艺术工作者在世界电影艺术不断变化的潮流冲击下开始把戏剧式电影作为艺术革新的对象，冲破时间顺序式结构的束缚，抛弃戏剧冲突的核心，积极寻找能够表现生活和表达自己电影观念的多种叙事结构，终于他们在20世纪90年代前后完成了我国电影在叙事结构上从传统向现代的转变。

在这个过程中，国外一些新颖的、富于探索性的、充满先锋意识的反传统结构（如三段式等）作品也被介绍到我国来，并被一些艺术工作者所汲取、吸收、消化、模仿、引用和再创造，一些作品（如顾长卫的《孔雀》《立春》、侯咏的《茉莉花开》等）

相继诞生，让我国的电影艺术之花显得更加异彩纷呈。

鉴赏分析

1998 年，一部成本并不算高的德国电影《罗拉快跑》轰动了世界影坛。人们在感慨《罗拉快跑》所蕴含的积极人生意义的同时，也被本片独特的三段式叙事结构所吸引。

所谓三段式叙事结构，在电影中并非《罗拉快跑》首见，好莱坞剧作法中就极其推崇三段式叙事结构：在著名的编剧、制片人悉德·菲尔德撰写的《电影剧本写作基础》一书中就把一部电影按照时间长度分为 3 段，分别占全部电影时间长度的 1/4、2/4、1/4。如果影片的时间长度为 2 个小时，那么第一段和第三段的时间长度各自约为半个小时，中间一段的时间长度为 1 个小时。在第一段，也就是全片的开头部分，要交代任务的动机并描述背景进行铺垫，随后就会进入激发情绪的时刻，引发感情的宣泄，产生危机或冲突。冲突要求主角做出决定，自己应该怎么办。此段可以称为各种矛盾的"建置"。在第二段，也就是全片的中间部分，主角在行动时要面对各种挑战和障碍，出现了"认清形势的场景"，主角要在此场景中重申自己应有的作为，却解决不了面临的矛盾，因此此段可以称为"对抗"。在第三段，也就是结尾部分中，故事要达到高潮，主角在实现愿望的过程中不是成功就是失败，总之矛盾得到了最终解决，因而此段可以称为"解决"。

应该说，90％以上的电影或电影剧本都遵循了这样的结构定式。然而，这样的三段式叙事结构又并非是构建一部电影或者一部电影剧本的唯一方法和唯一标准，它只是一种屡试不爽的可靠方法而已，且多少显得有些模式化和循规蹈矩。因此，相对于那些想在艺术道路上有所创新或走得更远的电影工作者来说，这个叙事结构就成了束缚他们手脚的东西。于是，在当今电影界有许多的导演在叙事结构上开始尝试更新、更巧的东西，而新的不同于常规叙事结构的三段式叙事结构的电影就成为他们的首选。究其原因，或许是因为这种略显非主流的手法更能显示出他们与众不同的思维以及另类的视角。

1982 年，波兰电影巨匠基耶斯洛夫斯基完成了电影《机遇之歌》的全部工作，但由于政治方面的原因，这部电影直到 1987 年才在戛纳亮相。对于很多我国的观众来说，这部电影几乎是可以接触到的年代最早的三段式叙事结构的影片。与现在大多数同类型的电影不同，《机遇之歌》并没有过多地炫耀自己在叙事结构上的优势，导演只是通过男主角赶上与未赶上火车之间的命运差异，传递出了对于生命无常的悲叹。

《机遇之歌》以一位年轻的医学院学生赶火车为背景，引出了 3 条不同的命运之路：第一条路是他赶上了火车，受到一位党员的鼓励加入了执政党；第二条路是他追车时撞上了警卫，被拘留、判刑，跟一名政治犯关在一起，被当成了同伙；第三条路是他没能赶上那班火车，而巧遇了一个过去的女同学，后来他们顺理成章地结婚、工作直至因公出国遭遇空难。

1994 年，马其顿导演米尔科·曼彻夫斯基推出了三段式叙事结构的电影《暴雨将至》，这是该国第一部获得奥斯卡金像奖提名的影片，同时还获得了 1998 年第 55 届威尼斯国际电影节金狮奖。导演用3个平行发展的故事将不同的时空、故事巧妙地结合起来，探讨了反暴力和反战的主题。

《暴雨将至》讲述了年轻僧人收留逃亡少女、一名摄影师回到马其顿老家以及摄影师在伦敦的餐厅被恐怖分子乱枪扫射致死3个简单的故事。在影片中，米尔科·曼彻夫斯基采用三段回环式的手法将整个故事放到了一个圆圈之中，既没有终点也没有起点。在第二段故事的最后，当主角回到马其顿故乡的时候，他看到了第一段故事的女主角；而在影片结束时，故事又回到了电影开始时的修道院之中。

同样是在1994年，美国后现代主义导演昆汀·塔兰蒂诺在自己的作品《低俗小说》一片中也采用了经典的三段式叙事结构，但颠倒了顺序。本片的结构是三段叙事式，但顺序却依次是第一段、第三段和第二段。

2001年，美国导演克里斯托弗·诺兰在三段式叙事结构上也有了自己的新意。在他所执导的电影《记忆碎片》一片中让观众在影片的开头就看到了故事的结局，然后一路往回走，在影片的结尾处也出现了故事的开头。

此外，同等样式、同类结构的优秀电影作品还有美国导演罗伯特·罗德里格兹执导的《罪恶之城》等。我国的三段式叙事结构的电影见本节"理论准备"中的相关内容，这里不再赘述。

由此可见，新的三段式叙事结构与传统的三段式叙事结构出现了很大的不同，表现在：新的三段式叙事结构大多打破了常规的时空顺序，讲述的多为3个各自独立的故事。当然，这些故事与故事之间总会通过某种形式或内容形成交叉，以体现其独特的哲理意识或巧妙的情节编织。从这个角度来说，新的三段式叙事结构与散文的"形散而神不散"有点相似。

在所有的新三段式叙事结构电影中，汤姆·提克威的《罗拉快跑》无疑是最引人注目的，这恐怕与这是一部既前卫又充满实验性，同时又极具商业色彩和娱乐观赏效应的电影有关。毕竟，相对于上述几部电影的曲高和寡，《罗拉快跑》拥有着广大的、世界性的观众队伍。曾有德国青年说自己看了60遍《罗拉快跑》，由此可见本片在普通青年观众中受热捧的程度。

这部电影的故事情节很简单，一个叫罗拉的女孩在20分钟之内必须搞到10万马克，并送到男朋友曼尼的手里，否则黑社会老大便要找她男朋友的大麻烦。妙就妙在，罗拉第一次奔跑是以自己的失败和死亡告终的，导演却让她在第二个段落和第三个段落又活了过来，还在第三个段落获得了完满的人生——她的男朋友曼尼化险为夷，两人又收获了一笔意外之财，皆大欢喜。这一明显有悖于常理的结构设置体现了在科技日新月异发展、观众的观影品位大幅提升的今天，导演顺应潮流，已不满足于单纯的叙述故事，而着眼于如何用新、奇、特的方式表现自己所要传达的思想，并征服年轻观众的主导意识。

《罗拉快跑》"新"就"新"在，其所讲述的故事怎么看怎么不像一部常规的电影，而更像是一个角色扮演类的闯关游戏。游戏的主角面临着一个艰巨的任务，在去完成它的过程中不仅充满了艰难险阻，而且还会遇到许多不可知的命运结局，会因一个小小的失误或者能力不够而失败，甚至丧生。好就好在，游戏就是游戏，不是真实的人生，因此游戏一旦失败或扮演的角色死掉，玩家完全可以再回到开始或中间的某个位置，重新或继续玩某个任务，直到最终过关为止。《罗拉快跑》即是如此，影片中罗拉和曼尼抢超市好不容易成功了，却被荷枪实弹的警察一枪击毙，观众正在唏嘘嗟叹之时，想不到一个"不"字，一切又重新开始，令人禁不住捧腹，继而再次变得兴奋起来，因为新的闯关游戏又开始了，需要观众全神贯注。

至于电影中的其他人物，不管是罗拉的老爸、老爸的情人也好，抑或是街上推着婴儿车的老太太、银行的看门员、地铁站里的大胡子穷鬼也好，他们都不过是角色扮演类的闯关游戏里的NPC①而已。罗拉通过与他们的互动，在每一段落不同的结局中会遇到各种不同的闯关结果。就这样，这部令人兴奋的电影借着女主角罗拉的3次奔跑反映了3种不同生命状态下3段不同的命运，并把一个时间段演绎成了一个可以重来的游戏。

《罗拉快跑》的奇特之处在于，电影借这个游戏透露出"在人生岔路口的不同选择会导致不同的命运结局"这一哲理母题。也正因如此，罗拉奔跑的意义已然超越了电影本身的范畴，而达到了一种形之上的层次。

在影片中，尽管罗拉以相同的姿态、相同坚定的毅力和信念奔跑了3次，每次途中所遇到的人和物也都相同：恶狗和恶男；妇人；男孩；麦尔叔叔的黑色轿车；盲妇；银行女职员；红色救护车；扛玻璃的工人等。然而，哪怕是短短一秒钟之差也能发生许多不可知的人生命运改变，让人不禁慨叹在命运的面前，人类的力量是如此的不堪一击。这种结论源自古希腊神话时期就已形成的古典哲学意识。

时间可以改变命运，让命运或变好或变坏。在这一过程中，人是最无力的。也许拼尽全力与时间奔跑，到头来却与幸运之神擦肩而过，结果落得两手空空；也许慵懒一点，放慢脚步，反而有可能与幸运之神撞个满怀，最终获得美满的人生。但是，无论如何不能放弃的是奔跑，不能因噎废食，不能因为预见了不好的结果就放弃一切努力。从这个角度来说，罗拉颇像好莱坞的一些英雄救世的电影里的主人公。那些英雄们往往在明知世界已是穷途末路的情况下却不气馁、不放弃，努力完成一个个"不可能完成的任务"②，最终获得了成功，不但拯救了世界，而且也让自己名垂青史、幸福终生，让观众对他们肃然起敬。罗拉也同样如此，试想如果她和曼尼一样绝望，什么都不做，只是待在家里悻悻地等男友被黑帮老大杀死，怎么会迎来第三次圆满的结局？

《罗拉快跑》的特别之处在于，为了配合故事情节的走向，影片在视听手段上极尽华丽炫目之能事，快速剪接、跳切、分格、低高速镜头转接、Flash动画、照片蒙太奇……影片竭力营造出一种非现实的气息，令人凝神屏气、目不暇接。即便是静态镜头，摄像师也用肩扛的方式来拍摄，以造成左右高低错落的视觉差异，让整部电影在视觉上极富冲击力。另外，流行音乐的加入也烘托了整部电影统一的快节奏的风格。那些很有金属味道的摇滚，带节奏的鼓点所弹奏出的电子音乐与罗拉奔跑时的急促喘息和心跳声合在一起，极大地加强了"跑"这一贯穿动作的紧张气氛。在造型方面，罗拉一头红色的头发，身着由简单色块组成的上衣和裤子，极具感官刺激，既吸引了

---

① 即 None Player Charactor 的缩写，就是非玩家角色。在角色扮演类游戏里出现的，非玩家可以操作控制的人物都是 NPC。

② 《不可能完成的任务》是汤姆·克鲁斯主演的一部电影的名字直译，国内一般译作《谍中谍》，截至2018年，该片已拍至第六部。

观众的眼球，又成了女性桀骜不驯的象征之一。这么做的结果是，在当时《罗拉快跑》还拥有了许多商业标签和头衔赞誉，如"节奏明快的 MV 式电影""世纪末风格的另类电影""最令人兴奋的欧洲电影"等。

无论怎样，《罗拉快跑》给我们阐释的是一种人生信念、人生态度。也许观看了这部电影之后，无数感到灰心沮丧、在困难面前想打退堂鼓的人便会再次鼓起奋斗的勇气，而罗拉那种坚定不移的表情，从骨子里迸发出来的不可磨灭的奋力向前的信念和力量，不到最后一秒绝不罢休的精神，也许就是我们战胜一切艰难险阻、战胜一切未知恐惧的法宝，是开启所有未来幸福之门的钥匙。

从这个角度来说，赏析《罗拉快跑》也许与结构无关，关乎的是那形之上的人生意义。

第五节 改编是一种全新的创造
——美国电影《特洛伊的海伦》赏析

影片资料

中文译名：特洛伊的海伦①
国家/地区：美国
类　　型：动作/冒险/剧情/爱情
导　　演：约翰·肯特·哈里森
主　　演：希尔娜·吉罗瑞　马修·马斯登　卢夫斯·塞维尔　约翰·拉里斯　大卫（等）

剧情简介

特洛伊的小王子帕里斯被预言，他长大成人后必将给特洛伊带来灭顶之灾。国王普里阿摩斯派人把他扔到山上却意外地被人收养。帕里斯长大后英俊潇洒，3位女神——赫拉、雅典娜和阿芙洛狄忒下凡让他说出"谁是最美丽的女神"，其中，阿芙洛狄忒答应给他世界上最美丽的女子海伦做妻子，于是他选择了阿芙洛狄忒，没想到从此埋下了战争的种子。之后，帕里斯回到特洛伊，重新当上了王子。有一天，特洛伊的国王普里阿摩斯派帕里斯出使斯巴达，在那里他同已经成为斯巴达国王墨涅拉俄斯妻子的海伦不期而遇。

海伦从小美貌出众，没有男人能禁得起她倾城一笑。然而，海伦从在水中看到帕里斯的影子的那一刻起便深深地爱上了他。由于海伦的哥哥为救海伦而死，父亲便把海伦当作祸水和孽障，海伦被迫嫁给了自己并不爱的斯巴达国王墨涅拉俄斯。帕里斯前往斯巴达的当天正好遇上海伦的婚礼。对海伦的命运深感同情的帕里斯不顾一切将她带走，却不知此举将给特洛伊带来灭顶之灾……

墨涅拉俄斯残暴的兄长阿伽门农早就觊觎海伦的美貌和特洛伊的财富，此时他更加找到了进攻特洛伊的理由。于是，他率领希腊联军登上特洛伊城外的海滩，对这座坚不可破的城市发起了进攻……

而帕里斯和海伦回到特洛伊后得到了普里阿摩斯的庇佑。双方在特洛伊城下大战了9年，不分胜负，直到第十个年头，希腊联军突然撤走，给特洛伊城留下了一个巨大的木马，特洛伊人不知是计，将木马拉进城中……

---

① 《特洛伊的海伦》从英文片名直译而来，国内一般公认的翻译为《新木马屠城记》，本书认为《特洛伊的海伦》更切题。另外，Helen of Troy 也是一个成语，类似于中文中的倾国倾城、红颜祸水、妲己亡殷、西施沼吴、杨妃乱唐之类。

拍摄背景

特洛伊城的遗址位于达达内尔海峡和爱琴海之间，现在这里山峦叠翠、流水潺潺，柑橘树和橄榄树漫山遍野，红瓦白墙的农舍点缀其间，展现出一派土耳其当地典型的乡村景致。当时间回溯到3000多年前的时候，这里却是充满了杀伐和嘶喊、遍布残肢和鲜血的古战场。在荷马不朽的史诗《伊利亚特》中，冲冠一怒为红颜的战争就在这里持续了整整10年。

在这个故事中，特洛伊的王子帕里斯来到希腊斯巴达国王墨涅拉俄斯的皇宫做客，受到了墨涅拉俄斯的盛情款待，但是，帕里斯却拐走了墨涅拉俄斯的妻子海伦。墨涅拉俄斯和他的兄长阿伽门农决定讨伐特洛伊。由于特洛伊的城池牢固，易守难攻，他们攻战了10年也未能如愿。最后英雄奥德修斯献计，让迈锡尼士兵烧毁营帐，登上战船离开，造成撤退回国的假象，并故意在城下留下了一个巨大的木马，特洛伊人把木马当作战利品拖进城内。当晚，正当特洛伊人载歌载舞欢庆胜利的时候，藏在木马中的迈锡尼士兵悄悄地溜出来打开了城门，放进早已埋伏在城外的希腊军队，结果一夜之间特洛伊化为废墟。

《荷马史诗》叙述的这段故事成为西方国家文学艺术中传诵不绝的名篇，曾多次被搬上银幕或荧屏。最早关于特洛伊的电影是1910年的《特洛伊失守记》。这部电影还原了史诗《伊利亚特》中的特洛伊战争，在人物结构和场景方面做得很棒，但过于庞杂而语焉不详。1923年的《进攻特洛伊》和1927年的《特洛伊海伦的秘密生活》都选择某一点来表现那场战争，前一部电影更加突出战争场面，后一部电影则将镜头对准了引发战争的美女海伦。

1956年，电影《音乐之声》的导演罗伯特·怀斯执导了《木马屠城记》（又名《特洛伊的海伦》），影片以海伦的角度来看待这场战争，构思非常巧妙。2004年，由美国华纳兄弟影片公司出品的《特洛伊》一片用充满异国风情的拍摄场景、国际化的演员阵容以及精湛的特效，再一次演绎了这场为赢得世界上最美丽女子的爱情而引发的传奇战争。这部电影的艺术水平高低姑且不论，至少由演员布拉德·皮特扮演的阿喀琉斯基本演出了角色的灵魂。如在电影的开头有这样一段镜头，阿喀琉斯对巨人的穿身一剑产生了先声夺人的效果，展现了人物的勇猛、直率，而且角色本身和演员比较贴近。艾瑞克·巴纳扮演的赫克托耳在影片中的悲情英雄形象也是一大亮点，英格兰新偶像奥兰多·布鲁姆（曾扮演过《指环王》中的"精灵王子"）扮演的帕里斯王子也为这部影片聚集了不少人气。另外，这部电影的投资也达到了创纪录的1.75亿美元，所以有如此骄人的成绩不足为奇。

除此以外，反映特洛伊战争的影片还有《奥德赛》《伊菲格涅亚》等，此处不再一一列举。

本节介绍的电影《特洛伊的海伦》由美国环球影片公司拍摄于2003年前后。相对于《特洛伊》的大制作，它只是一个投资规模中等的电影，因而影响力较弱，但这并不妨碍它成为我们进行鉴赏分析的作品之一。

理论准备

把一部小说、一本书、一出舞台剧或一篇文章改编成电影剧本跟创作一个电影剧本是一样的。"进行改编"意味着从一种媒体改变成另一种媒体。改编的定义,就是要"通过在结构、功能和形式上作出某种改变使之能适合新的媒体"①。也就是把某些事情加以变更从而在结构、功能和形式上造成变化,以便调整得更恰当。

换句话说,小说就是小说,舞台剧就是舞台剧,电影剧本就是电影剧本。把一本书改编成电影剧本,意味着把这一个(书)改变成为另一个(电影剧本),而不是把这一个叠加在另一个之上。它不是拍成电影的小说或者拍成电影的舞台剧。它们是两种截然不同的形式。

当我们把一部小说、一本书、一出舞台剧或一篇文章,甚至一首歌曲改编成电影剧本时,我们就是在把一种形式改变为另一种形式。我们是根据原来的素材来写一个电影剧本。

然而,从实质上来讲,我们还是在创作一个独创的电影剧本,因而必须以独创的方式来探讨它。

鉴赏分析

一、原著

对《特洛伊的海伦》这部电影进行鉴赏分析,首先要建立在对所讲故事的原始出处深入了解的基础之上。那么,在古希腊的神话传说中,在流传了千年的文学名著《荷马史诗》里,有关帕里斯和海伦、有关特洛伊木马是怎么一回事呢?

让我们先来看看以下的文字:

(一)海伦

斯巴达国王阿特柔斯被他的兄弟希波科翁逐出了他的王国,阿特柔斯流浪来到埃托利亚国王忒提斯奥斯的国度,并娶了他的女儿勒达。后来,另一位英雄赫拉克勒斯战胜了希波科翁,将他所有的儿子都杀死后,阿特柔斯就和他的妻子勒达回到斯巴达成为统治者。他们有4个孩子,其中克吕泰涅斯特拉和卡斯托尔是阿特柔斯的孩子,而波吕丢克斯和美丽的海伦则是勒达和宙斯所生。

海伦的美貌冠绝希腊,连阿提卡半岛的英雄忒修斯也曾尝试去劫走她。求婚者接踵而来以致发生了内讧和争斗,令阿特柔斯不知所措,最后机智的求婚者奥德修斯向阿特柔斯进言:"让海伦自己决定,并让所有的求婚者起誓,他们对海伦的丈夫永不拿起武器攻击他,并且要求援时全力帮助他。"所有的求婚者应允后,海伦就挑选了阿特柔斯英俊的儿子墨涅拉俄斯。

阿特柔斯死后,墨涅拉俄斯就成了斯巴达国王。

---

① 悉德·菲尔德. 电影剧本写作基础[M]. 修订版. 钟大丰,鲍玉珩,译. 北京:世界图书出版公司,2012:237.

（二）帕里斯的裁决

帕里斯是特洛伊国王普里阿摩斯的儿子，他的母亲赫库芭生他之前做了一个噩梦，她梦到特洛伊受大火洗礼，预言家告诉赫库芭这个儿子将毁了特洛伊，因此普里阿摩斯就命仆人阿戈拉奥斯把帕里斯带到伊达山后将他丢弃，但阿戈拉奥斯却养大了他。帕里斯力大无穷，他保护畜群及朋友，因此别人都叫他阿勒克珊德洛斯，意为"惊人的男子汉"。

一天，3位女神——赫拉、雅典娜和阿芙洛狄忒下凡来到帕里斯的面前让他说出"谁是最美丽的女神"。3位女神都用奖品来诱惑帕里斯，赫拉答应让他当全亚洲的王，雅典娜答应给他最高的军功，而阿芙洛狄忒则答应给他世上最美丽的女子海伦做妻子。最终，帕里斯选择了阿芙洛狄忒，他成了阿芙洛狄忒的宠儿，而赫拉和雅典娜则决心要毁灭特洛伊人。

之后，帕里斯回到了特洛伊参加了英雄们的竞技，连普里阿摩斯的另一个儿子赫克托耳也败给了他。普里阿摩斯其他的儿子瞧不起帕里斯，其中得伊福玻斯更欲拔剑杀死他。帕里斯走到宙斯的祭坛寻求庇护，祭坛中普里阿摩斯的女儿、预言家卡珊德拉立刻认出了帕里斯。普里阿摩斯非常开心，要把帕里斯收至膝下。卡珊德拉警告普里阿摩斯，他却根本听不进去。

成为王子后，帕里斯受到阿芙洛狄忒的唆使乘船到斯巴达找海伦，普里阿摩斯的另一个儿子、预言家赫勒诺斯警告帕里斯，他却置若罔闻。帕里斯来到拉科尼亚的海岸，和他的朋友埃涅阿斯上了岸，作为客人探访斯巴达国王墨涅拉俄斯，宴会上帕里斯和海伦已互生情愫。过了几天，墨涅拉俄斯说要到克里特岛，临行前他嘱咐海伦要好好地招待客人。墨涅拉俄斯一走，帕里斯就唆使海伦离开丈夫，跟他同赴特洛伊。海伦为了爱情抛弃了一切，包括她的女儿赫尔弥奥涅。回程途中，古老的海洋之神涅柔斯突然从水中露出身来，诅咒说希腊人马上就会带着大军追来，普里阿摩斯的古老王国就要被毁灭。帕里斯听了非常恐慌，然而阿芙洛狄忒安慰了他，他很快就把诅咒忘掉了并率舰队回到了特洛伊。

（三）召集英雄

当帕里斯一登船，众神就派使者伊里斯到克里特岛去找墨涅拉俄斯。墨涅拉俄斯回到斯巴达后见到财宝被劫走、海伦又离他而去，立刻怒火万丈，并找到他的哥哥阿伽门农。阿伽门农建议召集当年起誓的英雄们一起进攻特洛伊。墨涅拉俄斯接受劝告，先到皮洛斯找到年长的国王涅斯托尔，涅斯托尔非常生气，决定亲自出征，并且带上自己的两个儿子特拉叙墨得斯及安提洛科斯。其他参加征讨的人还包括阿尔戈斯国王、提丢斯的儿子狄奥墨得斯；欧博亚国王瑙普利奥斯的儿子帕拉墨得斯，克里特岛国王；弥洛斯的孙子伊多墨纽斯；赫拉克勒斯的好友菲罗克忒忒斯，他拥有赫拉克勒斯的弓箭，预言者预言没有这些箭特洛伊是攻不破的。另外还有萨拉弥斯国王、忒拉蒙的儿子大埃阿斯及罗克里斯来的英雄奥伊琉斯的儿子小埃阿斯，不过尚有两个人未到。

伊塔卡国王拉厄尔忒斯的儿子奥德修斯以机智而闻名，他刚与妻子珀涅罗珀结婚不久，生下了儿子忒勒玛科斯，因此不愿同行。当奥德修斯得知墨涅拉俄斯、阿伽门农、涅斯托尔和帕拉墨得斯来到伊塔卡时，他就装疯把牛套在犁上耕田，又把盐撒到田里。帕拉墨得斯看穿了奥德修斯的诡计，就把他的儿子放在田上，果然奥德修斯就在孩子的面前停了下来。奥德修斯不得已承认自己是装疯卖傻，只得履行当年的承诺。从这时起奥德修斯便对帕拉墨得斯怀恨在心，并决心要报复。

另一位未到的是阿喀琉斯，他就是佩琉斯与女神忒提斯的儿子，注定是要做伟大英雄的悲剧式人物。忒提斯知道阿喀琉斯会死于特洛伊，因此当阿喀琉斯还是婴儿时，她就把他倒提脚跟浸于冥河斯提克斯中，令他刀枪不入，佩琉斯又将他交给马人基戎教导，教会他使用各种兵器。当墨涅拉俄斯要出征的消息传到忒提斯的耳中时，她便把阿喀琉斯藏在斯库罗斯岛的吕科墨得斯的宫殿中，但是预言家卡尔卡斯泄露了阿喀琉斯的行踪，并告知他们阿喀琉斯身穿女服，不易辨认。奥德修斯和狄奥墨得斯就假扮商人来到宫殿，把货物放在殿前，公主们都爱看珠宝首饰，只有阿喀琉斯在看武器。此时传来剑击声，其实这是狄奥墨得斯在殿外发出的，阿喀琉斯以为有敌人就立刻拿起武器准备杀敌。就这样他被认了出来。阿喀琉斯很高兴能参与战事，他还把两个朋友智者福尼克斯和帕特罗克洛斯带去战场。佩琉斯知道命运如此，就把结婚时众神送的铠甲、海神波塞冬送的马及基戎的长矛都给了阿喀琉斯。

（四）往特洛伊

希腊联军的出征一开始并不顺利，在很多地方都碰上了麻烦，其中不能不提的当数在奥利斯所遭遇的一切。

之前，希腊人在米西亚靠岸，误认为到了特洛伊海岸，便开始破坏城池。这里的国王是赫拉克勒斯的儿子忒勒福斯，他集合军队保卫自己的领地但却失利了。直到清晨战斗才结束，希腊联军知道是与自己的同盟开战后感到很心痛。忒勒福斯亦无意加入联军，因为他是特洛伊国王普里阿摩斯的女婿。

在战斗中，忒勒福斯的大腿被阿喀琉斯所伤，伤口无法治愈。德尔菲神谕所的阿波罗的女祭司皮提亚告诉他只有伤他的人才能治好这伤口。另外，希腊联军需要一个向导指出通往特洛伊海岸的路。忒勒福斯去要求阿伽门农让阿喀琉斯医治他，但他先碰到了阿伽门农的妻子克吕泰涅斯特拉。克吕泰涅斯特拉建议忒勒福斯抱起摇篮里的阿伽门农的儿子奥瑞斯忒斯跑上祭坛来威胁阿伽门农。阿伽门农害怕儿子有什么闪失，便答应了他的要求。阿喀琉斯感到很惊奇，因为他根本不懂医术，但奥德修斯参透神谕，让阿喀琉斯把那刺伤忒勒福斯的长矛尖上的铁锈撒在忒勒福斯的伤口上，于是伤口愈合了，忒勒福斯答应当希腊联军的向导。

但是，由于阿伽门农在一次狩猎中杀死了月亮和狩猎女神阿尔忒弥斯的神鹿，女神阿尔忒弥斯为此伤痛不已，令海上一直不断地刮起逆风。预言家卡尔卡斯预言，只有把阿伽门农的女儿伊菲格涅亚作为牺牲品献给女神才能改变风向。阿伽门农非常伤心，甚至准备放弃出征特洛伊。他先派遣使者以阿喀琉斯想在出征前与伊菲格涅亚订婚为借口瞒着妻子克吕泰涅斯特拉将女儿带来，后由于心痛而派遣使者让妻子不要把女儿送来。第二个使者被弟弟墨涅拉俄斯截住了，他谴责阿伽门农背叛联盟，兄弟之间发生了激烈的争吵，直到外面有人报信说伊菲格涅亚与母亲克吕泰涅斯特拉、儿子俄瑞斯忒斯已经来到军中。

一边阿伽门农受到妻子愤怒万分的谴责，另一边阿喀琉斯不让别人牺牲答应给他做妻子的伊菲格涅亚，他仗剑带盾在阿伽门农的营帐外抵御奥德修斯率领的战士。这时，伊菲格涅亚宣布自愿作为献祭的牺牲品，制止了这场厮杀。当伊菲格涅亚被迫走上祭坛时阿伽门农在营帐中哭泣。最后，在刀已经触到少女时，月亮和狩猎女神阿尔忒弥斯把伊菲格涅亚摄走并收为自己的祭师，而祭坛上只有一头鲜血淋漓、垂死挣扎的赤牝鹿。海风立时转向，希腊联军得以继续启程，终于来到了特洛伊城下。

（五）10年围城

特洛伊的城墙极其坚固。传说特洛伊城山冈脚下的城墙是由海神波塞冬和阿波罗修建的，坚不可摧，只有一段由埃阿科斯所修建的城墙有可能被人破坏。早在希腊人还在米西亚时，就已经有预言家预言特洛伊城要被围困10年才能被攻下。预言家还警告谁第一个踏足海岸谁就会先死，奥德修斯为了吸引将士上岸，他把盾牌扔到岸上，然后灵活地跳上盾牌。英雄普罗忒西拉奥斯渴望建立军功，没有留意到奥德修斯的诡计，就立即跳到岸上杀敌，特洛伊的英雄赫克托耳长矛一飞，他就被结果了性命。大家万众一心杀敌，特洛伊人抵挡不住退回城里。第二天，双方停火收拾尸体和埋葬战士，之后希腊人把船拖上岸并修筑防御工事，阿喀琉斯和大埃阿斯的营帐设在工事的两端，以防敌人偷袭。阿伽门农和奥德修斯的营帐则在中央，以便统率全军。工事修好后他们就派墨涅拉俄斯和奥德修斯与特洛伊人进行谈判，他们要求归还财宝和海伦，本来特洛伊人自知理亏已准备接受一切要求，但是帕里斯第一个不从，部分兄弟支持他，被收买的安提玛科斯甚至要求逮捕墨涅拉俄斯并处死他。当中，特洛伊的预言家赫勒诺斯说神会让特洛伊胜利，最后特洛伊人拒绝和谈，战争正式开始。

希腊联军开始围城，攻了3次都无功而还，特洛伊人也不敢贸然出城进攻，希腊联军只得侵占了附近的城邦，包括忒涅多斯岛、莱斯博斯岛、佩达斯城、吕尔奈斯城等。当中，彼奥提亚的忒拜也被占领，此城是由赫克托耳的妻子安德罗马克的父亲埃提翁所治理，阿喀琉斯一天杀了安德罗马克的7个弟兄，并俘虏了阿波罗的祭师克律塞斯的女儿克律塞伊斯和布里塞斯，希腊人把克律塞伊斯送给了阿伽门农。

这9年间，希腊联军很多的英雄都战死了，包括英雄帕拉墨得斯，他为希腊人做出了无数的贡献，可是奥德修斯出于嫉妒之心，加上当时帕拉墨得斯揭穿了他装疯的诡计，奥德修斯就趁帕拉墨得斯想议和时诬陷他。奥德修斯把黄金藏在帕拉墨得斯的营帐中，并假传他被普里阿摩斯收买了，很多人相信了这个谣言；另外，奥德修斯又伪造文书，阿伽门农得到文书后召集所有的英雄到营帐，其中包括帕拉墨得斯。帕拉墨得斯百口莫辩，被判钉上锁链，被人用石头砸死，帕拉墨得斯求饶不果后就在海边被处死了，这导致后来他的父亲欧博亚国王瑙普利奥斯的报复。起初，阿伽门农甚至不允许埋葬帕拉墨得斯的尸体，然而大埃阿斯不相信帕拉墨得斯的背叛并安葬了他。

（六）阿喀琉斯和阿伽门农的争执

终于到了围城的第10年，阿波罗的祭司克律塞斯来到希腊联军中恳求阿伽门农释放他的女儿克律塞伊斯，并愿意拿出大量的赎金，当中只有阿伽门农不许，并骂走了克律塞斯。克律塞斯向阿波罗控诉，于是阿波罗令希腊联军患上了瘟疫。在第10天，在军中的大会上，阿喀琉斯要求卡尔卡斯揭示神为什么会发怒，卡尔卡斯得到阿喀琉斯的保护后和盘托出，并要求阿伽门农归还克律塞伊斯。阿伽门农大怒，但在众目睽睽之下只得遵从，然而他却要求得到更多的奖金和军功，甚至要把阿喀琉斯、奥德修斯和大埃阿斯也要让出来。阿喀琉斯威胁说自己要回家去，而阿伽门农却说要将阿喀琉斯的女奴布里塞斯捉拿来，阿喀琉斯被激怒后欲举剑刺杀阿伽门农，此时雅典娜制止了他，因为这两位英雄对赫拉来说都是重要的。雅典娜又告诉阿喀琉斯阿伽门农不久后就会为自己的狂言付出代价，于是阿喀琉斯就怒气冲冲地和朋友帕特罗克洛斯回营帐去了。而奥德修斯则将克律塞伊斯带往埃提翁城归还给克律塞斯。

当奥德修斯离开之时，阿伽门农真的派传令官塔尔提比奥斯和欧律巴忒斯去捉拿阿喀琉斯的女奴布里塞斯，阿喀琉斯知道这一切都只是阿伽门农的主意，于是让他们带走了心爱的布里塞斯。阿喀琉斯伤心欲绝，向住在大海中的母亲忒提斯哭诉。忒提斯答应向宙斯投诉阿伽门农的无礼并降罪于他，不过宙斯去了埃塞俄比亚人那里赴宴要12天后才回来，因此从这天起阿喀琉斯就一直留在营帐里不参与任何战事。

在第12天，宙斯回到奥林匹斯山，忒提斯乞求宙斯在阿伽门农未向阿喀琉斯道歉之前先让特洛伊人胜利，尽管宙斯知道这会惹赫拉生气，但念在忒提斯在从前众神欲推翻宙斯之时曾叫百手巨人布里阿瑞奥斯帮过他，于是宙斯就如她所愿。宙斯派睡神许普诺斯给阿伽门农假的梦，让他以为神预示他破城在即。阿伽门农梦醒后立即召集所有的将士，他在广场上试探众人的想法，向众人宣布回家去，众人都欣喜若狂地把船推到海边。赫拉担心阿伽门农弄假成真，就派雅典娜严正地告诉奥德修斯阻止众人，奥德修斯立刻取了阿伽门农那象征最高权力的权杖命令众人回到广场。最后，众人都鱼贯回到广场，一切又恢复了平静。只有忒尔西忒斯一人继续在叫嚣，他勇敢地站出来反对国王。他尤其反对阿伽门农和阿喀琉斯，在广场上他辱骂阿伽门农自私没胆。奥德修斯走到忒尔西忒斯的面前警告他，让他住口，并用权杖打了他。奥德修斯重新鼓舞希腊联军，军队在向宙斯献祭后向特洛伊城发起了进攻，然而他们却不知道宙斯拒绝了他们的献祭。

（七）墨涅拉俄斯和帕里斯的决斗

众神的使者伊里斯变成普里阿摩斯的儿子波吕忒斯的样子向特洛伊人通报希腊联军的迫近，特洛伊军队列队走出了城。两军在对峙时帕里斯从特洛伊军队中走出来，示意要和墨涅拉俄斯单挑。墨涅拉俄斯亢奋起来，他终于可以亲手报仇了。帕里斯看到墨涅拉俄斯亢奋的样子，怕得缩在朋友的旁边。赫克托耳就责骂帕里斯是个胆小鬼，并指责他是战争的罪魁祸首，帕里斯只好硬着头皮迎战，于是两军都屏息静气，此时墨涅拉俄斯要求普里阿摩斯见证这场决斗，同时伊里斯女神化作普里阿摩斯的女儿拉奥狄克的样子叫海伦登上斯开亚门的塔楼观战，普里阿摩斯与阿伽门农、奥德修斯等向众神做了献祭，立誓遵守条约后就回到塔楼上，他不忍近距离看到任何一方的死亡。

决斗开始时，由帕里斯先向墨涅拉俄斯掷长矛，他的长矛刺中了墨涅拉俄斯的盾牌却没有穿透它。当墨涅拉俄斯掷长矛时，长矛透过了帕里斯的盾牌及铠甲，幸亏帕里斯的反应快，跳到一边才得救了。墨涅拉俄斯以剑进行攻击，但由于用力太猛剑断为4节，他便徒手抓着帕里斯，把帕里斯拖往希腊联军中。帕里斯透不过气来，此时阿芙洛狄忒女神割断了帕里斯的头盔带，使得墨涅拉俄斯的手中只剩下一个头盔，并用浓雾遮住了墨涅拉俄斯，伺机将帕里斯摄回城中。墨涅拉俄斯大怒，阿伽门农宣布墨涅拉俄斯的胜利，要求特洛伊军队交纳贡赋，却得不到回应……

（八）赫克托耳之死

由于帕里斯临阵脱逃，阿伽门农的退兵协议解除了，他进一步威逼特洛伊，赫克托耳看他实在太嚣张了，于是决定要亲自会会他。

暴怒的阿喀琉斯很轻松地就杀死了赫克托耳，然后公然地凌辱他的尸体，扬言要把他做成人祭。

国王普里阿摩斯带兵偷偷潜入阿喀琉斯的营帐，拿刀架在沉睡的阿喀琉斯的脖子上，逼他把赫克托耳的尸体放了。阿喀琉斯被挟持作为人质，只好乖乖地放人。他们刚一走，阿伽门农埋伏已久的队伍就袭击了他们，阿喀琉斯也参战了，国王狼狈地拖着儿子的尸体回国。

阿波罗曾经出面规劝阿喀琉斯不要侮辱赫克托耳的尸体，却遭到了拒绝，他觉得自己很没有面子，于是他亲自教导帕里斯，告诉他阿喀琉斯的软肋在脚踝。于是，帕里斯成功地偷袭了阿喀琉斯，让他死在一个他看不起的"懦夫"的手里，也顺便救出了自己的父亲。

（九）木马屠城

第二天的早晨非常奇怪，希腊联军的战舰突然扬帆离开了，平时喧闹的战场变得寂静无声。特洛伊人以为希腊人撤军回国了，他们跑到城外，却发现海滩上留下一个巨大的木马。

特洛伊人惊讶地围住木马，他们不知道这个木马是干什么用的。有人要把木马拉进城里，有人建议把木马烧掉或推到海里。正在这时，有几个牧人捉住了一个希腊人，他被绑着去见特洛伊国王。这个希腊人告诉国王木马是希腊人用来祭祀雅典娜女神的。希腊人估计特洛伊人会毁掉它，这样就会引起天神的愤怒。但如果特洛伊人把木马拉进城里，就会给特洛伊人带来神的赐福，所以希腊人把木马造得这样巨大，好让特洛伊人无法拉进城去。特洛伊国王相信了这些话，正准备把木马拉进城时，特洛伊的祭司拉奥孔跑来制止，他要求把木马烧掉，并拿长矛刺向木马。木马发出了可怕的响声，这时从海里窜出两条可怕的蛇扑向拉奥孔和他的两个儿子。拉奥孔和他的两个儿子拼命地和巨蛇搏斗，但很快就被巨蛇缠死了。然后，这两条巨蛇从容地钻到雅典娜女神的雕像下不见了。

希腊人又说这是因为拉奥孔想毁掉献给女神的礼物，所以受到了惩罚。特洛伊人赶紧把木马往城里拉。但木马实在太大了，它比城墙还高，特洛伊人只好把城墙拆开了一段。当天晚上，特洛伊人欢天喜地地庆祝胜利，他们跳着唱着，喝光了一桶又一桶的酒，直到深夜才回家休息，做着关于和平的美梦。

深夜，一片寂静。劝说特洛伊人把木马拉进城的希腊人其实是个间谍。他走到木马边轻轻地敲了3下，这是事先约好的暗号。藏在木马中的全副武装的希腊战士一个接一个地跳了出来。他们悄悄地摸向城门，杀死了睡梦中的守军，迅速地打开了城门，并在城里到处点火。隐蔽在附近的大批希腊联军如潮水般涌入特洛伊城。10年的战争终于结束了。希腊人把特洛伊城掠夺一空，烧成一片灰烬。男人大多被杀死了，妇女和儿童大多被卖为奴隶，特洛伊的财宝都装进了希腊联军的战舰。海伦不敢回去见丈夫，怕他要杀了自己，只好和帕里斯私奔了。

沦陷的夜晚，地牢坍塌，卡珊德拉和许多冤屈的囚犯逃了出来，参加了这场大屠杀。卡珊德拉躲进雅典娜的神庙乞求庇护，但小埃阿斯发现了她。当小埃阿斯准备要带走卡珊德拉的时候，愤怒的雅典娜亲手把他宰了。

雅典娜准备进一步对卡珊德拉进行保护时已经太晚了，阿伽门农发现了这个美丽的女先知，于是把她带回国。

（十）阿伽门农等人的结局

墨涅拉俄斯回国后仍然不肯忘记过去的仇恨，每天到处打仗，强抢其他国家的王后来弥补自己心灵的创伤。如果其他的国王不服从墨涅拉俄斯，他就要发动战争。同时，他仍然到处派人搜索海伦和帕里斯的下落，希望有一天能够手刃仇人。

长期的血腥战争让阿伽门农产生了厌倦感，他迫不及待地希望返回麦锡尼。当他看见妻子克吕泰涅斯特拉与当年被自己饶了一命的埃吉斯托斯在卫城欢迎他时，他完全放松了警惕。即使卡珊德拉曾经多次警告他将面临凄惨的毁灭，他仍没有对家人产生丝毫的怀疑。他衷心地感谢埃吉斯托斯在自己不在时帮忙镇守城邦，他甚至还以为阿特柔斯家族血腥的亲族仇杀史将会由他所终结。

可是，事实上，阿伽门农的妻子克吕泰涅斯特拉长期以来一直与她的堂弟埃吉斯托斯通奸，她怕奸情败露后会被丈夫休了，于是和埃吉斯托斯一起商量要把阿伽门农杀死。

克吕泰涅斯特拉劝说阿伽门农去沐浴，于是阿伽门农解下了所有的武装，开开心心地洗起澡来。克吕泰涅斯特拉和埃吉斯托斯早已把阿伽门农留在故乡的心腹铲除干净。他俩又安排那些随阿伽门农归来的战士们一起用餐，席间命令事先安排好的亲信将这些全无疑心、专心用餐的战士们全部杀死，随后克吕泰涅斯特拉用象征王权的黄金双头斧将沐浴中的阿伽门农劈死。①

二、鉴赏分析

故事讲完了，我们的答案也随之而出，相对于原汁原味的古希腊神话，《特洛伊的海伦》这部电影在改编时主要做了以下的改动：

首先，本片删繁就简、去芜存精，让矛盾、人物和主题等更加集中，更加吻合电影的观赏特性。

特洛伊木马屠城的故事，说简单也简单，说复杂也复杂，体现在荷马史诗《伊里亚特》中，洋洋洒洒写了近40万字，涉及成百上千的人物，其中发生在阿喀琉斯和阿伽门农之间因是否归还阿波罗的祭司克律塞斯的女儿克律赛伊斯而展开的争吵，以及因对阿喀琉斯的女奴布里塞斯的争夺而导致的怨气成为全书的主要内容和主要情节，而这一切在电影《特洛伊的海伦》中却因主题和剧情的需要被完全删去了。

此外，诸如海伦和帕里斯私奔后，阿伽门农如何想尽办法将各位英雄召集起来组成联军的过程，以及军队出发后在奥利斯或其他地方所遭遇的一切，再至战争进行过程中，奥德修斯如何设计整死英雄帕拉墨得斯，还有宙斯、雅典娜、阿芙洛狄忒等诸神的上蹿下跳、搬弄是非等都被电影省略或删掉，呈现在我们面前的是一个情节相对简单、人物相对集中、矛盾冲突更加激烈的故事，亦即以善良、仁爱、富有同情心的帕里斯、海伦、普里阿摩斯等为首的特洛伊人如何同凶残、暴戾、心狠手辣并且贪婪的以阿伽门农为首的希腊联军做斗争，最终以悲剧的结局告终的故事。可以说，这么一改既吻合了电影的特性，也十分符合观众的观赏心理。

---

① 具体内容参见《荷马史诗》之《伊利亚特》，以及古斯塔夫·斯威布所著《希腊神话和传说》等。

这是因为，电影"在有限的放映时间里，剧作中的主要人物一多，必须向观众交代清楚的事情就多。比如他们姓甚名谁，他们从事什么职业，他们以往有些什么样的基本经历，他们之间的基本关系是同事还是父子等，这些东西一多，不向观众交代说明，他们就无法理解电影所要叙述的故事是怎么回事；而要把他们全部交代清楚，又会占据电影需要展开故事的时间……再者，人物一多，他们之间繁衍出来的情节线索也就必然增多。因为人物与人物之间不可能不产生关系，不可能不生出一些事情来。这样一来，剧作者仅为了叙述这些繁杂事件的头绪和枝节就足能忙得不可开交了，哪里还有篇幅和精力去细致入微地揭示人物的心理活动和刻画人物性格呢？"①所以，"凡是成功的或比较成功的影片一定都有这样一个共同的特点：其中着力描写的主要人物是比较单纯和集中的"②。至于其他方面，"创作经验告诉我们，电影的主题要求单纯、明确，剧情也不要太复杂。匈牙利电影理论家贝拉·巴拉兹在他所著的《可以看见的人类》一书中就曾明确地指出，大多数文学作品改编成电影之所以失败，主要是由于编剧拼命地把过多的素材塞在一部长度有限的电影里（的缘故）"③。

由此可见，至少在删繁就简方面，《特洛伊的海伦》的改编是极其成功的，其成功的经验之一就是充分地尊重了电影在情节、主题和人物等方面所应遵循的特性，舍得取舍、有胆取舍，并为剧情所用。

其次，本片在充分尊重原著故事的同时，并不拘泥于原著，而是出于揭示主题的需要，对部分情节和人物进行了大胆的改编，有些改编甚至是颠覆性的。

众所周知，改编任何作品，首先要明确的就是改编观。改编观有两种，即忠实说和创造说。忠实说，是指再现原作的精神，并非完全指内容。创造说，是指要提炼出原作里所不具备的内容，这就意味着原作当中有许多的素材必须要修改或者要放弃，焦点事件要重新衡量，分量很重的人物也许要大加砍削，还有可能要加入许多原著中没有的东西。

《特洛伊的海伦》遵循的就是创造说的改编观，古希腊神话传说中的许多人物、故事在本次改编中都做了或大或小的改动，而且还增添了部分新内容，无论是改动的部分还是新添的部分都很成功，奉献给观众的作品几近完美。

这些改动首先表现在：《荷马史诗》以及古斯塔夫·斯威布创作的《希腊神话与传说》中有一个很明显的特点，即交战的双方，无论对错、无论胜负，都是诗人吟咏和作者笔下倾力塑造并且歌颂的英雄人物，这些英雄可能会有一些缺点，可能会有一些不恰当的行为或者举动，但只要介入到这场旷日持久、波澜壮阔的战争中就值得我们敬仰并且歌颂。因此，彼方的阿伽门农、阿喀琉斯也好，此方的赫克托耳、帕里斯也好，基本都不分善恶美丑。

然而这一点到了本片中却出现了截然不同的变化，编导毫不掩饰自己的观点把战争的双方分成了善与恶两极。其中，善的一方，是最终以悲剧命运谢幕的特洛伊人；而恶的一方，则给了远道而来侵袭此处的希腊联军。这样就把原著中关于双方战争的

---

① 刘一兵. 使了解这门艺术吗？——电影剧作常识100问［M］. 北京：中国电影出版社，1986：77-78.
② 同上.
③ 汪流. 电影编剧学［M］. 北京：北京广播学院出版社，2000：119.

厮杀改写成了一种善良与邪恶、正义与非正义、真情与占有、掠夺与誓死保卫家园之间的对抗。至于观众，也在这种剧情设置中对特洛伊人倾注了强烈的好感与同情，而对希腊联军则充满了愤怒的仇恨与厌恶。于是在3个小时左右的时间里，他们酣畅淋漓地倾泻了自己的情感，让观众得到了一次极美的艺术享受。

与此相适应，本片在人物方面也做了相应的改变，其中最大的改变莫过于对希腊联军的首领阿伽门农这一形象的颠覆性的改变。在希腊神话中，阿伽门农给我们留下的印象虽然也不是特别光彩，但还没有到完全泯灭人性的地步，尤其是他领导希腊联军攻打特洛伊是出于为弟弟雪耻的原因，对自己却没有什么太大并且直接的好处，这就多少令人感到可钦可敬，更何况因为这场战争他还失去了自己的爱女伊菲格涅亚。

关于阿伽门农和伊菲格涅亚，在早期的古希腊神话传说中是这样描写的：

阿伽门农听了预言家的话，陷入了绝望之中。他派来自斯巴达的传令官塔耳堤皮奥斯向全体参战的希腊人宣布，他辞去希腊军队最高统帅一职，因为他的良心不允许他杀害自己的女儿。希腊人听到这个决定，十分恼火，扬言要反叛。墨涅拉俄斯急忙来到他的住处，告诉他的兄弟这个决定所产生的严重后果。阿伽门农经过劝说，终于同意做这件可怕的事：把女儿献祭给女神。他写了一封信给迈锡尼的妻子克吕泰涅斯特拉，让她把女儿伊菲格涅亚送到奥利斯来。为了解释这件事，他向妻子谎称，为女儿跟珀琉斯的小儿子、光荣的英雄阿喀琉斯订婚，因为阿喀琉斯与伊菲格涅亚的秘密婚事是没人知道的。可是，送信的使者刚出发，父女感情又使阿伽门农的良心受到自责。他感到痛苦，后悔做出了轻率的决定。于是他又在当天夜晚叫来可靠的老仆人，要他另送一封信给他的妻子，信上吩咐她不要把女儿送到奥利斯来，因为他已改变了主意，要把女儿订婚的事推迟到明年春天。忠诚的仆人拿着信急忙走了，但他没能到达目的地，因为墨涅拉俄斯对哥哥的迟疑不决早有觉察，已密切注视着他的行动。清晨，老仆人刚离营，就被墨涅拉俄斯抓住，信被搜去。他读完信就拿着信来找他的哥哥。"真见鬼，你又动摇了！"他大声地责备他的哥哥："你还记得，当时你是如何渴望当远征军的统帅？你当时显得多么谦恭，多么亲切，跟每个人握手。当时，你的大门向每一个愿意进来的人敞开着，哪怕他是最平常的人，这些友好的表示只是为了得到指挥权。现在，指挥权到手了，这些事情又顿时变成了过去。你不再像从前一样是你老友们的朋友了。在军中你也很少露面，大家很难再见到你的人影。当你带着军队来到奥利斯港，当军队遭到神祇的阻挠，当我们的人开始抱怨，并且说：'我们希望扬帆起航，不愿老守在奥利斯港！'这时，你却举棋不定，只是徒劳地指望刮顺风。你来找我，要我想办法，出主意，找出路，只是为了不丢掉你引以为豪的统帅地位。后来当预言家卡尔卡斯要你向阿尔忒弥斯献祭你的女儿时，你勉强答应了。可是现在你又变卦了。有千千万万的人像你一样，他们渴望地位，孜孜不倦地想要权势，可是一旦看到需要做出个人牺牲才能获得权势时，他们又畏缩了。没有理智和见识的人，在艰难面前丧失了这些品质的人，是不配统率一支军队的，也不配掌管一个国家。""你为什么如此激动呢？"阿伽门农说："是谁惹了你呢？你为什么这样恼怒？是为了你那美丽的妻子海伦吗？你为什么不把她好好看住呢？我理智地纠正轻率做出的决定，难道是愚蠢的？倒是你更愚蠢，因为你要追回一个不忠实的妻子。其实你应该感到高兴，你终于幸运地摆脱了她。不！我绝不能杀死我的亲生骨肉！"兄弟两人争论起来，互不相让。突然一名仆人进来向阿伽门农报告，说他的女儿伊菲格涅亚已经来到，随同前来的还有她的母亲和弟弟俄瑞斯忒斯。仆人刚离开，阿伽门农突然觉得自己陷于完全绝望的境地。墨涅拉俄斯连忙握住他的手表示安慰。阿伽门农痛苦地说："兄弟，胜利是你的，你把她带走吧！"[①]

在这里，阿伽门农的形象是一个犹豫于亲情与责任之间的统帅、国王，他挣扎在要不要杀死亲生女儿以换来全军前进的痛苦当中，这让我们对这个人物产生了深深的敬佩与同情。毕竟，他是希腊联军的统帅，他承受的是生命中不能承受的伤痛。因此，他最后做出献祭亲生女儿的举动也是可以理解的，是一种无奈与痛苦。

然而，在电影中，阿伽门农却不是这样的。当海风阻挡队伍不能前行时，他比任何人都更加着急；而当卡尔卡斯说出他必须将自己的女儿献祭的事情时，虽然他的脸上也露出了一丝犹豫、一丝彷徨、一丝痛苦的表情，但最终还是果决地听从了神的命令。于是，我们聆听着伊菲格涅亚可爱的、如铜铃般清脆的欢笑，看见阿伽门农一点一点举起了手里的屠刀……这个时候，观众对他除了恨以外，相信不会再有其他的感受了。

在阿伽门农这个人物的塑造上，本片还创造并强化了原著中所不具备的另外两个特点：一是阿伽门农的内心深处充满了对美女海伦的占有欲望，哪怕这个女人是自己弟弟的妻子；二是阿伽门农之所以比其他人更加迫不及待地侵略特洛伊，并非单纯是为了红颜，也是看中了特洛伊的富庶和所处的军事战略地位。

这样的改变、这样的性格基调使阿伽门农的形象在观众的心目中一步步地变得邪恶且令人憎恶起来，他成了本片最大的反角。到了影片的最后，当这个恶魔终于死在妻子克吕泰涅斯特拉之手时，观众不仅感到解气、过瘾，甚至还要拍掌庆祝了。拍掌是因为这个反面角色终于受到了他应该受到的惩罚，庆祝的是他终于得到了他应该得到的归宿。

至于特洛伊这边的人物，《特洛伊的海伦》也做了不小的改动。如帕里斯，在原著中，作为挑起这场战争的始作俑者，他本该挺身而出，好汉做事好汉当，但他却胆小怕事、临阵脱逃，一副懦弱无能扶不上墙的样子。但是，到了电影里，帕里斯却成了一个对爱情勇敢追求的人、在战场上奋力拼杀的英雄。他之所以会败给墨涅拉俄斯，乃是由于阿伽门农在剑上做了手脚的缘故。赫克托耳死后，他不惧危险，深夜潜入敌军营帐内为兄弟复仇，不失为一个有良知、有气魄、有胆识、顶天立地的男子汉、大英雄。另外，他之所以将海伦从斯巴达拐出，并非是因为她的美貌，也非由于神的挑唆，而是出于对其苦难命运的同情。也正因如此，当特洛伊人讨论是否该将海伦送还给墨涅拉俄斯和希腊联军的时候，他不但坚决反对，而且还用一番慷慨激昂的真情表白打动了包括国王普里阿摩斯在内的所有人。从那以后，特洛伊人同希腊联军的战斗就是为了要保护好"特洛伊的海伦"，他们勇敢地担当起了将海伦从恶势力手下拯救出来的这个本不该由他们担负起来的重任，而且，10年拼杀，生死茫茫，却始终无怨无悔。

在海伦这一人物形象的塑造上，本片也做了不小的改动：首先，突出了她命运的

[①] 叶乃泊，南柯，竞胜. 希腊神话故事[M]. 北京：宗教文化出版社，1996：253. 有改动。

悲剧色彩；其次，突出了她和帕里斯之间的真感情。为此，本片的上半部分拿出了不小的篇幅讲述了她从小被忒修斯掳走并且养大的故事，乍一看这好像是个赘笔，因为它与木马屠城的故事有些脱节，可实际上它却是塑造海伦的形象与悲惨命运的最重要的基础。正是因为忒修斯将她掳走，才交代了她不是国王阿特柔斯亲生女儿的情节，为后文阿特柔斯厌恶她做了注脚。接下来，哥哥波吕杜克斯为救她而死，这更加深了老国王阿特柔斯对她的厌嫌与愤怒。于是，阿特柔斯召开会议，让一帮国王随意抓阄来决定海伦的终身大事，这与特洛伊这边国王普里阿摩斯明知儿子帕里斯的归来将给自己和自己的王国带来灾难却依然张开了双臂欢迎儿子回家形成了鲜明的对比。还有，在海伦与墨涅拉俄斯的婚礼上，丈夫竟然要求她赤身裸体供所有人打量。正是这屈辱的一幕，还有对父亲及亲情的绝望，以及与墨涅拉俄斯的无感情，才导致了海伦最终跳出牢笼，勇敢地和帕里斯一起去追求自己的爱、自己的幸福，这种观念恰恰与观众对爱情的理解、憧憬、向往合拍，她和帕里斯的爱情引起观众的同情、关注，也就成了最自然不过的事情。

最后，本片将原著中人与神之间的争斗变成人与人之间的争斗，将人与人之间的争斗变成了人性中善与恶两极的抗争。

在《荷马史诗》和古希腊神话传说中，特洛伊战争完全是一场因神而起的闹剧，不和女神厄里斯扔下的那个金苹果导致人类展开了长达10年的战争。而众神在这场旷日持久的战争中也分成了两派：有支持特洛伊的，如战争之神阿瑞斯、太阳神阿波罗、月亮和狩猎女神阿尔忒弥斯、黑暗女神勒托、爱情女神阿芙洛狄忒等；有支持希腊联军的，如天后赫拉、战神雅典娜、海神波塞冬、神的使者赫尔墨斯、火神赫淮斯托斯、海洋女神特提斯等。而宙斯则在这两派中间玩权谋、搞平衡，一会儿让希腊人获胜，一会儿让特洛伊人获胜，众神也被他玩弄于股掌之间，大享玩弄权力之乐。难怪古希腊人常常在神话中嘲笑神的邪恶，指责神的不公正，是因为奥林匹斯山上的神祇和世俗生活很接近，像人一样有情欲、有善恶、有计谋，互有血缘关系，是人格化了的形象，即"神人同形同性说"。

然而，如果真的如原著一样将这场战争的责任归咎于这些神的不和，《特洛伊的海伦》这部电影所体现出的人性主题的光辉无疑将会黯淡许多。在这种情况下，本片在改编时又一次做出了大的取舍，除了金苹果一处出现了赫拉、阿芙洛狄忒、雅典娜以外，其他地方诸神再也没有正面出现过。当然，出于神话故事的需要，也表现了预言家卡尔卡斯讲述大军出师不利的原因是因为得罪了神祇，卡姗德拉在帕里斯刚出生时就预言了特洛伊将要有灾难发生，以及帕里斯和墨涅拉俄斯单挑时天空突然弥漫了一片大雾等（在古希腊神话中，这大雾出自于阿芙洛狄忒之手）。但总的来看，本片表现的还是人的斗争，是人性中善与恶的争斗。

阿伽门农之所以比弟弟还要起劲地去打这场战争，完全是因为他的心中有个恶魔在作怪。他在第一次看到海伦的那一刻起就爱上了她，而墨涅拉俄斯和帕里斯在决斗时还要不失时机地问一下海伦与其是否真的相爱，可以说，也是人性中善与恶两极在做斗争。至于帕里斯，他与海伦的爱情更是至善至纯人性的表现。本片在抛开神性、开掘人性方面的努力收到了良好的效果，深深感染了每位观众。

由此可见，一次成功的改编是影片取得成功的基础和关键，它不仅可以出色地运用各种电影手段,在银幕上传神地表达出原作的风貌,而且还可以因为新的改变创造出超越原作的辉煌。

电影自诞生之初,就学会了从神话、传说、戏剧、小说、民俗等各个方面中汲取创作的营养,而改编便成了电影艺术重要的创作来源之一。正是基于这一观点,我们想通过对电影《特洛伊的海伦》的鉴赏分析,加深对"电影改编"这门学问的理解与认识,并希望把它视为电影美学中的一个重要课题,认真地去研究它的相关规律。

思考题

1. 请你以自己观看过的电影为例,说明为什么说电影是叙事与造型相结合的艺术。
2. 为什么说人物是电影的核心?电影在塑造人物形象时应注意哪些方面和问题?
3. 请你举例说明结构在电影中起着什么样的作用。
4. 为什么时间顺序式结构的电影作品在今天饱受诟病?
5. 为什么说改编意味着全新的创造?

第二章

电影是声音与画面的结合

本章提要

电影艺术的第二个特性是声音与画面相结合。

观众接受电影无非是通过两个渠道——视和听,也就是电影中所提供的画面与声音。这两者都很重要,不可偏废其中的任何一方。

电影中的声音主要包括人声、音响和音乐三个方面。在电影里,这三个组成部分相互交织、相互补充,成为一个艺术的整体。

声音与画面的结合呈现三种状态,即声画合一、声画分立和声画对位。

我们对电影中声音的鉴赏分析主要侧重于声画对位方面。本书将通过对电影《桃李劫》和《霸王别姬》的鉴赏分析使读者更深入地理解这个问题。

第一节　真正意义的有声电影
——应云卫的电影《桃李劫》赏析

▶ 影片资料

中文片名：桃李劫
国家/地区：中国
类　　型：爱情/剧情
导　　演：应云卫
主　　演：袁牧之　陈波儿（等）

▶ 剧情简介

青年陶建平和他的表妹黎丽琳刚从建筑工艺学校毕业，两个相爱的人抱着"为母校争光荣，为社会谋福利"的理想走进了社会。他们结婚后，陶建平在一家轮船公司工作，不久，由于他生性正直，反对轮船公司的老板不顾乘客的安全超载货物的行为，同公司经理发生了冲突，他愤然辞职，此后他便一直失业在家。他俩很快用完了陶建平去世的母亲留下来的不多的钱，陶建平四处找工作，但处处遭冷遇和欺骗，他开始感到灰心。妻子黎丽琳要求丈夫同意她去工作，并被一家贸易公司不怀好意的经理录用了。长久失业的陶建平这时也在同学黄志宏家开设的营造厂里谋得了一个职位，可是，他又因反对黄志宏偷工减料，不愿意出卖自己的良心，再次愤而辞职。这时，妻子黎丽琳也因不堪公司经理的骚扰而失去了工作。这样，他们服务社会的幻想就完全破灭了。

为了养家糊口，陶建平只好当了造船厂的苦工，但灾祸又接踵而至。刚刚生产的黎丽琳又因无人照料在提水上楼时发生意外，身受重伤。陶建平为了能给妻子看病，向工头苦苦地哀求，迫不得已偷了工头抽屉里的钱，但当他拿着钱请来医生时，黎丽琳还是不治而亡。万念俱灰的陶建平将刚出生的儿子送到育婴院，回到家中又遇到工头与警察的缉捕，他挣扎，他反抗，最终以盗窃拒捕、枪杀公务人员的罪名被判处死刑。

▶ 拍摄背景

1934年的春天，纷乱迷茫的上海影坛悄然成立了一家电通影片公司，这是一个由中国共产党电影小组直接领导的左翼电影公司，由夏衍、田汉负责电影剧本的创作，司徒慧敏担任摄影厂的主任、编导，演员队伍有袁牧之、应卫云、孙师毅、陈波儿、王人美、王莹、聂耳、吴印咸、吕骥、贺绿汀等。电通影片公司成立之后接连拍摄了

《桃李劫》《风云儿女》《自由神》和《都市风光》等进步影片，显示出了左翼电影的艺术水平和战斗精神。

当时，电通影片公司在两个方向上影响了我国的电影：一方面，它是第一家完全由左翼电影人主持的制片公司，在实际出品中也实践了左翼电影理论的主张；另一方面，电通影片公司的前身是制造有声电影设备的公司，在当时有声电影、无声电影并处的年代里，电通影片公司与当时其他的电影公司不同的是它的所有电影都是有声电影。

除了《桃李劫》《风云儿女》《自由神》和《都市风光》等影片以外，电通影片公司本来还计划拍摄《压岁钱》和《燕赵悲歌》等影片，但由于进步电影引起了当局的注意，使得银行受到压力不给发放贷款，被迫在1935年年底结束业务，创作人员又转入了明星影片公司、联华影业公司等公司。

电通影片公司的历史虽然不长，出品也不多，但是却以这不多的电影作品在我国电影史上写下了重要的一页。

理论准备

观众接受电影，无非是通过两个渠道——视和听，也就是电影中所提供的画面与声音。

电影中的声音主要包括人声、音响和音乐三个方面。

人声主要是指人物语言，另外还有喘息声、呼吸声，以及群众场合中的嘈杂人声、交谈声等。如果创作者在创作及拍摄电影时能够考虑上述种种人声的运用，自然会有助于创造出真实环境中的气氛来。

音响在整个电影的声音中是占比重最大的一种，一般来说，它约占声音总和的2/3，这不仅意味着观众从一部电影中获得的音响艺术感受最多，而且也意味着它所能起到的艺术功能是多方面的。比如，为了显示环境的真实，火车汽笛声把观众带进候车室，上课的铃声使观众感觉自己仿佛已置身于教室之中等。创作者往往利用观众的听觉经验，选择具有特征性的音响来充分展示环境空间。

声音中的第三个元素是音乐。音乐是最善于表达人物的内心世界和表现节奏的。因此，电影音乐也就成为电影在叙述故事、表现情绪、完成影片节奏等方面的有力手段。电影音乐基本上分为两大类：一是故事内的音乐；二是画面空间外的音乐，又称表现性音乐或假定性音乐，具体来说，这类音乐不是画面中的人物发出的，而是属于画面外的音乐。

一部优秀的电影，如果没有好的音乐来衬托，就算不上一部完整的电影。人声、音响和音乐混合在一起能使影片中丰富的寓意表现出来。它们能够深化主题思想，表达人物的内心，渲染环境气氛，更能使观众迅速地与影片产生共鸣，并升华到作品的精神层面。

鉴赏分析

从1932年左翼电影运动兴起到1937年夏抗日战争爆发前的五六年中，我国的电影出现了一段空前繁荣的局面。在这短短的几年里，我国的电影无论是在思想内容还是在艺术形式方面都出现了革命性的变化，这是我国电影历史上的第一个黄金时代，产生了一大批优秀的传世之作。

究其原因，在于左翼剧作家的电影创作把一种真正的现实主义精神带入了我国的电影。此时的电影不仅是一种提供娱乐快感的工具，更成了艺术家们以实录精神反映社会、观照社会并进而改造社会、推动社会进步的重要工具。

另外，在摆正了艺术与生活的关系的同时，艺术家们也在不断地调整着自己的创作与电影媒介之间的关系，寻找着用电影媒介来表达自己的艺术思想的最有效的方式。在这里，表现社会现实和反映人民呼声的政治目标并没有成为艺术家们表现各自艺术个性的障碍，反而丰富了他们对电影叙事规律和叙事风格的探索。这样，由左翼剧作家介入电影创作而带来的艺术视野的开阔也带动着其他电影创作部门的创新。

其中，由袁牧之编剧并主演、应云卫导演的电影《桃李劫》就是极具代表性的佼佼者。

《桃李劫》讲述了一对接受过良好教育的知识青年，由于坚持自己的本性与原则，在社会上失意、反抗、挣扎，最终被彻底吞噬的悲剧。这部电影既是对个人苦难的描述，也是对当时整个社会的不解与控诉，情绪之强烈、态度之锐利，即使放在今天依然是一部极具冲击力的作品。

这或许正是来自创作者们年轻而无所畏惧的激情。本片的导演应云卫当年只有30岁，却已经是上海话剧界的先锋人物，他为纪念"九一八"事变而创作的《怒吼吧！中国》就曾轰动一时，而《桃李劫》则是他的首部电影作品；编剧兼主演袁牧之更是不到25岁，他从13岁起便从事话剧表演，享有舞台"千面人"的美誉，即便是初次接触电影，就在《桃李劫》中显露出自己特有的才华，仅仅两年之后他所执导的另一部电影《马路天使》便横空出世，成为20世纪三四十年代又一部不可多得的精品。

尤其难能可贵的是，几个初出茅庐的青年第一次拍摄电影，就如同刚从广播界踏入电影界的美国著名导演奥逊·威尔斯一样，显现出与其年龄、资历极其不相符的不凡功力。电影《桃李劫》不仅充满了激进与批判色彩的主题，而且还在声音运用方面做出了杰出贡献，仿佛一只巨手掀开了我国电影史新的一页，将我国的有声电影推到了一个新天地。

众所周知，世界有声电影开始于1927年，1929年美国有声电影正式输入中国之后，"有声"还是"无声"成了当时我国的电影公司必须要回答的一道选择题。

1931年3月，由明星影片公司拍摄的我国第一部蜡盘发音的有声电影《歌女红牡丹》在上海公映，立刻轰动了海内外。到了下半年，两部技术上更为成熟、采用片上发音方法的有声电影——华光影片公司的《雨过天青》和天一影片公司的《歌场春色》也呱呱坠地。

从表面上来看，我国的电影人仅用了很短的时间就完成了有声电影的试摄工作，我国电影的有声时代到来了。但是，必须指出的是，此时我国的有声电影与世界有声电影一样，对声音的运用与掌握还处在起步期，所有的声音不过是机械地还原自然声而已。

人类生活在一个被各种各样的声音所充斥、包围的大千世界里，比如人的交谈声，城市里的车流声、人流声，乡村里鸡、鸭、鹅的鸣叫声等，这些声音不绝于耳。也正是由于有了声音的加入，电影才在表现真实性方面变得更加完美。

"大多数人可能很难意识到一部电影里竟然存在那么多的声音。雾气和硝烟弥漫的战争片里，女孩奔跑时发出的沉重的喘息声，士兵穿过浓雾时的沙沙声，路边火苗往上蹿的吱吱声，马蹄声紧接着并不整齐的脚步声，枪炮声里掺杂着女人低低的惨叫，滚烫的子弹从湿漉漉的雾气中划过发出'咻'的一声，子弹接二连三地落下溅起的泥土的声音……当敢死队前赴后继冲向坦克，子弹打到军人身上的那种声音里传达出残酷的暴力，几乎能听出骨头被打碎的撕裂感。

无论你是否留意，这些经由录音师细致设计的丰富声音都可能在不知不觉间重构你的情感体验，完成更深刻的意义再造。混响师曾在一段几分钟的打斗画面下数出近1800条音轨。声音的远近高低、音色与质感、节奏的起伏、元素叠加的层次感……电影里的声音和变幻或许有一千万种。"①

但是，是不是所有的影片都像《桃李劫》一样把声音当作一种艺术的元素纳入到电影作品中去，成为艺术创作的一种特有的表现手段呢？答案是否定的。

直到今天，在许多的电影中，声音仍然没有跳出简单地模拟自然声、重复画面上已出现的事物的窠臼，不过这倒从另一个侧面突显了早期电影先驱的创新精神是多么得难能可贵。

在《桃李劫》中，令人难忘的声音有：陶建平在工厂费力工作时传来的各种机器毫无人性的挤压声，这声音让观众几乎和男主角一样喘不过气来；而当陶建平在工头的办公室里行窃时，导演加重了他粗重急促的喘息声，使观众和他一样感到紧张与恐惧，还不时地为他在手心里捏了一把汗；再有，陶建平将儿子遗弃在育婴院的门口一场，导演有意识地将婴儿的啼哭声与背景里的风雨声融于一处等。这些声音都已经超出了单纯图解的作用，增加了特定情景的真实性和感染力。特别是在电影的结尾，当陶建平被执行枪决的时候，沉重的脚步声和铁链声、枪声，以及画外的《毕业歌》结合起来，产生了强烈的艺术效果，震撼了每个观众的心灵。

《桃李劫》的插曲《毕业歌》由聂耳作曲，具有进行曲的特点，歌词是自由体的新诗，采用了主题音调贯穿发展的乐段结构，旋律朗朗上口，词曲结合流畅自然。"同学们，大家起来，担负起天下的兴亡！听吧，满耳是大众的嗟伤！看吧，一年年国土的沦丧！我们是要选择'战'还是'降'？我们要做主人去拼死在疆场，我们不愿做奴隶而青云直上！……"难怪《毕业歌》一经传唱便击中了年轻人热切的报国之心，因此轰动一时，成为那个时代的最强音。

在本片中，《毕业歌》先是在一群青年在毕业前欢聚一堂时首次出现，等影片结束时又再度响起，既深化了本片的主旨，又渲染了全片的情绪与气氛，起到了极佳的艺术效果。

时至今日，艰苦的年代虽已远去，年轻人的热血却依然澎湃，一代又一代的年轻人唱着《毕业歌》踌躇满志地走向社会。这是一首超越时代的歌曲，这里有青春的美好和奉献自我的豪情，从1934年到今天一直都未曾改变过。

1965年，意大利导演安东尼奥尼执导的电影《红色沙漠》问世。在这部电影中，

---

① 税晶羽，明子. 声效的秘密：电影一千万种声音 [J]. 大众电影，2015（20）：65.

安东尼奥尼创造性地将色彩运用成电影中的一个重要元素，使色彩在电影中不只是自然色的再现，还具有主观性、情绪性的意味。创刊于1951年的法国权威电影杂志《电影笔记》认为，自此电影世界才算有了真正的彩色电影。同样，袁牧之的《桃李劫》是否是世界上第一部真正意义上的有声电影姑且不论，至少是我国第一部真正意义上的有声电影，这是实至名归的。

第二节　声画对位含蓄且富有诗意
——陈凯歌的电影《霸王别姬》赏析

影片资料

中文片名：霸王别姬
国家/地区：中国
类　　型：爱情/剧情
导　　演：陈凯歌
主　　演：张国荣　张丰毅　葛优　巩俐（等）

剧情简介

20世纪20年代，9岁的小豆子跟随母亲艳红来到关家科班。他的母亲是个妓女，她请求关师傅收留自己的儿子学京戏。小豆子是个六指，母亲狠下心来用刀子切掉了他那根畸形的手指，号啕大哭的小豆子被强行按在香案前完成了自己入梨园的仪式。

科班里的孩子大都出身贫寒，可他们都因为小豆子的母亲是妓女而歧视他。只有大师兄小石头怜悯小豆子，处处关照他，豪情仗义的小石头自然而然地成了小豆子的保护神。

关师傅让小豆子学坤角，小豆子虽然对于这种性别颠倒的做法做过本能的反抗，但是在戏院潜移默化的影响下，小豆子最终还是接受了"女娇娥"的角色。

在关师傅的严厉要求下，小石头和小豆子的技艺突飞猛进，师兄弟第一次唱堂会合演《霸王别姬》就赢得了满堂喝彩，不久他们都成了炙手可热的名角。小石头的艺名叫段小楼，小豆子的艺名叫程蝶衣。演虞姬的时间长了，程蝶衣的内心发生了性别错位，"戏如人生，人生如戏"，他对段小楼的友情逐渐发展为同性之爱，在他的意识深处段小楼就是霸王、自己就是虞姬，他们相约要演一辈子的《霸王别姬》。

菊仙是青楼里的一个风尘女子，她的出现使这对师兄弟之间的感情出现了裂痕，她对段小楼以身相许，使程蝶衣的梦想化为泡影。程蝶衣把自己用屈辱换来的、段小楼向往已久的名贵宝剑赠予师兄作纪念，然后同段小楼分道扬镳。之后，由于关师傅出面撮合，师兄弟两人又再次合演了《霸王别姬》。

抗日战争胜利后，国民党伤兵大闹戏院，抓走了程蝶衣。为了救程蝶衣，段小楼和菊仙四处奔走，但由于误解，两人又再度分手。

在"文化大革命"中，段小楼被打成"牛鬼蛇神"。师兄弟和其他的被批斗者一律着戏妆示众，造反派威逼师兄弟两人相互揭发"罪行"，被逼无奈段小楼只能将程蝶衣历史上的污点和美丽的梦想作为"罪行"抖搂出来。程蝶衣有点不相信师兄会这么做，他认为段小楼之所以会背叛他是因为菊仙，他就以牙还牙大骂菊仙是"臭婊子"。造反派抓住了把柄，又逼迫段小楼表白：菊仙是妓女，我不爱她。菊仙因忍受不了沉重的打击，悬梁自尽了。

时光流逝，"文化大革命"结束了，"四人帮"被打倒了，程蝶衣和段小楼师兄弟两人也在分离了22年的舞台上再次合演了《霸王别姬》。按说一切都应该变好了，然而也就是在这个时候，程蝶衣却假戏真做，用他送给段小楼的那把倾注了他的感情和梦想的宝剑结束了自己的生命，结束了自己的演艺生涯，也结束了这出灿烂的悲剧。

拍摄背景

《霸王别姬》是陈凯歌的第五部电影，本片的创作风格与他的前四部电影完全不同。陈凯歌的前四部影片《黄土地》（1984）、《大阅兵》（1986）、《孩子王》（1987）等可以说属于他创作的第一阶段，这个阶段是为以后做准备的，一方面是做电影理论的准备，另一方面则是做电影技巧的准备。陈凯歌说："这个阶段对我已成过去。"

在前四部电影里，陈凯歌自始至终高举着第五代导演的旗帜，摒弃传统写人叙事电影的路子，以突显声像造型和符号象征、弱化叙事来建构复杂多义的表意影像世界。而《霸王别姬》这部电影则回归了叙事和性格本体，以富于生活、文化底蕴的故事叙述和真实、复杂的人物形象塑造，展示出强烈的剧情冲突和多舛的人物命运。

陈凯歌说："这部影片的创作风格与我以往作品的差异是显而易见的……《霸王别姬》与我过去的影片题材不同，它充满了生生死死的戏剧冲突，只能顺着它的脉理走，拍成情节性和情感冲突比较强烈的影片。"他还说："这部影片创作风格的转变，并不是迫于市场压力的无奈，而是一种主动的追求。"

可喜的是，1993年这部电影摘取了戛纳国际电影节最高奖——金棕榈奖，成为首部获此殊荣的中国影片，也使导演陈凯歌了却了多年的夙愿。

此外，1993年，《霸王别姬》还荣获了国际影评人奖"费比西奖"，日本第38届亚太影展最佳导演、最佳剪辑等奖项。

理论准备

在电影中，声音与画面的结合呈现出三种形态，即声画合一、声画分立和声画对位。

所谓声画合一，是指画面中的形象和它所发出来的声音同时出现又同时消失，两者互相吻合，因此又叫声画同步。

所谓声画分立，是指画面中的声音与画面中的形象不同步，互相离异，或者说观众听到的声音和看到的画面不一致，因此又叫声画分离。

所谓声画对位，是指电影创作者出于一种特定的艺术目的，有意识地把各自独立的、有或没有直接联系的声音与画面有机结合起来，从而产生一种新的寓意，以便更深刻地表达影片的内容和相应的思想。

例如，在电影《苦恼人的笑》里面，记者给打碎花瓶撒了谎的小女儿讲《狼来了》的故事，画外是他讲故事的声音，画面却是报纸出版发行的情景。当故事讲到孩子撒谎自食其果的结尾时，画面表现的是报纸无人问津的情形。这里的声音与画面是没有直接联系的，但两者结合起来却产生出一种带有讽刺性的比喻，也表达出主人公矛盾的心理。

在意大利电影《西西里的美丽传说》中，情窦初开的小男孩儿雷纳多看见自己心仪的女人去了一个隐秘的房间，误以为她是与人幽会的，内心感到十分痛苦。此时，影片并未直接表现他是如何肝肠寸断、歇斯底里的，而是巧妙地运用了画面中的一个声音来隐喻：镇上在放电影，电影里的男主人公愤恨地对女主人公说出了这样的台词："你——骗了我。"然后，观众看到正在银幕下聚精会神地看电影的雷纳多，立刻就会联想到这是体现他心声的一句台词。

鉴赏分析

一、主题分析

《霸王别姬》这部电影的内容相当复杂，不仅外国的观众因文化、生活背景的差异在看法上有所不同，而且国内的观众看了以后也几乎观点各异：有的人看了大声叫好，但好在何处却又说不清楚；有的人说这部电影根本不好，只是对意大利导演贝尔托鲁齐的《末代皇帝》的模仿；有的人觉得这部电影很容易就能看懂，也有的人说这部电影读解起来具有相当的难度；有的人则认为这部电影是在显示半个世纪以来中国社会的巨大变迁；有的人认为这部电影主要在控诉"文化大革命"；也有的人说这部电影主要描写的是饰演虞姬的小豆子（程蝶衣）如何在从小到大的一生中寻找认同的过程。有的人认为这部电影有"美化暴力"的嫌疑（如把学戏的孩子们打得这么惨，以及"文化大革命"的火红场面等）。多数人认为这部电影的主要角色是饰演虞姬的程蝶衣，但也有的人认为其主角是饰演霸王的段小楼，还有的人认为这部电影的主角是段小楼、程蝶衣和菊仙三位，彼此缺一不可。美国一所大学的大学生报对这部电影的评价是：其中每个角色的演出皆是一流的，导演能处理片中这么多困难的角色和情节是难得的。相比之下，贝尔托鲁齐的《末代皇帝》虽然也不错，但显得就像是个卡通片。《霸王别姬》的英文名称是 *Farewell My Concubine*。该报说这部电影的主角（饰演虞姬的程蝶衣）真也就不分台上台下，"戏梦人生"地真想当起妾侍（Concubine）来。该报同时也说程蝶衣"肢体语言"的演出很上乘。

以上这许多的意见在不同程度上都有一定的道理。这的确是一部在情节上让观众不容易一下子就能看懂的影片，剧情时代跨越很长（1924—1977年）。剧情和角色本身之复杂也很容易使观众因着重点不同而得出不同的观感和结论。

应该说，《霸王别姬》一片感情强烈、情节曲折，充满着生生死死的戏剧冲突。本片邀请了几位资深演员来主演，既具备充分的商业元素，同时也蕴含着深刻的文化内涵，在这一点上与陈凯歌之前的电影作品既一以贯之又有所超越。我国香港地区影评界对这部电影用"雅俗共赏"、叫好又叫座、"通俗中见斑斓，曲高而和者众"来形容是相当中肯的。

陈凯歌选择中国传统文化积淀最深厚的京剧艺术及当时京剧演员的生活来表现他对传统文化、人的生存状态和人性的思考与领悟，这是很聪明且独到的。国际影评人奖的评委认为："《霸王别姬》一片深刻挖掘了中国文化历史及人性，影像华丽，剧情细腻。"这是外国专家的看法，对于熟悉中国传统文化的我国观众来说，这部电影的内蕴更为丰富、深广，银幕影像的张力更具有历史深度。

从表层来看，电影《霸王别姬》写的是两个京剧男演员与一个妓女的感情故事。陈凯歌说："这种情感绵延50年，其中经历了中国社会的沧桑巨变，也经历了他们之间情感的巨变与命运的巨变——由张国荣扮演的青衣演员程蝶衣，他是一个在现实生活中做梦的人，在他的个人世界里，理想与现实、舞台与人生、男与女、真与幻、生与死的界限统统被融合了，以致当他最后拔剑自刎时，我们仍然觉得在看一出美丽的戏剧，这个人物形象告诉我们什么叫迷恋。"

的确，从这个角度来看，《霸王别姬》这部电影基本上讲述的是一个有关人生与情感的故事，讲述的是一个没法将人生与艺术区分开来的浪漫理想主义者的悲剧。这个人物如同追求爱情一般地为理想和艺术而献身，还有感情，最后为艺术、感情而凄美地献身。可以说，他宁愿死在戏中也不想活在真实世界里，宁可糊涂也不要清醒。他到死都"执迷不悟"，为着成全自己，挣扎着与命运做着蚍蜉撼大树、螳臂当车式的无望之争，最终成为信仰的祭品。然而，这种执着的精神和为艺术、感情献身的勇气却使他的生活体现出一种精彩与美丽。

然而，从深层来看，我们会发现问题并不是那么简单：透过程蝶衣的悲剧，我们不难发现，《霸王别姬》这部电影在严密的叙事背后，是导演以怀疑、批判的理性视角对我们民族的传统文化及人的生存状态、人的命运表示了深切的关注和潜在的忧虑。

一部电影的主题，通常都是通过情节编码来加以体现的，那么《霸王别姬》一片都做了哪些情节编码的铺陈呢？

本片的故事一开始是清末民初的北洋时代（透过全片，我们有理由相信，假如不是人物的年龄限制了他们生存的时代，没准陈凯歌会把段小楼和程蝶衣放在明朝、清朝，甚至跨越整个中国的封建时代里去，因为只有这样才能更容易、更清晰地表现出他想要表现的主旨，也正因如此，在这一段中北洋时期的人物并未成为主角，而是清室子弟那坤和张公公唱了主戏）。当时京剧风行，用影片中关师傅的话说，叫"是人的就得听戏，不听戏的就不是人"，关师傅还说："哪朝哪代京剧也没这么火过，你们算是赶上好时候啦！"所有的学艺者便异口同声地答曰："没错！"

一方面是残酷地学艺，另一方面成角以后也确实会达到万人追捧的效果。学艺时小癞子、小豆子吃不了苦，逃出戏班后又被京剧艺术的魅力所感染，更被京剧演出时火爆的现场气氛所震撼，他们冒着被打的危险再次回到戏班，也从另一个侧面验证了关师傅所说的话的正确性。

话说回来，当时的京剧再红火，程蝶衣和段小楼合演的《霸王别姬》也只是做了太监张公公的堂戏而已，小豆子还成了狎玩的对象。用那坤的话说，叫"这虞姬再怎么演，她也难逃一死不是？"

同样，在日军侵华期间及抗日战争结束后国民党统治时期，京剧依旧成为满足当权者（日军军官青木三郎、国民党要员等）观看快感的玩意。即使是捧角权贵袁四爷在精通戏理的表象背后所隐藏的依然是狎玩心理。艺术（京剧）在权力支撑的高奏封建主义旋律的历史舞台上不过是充当了娱乐用的道具。

但即便如此，京剧演员却依然顽强地生存着。难忘全片中的一个高潮戏，程蝶衣因为给日本人唱戏被法庭审判，袁四爷倾力相救，终因程蝶衣心如止水而功亏一篑，众人皆以为程蝶衣此次必死无疑，却不想峰回路转又见生机。

中华人民共和国成立以后，演员的地位提高了，对艺术的感染力量也更加重视了，但是对文艺的宣传教化功能的过于强调，以及赋予艺术不该承受的重中之重，结果让京剧这种古老的艺术不是焕发了青春，而是一度走进了濒临凋零的境地。

由此可见，《霸王别姬》一片中的真正主角既不是历史也不是程蝶衣或段小楼，而是京剧。而京剧，由于"融传统的文学、音乐、舞蹈、绘画、曲艺、杂技于一炉，集中国独树一帜的写意美学体系之精粹"于一身，因而在影片里京剧就"具有中国传统文化象征的意蕴"①。

而京剧，作为国粹，由于融文学、音乐、舞蹈、绘画、建筑、雕塑、曲艺、杂技等于一身，无形中在本片里就具有了我国的传统艺术乃至我国的传统文化象征的意味。

我国的传统文化是讲究文以载道的，比如南朝刘勰在《文心雕龙·原道》中就明确地强调了"文"是用来阐明"道"的。所谓"道"，多指儒家的经书及圣人之言，也就是从社会需要出发，经世致用的各种思想和言论。由此可见，与西方艺术发展史不同，我国几千年来的文艺思想始终要求文艺承载起宣传与教化的宏大作用，成为宣传"道"的手段与工具。这一过程与本片中的"男儿郎"在烟杆的捣弄之下款款变成"女娇娥"一场戏极其相似，充满了极强的强迫寓意，一旦有追求的艺术家想抗争，却怎么争也争不过命运。小豆子不服，在别人的眼里就成了"疯魔"，最终落得个拔剑自刎、从一而终的结局，这既是个人的悲剧，也是艺术的悲剧，更是文化的悲剧、历史的悲剧。

以上恐怕才是《霸王别姬》这部电影想要表现的主题。

二、摄影分析

陈凯歌在《霸王别姬》这部电影里充满激情地叙述了一个延续半个世纪的故事，但他却不满足于仅仅动人地讲故事。影片中的一些镜头极具张力，具有相当大的历史涵盖面，蕴含着深刻的哲理。例如，影片一开始，镜头就紧跟"霸王"和"虞姬"缓步走进体育场，长长的过道，相对固定的拍摄距离，使这样一个运动镜头产生了"动中取静"的沉重压抑感，一下子将观众带进真假难辨的氛围里，恍若隔世一般。在另一场戏中，小豆子被母亲砍断手指，他疼痛难忍，在戏园子里奔跑大叫，其余的角色在不同的景深位置也相应地急速转动，剧烈狂暴的画面处理再配以撕心裂肺的尖叫，可谓先声夺人——学戏之艰难严苛，从导演安排的这个下马威便足见一斑了。又如，中华人民共和国成立后小四取代程蝶衣扮演虞姬，程蝶衣忍痛接过师兄弟们传递过来

---

① 罗艺军. 曲高而能和众——陈凯歌《霸王别姬》一片艺术探究［J］. 电影文学，1997（2）：55.

的霸王头饰为段小楼戴上一场,演员的表演连贯、一气呵成,长镜头完整地展现出极具真实感的空间布景,加强了影片的节奏感与流动感。

在用光与用色上,本片的导演和摄影师也非常讲究。如花满楼相亲一场,铺天盖地的大红色调几乎能把银幕点燃,而程蝶衣和袁四爷扮装演戏的场面则用了清冷阴郁的调子,再加上淡淡的放烟效果,醉后漫舞、雌雄难分、真假莫测,一派迷离景象。

三、声音分析

(一)京剧演出片断

《霸王别姬》中选用的几个京剧片断是经过严格挑选的,陈凯歌说是要"尽量借这些片断说明程、菊及段三人关系的变化"。但事实上,不单如此,这些京剧片断对于塑造程蝶衣的形象还是极具魅力的。

小豆子完成了由男儿郎到女娇娥的转变,来到张公公的府上第一次演出虞姬,唱出了本片的主题唱词:"自从我随大王东征西战,受风霜与劳碌年复年年……恨只恨无道秦把生灵涂炭……"此时的唱词既道尽了小豆子练戏的辛酸,也第一次强制性地将本片的主题唱词《霸王别姬》的内容灌输给了观众。

《霸王别姬》的第二次演出是在段小楼和程蝶衣两人成角儿以后,这场戏将两人炉火纯青的演技表现得酣畅淋漓,台下的观众欢呼雀跃、一片沸腾。同时,本场戏也交代了袁四爷的出场,更将程蝶衣与段小楼的微妙感情矛盾突显在戏后卸装的镜像之中。

菊仙准备嫁给段小楼,来到戏院听段小楼唱戏。台上,段小楼和程蝶衣的唱词正是"今日是你我分别之日了",这正预言了段小楼、程蝶衣即将分开的未来走势。

段小楼与菊仙成亲后,感到绝望的程蝶衣在袁四爷处的唱词是"汉军已掠地,四面楚歌声,君王意气尽,贱妾何聊生?"此时,"汉军"成了菊仙(世俗生活)的象征。这个"汉军"让程蝶衣肝肠寸断,有了自杀的念头。如果不是袁四爷的适时提醒"这可是真家伙",没准此时程蝶衣就有可能命丧黄泉了。

日本兵占领了北平,程蝶衣为他们演唱的是《贵妃醉酒》一段,其中的重点唱词是"……啐,哪个与你们通宵?"而在此之前的一段戏是菊仙和段小楼的结婚大典。这句唱词恰到好处地表现出了程蝶衣难与段小楼、菊仙共处的心境——"人生在世如春梦,且自开怀饮几盅"。

在这场戏里,程蝶衣在传单飘落以及停电时照唱、照演、照舞,显示出程蝶衣只知艺术,不论国别与政治的简单思维与心态。而袁四爷率先从座位上起立鼓掌的情节也明确了他作为一个"戏痴、戏迷、戏疯子"的身份。他是在为艺术的独立性而鼓掌,是在为程蝶衣无论国别、政治、民族而鼓呼。这场戏跟下一场戏即日军进驻北平后段小楼怒砸汉奸被捕,为了救段小楼,程蝶衣来到日军司令部为其演唱《牡丹亭——游园》一折是一脉相承的。"原来姹紫嫣红开遍,似这般都付于断井颓垣,良辰美景奈何天,便赏心乐事谁家院?"这一段唱词尤其是最后一句更加突出了程蝶衣的人生与现实是格格不入的,笼罩他的是一种似雾般驱不散赶不走的梦幻氛围。

程蝶衣为国民党军队演唱的戏文同样如此,"不到园里怎知春色如许"。联想到前面的台词"外面时代不好,但我们太太平平地唱戏就得了",这一切显示出程蝶衣只想让艺术独立于世俗之外而不想负载其他的念头。

北平解放，段小楼和程蝶衣为解放军演唱，唱词是"大王慷慨悲歌，令人泪下，待妾妃歌舞一回，聊以解忧如何……"，真是楚楚可怜，他们还是想把文艺当成一个娱乐消遣的工具，然而却怎么也唱不下去了。

中华人民共和国成立后，党号召进行戏剧改革，程蝶衣因此与小四发生冲突，结果会议决定将程蝶衣换下，让小四扮演虞姬。而这一切程蝶衣却被蒙在鼓里，他还在认真地对镜化妆，做着上台前的准备，直到在镜中看见另一个"虞姬"款款走来准备上场时，他愣住了，迎上刚从台上走下来的"霸王"段小楼，颤抖着声音问他是否知晓。段小楼嗫嚅不语，小四冷言相讥，段小楼口里说着罢演却并不真的行动……当适时也，"虞姬"肝肠寸断，他颤抖着用手为"霸王"戴上戏帽，那一刻从舞台上传来小四的画外演唱"恨只恨无道秦把生灵涂炭，只害得众百姓痛苦颠连"，正是对这一场景的血泪控诉。当"虞姬"黯然神伤地准备离开戏院时，画外恰逢其时地传来了"霸王"的演唱："此一番连累你多受惊慌……"此情、此景、此声、此画，浑然天成、撼人心魄，将一场戏中戏推上了高潮。

当菊仙悬梁自尽，画外传来那个年代最流行的京剧《红灯记》里李铁梅的演唱："听奶奶讲革命，英勇悲壮，却原来是……（风里生雨里长）"，这一句唱词道尽了"文化大革命"反文化血雨腥风的真谛，令人悲从中来、浮想联翩……

"四人帮"被粉碎了，程蝶衣和段小楼再次登上舞台。虽然"文化大革命"过去了，日子应该与以前有所不同了，但经历了政治年代血与火洗礼的程蝶衣知道自己的艺术生涯已经走到了尽头，爱情也到了画句点的时候。所以，他毅然决然地拔剑自刎，"从一而终""自个儿成全了自个儿"。

至于昆曲《思凡》，所谓"小尼姑年方二八，正青春被师傅削去了头发。我本是女娇娥，又不是男儿郎，为何腰系黄绦，身穿直裰？看人家夫妻们洒落，一对对着锦穿罗，不由人心急似火，奴将袈裟扯破……"更是在本片中多次出现，它有力地突出了程蝶衣这个人戏不分的疯子，这个爱上了不该爱的人的痴人，这个恍恍惚惚把自己当成了"虞姬"的人，在由"男儿郎"向"女娇娥"的转变中是一个多么痛苦的过程，自从被送进戏班的那一刻起他被戕害的命运便已经被决定。

《思凡》第一次在本片中出现是教戏的师傅考问的时候，小豆子将戏词说错，结果是挨了一顿重重地打，满手鲜血。他绝望之极，将手伸向滚烫的热水希望通过自残来了断这痛苦不堪的学戏生涯，此时画外响起"磨剪子锵菜刀"的叫喊声，这个叫喊声同样出现在小豆子被母亲残忍地切掉了他那根畸形的手指那一场戏，使这场戏与前场戏无疑具有相同的戕害意义。

第二次是那坤为张公公选戏时，小豆子再次将唱词背错。"我叫你错、错、错！"小石头一脸痛苦地用水烟袋捅进了小豆子的嘴里，随着京剧的鼓点，血流了出来。小豆子突然似乎悟到了什么，他含血带笑，款款走向镜头，仪态万方、行云流水般地道出了"我本是女娇娥，又不是男儿郎"。他居然一字不差地背出了唱词，于是大家都松了口气，小豆子开窍了，可以不用挨打了。然而，另一种异样的辛酸却从观众的心里缓缓溢出。

小石头作为暴力的实施者，抄起师傅的水烟袋在小豆子的嘴里一阵狂捅，实现了小豆子被改写的最后一笔：从那一刻起，注定程蝶衣是为这"国粹"分不清人在戏中抑或是戏在人中；从那一刻起，他开始自觉地"自个儿成全了自个儿"；从那一刻起，他知道了人无论如何努力也抗不过天命。

再后来，"文化大革命"结束后空荡荡的舞台上，程蝶衣、段小楼出演了将本片的悲剧推向高潮的一幕：先是段小楼发现自己在长期不练功后演技已不灵光；接下来段小楼仿佛希望程蝶衣回忆以往旧情一般念出了"小尼姑年方二八"的词句，没想到程蝶衣在与他对词时又一次犯错——"我本是男儿郎，又不是女娇娥"，当段小楼指责程蝶衣"错了，又错了"的时候，他愁肠百转、思绪万千；接下来，当听到段小楼问"汉军"在哪里时，程蝶衣平静如止水，猛地抽出那把剑，在"虞姬"刎颈的时刻自杀身亡。如果这是颠倒、声讨历史的时刻，那么这又是完满历史镜像的时刻；如果这是历史延伸向现实的一瞬，那么现实却是一片空白。

是谁让程蝶衣错，是谁让京剧错？当程蝶衣面若死灰地道出"我本是男儿郎，又不是女娇娥"一句，我们的内心深处在滴血，他分明正在发出艺术不应被强权蹂躏、践踏的呐喊。抑成正在呼唤艺术的独立，希翼艺术要重归艺术的本质。

(二) 戏外音乐

《霸王别姬》这部电影的音乐是很到位的，恰到好处地嵌入到剧情中，渲染了气氛和节奏。如小豆子被送到张公公的府邸，当张公公向小豆子扑过来时，音乐声陡然加强，令观众揪紧了心，为小豆子不幸的命运而牵肠挂肚。

程蝶衣成角儿后时刻思念着儿时的玩伴小癞子。当他和段小楼在万人拥护中走进那个当年他们看别人演戏的戏园子，以及从戏园子里走出来时，影片两次安排他的耳边响起了糖葫芦的叫卖声，这令人不禁回想起那段非人的岁月，如果小癞子能受得了那顿打，他是否也会像程蝶衣一样成为众星捧月的角儿呢？

中华人民共和国成立后，程蝶衣、段小楼和小四等开会讨论京剧改革的问题，导演将这场戏选在一个嘈杂的戏院环境，当段小楼站起来准备附和程蝶衣的发言时，菊仙扔给他一把伞，这时画外嘈杂的声音猛然加大了，砸钉子的声音和电话铃声一声紧似一声、一阵紧似一阵，这一声声如重锤般砸在段小楼的身上、心上。在这里，现实元素被巧妙地用作人物的心理元素，既展现了场景氛围，又昭示了人物的心境，真可谓一石二鸟、相得益彰。

四、道具分析

(一) 剑

剑在本片中第一次出现是在段小楼与程蝶衣为张公公演出之后，他们在张公公的府邸发现了这把剑。段小楼说："霸王要是有了这把剑，早就把刘邦给宰了。"如果"霸王"能斩刘邦，那就意味着"虞姬"可以永生，"可以成正宫娘娘"。于是，小豆子马上表态说："师哥，我准送你这把剑。"这句台词将小豆子希望永远依傍小石头，希望永远得到小石头保护的心态表现得淋漓尽致。

剑在本片中第二次出现是在段小楼与菊仙成亲的时候。程蝶衣投身袁四爷，从袁四爷处将剑要到手，送给了段小楼。此时的程蝶衣多么希望段小楼能再次担当起"霸王"的重任，然而酒醉的段小楼对此却浑然不知，在道了一声"好剑"之后又懵懵懂懂地说："又不上台，要剑干什么？"程蝶衣听了以后感到无比失望、无比绝望，临走时他告诉段小楼说："从今往后，你唱你的，我唱我的。"两人自此分道扬镳。真是落花有意、流水无情。这把剑外化了两人之间的隔膜与冲突。

剑在本片中第三次出现是在日本人占领了北平后。段小楼因为弃唱玩蛐蛐而变得心情异常烦躁，这时菊仙告诉他关师傅要见他。段小楼一听，表面上说无脸见关师傅，内心却是无比兴奋，于是他拿出剑来舞了一通。段小楼知道关师傅找他是让他继续回到戏院中，他看到了重新回到舞台的希望，他要重新当"霸王"。

剑在本片中第四次出现是在程蝶衣被国民党军队以汉奸罪抓住问罪的时候。为了救程蝶衣，段小楼和那坤去求袁四爷，却反遭袁四爷的一通奚落。在袁四爷一句"应该他去救虞姬啊"的话中，段小楼既尴尬又困窘。这时，菊仙来到将剑送回袁四爷处，并说："这剑找着主儿，我也就放心了。"此时，真如袁四爷所问，到底段小楼是"霸王"，还是袁四爷是"霸王"？又究竟谁才能担当起保护"虞姬"的重任呢？真是"人哪，也总有指望错的时候"，段小楼就这样被菊仙给卸任了，而这根本不是程蝶衣之所愿。面对此情此景，哀莫大于心死，所以程蝶衣才在法庭上喊："你杀了我吧！"

剑在本片中第五次出现是在中华人民共和国成立前夕，小四根据程蝶衣之意将剑又给了段小楼，而那坤在一旁添油加醋的话无疑加重了此番动作的意味："赶紧的，不然刘邦可就杀进城来了。"段小楼再次担当起保护"虞姬"的"霸王"的重任，而此时"刘邦"一词无疑有助于我们理解程蝶衣最后自杀时"汉军"的意义所指。

剑在本片中第六次出现是在小四拷问段小楼的时候，这时的剑不但救不了"虞姬"，反而成了悬在其头上的一把达摩克利斯之剑，段小楼连自身也难保了。

之后是批斗会，在重压之下，"霸王"彻底地向"刘邦"表示了忠心与臣服，他把本该杀"刘邦"的剑扔进了火中。菊仙惊诧于"霸王"的彻底转变，也明白连"虞姬"都不会保护的"霸王"当然也不会保护自己，于是她冲上前去将剑取出，走完了她凤凰涅槃前的最后一步。

剑在本片中最后一次出现是在段小楼和程蝶衣阔别舞台22年后，这把剑让程蝶衣完成了他从一而终的理想追求。

一把剑，串起了3个人的感情跌宕起伏的整个过程。

（二）伞

在本片中，伞出现在讨论戏剧改革的一场戏中，程蝶衣坚持自己对京剧艺术的认识，段小楼有心附和，他刚要讲话，菊仙发出一声高喊并从看台上扔给他一把伞，还说外面要下雨了。菊仙的这番努力没有白费，段小楼回到戏台上便说出了一番违心的言辞。菊仙又一次拯救了段小楼，但同时也将他推向了背叛之路。在这里，"伞"无疑具有"保护伞"的含义，是一个关于躲避政治风雨的符号。

五、总结

《霸王别姬》是一部博大精深的电影。全片在情节编码、导演手法、摄影手法、音乐、细节处理等方面均属上乘。总结来看，一部伟大的电影（或其他艺术作品）必然具有超越时代的本质意义，同时在艺术处理上也是高水平的。就这些方面来说，《霸王别姬》是无可比拟的。陈凯歌作为第五代导演领袖人物的地位也是不可否认、不可动摇的。

思 考 题

1. 电影中的声音包括哪三个方面？它们之间的关系如何？
2. 请你举例说明在电影《霸王别姬》一片中在哪些地方做到了声画对位。
3. 请你列举几部你认为在声画结合方面十分精彩的电影并进行分析。

第三章

电影是时间与空间的结合

本章提要

电影艺术的第三个特性是时间与空间的结合。

德国文艺批评家莱辛把所有艺术从它们的材料、技术和样式中抽取出来，按照模仿生活的基本形式归结为不同质的两大类别：诗和绘画。诗是指包括戏剧在内的各种文学，绘画是指一切造型艺术。这两类基本艺术形式的根本差异在于：诗的艺术是在时间上展开而在空间上"成点"，绘画的艺术则是在空间上展开而在时间上"成点"。所以，人们一般把文学称为时间艺术，把绘画称为空间艺术。时间艺术是一种"线式表现法"，每一个瞬间只能写那么一点，同时发生的整个场面必须分解为许多点，拉长时间逐点写出。空间艺术则是"面式表现法"，它的领域是瞬间，可以在一个时间里把整个场面同时托出，但不能表现出形象在时间中的运动和发展。而电影作为一种全新的综合艺术，却是在时间上和空间上同时充分展开的。

电影克服了文学在空间方面和绘画在时间方面的局限性，一身兼有诗和造型的表现力，把文学那种从时间中描写生活的形式（叙事性）和绘画那种从空间中描写生活的形式（呈现性）结合起来，成为一种时空复合体。银幕上不但可以一览无余地表现出整个场面，而且能够通过镜头的移动、场次的转换，化时间系列为空间结构，从而形成电影在空间的推移当中通过运动表现时间的独特叙述方式。

在本章中，我们将通过对《美丽人生》《无问西东》和《贫民窟的百万富翁》等影片的鉴赏分析，加深对电影是时间与空间的结合这一特性的理解与认识。

第一节　苦难中的寓言和童话
——罗伯特·贝尼尼的电影《美丽人生》赏析

➡ 影片资料

中文译名：	美丽人生
国家/地区：	意大利
类　　型：	剧情/战争
导　　演：	罗伯特·贝尼尼
主　　演：	罗伯特·贝尼尼　尼可莱塔·布拉斯基　乔治·坎塔里尼（等）

➡ 剧情简介

1939年，第二次世界大战的阴云笼罩着整个意大利。

基多是一个外表看似笨拙但却心地善良、憨厚而且生性乐观的犹太青年。他对生活充满了美好的向往。基多和好友菲鲁乔驾驶着一辆破车从乡间来到小镇阿雷佐，他的愿望是在小镇上开一家属于自己的书店，过上与世无争的安逸生活。途经一座谷仓塔楼时，年轻漂亮的姑娘朵拉突然从塔楼上跌落到基多的怀中，原来塔楼上有一个黄蜂窝，黄蜂经常骚扰当地的居民。朵拉想为民除害，烧掉黄蜂窝，却反被黄蜂蜇伤。基多立刻对朵拉产生了好感，热情地为她处理伤口。为了表示谢意，朵拉送了一些鸡蛋给基多，意味深长地目送他远去。

在阴云密布的意大利，纳粹的反动势力日益强大。墨索里尼推行强硬的种族歧视政策，因为有犹太血统，基多开书店的申请屡遭阻挠，得不到批准，他的好友菲鲁乔的工作也一直没有着落。由于生活所迫，基多只好在一家饭店当服务员，他以真诚、纯朴、热情、周到的服务态度赢得了顾客们的喜爱。

有一次，基多骑车上班无意中撞倒了朵拉，两人再次邂逅，基多的心中由此燃起了爱情的火焰。他不失时机地向朵拉表达了自己的爱慕之情。

朵拉是某学校的教师，有一天从罗马来的督学要到学校视察，基多得知后竟冒充督学来到朵拉所在的学校进行视察，校长热情地接待了他。为了取悦朵拉，引起朵拉的注意，基多索性跳上讲台施展起喜剧演员的才华，惹得学生们开怀大笑，令校长和教师们瞠目结舌。

基多得知朵拉和男友鲁道夫要去剧院看歌剧，他也买票前往。坐在楼下的基多始终目不转睛地盯着楼上包厢里的朵拉。起初，朵拉对基多的苦苦追求并不在意，但是由于朵拉讨厌鲁道夫，因此常常和基多在一起。鲁道夫一厢情愿地举办了和朵拉的订婚晚会。晚会正巧安排在基多所工作的饭店。基多巧妙地使朵拉摆脱了鲁道夫的纠缠，因此赢得了她的芳心。朵拉不惜跟父母闹翻，离家出走，嫁给了基多。

婚后，好事接踵而来，基多梦寐以求的书店开业了，他们还有了一个乖巧可爱的儿子约舒亚。基多闲来无事时经常和儿子玩游戏，一家人的生活幸福美满。可是，好日子没过上几年，在约舒亚5岁生日的这天，纳粹抓走了基多和约舒亚父子，强行把他们送往犹太人集中营。当朵拉和约舒亚的外祖母兴冲冲地回到家里时，只见人去楼空，家里被翻得乱七八糟。朵拉明白了眼前所发生的一切，她虽然没有犹太血统，但她坚持要求和基多、约舒亚一同前往犹太人集中营。在集中营里，朵拉被关在女监里，基多不愿意让儿子幼小的心灵从此蒙上悲惨的阴影。在惨无人道的集中营里，基多一方面千方百计地寻找机会和女监里的妻子取得联系，向朵拉报平安，另一方面要保护和照顾幼小的约舒亚，他哄骗儿子这是在玩一场游戏，遵守游戏规则的人最终能获得一辆真正的坦克回家。天真好奇的约舒亚对基多的话信以为真，他多么想要一辆坦克呀！约舒亚强忍着饥饿、恐惧、寂寞和一切恶劣的环境。基多以游戏的方式让儿子的童心没有受到任何伤害。

当胜利来临之际，纳粹准备逃走。基多将儿子藏在一个铁柜里，千叮咛万嘱咐让约舒亚不要出来，他打算趁乱到女监去寻找妻子朵拉，但不幸的是他被纳粹发现了。当纳粹押着基多经过约舒亚的铁柜时，他还乐观地、大步地走去，暗示儿子不要出来，但不久就听见一声枪响，历经磨难的基多惨死在纳粹的枪口下。

天亮了，约舒亚从铁柜里爬出来，站在院子里。这时，一辆真的坦克隆隆地开到他的面前，上面下来一个美军士兵将他抱上坦克。

▶ 拍摄背景

《美丽人生》是一部以喜剧风格来表现纳粹大屠杀故事的意大利电影，是1998年整个欧洲影坛最为轰动、最为成功的电影。它先是在1998年第51届戛纳国际电影节上获得评审团的一致好评，全场起立鼓掌12分钟，最终荣获评审团大奖。随后，又在1998年第11届欧洲电影节上荣获最佳影片、最佳男演员等多项大奖。接着本片又一次打破惯例，以外语片的身份同时荣获1999年第71届奥斯卡金像奖最佳影片、最佳导演、最佳原创剧本、最佳电影剪辑提名，并最终荣获最佳外语片、最佳男主角、最佳剧情片、最佳原创音乐和最佳原创配乐。

《美丽人生》放映伊始，首先受到欢迎的不是在欧洲本土，而是在中东的以色列。以色列评论家针对这部电影发表了热情洋溢的评论，耶路撒冷市市长也公开宣称他将颁发给罗伯特·贝尼尼一个特殊的奖杯，因为他进一步促进了人们对犹太人历史的全面了解。

这部电影描写的是一个家庭的悲欢离合，影片本身也差不多是一个完整的"家庭的故事"。本片的主演是罗伯特·贝尼尼和他的妻子尼可莱塔·布拉斯基，其创作灵感则来自于罗伯特·贝尼尼的父亲。他的父亲虽然不是犹太人，也没有进过集中营，却在德国的劳动营中服过苦役。但是，当他对孩子们讲起往事的时候，为了不吓到孩子们，他总是努力用高兴的语调来讲述那个可怕的年代和故事，这一点给罗伯特·贝尼尼留下了终生难忘的印象。

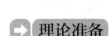 **理论准备**

电影镜头的分切与组合打破了现实时空的制约，创造出新的电影时空。在电影的后期，剪辑既可以延长时间和扩大空间，也可以缩短时间和压缩空间；既可以实现超越时空的跳跃，也可以使时空停止、倒退。

一、电影时间

现实时间，是指现实生活中自然的时间流程，它是自然流逝的、连续的、不可改变的。

电影时间，是指电影的长度，包括每个蒙太奇段落以及每个镜头的长度，是可以改变的。

电影镜头的分切和组合打破了现实时间固有的连续性的制约，可以不受现实时间的限制，以一种不连续的自由方式来再现生活中的时间流程。

电影时间具体的表现形式包括以下三个方面：

（1）电影时间可以对现实时间加以延长，通过延长来夸张、强调生活中的某些事件，渲染、烘托人物的情感世界。如恋人离别时回首相顾，可以用慢动作来对现实时间加以延长，表达出他们依依不舍的真情；英雄人物中弹牺牲，可以处理成缓慢地倒下；英雄人物倒地的镜头还可以同松涛滚滚、白云飘动等隐喻式蒙太奇进行多次组接，通过对现实时间的延长来表现人们对英雄人物的敬仰之情和怀念之意。

（2）电影时间可以对现实时间进行缩短。如也许就5秒钟的镜头，现实生活已经从春天转到了冬天。姜文的电影《阳光灿烂的日子》用一个抛书包再用双手接住的镜头叙述了马猴由少年至青年的经历；而在意大利电影《天堂影院》中，随着失明的阿尔弗雷多用手在小托托的脸上一抹，童年的托托已变成青年的托托。就这样影视时间缩短了现实时间，有机地完成了叙事。

（3）电影时间可以突破现实时间的顺向流逝，自由地组合过去、现在和未来。许多的电影都表现过某个人物对往事的回忆，或再现其对未来生活的憧憬。如可以从烽火连天的战场一下子跳跃到中华人民共和国成立后老将军的书房等。

二、电影空间

现实空间，是指现实生活中的环境，从电影画面拍摄这个角度来说，可以理解为每个拍摄的场景。

电影空间，是指银幕和画框中所表现的社会生活的影像形式场景。

电影是一种独特的时空艺术，既可以创造自由的电影时间，也可以创造自由的电影空间。

电影空间具体的表现形式包括以下三个方面：

（1）电影空间可以再现广阔的现实空间，跨越现实空间，扩大现实空间。如前一个镜头是在冰封的北国，后一个镜头就到了锦绣的江南；前一个镜头是在陆地，后一个镜头就可以遨游太空。现场直播足球比赛，上一个镜头是表现足球场上运动员踢球的镜头，下一个镜头就是表现场外观众反应的镜头，或鼓掌，或呐喊助威等。

(2)电影空间可以对现实空间加以压缩。如当学生要从教室走到学校外去,其可能的现实空间是:学生先走出教室,经过走廊,走下楼梯,穿过门亭,走出楼门,经过操场,然后才能走出校门。可是,电影空间可以压缩现实空间,只需要两个镜头就可以完成了,如上一个镜头表现学生走出教室,下一个镜头就可以直接表现学生从校门走了出来,中间的大段过程完全可以省略。

(3)电影空间可以对现实空间的局部空间进行组合来表现电影空间的全貌,即构成新的空间形态。在一组镜头中,把多空间画面有次序地组织在一起,体现了电影后期剪辑过程中的空间统一性。如市区街道上的几排树木,公园里的几朵花、一片草地,这些可以概括地表现出某个城市绿化成果的全貌。电影正是利用这种方法通过现实空间中一部分具有典型特征的局部空间的组合使观众"窥一斑而见全豹",去认知整体的空间形态。

鉴赏分析

《美丽人生》之所以在全世界观众中如此受欢迎,大致有以下五个方面的原因:

一、主题深邃,富含哲理

这部电影歌颂了美好的生活、美好的爱情,甚至在逆境中,人们都不失幽默的本色。这让每个悲观厌世的人从中受到了鼓舞,增添了生活的信心;让不懂世事的孩子永远只知道人生无处不美丽,所有的厄运不过是一场必来的游戏。基多这样做,让自己灰色的人生迸发出了美丽的光彩。整部影片就像是一个回味隽永的人生寓言,富含感人的主题、深刻的哲理。

二、风格多样,内容与形式完美统一

这部电影是喜剧风格与黑色幽默手法的完美统一与绝妙应用。它充分探究了电影艺术风格的多样性,为繁荣电影表现手法做出了自己独有的贡献。

这部电影的前半部分是喜剧,充分运用了喜剧的假定因素,一些细节和情节的编织让观众忍俊不禁,几乎每个场景都有罗伯特·贝尼尼风格独特的喜剧演出。而这种喜剧的场面所延伸、发展之处则是影片中最为出色的童话式场面。

它首先是一个个出人意料的细节——在剧院里,基多不看舞台,而是紧盯着坐在楼上包厢里的朵拉,嘴里念念有词,仿佛是意念的感应真的起了作用,朵拉果然转过头来,使基多看了个够;在雨中,基多从剧院"劫走"了朵拉,汽车又一次坏了,基多把朵拉带下汽车,接着他像变戏法一样在朵拉的脚下铺出一条长长的红地毯;在一幢房子的门前,门锁着,基多双手合十嘴里念叨着"圣母玛丽亚",结果上天果然掉下一把钥匙……还有那顶招之即来挥之即去的帽子等,很快就让基多与朵拉一见钟情、心心相印。在基多最后带走朵拉的那场戏中,童话式的场面和童话式的结局完美地结合成为一个美丽的高潮:基多骑着那匹绿色的大马走进了饭店大厅,而在顷刻之间朵拉也已经跃上了马背,这种"白马王子"式的场面使在场的宾客也情不自禁地鼓起掌来。

这部电影的后半部分描绘的似乎是一个"不可能发生的故事",同时也极有可能破坏本片在风格上的完整性。因为它要讲述的是一个与第二次世界大战时期纳粹大屠杀相关联的故事,而这种故事往往与黑暗、恐惧还有死亡的阴影相伴随。但是,罗伯特·贝尼尼却凭借自己出色的喜剧天赋,以喜剧、童话和寓言式的风格将这两个部分统一于一个整体中。

首先,他确立了本片的主旨——不是讲述第二次世界大战时期犹太人的命运而是在讲述人生的态度;其次,为了不使一同被关入集中营的儿子感受到恐惧和死亡的阴影,他让影片中的这位犹太父亲编造出一个关于游戏的故事,就像是一个美丽的神话,保护着小主人公约舒亚的童心在这个世界上最残忍的地方始终充满着欢乐。这神奇的一笔在升华了本片主题的同时也保持了本片在风格上的完整。

尽管罗伯特·贝尼尼在本片的前半部分中主要致力于制造浪漫的童话,但为了影片内容的前后衔接,他也不断地把纳粹和法西斯的阴影透过喜剧和童话式的场面展示给观众。在本片开场银幕外的独白之后,影片的第一组镜头就是对时代背景的交代:基多和朋友驾驶着刹车失灵的汽车冲入手舞鲜花的人群,那些人正在欢迎一位纳粹将军的到来。人们把基多当成了迎接的对象,所有的人都举起手臂做出纳粹分子的军礼状。基多也顺应着模仿。在随后的情节中,一位从罗马来的督学则是要向学生们发表一篇关于"种族优越"问题的演讲。基多则借此把希特勒"选择的"雅利安人大大奚落了一番。而纳粹分子对犹太人的迫害则被罗伯特·贝尼尼巧妙地移植到了那匹马上——那匹属于犹太人的马正是被他们涂成了绿色,并在上面写上了侮辱性的文字。这些讽刺性的情节和细节为后半部分犹太人集中营中的场景做了水到渠成式的铺垫。

同时,在这部电影的后半部分,基多为儿子编造的那个"美丽的故事"也从前面的童话风格中得到了有力的支撑。前半部分中的浪漫和"美丽人生",在后面基多对儿子心灵的精心呵护中继续得到强有力的表达。和所有由著名的喜剧演员出演的影片一样,这部电影也差不多成为罗伯特·贝尼尼一个人的电影。他在犹太人集中营里为了稳住儿子竭尽全力做的一连串的表演使本片的喜剧风格得以顺其自然地贯穿始终;最重要的是,一个童话最终依然是完整地完成了——罗伯特·贝尼尼不但几乎没有正面展示多少纳粹刽子手们的凶恶形象,而且把基多的死完全处理成背景内容。这样,在约舒亚的心目中,生活一直是那样得纯真和美丽,他甚至赢得了一辆真正的坦克。

不可否认的是,罗伯特·贝尼尼对纳粹大屠杀故事喜剧和童话式的处理使这部电影也遭受到一些人的批评。他们认为罗伯特·贝尼尼对于那场惨绝人寰的大屠杀的态度实在是太过于轻松了,甚至有人认为他采取的是一种好莱坞式的商业化的手法。大导演史蒂文·斯皮尔伯格在拍摄完电影《辛德勒的名单》后曾表示,任何人拍片证实纳粹大屠杀的存在都应该被褒奖,他还成立了"大屠杀生还者见证人基金会"。但是,对于《美丽人生》一片,他却颇有微词。

据悉,史蒂文·斯皮尔伯格在观看《美丽人生》一片时,影片还没有放映完,他就想离场,但被他的妻子阻止了。后来,他表示纳粹大屠杀不应被当作娱乐,《美丽人生》一片"娱乐性过强"。

应该说,罗伯特·贝尼尼的风格的确是过于大胆和独特了,而其风格的力量,与其说是来自好莱坞,还不如说是对欧洲喜剧传统的继承。他并不只是构建了一个"美丽的故事"，而是使他的喜剧童话成为一个感人的寓言。它告诉人们的正是罗伯特·贝尼尼后来所表述的那段话。他说："我想告诉所有的人，生命是可贵而且充满欢笑的。即使是临死之前，也可以得到欢乐。"如果套用我们常说的一段话来说就是"人不但可以死得伟大，而且还应该生得美好"。

三、值得称道的时空转换手法的运用

罗伯特·贝尼尼在这部电影中有一个大胆的、令人拍案叫绝的时空处理，这里不能不提——基多大搅朵拉与未婚夫的订婚晚会，骑着身上涂了颜色的高头大马与朵拉从饭店回到住处时却突然想起自己忘了带钥匙，于是他在自己的屋前又拉又踹地想把门打开。在一旁闲着无聊的朵拉则漫步走进另一间布满了鲜花的屋子，基多有些发愣，跟了过去，也进了屋子，镜头推上去，待基多拐弯消失不见后，又随刚刚从屋里走出来的约舒亚徐徐拉出，框入院内正在等待约书亚的基多和朵拉这对夫妻，而约舒亚一声清脆的"爸爸妈妈"的叫喊声让观众明白，时间已然过去了至少四五个年头，他们不但结了婚，而且还有了一个可爱的儿子。就这样，罗伯特·贝尼尼在一个不间断的镜头里完成了一次绝妙的时空转换，手法之高超、用法之绝妙，让人佩服得五体投地。

四、夸张而又真实的喜剧情节与表演

除了时空转换手法的巧妙运用以外，这部电影略显夸张的喜剧表演，令人捧腹的喜剧情节，如犹太人集中营里那场让人既发笑又担心的类似我国相声中的捧哏逗哏的翻译讲解，以及"坦克"的悬念到最后迎刃而解等，都成为这部电影鲜明的特色，也成了吸引观众的神来之笔。

五、独特的观影感受调动观众全新的审美体验

罗伯特·贝尼尼选择以悲喜剧交融的形式诠释纳粹大屠杀的题材是极为大胆而且创新的尝试，不仅让观众感受到所谓带荒谬的喜剧，同时也让观众忍不住感动地落泪。许多人都是在惊慌中流着眼泪，继而又愉快地看完本片的。这种独特的观影体验是观众在其他的影片中感受不到的，就像体验多味的人生一样，观众的心绪会久久难以平静。

第二节　四段青春　百年历史
——李芳芳的电影《无问西东》赏析

▶ 影片资料

中文片名：无问西东
国家/地区：中国
类　　型：剧情/战争
导　　演：李芳芳
主　　演：章子怡　黄晓明　张震　王力宏　陈楚生　铁政（等）

▶ 剧情简介

1923 年，一个寒冬的清晨，清华大学的校园里热闹了起来。今天是公布考试成绩的日子，那感觉就如同科举放榜一样。学员吴岭澜（陈楚生饰）的英文和国文成绩均为满分，独独物理"不列"。校长梅贻琦有意将他转至文科，但这个决定却遭到了吴岭澜的抵触。所有人都认为最好的学生都在实科，这种思想也影响了吴岭澜。对于这样的偏见，梅校长问了吴岭澜一个问题，求学的目的是什么。整日埋首在故纸堆中，看似忙于学业，实则失去了真实。

梅校长的话让吴岭澜心有所悟，却又觉得想不真切。他心中一直琢磨着、思索着其中的真谛。直到第二年，他有幸在清华大学的图书馆中听到泰戈尔的演讲，明白了自己要追求真心和真性，而不是在乎其他人的想法。

1938 年，日军占领北平，清华大学与北京大学、南开大学的师生远赴昆明，在荒地上共同建立了西南联合大学。在这片荒凉的大地上只有土坯房、茅草顶。到了雨季，教室里滴落的雨水打湿了师生们的衣裳。即便生活如此艰苦，却仍浇不灭学生们的拳拳爱国之心。

报纸上报道说日军轰炸重庆，平民死伤惨重。有志青年沈光耀（王力宏饰）写了一封家书向父母呈禀自己想要参军的想法。可他没有想到，沈母（米雪饰）会千里迢迢从广州赶到昆明。沈家是大富之家，家规甚严。照理，父母在不远行。沈家父母拗不过倔强的儿子才同意他到昆明求学。如今，他们的独子沈光耀想要参军，沈父急火攻心得了场大病，沈母奔波数日赶了过来。听到父亲重病，沈光耀便收起了报国之心，决定继续完成学业。见此，沈母才放心地返回广州。

天空响起了警报声，其他人都跑向城外的旷野以躲避空袭，只有沈光耀悠闲地走向锅炉房。每天喝一碗冰糖莲子汤是他从小就养成的习惯，他正打算烧水时却听到吴岭澜教授在喊他，吴教授是来取养在笼子里的鸽子的，见到有学生在此，自然不会弃他于不顾。两人来到城外，和其他的师生们一起躲在凹洞内继续着课业。

吴教授向学生们介绍了泰戈尔的诗，讲解了其内在的精神就是"寻找自我的真实"。待轰炸过后，沈光耀看到新建的校园一片狼藉，锅炉房也成了废墟。未来得及躲避的同学和平民或死或伤，哀号声遍野。这时，沈光耀感受到了泰戈尔诗作中的内含，毅然决定投笔从戎，加入空军队伍。

经过努力训练成为优秀飞行员的沈光耀在享用着美军提供的充足食物时，没有忘记基地外还有忍饥挨饿的穷苦孩子们。每次用餐，他都会多取一些食物，待执行任务返航时把食物空投到一个偏远的小村庄。他还不知道村庄中有个叫陈鹏的孤儿，日后为祖国的核事业的发展奉献了自己的一生。

所有的士兵都希望战争结束后能回到父母的身边，沈光耀也同样如此，但他没能等到那一天。在一次执行任务时，他所在的中队遭遇日军的王牌战机。在缠斗中，多名战友被击落，而跳伞的飞行员成为江面上敌军战舰的机枪扫射的活靶子。虽然沈光耀将敌军的王牌飞行员击落，但他的飞机也因损毁严重而无力返航。最终，为了保护战友，他英勇地驾机撞向了江面上的敌军战舰。

1962年，陈鹏（黄晓明饰）、王敏佳（章子怡饰）和李想（铁政饰）既是高中同学，也是最好的朋友。陈鹏在清华大学工程系学习，李想学习西医在医院实习，王敏佳则在医院的中药组和一群准女护士们学习配药。陈鹏的内心对王敏佳怀着强烈的情感，却不敢说出口。他只有通过关心王敏佳的点点滴滴，流露出些许心意，盼着王敏佳有朝一日能体会到。

今天，他们约好一起去看望多年来对他们照顾有加的班主任许老师。可还没进四合院，他们就听到院子里传出师母打骂的声音。许老师的本名叫许伯常，师母名叫刘淑芬。当年，师母辛辛苦苦地供养许老师读大学，哪知许老师毕业后想悔婚。师母便拎着刀子到他的单位以死相逼，两人这才结了婚。自那以后，师母就性情大变，对许老师非打即骂，许老师都是默默地忍受。见此情景，他们三人也不便进门，只好改日再做打算。

当晚，回到医院的王敏佳和李想决定替许老师主持正义，用毛主席的教导指出师母的错误。为了不让师母看出笔迹，王敏佳在李想的帮助下翻出西医护理日志，拼凑其他医护人员的笔迹给师母写了封措辞严厉的批评信。

与此同时，陈鹏因成绩优异被校领导推荐前往第九研究所从事核物理研究工作。在当时，这是无数人梦想得到的殊荣，陈鹏却毫不犹豫地回绝了。因为他还有人要照顾。日久生情，王敏佳早已像种子般地种在了他的心里。

就是在这种美好的愿望下，陈鹏继续待在北京生活、学习，还按照王敏佳的习惯，他们3个人一起在天安门前与毛主席像合影。说起这个习惯，王敏佳不无骄傲。小时候伟大领袖毛主席到学校来视察就是她献的花，她还依偎在毛主席的身边合了影。之后，每年的那一天她都会到天安门前与毛主席像一起合影做纪念。这件事在医院里几乎尽人皆知，着实让一些人既羡慕又嫉妒。

陈鹏拒绝了为国家做贡献的大好机会，李想却一直希望得到支边的名额。他割破了手指写下血书以此明志，终于如愿以偿。王敏佳听说李想要去支边了，就让李想在自己的身上试验针灸，说希望这能在缺医少药的边疆派上用场，陈鹏无意中看到这一幕,以为自己是3个人情感世界中多余的那个人,便来到校长室主动请求前往第九研究所工作。

然而,世事多变。脾气乖张的刘淑芬收到批评信后,不仅没有收敛,反而从信中的蛛丝马迹中察觉到应该是王敏佳所为。她拿着信闹到医院,大骂王敏佳勾引有妇之夫。这时,如果李想承认是同犯,就能证明两人写信的初衷是纯洁的,可为了保住支边名额,李想选择了沉默。平时嫉妒王敏佳的同事此时也纷纷落井下石,开始捏造各种谎言,甚至诬陷她与台湾特务有勾连。

有冤无处诉的王敏佳被拖到群众的面前接受批判。然而,在一墙之隔的另一边,李想正作为支边英雄发表演讲,誓要与陈旧势力和反动势力划清界限。听到扩音喇叭中李想的发言,王敏佳惨然一笑。可是这笑容在刘淑芬的眼里就是种嘲笑、就是种侮辱。她恼羞成怒,高喊着"打她"。被煽动起来的群众争先恐后地对王敏佳拳打脚踢,无辜的王敏佳很快就满脸血污,没有了呼吸,刘淑芬看到这一幕后胆战心惊、愧然跳井。

陈鹏来晚了一步,王敏佳已经"逝去",他唯有对着苍天痛哭。之后,他来到一处荒地挖了一个坑,想掩埋掉王敏佳的尸体。不料,天空下起了大雨,雨水让王敏佳"死"而复生,两人合力造了座衣冠冢,从此只当再没有了王敏佳这个人。

王敏佳随着陈鹏回到了小村落,这里的人还是那么质朴,在劳作时仍歌唱着那个曾为他们空投过食物的空军"晃晃"。虽然王敏佳脸上的疤痕永远无法去除,但陈鹏相信他能治愈王敏佳心中的伤痕。

因为工作关系,陈鹏不能对外进行联系。可是每隔一段时间王敏佳就会收到一个邮包,里面有护肤的雪花膏和陈鹏无悔的承诺。

在回第九研究所之前,陈鹏遇到了在王敏佳的坟前忏悔的李想。对于这个辜负了王敏佳的人,陈鹏只给了他一句话:"逝者已逝,生者如斯,对以后的人好吧。"随后他便启程前往罗布泊"两弹一星"基地。而李想秉承着陈鹏的这句话,在边疆救死扶伤,某天他因救张果果的父母等人壮烈牺牲。

2010年,为了给一家奶粉企业设计广告,张果果(张震饰)特意找了个四胞胎家庭,设计了一个看上去无懈可击的广告设计方案:在当前国产奶粉备受质疑的大环境下,让这家奶粉企业主打安全牌,并长期资助困难的四胞胎家庭,同时让四胞胎的父母在新闻媒体上现身大肆说法。

就在交稿之前,张果果接到顶头上司戴维的电话。戴维称通过私人关系打听到竞争对手的设计方案也是以安全为主题,但没有得到客户的认可,所以戴维打算采用更激进的设计方案,即抛开安全,主打营养和口感。这让张果果感到有些为难。公司里的另一个老大罗伯特(韩童生饰)与戴维明争暗斗了多年,一直在找机会想挤走戴维。如今戴维冒险修改设计方案,一旦因此失去了客户,就给了罗伯特最好的口实。他心中窃喜,暗自等待着反击时刻的到来。

客户准时来到了公司,戴维却突发胃病去了医院。在这种情况下,只能由张果果代为向客户介绍设计方案。然而,客户并没有接受这个剑走偏锋的设计方案。失去了大客户,就得有人为此买单。张果果不幸中招,戴维却因未在现场而逃过一动。尽管公司里的人都知道他是替罪羊,可上层权力斗争殃及池鱼的事并不少见,张果果不想徒劳地为自己进行辩护,他收拾好东西辞职走人。

3个月后，张果果在原先的竞争对手那里找到了一份职位和薪水都更高的工作。这样的工作变动让人不得不怀疑他早就有心跳槽。对于以前同事们的议论，张果果还是同样的态度——不予理睬。他相信是非天定，随性由人。

但是，张果果没有想到，未得到奶粉企业资助的四胞胎家庭生活困难，急需救援。本着自己的良心，他决定自费帮助这困难的一家人。虽然四胞胎的家人有些难缠，但能看着四胞胎健康地成长，既是他的初衷，也是他最大的心愿。为此，他乐在其中。

生活本可以就这样平静地度过，可不久后原来公司的罗伯特邀请张果果打球，提到当初是戴维把修改设计方案的责任全都推给了张果果。当然，醉翁之意不在酒，罗伯特并不是替张果果鸣不平，而是想挑拨是非，让张果果提供一些整戴维的黑材料。罗伯特还提醒张果果在帮助四胞胎家庭的问题上要小心，他说自己之前也救助过一个孩子，哪知救助家庭越来越过分，简直把他当成了摇钱树。张果果听了后心有所动，既拒绝了向罗伯特提供黑材料，也减少了与四胞胎家庭的接触。

两个礼拜过去了，四胞胎家庭的奶奶和姑姑联系不到张果果就天天打电话到公司，让公司的其他员工不胜其烦。张果果硬着头皮为他们解决了租住的房子，还落实了工作以保证他们的经济来源。张果果本以为他们会提出更多物质上的要求，却意外地看到孩子们的姑姑捧出一盒胎毛笔要送给他，原来这才是他们执意要寻找张果果本人的原因。张果果为自己此前猥琐的想法感到惭愧，也更加坚信真心会换来真心。

▶ 拍摄背景

这部电影最初是向清华大学百年校庆献礼的作品，片名《无问西东》取自清华大学校歌中的一句歌词"器识为先，文艺其从，立德立言，无问西东"。

在本片前期筹备的过程中，导演李芳芳耗费14个月，翻阅了百万余字的历史文献，参考了10万余张历史图片和影像资料。小到王力宏身上穿的清华大学的校服，大到20余万名民工修筑"抗战生命线"的庞大场面，本片意图真实地重现珍贵的历史瞬间。

剧组为了能真实地还原当年的时代画像，不惜奔赴全国多地取景。剧组的足迹横贯中国，从北京到云南、从甘肃到广东，可谓是"跑遍了东西南北"。为了刻画重中之重的西南联合大学，剧组在云南驻扎了将近一年，将那座在抗战烽火中保留了我国学术火种的西南联合大学校园从史料变为现实。剧组搭建的校园面积竟超过了一万平方米。

如果说整部电影是4个人的青春颂歌，那么在片尾的彩蛋[①]里，那些曾经为时代贡献出自己青春的伟人同样没有被《无问西东》所遗漏。钱穆、冯友兰、杨振宁、华罗庚、邓稼先……这些曾经为清华大学书写过壮丽诗篇的大师们被导演安放在镜头的隐秘角落里，直到片尾才骤然展现给观众。

---

① 彩蛋源自西方复活节找彩蛋的游戏，是指电影中观众不仔细寻觅就会被忽略的有趣细节；还有就是电影的剧情结束后，在演职员表滚屏时或之后出现的电影片段（通常是一些幽默的场景或是跟续集有关的情节线索）。

这种在电影的片尾再附加片段的手法被称为"斯丁格"（Stinger）。这是一种常常被观众忽略但却是电影中出彩的部分，目的就是提高观众的观影趣味。

《无问西东》的导演李芳芳生于1976年，15岁就走上了文学创作之路，18岁出版了个人代表作，30岁出头拍摄了自己的第一部院线长片《80后》，从那时起她就被冠以"第七代导演"之名，和陆川、常征、高彭等人并列。

《无问西东》的摄影师是多次在国内外荣获摄影大奖的曹郁，《可可西里》《南京！南京！》等国产经典电影均出自他的手笔。

本片的美术指导则是由我国香港地区的美术大师朴若木和曹久平压阵。曾经指导过《胭脂扣》《三个女人的故事》《阮玲玉》的朴若木在多年前就已淡出电影圈，而上一次曾在片尾署上"朴若木"3个字的电影是李芳芳的同门师兄李安执导的电影《色，戒》。曹久平的名字更是早已被大众耳熟能详，《大红灯笼高高挂》的浓墨重彩和《杀死比尔》的绚丽画面都来自曹久平的贡献。另外，本片的声音指导也是由电影《一代宗师》的声音指导陈光来担任。

所以，当观众看到清华园中十几个穿着长袍儿，站成一排的学生在雪中奏琴，西南联合大学的教室里学生们在老师的引导下静坐听雨的场面，感受到这一场从画面到声音的全方位视听盛宴时，被浪漫主义的情怀激荡出一腔热血也就不足为奇了。

理论准备

人们在探索电影剧作结构形式的规律时对结构有各种各样的分类方法。在我国比较流行的分类法有两种：一种是按照剧作结构所体现出来的美学特征进行分类，如把结构分为戏剧式、散文式、小说式、诗式等；另一种是依据剧作的叙事时空对结构进行分类，即分为时空顺序式和时空交错式。

一、时空顺序式

时空顺序式剧作结构的特点是电影按照动作发生的时间顺序来叙述剧情，通俗地说，就是影片从头到尾在讲述故事。在这个大类型中又可以依据叙述视点的不同分为以下两个小类：

（一）客观视点的时空顺序式结构

所谓客观视点，是指影片的导演不是从片中某个人物的视点出发来叙事，而是超然于影片外，能看到不同的人物在不同的时空里进行的动作。所以，又有人称这种视点为"上帝视点"。在国产电影中，采用这类结构的电影居大多数，它的优点在于时空变化比较自由。

（二）主观视点的时空顺序式结构

采用这种结构的电影不仅从头到尾在讲述故事，而且是站在片中某个人物的立场和视点来讲述故事的。所以，影片所表现出来的内容通常只是这个人物亲身所经历和亲眼所见的时空内容，而且常常蒙上一层该人物浓厚的主观感情色彩。这种结构有点类似于"第一人称式"的小说。它的优点在于能够以比较细腻的手法着重刻画主要人物，有利于揭示人物的内心活动和情感变化。

二、时空交错式

时空交错式剧作结构的特点是电影不按照动作发生的时间顺序依次排列场面，而是打乱场面发生的时间顺序，以某种逻辑再把它们组织起来。倒叙、闪回、梦境和心理幻觉场面的穿插是形成这种"时空交错"印象的原因。这一大的类型亦可因叙述视点的不同分成以下两个小类：

（一）多视点的时空交错式结构

在采用这种结构的电影中经常会出现不同人物的回叙或心理幻觉的场面，而不一定局限于一个固定的角色。如电影《喜福会》就采用了多视点的时空交错式结构。

（二）主观视点的时空交错式结构

在采用这种结构的电影中，一切穿插进来的回忆和心理幻觉中的场面都是由一个固定的片中人物（通常是主角）发出的。

如在苏联电影《个人问题访问记》中，所有的回忆和心理幻觉场面就都是从女主角的主观内心发出的。又如，美国电影《朱莉亚》表现的是朱莉亚的女朋友莉莲对朱莉亚的回忆，一切闪回都是通过莉莲的视点引发出来的。

这种剧作结构与多视点的时空交错式结构有所不同：多视点的时空交错式结构穿插进来的时空内容通常只是回忆以往发生过的事实，所以这种结构更多的是客观地叙事；主观视点的时空交错式结构却不仅仅利用闪回的方式回叙往事，而且常常侧重于揭示人物在回忆这些往事的时候的特定心境，如苏联的《个人问题访问记》、意大利的《八个半》、瑞典的《野草莓》等电影都具有这一特点。

鉴赏分析

一、主题

与其说电影《无问西东》讲了当下、1962年、1938年与1923年4个年份的4个故事，不如说它讲的只是一个故事，一个关于一所大学的老师、同学及其精神传承的故事。显然，编导希望借助这4个在讲述方式上相对独立，而精神内涵却彼此关联的故事，含蓄而又深刻地揭示出本片欲表达的宏大主题——美好的德行和与人有益的言辞，是青春飞扬的根基。每个人都面临纷繁的选择，唯有对自己真诚，内心没有杂念和疑问，才能勇往直前——这也是导演李芳芳对清华大学的校歌中"无问西东"4个字的最完整、最完美的表达与诠释。

1923年的中国，社会动荡，政权更迭，外强觊觎，中华民族处在濒临存亡的境地。每个爱国的仁人志士每日每夜都在想着如何力挽这衰颓的民族命运；每个匹夫每时每刻也都在想着如何尽自己"不负少年头"的责任。实业兴邦，产业救国，所有的人都认为学实科才是有用的，吴岭澜亦是如此，偏自己的英文和国文成绩都是满分，物理却"不列"。他感到困惑、迷茫、挣扎、纠结，此时校长梅贻琦的一番话，既解了他的心结，又点明了全片的主旨：踏实不等同于真实，真实是"你看到什么、听到什么、做什么、和谁在一起，有一种从心灵深处满溢出来的不懊悔、也不羞耻的平和与喜悦"。换言之，梅校长这样启发吴岭澜，要面对时代浪潮，不必选择迎合潮流，要遵从内心，从容而笃定。

多年后的抗日战争时期，一个容不下一张书桌的年代，吴岭澜在偏隅昆明的西南联合大学把自己的经历和人生体验讲给自己的学生沈光耀听,希望他能从思索生命意义的羞耻感中解放出来,在今后的岁月里永远不要放弃对自己的真实。而此时的沈光耀也正一边享受着获得知识的快乐,一边感受着国家处于外敌入侵的水深火热。他徘徊在弃笔从戎和仁义孝道的矛盾中,母亲对他说:"我们想你能够享受人生的乐趣,比如同你自己喜欢的女孩子结婚生子,注意不是给我们增添子孙,而是你自己能够享受为人父母的乐趣……那些功名利禄,没一点儿你祖上没经历过,那不过是人生的幻光,我们不希望你还没想好怎么过这一生,就连命都没有了。"这番话从一个母亲的口中说出,既亲切又自然,从中体现的是对于自我价值的实现、对人性的关注和对快乐幸福的自觉追求。但是,最终沈光耀还是服从了自己的内心,选择了真实的自己,从一个本可以在学校或父母的庇护下躲避掉那场战争灾难的富家少爷变成了一名光荣的中国空军飞行员。

战争之余,他还不忘曾经与自己一起玩耍的孩子们,在每次执行任务结束后都会驾驶着自己的战机,"晃晃"地去给那些山里的孩子们送食物,只是他怎么也不会想到在他救助的人当中有个叫陈鹏的,日后也和清华大学及清华大学的校训、精神产生了割舍不断的联系。

陈鹏,一个可以为爱情放下事业,克制自我、成全他人的清华大学理科高才生,当王敏佳因被批判而毁容后仍选择不顾一切地爱她、保护她,一句"你别怕,我就是那个给你托底的人。我会跟你一起往下掉,不管掉得有多深,我都会在下面给你托着。我最怕的是,掉的时候你把我推开,不让我给你托着",让人唏嘘且动容。身陷命运的低谷,也要有情有义、有始有终、有梦无醒,初心永恒,不为他人的伤害所击倒,一心只为执子之手与子偕老,这是什么?这是青春的风骨,是爱己所爱、行己所行。

至于李想——王敏佳事件的间接制造者——在后来支边的过程中遇上大雪被困在山中,在关键时刻他将生的希望留给了同伴,自己则壮烈牺牲。临终前,他说的最后一句话恰是陈鹏说给他听的"逝者已矣,生者如斯,对以后的人好吧"。他终于卸下了自责与内疚的包袱,而他救下的居然是第四个故事的主人公张果果的父母。

在张果果工作的公司里,人人都有一个英文名字,什么罗伯特、戴维之类,只有他从头至尾用了中文名字,由此可见他与别人的不同。广告公司就是今天社会的一个缩影,在这里你争我夺、钩心斗角、互相踩轧的事情比比皆是、层出不穷,真可谓"世俗是这样强大,强大到生不出改变它们的念头"(张果果语)。这样的职场斗争使张果果心烦意乱,无力与其争斗,唯一能做的便是远离旋涡中心、不参与其中、不同流合污。最终,在父母的教诲下,张果果明白了自己的"路还很长,可以做的事还很多,"他选择了直面内心的柔软,开始做自己喜欢、让自己开心的事情,于是在尔虞我诈为谋私利的厚黑学中,终于保留了一份自我坚守的净土。

通览全片,这4个故事发生的时间并不相同,但在主题上却形成互文关系。导演将人物困于原本平静无波的小世界里,又将个人的小世界放在了更残酷的时代背景中,让这两重背景的冲突去演绎时代的厚度与广度。这4个故事穿越百年,交错描绘出的是一个世纪里一所大学的教育影响,正因为这种深刻的教育影响完成了一次次思想的传承以及人生意义的穿越。时代在发展,生命在延续,而百年清华大学的精神也在这人与人之间千丝万缕的联系中薪火相传、弦歌不辍。

二、结构

作为一部反映清华大学百年历史的电影,电影《无问西东》写什么、怎么写是需要编导下一番功夫的。从经验主义出发,编导很容易落入被拟定的某种结构模式和被划定的界限的藩篱中,最终制作出一部中规中矩、线性发展、乏善可陈的"一般之作"也未可知。也许观众通过此作,能了解清华大学百年的历史,能了解清华大学的终身校长梅贻琦,能了解西南联合大学和跑警报,能了解王国维、陈寅恪、梁思成、林徽因、钱穆、钱钟书、杨振宁等民国大师,却不一定能了解百年清华大学的精神与魂魄,而这恰是本片导演李芳芳所要极力回避与克服的。

另外,令观众在固定的模式里做貌似心潮澎湃的共鸣,也违背了李芳芳的创作初衷。在一次访谈中,李芳芳如是说:"不管是生活还是电影,最重要的是能感受到这股力量。"哪股力量?追求真实的自己,不拘外境,无问西东。不走常人走过的老路,努力推陈出新,才是正途。

也正因为此,李芳芳在创作《无问西东》的剧本时,不按常规出牌,而是剑走偏锋:在内容上,弃直白的校史于不顾,而是选择了百年校史中最具有代表意义的4个阶段、4个人生故事,以此来阐释形之上的清华百年风骨;在形式上,则采用了反传统的并列式结构、多线式叙述以便与内容相对应。

并列式结构、多线式叙述是电影剧作的结构形式之一,它往往具有2个或2个以上的故事内容,编剧将这几个独立时空的叙事交织在一部电影中进行平行展现,几个时空的故事呈片段性,在多线交叉行进当中互有渗透、互有隐喻、互为补充。从主题上来看,这几个叙述层面提供了多种诠释方式,使得这类电影的主题都具有双重或多重意味,并被表达得淋漓尽致。

并列式结构、多线式叙述的鼻祖可以追溯到美国导演大卫·格里菲斯的《党同伐异》,这部电影由4个相隔数千年且互不相关的故事连缀而成:巴比伦的没落、耶稣基督的受难、法国的圣巴托罗米宗教大屠杀和20世纪初美国的劳资冲突。大卫·格里菲斯这样描述自己的构想:"4个大循环故事好像4条河流,最初是分散而平静地流动着,最后却汇合成一条强大汹涌的急流。"故事虽不相关,但其情感与观念的核心表述都是真情与良知,从这一层面来看,《无问西东》与之有着异曲同工之处。

在大卫·格里菲斯之后又有不少的艺术家紧随其后,1994年10月14日美国导演昆汀·塔伦蒂诺执导的电影《低俗小说》在美国公映。这部影片由6个彼此独立而又紧密相连的故事所组成,这6个故事都各自讲述了一个不同的事件,但它们却都有着共同的戏剧属性将它们紧密相连。

在《低俗小说》中,昆汀·塔伦蒂诺将故事发生的顺序打乱,摒弃线形时间,根据需要对情节进行拼贴和重组,使得整个叙述过程类似于"拼图"。他用一种断裂粉碎的"万花筒"式结构创造了一种突兀、不和谐的艺术风格,从而使整个故事更加悬念迭起、引人入胜。

2006年11月在美国上映的电影《通天塔》由墨西哥导演亚历桑德罗·冈萨雷斯·伊纳里图执导,讲述发生在11天内,世界上不同国家的4个家庭源于沟通不畅而发生的悲剧故事。

《通天塔》这部电影涉及12个人物、3个国家、4种语言、4种不同的命运，导演将此拆成了零零散散的记忆碎片。各片段不断地穿插出现，并随着故事的发展使悬念逐步升级，然后再毫无保留地一下子释放给观众。

　　此外，像美国导演达伦·阿罗诺夫斯基执导的《珍爱泉源》、保罗·托马斯·安德森执导的《木兰花》、曾荣获第78届奥斯卡金像奖最佳影片的《撞车》，以及西班牙电影《荒蛮故事》、国产电影《万有引力》等，也都采取了多线发展的并列式结构。

　　在所有的同类结构电影中，最像《无问西东》的当属由《黑客帝国》的导演沃卓斯基姐弟与《罗拉快跑》的导演汤姆·提克威联合执导的，美国华纳兄弟影片公司出品的电影《云图》，当然这句话也可以反过来说，在某种程度上，《无问西东》在向《云图》学习并致敬。

　　电影《云图》讲述了6个具有不同风格、发生于不同时空但是却有着一定联系的故事。每个故事都有着平行的剧情，反映了不同的主题却又都能归类到一种核心价值观、一种哲学观、一种思想。

　　并列式故事存在的最大的问题是，每个故事的容量相对较小，因此很难讲述复杂的故事，也很难把复杂的故事说得清楚。这就需要在叙事时，导演要用简洁的镜语把复杂的事情简单化并交代透，这点《无问西东》的导演做到了——张果果工作的广告公司一场，背景不可谓不复杂，内斗不可谓不激烈，然而复杂的剧情与人物关系却通过简单的一场广告设计方案汇报会全部揭示出来，可谓干练、集中；而接下来张果果跳槽到竞争对手的公司也绝无半点赘语，由此可见导演及其创作团队高超的掌控能力。

　　纵览《无问西东》，从1923年，梅贻琦对吴岭澜"为什么而学习"的启迪；到1938年，吴岭澜对沈光耀"不要忘记你的真心"的教诲；到沈光耀用飞机为孩子们——其中包括1962年的主角陈鹏——带去"生的希望"；到1962年陈鹏在王敏佳的墓前告诫李想"逝者已矣，生者如斯，对以后的人好吧"；再到李想救下张果果的父母，而张果果的父母又将这份"初心"潜移默化地灌输给自己的孩子……这4个故事彼此巧妙关联、暗藏呼应，像一首唯美的散文诗，形散而神聚地讲述着每个主角的命运，也串联起清华大学的历史与精神，激励着一代代人——当然也包括本片的观众——在如晦的风雨里从未间断地思索着生命的意义，寻觅着真实的价值。

三、时空与细节

　　并列式结构的特点之一是各个板块虽然在故事、人物、时空上独立，但相互之间一定会通过一些关键性的细节进行关联，《无问西东》即是如此。在影片中，4个时空有多处紧密的连接。例如，张果果去探望四胞胎的医院和20世纪60年代王敏佳工作的医院就是同一个医院；就在这个医院，有人几乎被殴打致死，也有新的生命诞生。在医院里，张果果尝奶粉的休息室，就是王敏佳击鼓喊冤的活动室。张果果走过的医院走廊，就是王敏佳和陈鹏叫李想下班的走廊。

　　更重要的一场时空混剪的戏出现在梅校长（当时还不是校长，是教务长）说那段重要的台词时，随着梅贻琦抑扬顿挫的讲话，依次出现了向空中张望的沈光耀、在碎木屑中寻找可以做胸针材料的陈鹏，以及似刚从噩梦中惊醒的张果果等，点明了这句台词贯穿的作用与力量。

另外,《无问西东》一片看似宏大的主题,导演却从细微处入手,用大量的细节筑百年风骨,以下试举几例:

[场景一] 在 20 世纪 20 年代的教室中,国文老师不会用粉笔写字,他把《礼记》里著名的句子写在宣纸上,挂在架子上给学生看:"儒有闻善,以相告也,见善以相示也,爵位相先也,患难相死也。"老师一句句地教,学生一句句地学,这时下课的钟声响了,同学们"起立、谢师",一躬到地,然而国文老师尚未离开,教授英文的女老师已经进屋,她可不像国文老师那般高不可攀,而是谦和、亲切、自然,与学生们打成一片。国文老师并不与英文老师打招呼,而英文老师似乎也无视他的存在。那时候的清华大学没有女学生——所以演莎翁的话剧得由男生来扮演女生——但是有女老师。让一位儒生接受女人教男人知识是有伤大雅的"辱",更何况教的还是他根本听不懂的外国话。国文老师觉得他希望学生们学习和记住的才是最重要的,所以他看英文女老师的眼神既不屑又恍惚。

这间教室的四周挂着各科知识的图谱,有中文的、英文的,有数学的、物理学的,还有生物学的《草履虫结构图》。那是一个刚刚打开国门,年轻人既要学习中国的传统文化,也要学习西方的科学知识的年代。新与旧并存,中和西碰撞,时代的特色全在这样的场景布置中表现了出来。

[场景二] 西南联合大学,大雨倾盆,穿着长袍马褂的老师站在写满了物理公式的黑板前讲授"正负电荷"。然而,疯狂急泄的雨砸在铁皮教室的屋顶上,一次次掩盖住他本就十分洪亮的声音,于是老师不顾雨水淋湿了肩膀,在黑板上写下漂亮的板书"静坐听雨"。这是一个极具中国美学意味的场面,老师授予学生的不仅是科学的精神,而且还有生活处事的态度,顺应自然,接受每时每刻的变化,这不也是清华大学优良传统的一部分吗?

[场景三] 陈鹏去医院找王敏佳,发现她的人名章坏了,马上为她刻了一个新的。可是,在天安门广场,这个人名章被拥挤的人流碰掉了。陈鹏一路找寻,看着这个人名章被踢、被踩,甚至一度找不到了,他都没有放弃,并最终把它捡起来,擦干净后交到王敏佳的手中,这不就是在隐喻陈鹏与王敏佳之后的经历吗?

再接下来是陈鹏精心雕刻的木制的、可以做胸针用的太阳花,以及王敏佳到乡下后那满满一盒金色的银杏叶,一瓶又一瓶的雪花膏,还有信,目的是为了让"那些离开了自己家乡的人,在梦中也看见幸福故乡"以及让"这些离开了自己家乡的人,在梦中也看见幸福故乡"(引自剧中的歌词)。

[场景四] 20 世纪 60 年代,许伯常与刘淑芬的家。刘淑芬一边坐在院子里就着大盆搓洗衣服,一边用充满爱意的眼神望着屋里正在吃饭的许伯常,嘴里说的却是训斥的话:"把饭都吃干净喽,天热,放不住。"然而自己却就着咸菜粒,倒上一碗温水喝下。这一幕既真实,又让无数的观众动容。而许伯常在自己的杯子和碗都被打碎后,依旧不肯用老婆的碗喝水,而是换上了饭缸,这一幕则尽显缺失的、无奈的、可悲的、令人心碎的对刘淑芳的感情的无视,为后面刘淑芬发飙埋下了种子、奠定了根基,还拉出了导火索。

[场景五] 警报来袭,学生和老师们都急忙收拾东西赶往避难处。沈光耀不慌不忙地到厨房去煮母亲带给他的冰糖莲子。离家千万里,以此寄相思。但最终还是此身许

国,白发人送了黑发人。当大林、小林一身戎装来沈家报信时,沈母请两人喝水,管家端上的又是那极度震撼人心的冰糖莲子。两人离开,沈母送至门口,身后门庭上高悬的是"三代五将"的匾额,既清楚地交代了沈家乃簪缨世家的背景,也为沈氏母子让人动容的抉择提供了有力的支撑。

四、总结

《无问西东》一片的片长共计 138 分钟,镜头凝练,构图优美,节奏舒缓,又不失激情和斗志,不但让观众记住了清华大学的百年风云,更让观众见证了中国人百年辛酸和奋斗的历史。导演选用并列的多线叙事模式,将深层的人文关怀作为影片的主题,试图引导人们去面对人生的选择,去听从自己的内心。本片中的四代人用自己的行动证明了"什么是真实",以此祭奠青春,祭奠那个时代的繁盛。正可谓"无问西东,只问自由,只问盛放,只问深情,只问初心"。

第三节　高超的结构　美丽的人生
——奥斯卡金像奖获奖电影《贫民窟的百万富翁》赏析

➡ 影片资料

中文译名：	贫民窟的百万富翁
国家/地区：	英国
类　　型：	犯罪/爱情/剧情
导　　演：	丹尼·博伊尔　洛芙琳·坦丹
主　　演：	戴夫·帕特尔　阿什·马赫什·舍德卡　芙蕾达·平托　（等）

➡ 剧情简介

杰玛·马利克是一个来自孟买的街头小青年，现在正遭到印度警方的审问与折磨。原因是杰玛·马利克参加了一档名为《谁想成为百万富翁》的电视直播节目，就在他面对最后一个问题之时，有人揭发了他作弊，杰玛·马利克当然矢口否认。

在解释自己为什么能准确地答对每道题的同时，杰玛·马利克的生活也在我们的眼前徐徐展开。他讲起了自己认识的一位宝莱坞明星，在一起宗教冲突中丧生的母亲，以及他与哥哥撒利姆如何认识了拉媞卡——他一生的挚爱。

这3个无家可归的年轻人被一所做儿童生意的孤儿院诱拐，每天以乞讨为生。但是，孤儿院的负责人却想弄瞎他们的眼睛以增加乞讨的收入，于是他们逃走了。然而，在他们爬火车时撒利姆放开了拉住拉媞卡的手，拉媞卡再次被孤儿院的人抓去。兄弟俩以在火车上卖些小零碎儿为生，在一次偷取客人食物的时候险些被抓，掉下了火车。他们恰好掉在了泰姬陵，于是在泰姬陵的附近暂时住了下来。杰玛·马利克以给游客提供导游服务为生，而撒利姆则与街头混混趁机偷取游客的财物。

但是，杰玛·马利克对拉媞卡的思念并没有因为时间的流逝而减少。最终，他说服撒利姆一起回到孟买去寻找拉媞卡，可是一系列的变故使得他虽然见到了拉媞卡却又再次失去了她——她被黑帮老大夺去，而兄长撒利姆也成了黑帮中的一员。

于是，杰玛·马利克想到了来参加《谁想成为百万富翁》这档电视直播节目，因为他知道这是拉媞卡最喜欢的节目，她一定会看到他的。此时，隔在杰玛·马利克与2000万卢比之间的只剩下最后一个问题。

警官认为杰玛·马利克的故事"虽然怪诞，但貌似有理"，于是放他回去继续参赛。拉媞卡果然在电视上看到了他，撒利姆此时也幡然醒悟，给了拉媞卡车钥匙与电话，催她快去找杰玛·马利克。最后一个问题是"请说出3个火枪手的名字"，杰玛·马利克虽然清晰地记得年少时和哥哥还有拉媞卡在学校里曾自封为3个火枪手，但他其实并不知道3个火枪手的名字。于是，他使用了电话求助。电话打给了他的兄长撒利姆，接听的却是拉媞卡。杰玛·马利克听到她的声音固然兴奋，但可惜拉媞卡也回答不上这个问题。杰玛·马利克猜了一个答案，可喜的是他猜对了！此时，撒利姆为了能让他们幸福地生活在一起，也与黑帮老大同归于尽。

那天晚上，杰玛·马利克与拉媞卡终于在火车站相见。他们忘情地拥吻，有情人终成眷属！

拍摄背景

电影《贫民窟的百万富翁》的创作灵感源于印度作家维卡斯·史瓦卢普的那部非常著名的长篇小说《Q&A》，由来自英国的丹尼·博伊尔和印度的洛芙琳·坦丹联合执导。本片曾在多伦多国际电影节上大放异彩，令世界级别的影评人给出了难得一见的极高评价。其实，见过丹尼·博伊尔的人大多会被他言谈举止中的良好修养所深深吸引，他属于那种特别愿意和别人分享自己的一切的导演，只要是和电影有关的，他都不会作任何保留，和他聊天的感觉就好像是在和一个老朋友共进晚餐。

近年来，丹尼·博伊尔在电影事业中所取得的成就是毋庸置疑的，他那部最为观众所熟知的《猜火车》堪称电影中的经典；然后是《惊变28天》，重新提升了有关僵尸题材的电影的格局；至于后来的《太阳浩劫》，也成为被广大影迷所津津乐道的优秀科幻类电影。到了这部《贫民窟的百万富翁》，丹尼·博伊尔则是将人们的目光带进了印度，倒不是说那里对他有着什么特殊意义，而是影片中所讲述的那个故事具备的狄更斯式的风格让丹尼·博伊尔不得不去为它寻找一个能够带来维多利亚时代的英国独有的、非常极端甚至是偏激的背景环境。他说："我现在居住的伦敦东区，就曾经有过一段非常明显的贫穷期，基本就体现在你是如何想得到一些机会，却也感到非常的绝望，这种混杂的情感影响着你做出的每次尝试。而我选择在印度拍摄影片的原因，是觉得这里非常像那个时段的伦敦。如果采用狄更斯式的讲故事方式，你首先就应该尽量去创造一个真实的大环境，因为这毕竟不是超级英雄电影，你可以胡编乱造，过去、未来随便选，以一种虚假的方式去创造各种充满戏剧性的环境或行为。换作是真实的世界，你就没办法使用类似的手段了，因为即使是在同一座城市中，身处不同区域的人关心的也是完全不同的事情。我还记得我第一次看完这个由西蒙·比尤弗伊改编的剧本时，产生共鸣的地方就是我也在类似的环境里生活过，突然陷入了一种'往事历历在目'的回忆中，所以我才会决定为影片做导演，目的就是想将这种情感的共振传达给其他人。"

其实，《贫民窟的百万富翁》最具有趣味性的地方还在于看着一个18岁的大男孩以如此直白、率真的方式去讲述一个与生活息息相关的故事。丹尼·博伊尔说："其实我有想过更加直接的方式，比如说一问一答，但要放在电影中的话，那就真的是过于照本宣科了，相信观众看一会儿就会开始犯困了。所以，我尝试着在讲故事的结构上弄了一些可爱的小变化，不仅仅是拍摄的时候，还包括剪辑的部分——当然，我们的选择自然是要承担某些风险的。总之我们发现进行了变动之后，整个故事的发展显得更加流畅通顺了，我非常喜欢那种感觉，有的时候无法拍摄出来的东西，是可以在剪辑的过程中得以实现的。"

用时间与空间的交换或对切所制造出来的流动性最终交汇出了《贫民窟的百万富翁》结局时的高潮部分，即杰玛·马利克在节目现场打电话的那组场景……丹尼·博伊尔继续说："其实人物在身份上并没有什么变化，我只是在他们不同的年龄段之间来回跳跃而已，那种感觉就好像是我们可以随心所欲地抵达他们的世界的任何角落。其实打从我第一次读剧本的时候，就已经想到了这种转换——剧本里并没有表述这样的讲故事形式，而且我也认为，大多数导演在挑选剧本时，所依据的根本就是自己是否会对里面的故事产生相应的反应，在你阅读的过程中，脑袋里可能会不自觉地浮现出一个又一个画面，总之你要是对一个剧本无法产生'灯火阑珊处'的感觉，它多半没办法引起你的共鸣，也就是说你们的属性不合。"

理论准备

电影作为时空艺术，既区别于单纯的时间艺术（如语言艺术和音乐），也区别于单纯的空间艺术（如绘画和雕塑），其关键在于它的特殊时空综合性，即它是一种一维时间二维空间的特殊三维艺术（而雕塑则是三维空间艺术，戏剧和舞蹈是一维时间三维空间艺术）。电影的这一特点使其具有巨大的表现功能。

在电影中，导演可以用顺序、倒叙、插叙之类的时间上的顺序的处理来构造电影时空，或者用蒙太奇的手法把时间顺序、地点顺序进行艺术处理，使之更加能表现电影的思想。

早期，电影只是将拍摄到的自然景物、舞台表演原封不动地放映到银幕上。从美国导演 D.W.格里菲斯开始，采用了分镜头拍摄的方法，然后再把这些镜头组接起来，因而产生了蒙太奇手法或者叫剪辑艺术。在很长一段时间里，剪辑是导演的工作。但是，随着有声电影的出现，声音和音乐素材的剪辑也进入了电影的制作过程，剪辑工艺越来越复杂，剪辑设备也越来越先进，于是出现了专门的电影剪辑师。

电影剪辑是一项既繁重又细致的工作。一部故事影片往往少则几百个、多则上千个镜头。画面部分有内景、外景，有实景和搭制的景。同一景中的内容通常都是集中拍摄的，电影剪辑师在剪辑时要按照内容的顺序重新编排；影片中的重要镜头因表演或技术上的原因，往往要反复拍摄数次，需要剪辑时要进行选择。大部分的镜头都拍得较长，电影剪辑师必须从中寻找最为理想的剪接点；有些要作长短镜头交叉出现的画面，连续拍在几条胶片上，需要在剪辑时分切成很多的镜头，再按照最有效的镜头顺序排列起来。

传统剪辑的主要作用有两个：一是保证镜头转换的流畅，使观众感到整部电影是一气呵成的；二是使电影段落、脉络清晰，使观众不致把不同时间、地点的内容误认为是同一场面。

与传统剪辑相对应的是创造性剪辑，也就是各种能提高电影艺术效果的剪辑方法。创造性剪辑主要有以下三种：

一、戏剧性效果剪辑

即电影剪辑师运用调整重点、关键性镜头出现的时机和顺序来选择最佳剪辑点，使每一个镜头都在剧情展开的最恰当的时间出现。

二、表现性效果剪辑

即电影剪辑师在保证叙事连贯、流畅的同时，大胆地进行简化或跳跃，有选择地集中类比镜头，突出某种情绪或意念，将一些对比和类似的镜头并列，取得揭示内在含义、渲染气氛的效果。

三、节奏性效果剪辑

一般来说，镜头短、画面转换快，能引起急迫、紧张感；镜头长、画面转换慢，可以导致迟缓或压抑感。因此，长短镜头交替，画面转换快慢结合可以造成观众心理情绪上的起伏。利用这一点，电影剪辑师在剪辑上控制画面的时间，掌握转换节奏，就可以控制观众的情绪，达到预期的艺术效果。

在现代的西方电影中还出现了一种艺术倾向，就是创作人员在剪辑一部电影的时候不像过去传统的做法那样主要依靠画面，而是依靠声音的节奏。这就使得电影的声音在影片里变得越来越重要，而且也使得画面的变化显得非常的简明、快速。这就是所谓的"速剪艺术"。

那么，是不是可以这样说，速剪艺术是重视声音而轻视画面的呢？不是。速剪艺术对画面的要求非常高，包括艺术和技术两个方面。

从艺术方面来说，它要求画面拍摄得非常优美，要求摄影师的职能接近画家的职能。比如，它要求摄影师特别注重画面的光线、色彩和构图。又如，它要求多用特写和近景，纵深镜头也越来越多地被使用。再如，它要求演员的服装和化妆都很讲究。外景在这种电影里也显得特别重要，常常把自然景象的变化作为拍摄对象，在拍摄风格上主张具有象征性。

从技术方面来说，速剪艺术运用的都是比较新的技术，如电脑绘画、动画卡通、蓝幕合成等。它讲求高、精、尖，追求艺术的高质量，甚至达到豪华型。因此，它的制作成本也相当昂贵。

鉴赏分析

2006年在印度的孟买，一个名叫杰玛·马利克的电信公司倒茶员还差一个问题就能赢得2000万卢比。他是怎样做到这一切的？是作弊，是幸运，是天才，还是一切都是命中注定呢？而我们更想问的是，2009年在第81届奥斯卡金像奖颁奖仪式上，一部名为《贫民窟的百万富翁》的电影依靠区区1500万美元的制作成本和名不见经传的非职业演员，且作为一部外域题材影片，却一举斩获了包括最佳影片、最佳导演、最佳改编剧本、最佳电影剪辑、最佳原创配乐、最佳音响效果、最佳摄影等大奖，成了当晚最灿烂的那颗星。它又是怎样做到这一切的？难道也是因为作弊、幸运、天才和命中注定吗？

究其原因，我们可以从以下三个方面来寻找答案：

一、角度新鲜，手法奇特

小说也好，电影也好，如何来描写一个国家、一个社会、一个民族，有各种各样的方法，而电影《贫民窟的百万富翁》一片的编导则以一个在贫民窟里长大的穷小子参加一个类似于我国的《开心辞典》这样的电视答题节目且顺利过关，却被警察怀疑作弊并加以盘问，不得已他讲述了自己艰难曲折的人生经历的故事，深入、细致、由点及面、戏剧化地向广大观众展示了一幅独属于印度国家、社会和民族的风情画。这种角度是新鲜的，手法是奇特的，这个时候如果观众认为这部电影是在讲述一个参加电视节目答题的故事，或者讲述的是"知识改变命运"的主题，那肯定是大错特错了。观众真正看到的是一个真实的印度社会，而不是像宝莱坞那样的歌舞升平，这里有阶级的对立、有社会底层的生活、有小人物的挣扎，也有一个民族的个性与崛起。虽然与之相伴的少不了血腥、残酷和满身的污迹，但最终取得胜利的法宝却是超越了金钱的对爱的执着、坚忍与不放弃。也正因如此，杰玛·马利克的最后成功才成了全印度贫民狂欢的节日。而本片的最后众人载歌载舞的场面就成了对这种精神最好的礼赞。

二、结构高超，出神入化

《贫民窟的百万富翁》采用了当代电影最为推崇的时空交错式结构，其优势在于可以更加集中地将长达十几年甚至几十年的历程浓缩在一个紧张的戏剧构架和情境当中。一档连公务员都会败北的电视直播节目却被一个电信公司的倒茶员轻松地拿下，这里当然隐藏了大量令人费解的问题，而警察便成了带领观众破解这一谜题的人。于是，在两个小时的时间里，本片层层剥茧，看似凌乱却很有逻辑地将过去与现在、真实与梦幻、回忆与思想有机地结合在一起，浑然天成，酣畅淋漓。其中，杰玛·马利克每回答一个问题就带来了对往事的一段叙述和回忆，而这也恰好是他顺利过关的直接或间接的原因。这些回忆或超前、或滞后，不管是从贫民窟还是到泰姬陵或是到演播室、警察局，都被编导强势的笔触组织在一起，既叙述故事，又调动情绪；既布置悬念，又关注命运；既体现了编导高超的组织才能，又体现出其高超的艺术水准。

三、真情实感，直抵人心

从某种程度上来说，这部电影是现实主义的典范，因为它完整、深刻地展示了印度社会。而从另一个角度来说，这部电影又是一个童话，一个充满了好莱坞色彩的梦幻作品。杰玛·马利克最后赢得了2000万卢比，并抱得美人归，怎么看怎么有粉饰太平的嫌疑，但观众反过来一想，杰玛·马利克为什么要参加这档电视直播节目，不是因为它是"一种逃避的方式"（拉媞卡语），相反它却意味着一种进取，一种不甘心的抗争精神，因为如果他不上这档电视直播节目就很有可能找不到拉媞卡，他的哥哥也体会不到弟弟对爱情的忠诚，更不会最后舍身去为弟弟创造最终的幸福。如此一来，杰玛·马利克的胜利虽然说有侥幸的成分，但却成了必然。

回到本文开篇的那个问题，杰玛·马利克到底是怎样做到这一切的？电影给出的答案是命中注定，而我们却要说杰玛·马利克做到这一切，是靠了生活的丰厚赐予，是靠了对爱情坚贞而又执着的追求，是靠了奋斗而又独立的精神，是靠了亲人无私的奉献与帮助。这种带有普遍价值的人生意义恐怕也就是这部电影能在全球大获成功，并能感动所有观众的真正原因。

思考题

1. 在罗伯特·贝尼尼的电影《美丽人生》中，男主人公带女友回家的那一段戏运用了什么样的手法创造了一个独属于电影的新时空？

2. 请你观摩朱塞佩·托尔多雷执导的电影《天堂影院》、姜文执导的电影《阳光灿烂的日子》，并从中找出时空转换手法的巧妙应用之处。

3. 除了本章介绍的几部电影作品以外，本书提到的电影还有哪几部采取了时空交错式的结构？请你列举出来。

第四章

蒙太奇是构成电影艺术的最基本的手段

本章提要

在电影的制作中,导演按照剧本或影片的主题思想分别拍成许多的镜头,然后再按照原定的创作构思把这些不同的镜头有机、艺术地组织、剪辑在一起,使之产生连贯、对比、联想、衬托、悬念等联系以及快慢不同的节奏,从而有选择地组成一部反映一定的社会生活和思想感情、为广大观众所理解和喜爱的影片,这些构成形式和构成方式就叫蒙太奇。

早在电影问世后不久,美国导演(特别是大卫·格里菲斯)就注意到了电影蒙太奇的作用。后来,苏联导演库里肖夫、谢尔盖·爱森斯坦和普多夫金等相继探讨并总结了蒙太奇的规律与理论,形成了蒙太奇学派,他们的相关著作对电影创作产生了深远的影响。

蒙太奇的名目众多,迄今为止尚无明确的文法规范和分类,但电影界一般倾向于将其分为叙事(包括连续、积累、复现、呼应、交替等)和思维(包括象征、对比、隐喻等)两类。

蒙太奇看上去玄奥,实际简单,也就是将一个一个的镜头组接成一个小段,再把一个一个的小段组接成一个大段,然后再把一个一个的大段组接成一部电影。这中间并没有什么秘密,也没有什么诀窍。合乎理性和感性的逻辑,合乎生活和视觉的逻辑,看上去顺当、合理、有节奏感,让观众觉得舒服,这就是高明的蒙太奇;反之,就是不高明的蒙太奇。

在本章中,我们将通过对电影《辛德勒的名单》《云水谣》和《赵氏孤儿》等电影的鉴赏分析,让读者进一步了解蒙太奇的应用,并掌握蒙太奇创作的基本规律。

第一节　蒙太奇手法运用的典范
——史蒂文·斯皮尔伯格的电影《辛德勒的名单》赏析

▶ 影片资料

中文译名：辛德勒的名单
国家/地区：美国
类　　型：剧情
导　　演：史蒂文·斯皮尔伯格
主　　演：连姆·尼森　本·金斯利　拉尔夫·费因斯　卡罗兰·格代尔
　　　　　乔纳森·萨加尔（等）

▶ 剧情简介

战争的阴影笼罩着欧洲大地。深陷纳粹魔爪的波兰弥漫着恐怖的气息。一批又一批犹太人被押上火车送往集中营，悲惨的命运正等待着他们……

与此同时，一位长袖善舞的德国投机商人来到波兰打算发一笔战争财。他叫辛德勒，生于1908年。这个小镇农具厂厂主的儿子虽早已娶妻，却不安于家庭生活，他风流倜傥、挥金如土。父亲的工厂倒闭后，辛德勒转行从事推销工作，他广结朋党、好色贪财，甚至为了生意上的方便而加入了纳粹组织的国社党，成为地方上有名的纳粹中坚分子。他善于利用关系攫取最大的利润。在被占领的波兰，犹太人是最便宜的劳工，因此，辛德勒来到德军占领下的克拉科夫后凭借各种关系从事军需品的生产，利用犹太人低廉的劳动力大发横财。而对于犹太人来说，得到这份工作也就得到了暂时的安全，他们作为战争产品的生产者可以免受屠杀。因此，辛德勒的工厂成了犹太人的避难所。

纳粹的铁蹄践踏着波兰的土地，德军嗜血成性、杀人如麻的行径使辛德勒越来越感到不满。1943年，纳粹对克拉科夫的犹太人的残酷血洗使辛德勒对纳粹的最后一点幻想也破灭了，他清楚纳粹对犹太人的屠杀和奥斯维辛集中营的可怕。从那时起，辛德勒只有一个想法，那就是尽可能多地保护犹太人。辛德勒告诉纳粹分子，只有小孩儿的小手指才能擦亮炸弹壳的内道，因此救下了不少孩子。当纳粹分子决定把所有的犹太人都送往奥斯维辛集中营斩尽杀绝之际，辛德勒根据他的犹太会计提供的名单制定了一份声称工厂正常运转所"必需"的工人名单，甚至不惜用重金贿赂警卫人员，将1000多名犹太人转移到他本人的工厂里工作，使这些人全部幸免于难。他的做法越来越和纳粹的种族法相悖，但他每次都很机智地躲过了迫害。当运输他工厂的女工的一列火车错开到奥斯维辛集中营时，他还花费了一大笔钱把这些女工又运回了他的工厂。

不久，苏联红军来到了克拉科夫，向在辛德勒工厂干活的犹太人宣布战争结束了。一个下着大雪的晚上，辛德勒向工人告别，获救的1000多名犹太人为他送行。他们把一份自动发起签名的证词交给了辛德勒，以证明他并非战犯。此前，有人还敲下了自己的金牙打制了一枚金戒指，在此时赠送给辛德勒，戒指上刻有一句犹太人的名言"救人一命就等于救全人类"。

辛德勒泪流满面，他为未能救出更多的犹太人而感到痛苦。辛德勒为他的救赎行为耗尽了全部的财产，战后他一贫如洗。被辛德勒救出的1000多名犹太人自称为"辛德勒的犹太人家族"，这些人移居世界各地，后裔已达6000多人。而在波兰，600万犹太人死于非命，第二次世界大战后剩下的不足4000人。

大雪之中，犹太人目送辛德勒离开了城市。他的义举将永远被犹太人铭记在心。

1974年在德国的法兰克福，66岁的辛德勒离开了人间，他那充满传奇的一生终于画上了句号。成千上万的犹太人来到辛德勒的墓前悼念这位为拯救犹太人做出过巨大贡献的德国人。

拍摄背景

一、关于《辛德勒的名单》

电影《辛德勒的名单》是根据澳大利亚国宝级作家托马斯·肯尼利的同名小说改编拍摄的，公映以后观众的好评如潮，引起了巨大轰动，被称为"一个充满人道主义精神的导演拍摄的一部洋溢着人道主义气息的电影"，同时在电影评论界也获得了惊人的好评。这部电影在1994年第66届奥斯卡金像奖评选中一举夺得最佳影片、最佳导演、最佳改编剧本、最佳艺术指导、最佳摄影、最佳电影剪辑、最佳原创配乐、杰出艺术贡献奖（最佳摄影奖）等大奖，真是既叫座又叫好，可谓名利双收。

《辛德勒的名单》于1993年拍摄完成。其实，早在1982年，MCA环球影片公司的总裁西德尼·肖恩伯格就买下了《辛德勒的名单》的拍摄权交给了史蒂文·斯皮尔伯格，但是由于史蒂文·斯皮尔伯格自身的原因，这部影片的拍摄拖延了11年。史蒂文·斯皮尔伯格出生于犹太家庭，种族的基因使他从小就饱受反犹之苦，过早地体会到孤独和遭人冷遇的痛苦，而且长辈们经常向他说起犹太人受压迫的往事，第二次世界大战时他的一些亲戚在波兰和乌克兰被纳粹分子杀害。史蒂文·斯皮尔伯格一直不敢正视这段历史，并为自己的犹太人身份感到难堪。虽然他的家人对犹太文化和信仰比较淡薄，但在他导演的许多电影里，史蒂文·斯皮尔伯格还是虚虚实实、含沙射影地表达了对纳粹的切肤之恨。20世纪90年代初，波斯尼亚进行的"种族净化"运动，欧美蠢蠢欲动的新纳粹势力，还有萨达姆消灭库尔德族的举动，这些终于使史蒂文·斯皮尔伯格下定决心开拍《辛德勒的名单》。第二次世界大战已经过去70多年了，犹太裔教授巴列查说过："通常50年的时间正是人们合上史书的时候。"今天的青年根本无法体会第二次世界大战对人们的心灵造成的伤害是何等严重，也不知道在第二次世界大战中法西斯对人类文明所犯下的罪行是何其深重。不管是对于犹太人而言，还是站在全人类的立场，这段历史都应该被铭记，"忘记历史即意味着背叛"。《辛德勒的名单》正是作为一部活历史揭开了纳粹血腥屠杀犹太人的凶残面纱，让人们重温70多年前的噩梦，从中切身感受到大屠杀的真正含义，并由此了解这段沉重的历史，以避免战争的悲剧重演。

为了拍摄好这部电影，史蒂文·斯皮尔伯格投入了巨大的精力和热情。他首次放弃了自己惯用的特技，也拒绝邀请好莱坞影星当主演，而是收集了大量的相关资料，请来了当年集中营的幸存者做副导演，并邀请被辛德勒拯救的犹太人做影片的顾问，耗费了2.3亿美元完成了这部长达3小时15分钟的影片，并谢绝了片酬而将全部个人盈利捐献给美国大屠杀纪念馆①。

二、关于犹太民族

犹太民族既是一个伟大的民族，同时也是一个多灾多难的民族。犹太人有着无比的智慧和适应能力，善于经商（本片放映到第23分钟左右辛德勒与几位犹太长者谈生意即是一例），但这些优点正是他们受到迫害的原因。德意志民族迫害犹太民族由来已久，最早可上溯到1090年左右，此后一直"经久不衰"。反犹运动在德国的直接影响是形成了"德意志民族优越论"，并逐渐将德国的民族意识引向狭隘而极端的道路。第二次世界大战以前以及第二次世界大战期间，希特勒领导的纳粹德国更是出于极端种族主义的政治需要在欧洲先后有计划地屠杀了600万犹太人，使犹太人的总数骤然减少了1/3。而种族主义导致德国人民产生了盲目骄傲的心理，整个民族已处于狂热之中。电影《辛德勒的名单》正是以此作为历史大背景，通过描述纳粹迫害波兰克拉科夫地区的犹太人来揭露这一段罪恶的历史，以起到警醒世人的作用。

理论准备

蒙太奇作为电影美学中最重要的概念历来是电影大师们谈论最多的话题。在电影发展的不同阶段，人们对蒙太奇从不同角度有着不同的解释，正所谓众说纷纭、莫衷一是，以至于到了今天，它仍然被看作是一桩"难断的公案"。

一、蒙太奇的特点及作用

应当说，在电影所有的艺术手段中，蒙太奇是最富有个性的一种。它是电影构成形式和构成方法的总称，是一种处理电影的时间、空间、动作和声音，即将非连续性的时间、空间、动作和声音组接成一个连续的、完整的运动整体的中心技巧。也就是说，将一部电影所要表现的内容分成许多不同空间、不同视点的镜头拍摄以后，再按照原定的创作构思，把这些镜头用一定的方法有机地组接起来，使之产生连贯、对比、联想、衬托、悬念、象征等作用，从而构成一部既能完整地反映生活、表达主题又能为观众所理解的电影。

电影的实践产生了电影表现方法的体系，蒙太奇是这一手段中最重要的方法和手段。它的独特性不仅有艺术的一面，而且也有技术的一面，具有艺术和技术的两重性。

---

① 美国大屠杀纪念馆位于美国纽约州长岛拿索郡，主要展示第二次世界大战时犹太人被屠杀的资料。

蒙太奇是移动摄影和可剪辑胶片的产物，正是这一事实把它和别的艺术手段鲜明地区分开来，成为电影所独有的手法。

俄罗斯著名导演谢尔盖·爱森斯坦从文学、绘画以及东方文字中为蒙太奇追根溯源，他发现蒙太奇与日本的象形文字之间有一致之处。两个不同的象形文字融合在一起即构成一个表意的文字，如狗的图形加上嘴的图形即成为"吠"。表意文字不是两个象形文字之和，而是它们的乘积。谢尔盖·爱森斯坦指出蒙太奇与象形文字之间的相似与区别，意在说明虽然每个象形文字代表一个物体，但是表意文字却代表一个概念，代表另一维度上的价值。

谢尔盖·爱森斯坦认为这就是蒙太奇——就是"将描绘性的、含义单一的、内容中性的各个镜头组合成有思想的前后联系和系列"。

镜头不是蒙太奇的组成部分而是细胞，可以这样说，细胞分裂可以形成另一等级的实体。蒙太奇不是简单的一连串连续的画面，而是一种能够产生出新的思想的"冲击效果"，或者是形象的冲突。各个镜头或蒙太奇细胞作为单独的实体是没有价值的，但结合在一起却形成一个新概念。

蒙太奇所遵循的基本视觉感受规律是为许多艺术所共有的。在日常生活中，我们的眼睛在观察事物时并不总是集中于一点的，往往来回跳动于"远景""中景"和各种细部的"特写"之间。毋庸讳言，文学作品中并不乏这样的描写。但是，作为语言艺术的文学描写和作为视觉艺术的电影蒙太奇毕竟相去甚远。银幕上的蒙太奇自有它独特的姿态，它的基本特点是多空间、多视点的镜头运动（一种非连续性的内在运动）。它一方面通过镜头的不同寻常的组接变换来讲述故事，展示各种现象之间的关系；另一方面又通过镜头的角度、景别、长度、速度、焦距、景深、光影和色调来述说含意、表达情绪、进行评判。正是这些画面的构图因素和运动形式所造成的独特而强烈的视觉效果使电影获得了特有的生命力。

二、蒙太奇的项目分类

蒙太奇的项目分类历来是电影理论家众说纷纭的一个问题。匈牙利电影美学家贝尔·巴拉兹归纳了八种，即思维蒙太奇、隐喻蒙太奇、诗意蒙太奇、寓意蒙太奇、理性蒙太奇、节奏蒙太奇、形态蒙太奇和主观蒙太奇。苏联导演普多夫金分了五种，即对比蒙太奇、平行蒙太奇、比拟蒙太奇、交替蒙太奇和主题蒙太奇。谢尔盖·爱森斯坦则主要强调杂耍蒙太奇和理性蒙太奇。上述的分类法，或由于不够确切，或由于不够恰当，或由于不够全面，往往不太令人满意。法国电影理论家马赛尔·马尔丹把蒙太奇归纳为三大类别，即叙事蒙太奇、思维蒙太奇和节奏蒙太奇，看起来是比较科学的。

需要指出的是，如前所述，节奏蒙太奇主要是关于镜头长度和造型的处理问题，根据镜头的内容、镜头运动的强度和速度而定，因而它依附于叙事蒙太奇和思维蒙太奇而并不孤立存在。所以，下面着重就叙事蒙太奇和思维蒙太奇做具体介绍。

（一）叙事蒙太奇

叙事蒙太奇也叫外部描写蒙太奇，是蒙太奇最基本的形式。它的主要作用在于讲述故事、展示事件，探索并确定同一现象的各个方面之间和细节之间的明显的联系。

这种展示，有时通过镜头与镜头之间的关系，有时通过段落与段落之间的关系，从而使得客观生活的各个片段成为一个有意义的整体。这种叙述方法所遵循的基本规范就在于客观事件的连续顺序。这种连续可以是时间的，也可以是因果的。在叙事蒙太奇手法中，通常我们可以看到下面十种主要方法：

1. 呼应式蒙太奇

所谓呼应式，即我们常说的"说曹操，曹操到"的表现手法。如上一个镜头说到谁的名字，下一个镜头立即出现这个人；上一个镜头说到了某个地方，下一个镜头便是这个地方。它不仅可以呼人叫地，还可以呼事叫物，甚至呼风唤雨。在电影结构里，有前呼后应、简洁明快的作用，给人一种流畅自然的感觉。如在陆川的电影《寻枪》中就不乏这样的例子：马山丢了枪，魂不守舍，儿子马冬提醒他说："你会不会把枪丢到姑妈的婚礼上了？"马山的嘴里刚重复地念叨了"婚礼"二字，镜头就马上切向马娟的婚礼场面；还有，当老树精质问马山说："你敢怀疑我？老子在战场上救了你一命"时，镜头马上切向战场上激烈的战斗场面，接下来当老树精问马山"知不知道去哪里（找枪）？——白宫！"时，镜头一转，表现的正是马山用拳头敲"白宫"（周小刚家）大门的画面。又如，南斯拉夫电影《瓦尔特保卫萨拉热窝》开头一场戏里也有两处精妙地运用了呼应式蒙太奇：第一处，敌军官讲："上校冯迪彼斯已经到达萨拉热窝"，接着便是萨拉热窝的俯拍全景，随着一声画外音，上校冯迪彼斯入画。第二处，上校冯迪彼斯对中校彼索夫说："据我知道，瓦尔特就在附近这一带活动！"话音刚落，"轰隆"一声巨响，一座大桥飞上了天，几个游击队员从树林里跑了出来，其中一个游击队员叫道："快跑！瓦尔特！"这两处呼应式，第一处既呼人又唤地，第二处既呼人又唤事。这样一来，人物出场不用通名报姓，既介绍了人物，又转换了场景，剧情也有了变化，并省略了其中一切不必要的过程，显得爽利而紧凑。

2. 积累蒙太奇

积累蒙太奇就是将一系列性质相同或相近的镜头连接在一起，通过不断地叠加的积累效应，树立一个主题或渲染一种情绪的表现手法。在电影《辛德勒的名单》一片中，积累蒙太奇比比皆是，如片头辛德勒倾己所有打算前往克拉科夫一赌输赢一场，以及影片中招女秘书一场等，都可以视为积累蒙太奇手法的妙用。

3. 错觉式蒙太奇

错觉式蒙太奇就是一种欲擒故纵的表现手法，上一个镜头故意暗示出下一个镜头，结果却来个其实不然。如在冯小刚的电影《不见不散》中，由葛优扮演的刘元极力邀请由徐帆扮演的李清加入自己新开的旅行社，李清使劲摆手表示拒绝。刘元却说明天自己会等李清的电话。接下来电话果然响了，观众想当然地以为这是李清要告诉刘元自己来还是不来旅行社上班的电话。哪知电话机那边的李清已经走马上任，成了旅行社的副总，此时打电话是为了旅行社的其他事情。如此一来，就在事件上给观众造成一种错觉，并且利用观众心理上的反差取得了一种出乎意料的艺术效果。同样，在冯小刚的另一部电影《非诚勿扰》中也有错觉式蒙太奇的巧妙运用：舒淇扮演的女主人公想让葛优扮演的男主人公陪自己去见情人，葛优一连说了几个不去，以至于舒淇怒目相向地问葛优到底去还是不去，葛优还是回答说不去。然而，接下来的镜头却是葛优走在了舒淇的身后去见她的情人，又一次在情节安排和画面组接上"涮"

了观众。

4. 对话式蒙太奇

所谓对话式蒙太奇，是指一种把不同人物、不同地点、不同时间的话语如若同时、同地般地连接起来的表现手法。如在徐静蕾的电影《我和爸爸》中，住了3年监狱，好不容易出来见到了女儿的爸爸在大街上一见女儿便激动地问："抱抱，抱抱行吗？"接下来是在一个餐厅里，徐静蕾扮演的女儿一脸严肃地说："不行！"这两句话好像很有逻辑、很有关联，然而镜头一转，原来是父亲想喝一瓶啤酒，女儿在说："不行。"至于抱抱行不行，已不是电影关注的事情了。这就使得人物、场景、事件的转换显得流畅、自如、紧凑、干练，而且还平添了一种趣味。在电影《辛德勒的名单》中，我们也多处可见这种表现手法的巧妙运用。如影片开头的一场，在波兰克拉科夫火车站，登记员面对向自己走来的七八个犹太人发出一声"姓名"的提问，但接下来的回答却是至少一两百个犹太人在回答10多个登记员有关"姓名"的提问。

5. 平行式蒙太奇

平行式蒙太奇也叫并列式蒙太奇或交替式蒙太奇。其特点是将同一时间、不同空间发生的各场戏，按照剧情发展的逻辑顺序平行表现，交替切换，造成气氛，加强悬念。这种蒙太奇的基础，在于各个空间场景严格的同时性和最终的统一性。如在电影《南征北战》中，我军高营长率部队向摩天岭挺进，敌军张军长也带兵强占摩天岭，双方的活动就是用平行式蒙太奇来表现的。最后，围绕飞渡大沙河，高营长的部队进击将军庙车站，我军的主力星夜兼程赶路，敌军的张军长炸坝毁堤，赵玉敏带领游击队切断水坝上的炸药导火线保护水坝，这4条情节线的展示用的就是平行式蒙太奇。在电影《辛德勒的名单》中，最明显的平行式蒙太奇段落出现在辛德勒生日晚宴一场，犹太青年结婚的镜头，阿蒙·戈特在地下室拼命殴打海伦的镜头，与辛德勒在生日晚宴上接受众人祝贺的镜头交替剪切，妙不可言，浑然天成。

6. 交叉式蒙太奇

从表面上来看，交叉式蒙太奇和平行式蒙太奇差不多，都是将同一时间不同地点发生的两条或数条情节线迅速而频繁地交替剪接在一起。而它们的区别在于，其中一条线索的发展往往会影响另外的线索，各条线索相互依存，最后几条线索一定要汇合在一起。交叉式蒙太奇最著名的例子当属大卫·格里菲斯创造的"最后一分钟营救"。"最后一分钟营救"源于电影《党同伐异》。这部电影讲述了4个不同的故事，即基督受难、圣巴戴莱姆教堂的屠杀、巴比伦的陷落、母与法。其中，《母与法》这个故事根据美国斯泰罗工人罢工事件的素材编写而成，描写了工人因反抗资本家而罢工，结果惨遭集体枪杀。有一个青年工人因失业流浪到纽约并参加了小偷集团，后来他在爱人的帮助下想改邪归正，但小偷团伙不肯放过他。一次，一名盗匪在威胁这个青年的爱人时被枪杀，结果这个青年被误认为是杀人凶手，处以绞刑。当他被押上绞刑架后，他的爱人发现了杀人凶手，便急忙告诉州长，但州长已乘火车离开。于是，她乘车追赶，银幕上展开了你追我赶的交替镜头：火车疾驰；骑车追赶；犯人被押上绞刑架。镜头的放映速度越来越快，气氛也越来越紧张，赦免令终于在最后一分钟赶在执行前被送到。格里菲斯的这种平行加交叉的蒙太奇的运用，达到了惊人的效果，成为电影史上有名的《最后一分钟营救》。这种手法至今仍在当代电影中使用。

7. 相似性蒙太奇

所谓相似性蒙太奇，是指一种前后两个镜头依其某个相似之处加以连接的表现手法。它可以是形体的相似、动作的相似、心理内容的相似,也可以是物件的相似、音响的相似、色彩的相似,还可以是画面内在结构的相似。例如,烈火中化出一面火红的战旗;哗哗流淌的大米化出奔泻的瀑布;无数的火把化出满天红霞;一声惊恐的呼喊接上火车的汽笛声;奔跑者的喘息声接上火车机车的喷汽声等。在国产电影《疯狂的石头》中,道哥带着小兄弟黑皮和小军回家,意外地发现自己的"老婆"竟和谢小盟睡在同一张床上,道哥受不了这种屈辱,当即大喊大叫起来,愤怒的脸都变了形,而道哥那张变形的脸很自然地变成了谢小盟哀号的脸,原来是黑皮和小军此时正使劲地把黑皮的头往马桶的水里面按。这几个镜头的组接利用的就是脸与脸这种物体之间的相似性。上文提到的电影《辛德勒的名单》一片中辛德勒生日晚宴一场,也是利用了物体、声音等的相似性,将不同的情节、不同的场景、不同的人物、不同的动作有机地剪切在一起,取得了极佳的艺术效果。

8. 物件式蒙太奇

物件式蒙太奇,是指一种把两个或几个空间通过某一物件自然而有机地连接起来的表现手法。如在电影《列宁在十月》中的报纸,《林则徐》中邝东山写的那张纸条,《瓦尔特保卫萨拉热窝》中的游击队员名单,《野火春风斗古城》中的证件等,都是将不同的人、不同的事、不同的空间连接起来的物件。在电影《辛德勒的名单》中,最明显的物件式蒙太奇段落出现在辛德勒从奥斯维辛集中营往自己的工厂"捞"人一场,漂亮的打火机、高档的烟和烟盒、腕上戴着的高级手表,有机地串起了辛德勒、斯坦、高拔以及被"捞"出来的雅各长老、机智的小男孩、普曼夫妻等所处的空间,其手法独特,给人以极其深刻的印象。

9. 音响式蒙太奇

音响式蒙太奇,是指一种通过某种音响将两个不同的空间连接起来的表现手法。比如,在电影《辛德勒的名单》的开场部分,女摄影师照相时镁光灯发出的声响就有机地串联了酒吧里看似相同实则不同的时间与空间;又如,影片的最后,辛德勒工厂的工人、看守工人的德军士兵、德军军官等收听收音机里传来的有关德国即将向盟军投降的新闻的一段,也是靠音响有效地连接起来的。值得注意的是,我们不能把音响式蒙太奇和对话式蒙太奇混同起来,两者虽然都是通过声音来转换场景的,但对话式蒙太奇必须借助说话人,而音响式蒙太奇则有可能只闻其声不见其人。

10. 果因蒙太奇

在国产电影《疯狂的石头》以及国外电影如《赎罪》[①] 中,出现了一种既非平行式蒙太奇,也非交叉式蒙太奇的表现手法。其具体特征为:将同属一个空间的一个事件,先交代出结果,再从多个角度进行时间上的回溯,以说明导致"果"的"因",本书为其取名为果因蒙太奇。这也是一种令人颇感新奇、手法独特的蒙太奇手法。

(二)思维蒙太奇

思维蒙太奇也叫思想蒙太奇或表现蒙太奇。这种蒙太奇有着一定的叙事作用,但

---

① 《赎罪》是由美国环球影片公司于 2007 年 9 月 7 日出品,乔·怀特执导,詹姆斯·麦卡沃伊、凯拉·奈特莉主演的电影。这部电影改编自当代英国小说家伊恩·麦克尤恩的长篇小说《赎罪》,并获得过普利策文学奖,讲述了第二次世界大战期间一对身份迥异的恋人因 13 岁少女的一个误会,在战火中阴差阳错造成悲剧的唯美爱情故事。该片上映后先后获得了美国电影电视金球奖最佳影片、英国电影学院奖最佳影片等多项奖项。

更重要的是起着一种理性作用，即内部分析作用。它通过前后不同画面或段落的相互冲击造成对比、象征、隐喻和引起联想，旨在向观众传达某种思想、情感或意境。思维蒙太奇主要有以下三种方式：

1. 对比蒙太奇

对比蒙太奇，是指一种把两种截然相反或根本对立的人、事、物、音响、色彩等连接在一起，彼此互相衬托，从而造成强烈的对比的表现手法。在电影《辛德勒的名单》中，一条线表现犹太商人被赶离富裕的家住到了空间狭窄、空气肮脏的纳粹集中营里，一条线表现辛德勒鸠占鹊巢、舒服地躺在犹太富商家暄软的席梦思床上，两者形成了鲜明的对比。同样，如果把我国的唐诗"朱门酒肉臭，路有冻死骨"拍摄成两组不同的画面并列剪切罗列的话也会产生对比效果，不仅具有强烈的感情色彩，而且还会产生一种明确的思想含义。

2. 隐喻式蒙太奇

隐喻式蒙太奇，是指一种通过某种动作、景象、物件来进行比拟、象征、暗示和影射，进而产生一种明确而普遍的思想意义的表现手法。在谢尔盖·爱森斯坦的电影《战舰波将金号》中，当起义的水兵向沙皇军官的总部敖德萨剧院开炮时，银幕上出现了3只大狮子的短暂镜头，第一只狮子在沉睡，第二只狮子在苏醒，第三只狮子起身站立。单独来看，每个镜头"内容是中性的"，但它们的组合给了我们一只狮子吼叫着跳起来的幻觉，隐喻着一个新产生的思想：沉睡的俄国人民苏醒了，他们起来反抗沙皇政府的残酷暴行。

3. 杂耍蒙太奇

这里要重点介绍一下谢尔盖·爱森斯坦的杂耍蒙太奇。杂耍蒙太奇是他于20世纪20年代初在戏剧与电影创作实践中采用并在理论上提出的一种结构演出的表现方法。杂耍蒙太奇的意思是编导选择具有强烈感染力的手段加以适当的组合，以影响观众的情绪，使观众接受编导的思想结论。谢尔盖·爱森斯坦在《杂耍蒙太奇》一文中解释说杂耍蒙太奇是"……提出一种新的手法——把随意挑选的、独立的感染手段（杂耍）自由组合起来，但是有明确的目的性，即达到最终的主题效果"。这里"随意挑选的"是指杂耍是一个特殊的时刻，其间一切元素都是为了将导演打算传达给观众的思想灌输到他们的意识中，使观众进入引起这一思想的精神状况或心理状态中，以造成情感的冲击。这种表现手法在内容上可以随意选择，不受原剧情的约束，促使造成最终能说明主题的效果。

对蒙太奇作上述的归纳和分类究竟是否合适，当然尚可讨论。它既不包罗一切，也并非十分恰当。需要指出的是，各种表现手法在实际运用的时候可能是单一的，也可能是综合的。只要我们仔细研究它在电影中的实际运用就不难发现一些新的可能，从而创造出新的形式。

鉴赏分析

一、主题和人物

电影《辛德勒的名单》在艺术上的巨大成功之处，首先是其深邃的主题、鲜活的人物。

　　作为一部反法西斯题材的电影，《辛德勒的名单》谴责战争，控诉纳粹的暴行。正如在片中辛德勒所言，战争把人最邪恶的一面抖了出来；阿蒙·戈特也说，错误不在他们，而在于战争。在战争这个大背景下，个人是渺小、无力的。影片的出色之处在于导演站在人性的立场上，通过全面客观地再现当时的历史背景，塑造出真实可信的人物形象来立体地透视战争。

　　《辛德勒的名单》通过对主人公辛德勒的刻画，展现了这段令人发指的历史。辛德勒是一位性格复杂的商人：他是个天主教徒，但又是个不安于现状、挥金如土、风流倜傥的花花公子；他沉溺于女色，有无数个情人，而且"个个爱他"（我们从招聘女秘书一场戏中就可以看出）；他是一名纳粹分子，但是又明显不同于其他的纳粹分子；他精明能干，善于用手段笼络纳粹头目，但他良心未泯，在纳粹分子疯狂屠杀犹太人的黑暗日子里，他冒着生命危险机智勇敢地周旋于纳粹党徒之间，从死亡的边缘成功地拯救了1000多名犹太人。

　　观众从影片中可以看出，在这段历史时期，辛德勒的性格是随着形势的变化而发生巨大变化的。

　　在整部影片中，观众可以看到关于辛德勒一系列的重头戏：他苦心经营搪瓷厂，从已经开动的火车上救下犹太会计师斯坦，目睹耳闻大屠杀，救了一位犹太女孩蕾珍·普曼的父母，同阿蒙·戈特讨论权力的概念，亲吻犹太女孩遭到逮捕，当着阿蒙·戈特等纳粹分子的面往车厢里喷水以帮助里面渴得要死的犹太工人，倾己所有买工人，生产不合格的炮弹而买成品交给军方，逃亡前的忏悔……通过这些剧情，观众看到了一个活灵活现的普通商人和伟大英雄的形象。

　　无疑，辛德勒在一开始只是一个精明的商人。他聪明能干、潇洒大方，刚到克拉科夫就成为焦点人物，表现出极强的社会适应能力。辛德勒光顾从事地下黑市交易的教堂，雇佣犹太会计师和工人，对党卫军军官威胁利诱打通了各个关节，从而大发横财，这些都透露出他具有非同寻常的才干。但是，从另一方面来看，辛德勒雇佣犹太工人的标准非常严格，表明工厂起初并不是慈善机构，也不是犹太人的避难所。辛德勒在请斯坦喝酒时也曾莫名其妙地叫他"滚出去"，这肯定是针对他的犹太人身份的。当辛德勒知道工厂里有独臂的老工人时，当犹太女孩蕾珍·普曼央求他救自己的父母时，他表现得烦躁不已，并两次训斥斯坦，这说明他是以赚钱为目标的，而不想其他。综合以上两个角度观众可以看出，辛德勒一开始只是一个普通的唯利是图的商人，并不是天生的救世主和大英雄。只是随着剧情的发展，辛德勒的形象才逐渐丰满起来，观众对他的认识也随之发生变化，直至最后认为他是一位具有良知、做出义举的英雄人物。

　　辛德勒的这一切变化与形势的变化紧密相连。如果说他从已经开动的火车上救下斯坦是因为他的工厂离不开斯坦的话，那么纳粹分子疯狂屠杀犹太人的悲惨一幕使他的内心受到了极大的刺激。他久久驻足山顶，脸上充满着忧伤和悲愤的神情。大屠杀唤醒了本来就在他心中存在的人类良知，使他从此站到了阿蒙·戈特这样的纳粹分子的对立面。辛德勒在吓跑犹太女孩蕾珍·普曼后却又出人意料地救出了她的父母，这是非常耐人寻味的。他向阿蒙·戈特解释权力的概念，表现出理性思想的光辉。在生日宴会上他亲吻两个犹太女孩，这几乎就是他政治态度的表白，因为他当然明白此举将可能造成严重的后果（史蒂文·斯皮尔伯格对这场戏的处理非常独到，当两个小姑娘忐忑不安地离开时，两个犹太乐手马上奏起了赞美的音乐，这既是影片剧情的需要，也是编导态度的一种寄托式的表现）。还有，在炎热的夏天，辛德勒叫士兵向火炉般的装满了犹太人的车厢喷水是其同情心的一次最明显的外露。他倾己所有买下了1000多名犹太人，剧情由此达到高潮，观众无不为他的义举所深深感动。他不让工人生产合格的炮弹而买成品交给军方，即使破产也在所不惜。回到家乡后，辛德勒对待生活的态度也变得严肃起来，他赢得了妻子的原谅，不再四处寻花问柳，妻子成为他事业上的助手和伙伴。最后，在亡命天涯之前，辛德勒深深地为自己未能救出更多的犹太人而感到懊悔，他出发前的言行深深地震撼着每位观众。至此，辛德勒的形象塑造已臻完美。在观众的眼里，辛德勒已经由唯利是图的商人转变成富有同情心和正义感，具有人类良知，并做出惊人义举的英雄人物。闪烁着人性之光的经文"救人一命就等于救全人类"正是对辛德勒良知和义举的最好写照。

辛德勒性格的变化正是良知战胜邪恶、本性战胜欲望的自然转化。在这场惨无人道、史无前例的大屠杀中，这一点让人感到多么欣慰。更进一步来看，在人类的进程中，邪不压正才是历史的永恒规律！

纳粹集中营司令官阿蒙·戈特是本片中塑造的同样成功的一个人物形象。与辛德勒相反，他是影片中观众最仇恨的一个反面人物。难能可贵的是，《辛德勒的名单》通过对阿蒙·戈特入木三分的心理刻画塑造了不同于以往电影中简单化、模式化的纳粹分子形象，剖析了战争的残酷和罪恶。

本片中的阿蒙·戈特是一个两面人。一方面，他杀人如麻、残忍凶恶。除了全权指挥大屠杀以外，他自身也杀人无数，在阳台上射杀怠工者就像是他早餐前的一次晨练，他面无表情地令人枪杀了受过高等教育的女工程主管维娜，却又让手下人按她说的去做。他打死"偷鸡者"，杀死过路的"不比别人高一点矮一点胖一点瘦一点"的妇女，枪杀洗不干净浴缸的小男孩，狠狠地抽打海伦……在他的眼里，犹太人"严格来说不是人，只是蛇、虫、鼠、蚁……"。但另一方面，阿蒙·戈特却又难以自拔地爱上了犹太姑娘海伦。透过他的眼神以及无意间流露出来的温柔，观众发现在凶残面纱的后面他是个受伤很深、生活在痛苦中的男人。正如他自己所言，他的内心是很寂寞的。他很羡慕辛德勒的自制力，他爱上了海伦却又强压着自己的感情，最后又因为抵挡不住钱的利诱，心情复杂地把海伦也卖给了辛德勒。

由于辛德勒理性的劝诫，阿蒙·戈特似乎一度找回了人性中善的一面，他饶恕了小男孩把他珍贵的马鞍随意放在地上的行为，赦免了那个在工作中抽烟的女人。然而，对于阿蒙·戈特来说，那点残存的人性善的力量实在是太弱小了，很快他就又被恶的本性所驱使，再度成为一个杀人不眨眼的魔王。

这两个人物形象让观众看出，战争不但激活了人性中的两极，而且会让它们走向顶端的状态：对于辛德勒来说，是走向正义的一面；对于阿蒙·戈特来说，则是走向邪恶的一面。

正因为观众看到的是变化的辛德勒、两面的阿蒙·戈特，所以才可能更自觉地去思考造成这种人物性格矛盾的深层原因，然后顺藤摸瓜地找出藏在幕后的罪魁祸首——战争。在影片中，阿蒙·戈特坦言"错不在我们，而在于战争"，对观众思考以上问题起到了很好的引导作用。

只有法西斯挑起的战争才是这一切罪恶的根源，它应对这一段历史负责；只有永远抛弃战争，人类才能获得自由、理性、文明和进步。观众的思想认识由此得以升华，这也正是这部电影巨大的社会意义所在。

二、影像系统

《辛德勒的名单》这部电影给人最大的感觉就是真实。而真实与史蒂文·斯皮尔伯格去掉彩色，使用黑白为主调的摄影手法是分不开的，这种拍摄手法使本片具有一种类似纪录片的真实效果。

质朴、凝重的黑白影像不仅使那段黑暗凄惨的历史显示出质感和实感，而且也成为黑暗历史的隐喻和象征。正如史蒂文·斯皮尔伯格所说，只有黑白画面才不会破坏我们对大屠杀的记忆。

当然，本片并不完全拒绝彩色。在冲锋队屠杀犹太人那场戏里，有一个穿红衣的小女孩走过，她与黑白的整体画面形成了强烈的对比，产生了极具艺术冲击力的视觉效果。而当小女孩的红衣再次出现时，她已是运尸车上的一具尸体。这一处理手法让人拍案叫绝，充满了无限辛酸、无限悲愤，它外化了辛德勒深层心理的激荡，代表了他的心里已发生了质的变化。这一镜头具有的深层内涵与艺术价值是足以载入史册的。

当影片进行到犹太人走出集中营获得自由时，银幕上突然大放光明，出现了灿烂的彩色，这一明显的电影语言技巧的应用达到了极好的效果。由压抑低沉的黑白两色到丰富的自然色彩，极其形象地尽显了人们解除死亡危险、重获自由后的开朗心情，喻示着漫漫长夜已经过去，光明的明天已经到来。相信每位观众看到这时都会情不自禁地鼓起掌来，心潮澎湃。这既是对犹太人获得自由的欣慰，也是对导演高超手法的赞赏。

此外，这部电影多采用景深镜头和不分割时空的长镜头段落来表现关键的场景。如在表现纳粹分子枪杀犹太人时多次使用了景深镜头，偷鸡者被杀时甚至脑袋还因子弹的射入震跳了几下；独臂老人被枪杀时使用了跟摇镜头，表现了老人从猝然倒下到头部涌出鲜血再到鲜血在雪地上慢慢浸染的整个过程；表现被纳粹分子驱赶的在广场上赤身裸体奔跑的犹太男女时使用了俯拍环摇镜头等。这些都增加了影片的客观真实感，让观众感到身临其境、不寒而栗。

三、结构

电影《辛德勒的名单》在结构上采用了片段式组合的方式，以辛德勒这个人物为线索，采撷整个历史过程中的重大事件，服务于对人性的透视和对战争的思考。各个片段之间没有必然的因果关系，戏剧式的矛盾被冲淡和分散了，但形散而神不散，全片结构浑然天成、舒缓有致，是一个有机的整体。

四、剪辑

电影《辛德勒的名单》在剪辑手法上也颇见史蒂文·斯皮尔伯格的功力。

第四章　蒙太奇是构成电影艺术的最基本的手段

　　本片在时空处理上独具匠心地打破了时空顺序，采用了谢尔盖·爱森斯坦所推崇的杂耍蒙太奇，将有关的事件根据思想、理想、主旨，而不是靠时间逻辑貌似"混乱"地剪辑出来。其中，最经典的一幕是本片在辛德勒的生日宴会，阿蒙·戈特在地下室热情地对海伦诉说，继而变态地发泄心中的痛苦，以及犹太人为一对青年举行婚礼的3组场面打乱，按照情绪、动作和声音的相似性重新组接在一起，以表现深刻的哲理思考和全片主旨。这种抛弃时空概念的组接带领观众深深地进行思索，探讨的是战争与人性的关系这个永恒的命题。

　　本片在剪辑上值得称道的还有片头部分犹太人点燃的烛光熄灭了之后，袅袅的余烟化作火车头喷出的蒸汽；先是七八个犹太人走来，登记员却只有一个，但随着登记员问的一声"姓名？"之后犹太人就变得摩肩接踵了，而登记员也成了长长的一排，让观众明确地感受到即将到来的灾难不是几个人的，而是群体的，甚至是整个民族的。

　　辛德勒出场时的剪辑更是为人称道，采取了快接的方式，短短几十个镜头就很好地表现了辛德勒以高超的行贿本领迅速地和众多的党卫军军官打成一片，结识的人越来越多，关系网也越拉越大的全过程。在这场戏里，影片以闪光灯亮发出的声音为剪辑点，简洁而富于节奏感。音乐也是这部影片常用的剪辑点。通过动作和音乐的顺接，就从夜晚的酒会换到了白天街头的德国军队，时空转换自然而且顺畅。

　　还有，辛德勒因为亲吻犹太女孩而被捕后，阿蒙·戈特为他说情，对方军官却不为所动，此时一个长官走来，下属起立，长官对下级说"请坐"，接下来的镜头坐下的却是在另一个场景中的辛德勒。全片类似这样"闪电式的交替"式[①]的"无技巧"蒙太奇剪辑手法不胜枚举。

　　辛德勒在成功地贿赂了党卫军军官后，轻而易举地获得了一套原本属于犹太富商居住的房子，镜头平行地在从家里被赶出来的犹太人和鸠占鹊巢、住进犹太人家里的辛德勒之间自由切换，一边是阴冷、潮湿、肮脏的集中营，一边是宽敞、高大、舒适的豪宅；一边是对环境忍无可忍地诅咒，一边是舒适地躺在床上说"不错"。从叙事上来说，这一段是平行式蒙太奇；从思维上来说，这一段则具有明显的对比和反讽意味。

　　同样是为了达到讽刺与揶揄的效果，在辛德勒招聘女秘书的那场戏里，史蒂文·斯皮尔伯格还采取了跳切[②]的剪辑手法。在同一个地点不同的时间，女秘书走马灯般地换了五六个，辛德勒的动作也随之而改变，但无论怎么改变，都改变不了其好色的本性。最可笑的一幕出现在最后一个女秘书，那个女秘书虽然打字飞快，但因年老色衰，辛德勒居然转过身子不看她。

　　相似性蒙太奇在本片中也有巧妙的运用。影片伊始，随着犹太人用来祈祷用的蜡烛渐渐熄灭，镜头随一缕青烟飘然而上，青烟化做一列火车顶部冒出的滚滚浓烟，镜头再由浓烟向下，框入火车车头与车身的全景，同时画面也由彩色进入黑白，仿佛是将观众重新带回那个黑暗悲惨的年代，让人不堪回首。

[①] 美国导演奥逊·威尔斯在执导《公民凯恩》一片时，经常运用声音的潜在逻辑进行场面转换。如赛切尔对童年的凯恩说："好啊，查尔斯，圣诞快乐。"孩子回答说："圣诞快乐。"然后，赛切尔的声音接下去说："新年幸福"时，凯恩已经21岁了。奥尔逊·威尔斯把这种技巧称为"闪电式的交替"。

[②] "切"的一种，属于无技巧剪辑手法。它打破常规状态镜头切换时所遵循的时空和动作连续性要求，以较大幅度的跳跃式镜头组接，以突出某些必要内容，省略了时空过程。

当乔装打扮的犹太女孩蕾珍·普曼来央求辛德勒救自己父母的时候,辛德勒一边赶她走,一边生气地伸手将橱柜的门狠狠地关上,紧接的镜头是他一把推开斯坦办公室的门以发泄自己内心的愤怒,两个门有机地将两场戏剪接在一起,浑然天成、天衣无缝。

至于生日宴会上的那一段,更是将相似性蒙太奇的手法运用到了极致。镜头在阿蒙·戈特抚摸海伦和歌女抚摸辛德勒之间来回切换,紧接着又由阿蒙·戈特打海伦切换至辛德勒等人在鼓掌,导演将灯泡的破裂声、打脸声、鼓掌声等进行快速的相似性剪接,时空变换自然而流畅,节奏紧密,却又条分缕析,显示了史蒂文·斯皮尔伯格不凡的导演功力。

五、黑色幽默及其他艺术手法的运用

史蒂文·斯皮尔伯格是运用黑色幽默和悬念的好手,他擅长在感伤的氛围中加入幽默的因素,以达到绝处逢生、出人意料的艺术效果,这在《辛德勒的名单》一片中就有出色的表现。如受过高等教育的女工程主管维娜与虎谋皮,向阿蒙·戈特提出合理的建房建议后被他枪杀,阿蒙·戈特却又命令手下人按她说的去做;波尔达克从下水道中钻出来寻找藏身之所时,身后响起纳粹的哨声和军犬的狂吠,情急之下,他机智地谎称自己是被派来清理路面的,好歹躲过此劫;雅各长老被处决时,枪的扳机却屡次失灵;阿蒙·戈特要大家供出"偷鸡者"时,观众为他们捏了一把汗,但是有一个小男孩机智地解决了难题,观众又松了一口气;运载妇女的火车开往辛德勒的家乡捷克斯洛伐克,观众正在为此感到庆幸的时候,不料消息传来,因为文件出错,火车开往奥斯维辛集中营,观众的心都提到嗓子眼,但见辛德勒火速赶去,终于使火车平安地到达目的地,真是好事多磨。这些黑色幽默既是真实的,又是荒诞的,因为它们源于本身荒诞的黑暗现实,是黑色生活自身的黑色趣味和黑色幽默使然。

六、音乐

由著名犹太音乐家约翰·威廉姆斯创作的影片主题音乐成为这部电影强烈的艺术震撼力不可或缺的部分。忧郁低婉的主题曲A(小提琴)与主题曲B(钢琴)的曲调基本相同,但不同的处理方式使它们散发出不同的艺术魅力,也与不同的电影场景配合得天衣无缝。辛德勒拯救的犹太妇女从奥斯维辛集中营离开时,其他的犹太人却排队走向毒气室,从此走上了不归路,此时的音乐如泣如诉、凄婉断肠,令人禁不住泪湿衣襟。

七、道具

电影《辛德勒的名单》对道具的运用也值得称赞,仅以辛德勒请斯坦喝酒为例,就能看出史蒂文·斯皮尔伯格是一个利用道具叙述故事、刻画人物和心理的高手。影片中一共出现了4次辛德勒请斯坦喝酒的片断:第一次是他到犹太人参议会请斯坦出山帮他的时候,他从自己带的酒壶里倒了一小杯酒递给斯坦,斯坦摆摆手,冷漠地拒绝了他;第二次是斯坦介绍一帮犹太富人与辛德勒谈判办搪瓷厂,由于辛德勒过于强势导致谈判出现僵局时,辛德勒再次倒酒给斯坦请他喝,斯坦只是用眼神瞟了他手中的

酒一眼，还是没有接；第三次是辛德勒为了感谢斯坦将工厂打理得井井有条，倒好了酒欲与其共饮，不料还是遭到斯坦无声的拒绝，盛怒之下他自己把两杯酒全喝了，然后高喊一声，让斯坦滚出去，因为斯坦"太不识抬举"；第四次是辛德勒随局势的变化已成为犹太人新的摩西，有一天他愁肠百结地对斯坦说，本想等雨过天晴后跟他好好喝上一杯，看来是不大可能了，不料此时斯坦一改以往的态度，主动邀辛德勒共饮。由前几次的不喝到现在主动喝，借助酒这个道具清晰地表现出两人关系的变化以及感情的递进。从这第四杯酒起，两人不再是雇佣与被雇佣的关系，而是成了共同拯救犹太人出水火的战友与兄弟。

悲剧是什么？是将人生有价值的东西毁灭给人看。《辛德勒的名单》无疑是有史以来最伟大的悲剧影片。

第二节　让蒙太奇成为全片的隐喻
——尹力的电影《云水谣》赏析

> **影片资料**

中文片名：	云水谣
国家/地区：	中国
类　　型：	剧情/战争/爱情
导　　演：	尹力
主　　演：	陈坤　徐若瑄　李冰冰　秦汉　归亚蕾　梁洛施（等）

> **剧情简介**

年轻俊朗的青年陈秋水因做家庭教师来到王家，并与王家的千金王碧云一见钟情，两人很快坠入爱河并私订终身。但适逢台湾局势动荡，作为热血青年的陈秋水为了躲避迫害从台湾辗转来到祖国大陆，自此两个相爱的恋人被无情的现实分隔两岸，唯有坚守着"等待彼此"的誓言相互思念着对方。

与台湾失去联络的陈秋水，为了思念母亲徐凤娘与恋人王碧云而将名字改为徐秋云。他作为军医奔赴朝鲜战场，饱经战争与炮火的洗礼，一边怀着保家卫国的热血豪情，一边默默地思念着海峡对面的亲人。此时，他结识了单纯可爱的战地护士王金娣。就像王碧云一样，这个小护士第一眼就爱上了陈秋水，开始了对他执着的追求，并在战争结束后一直追随已援藏的陈秋水到了西藏当地的医院。由于海峡两岸的分隔，又几度寻找王碧云无果，在这种绝望中，王金娣的真情如同一道曙光照亮了陈秋水，陈秋水最终与她结婚了。

此时，身在台湾的王碧云则以儿媳妇的身份主动担负起照顾陈秋水母亲的重任，并从此开始了漫长而无望的等待，她发誓要用一生来寻觅爱人的踪迹。直到1968年，她终于得知了陈秋水的消息——陈秋水和妻子双双殉难于西藏雪山。

近60年过去了，一生未嫁的王碧云已两鬓斑白，但那段纯真美好的爱情仍然深藏在她的心里。一天，她的侄女王晓芮打来电话，说她在西藏旅游时居然见到了陈秋水和王金娣生的儿子……

> **拍摄背景**

以战争和爱情为主题的《云水谣》是中国电影集团公司重点打造的大片，在投资、阵容以及制作上都堪称该公司史无前例的创新。整部电影总投资近5000万元，在当年算得上是制作力量最大的一部爱情题材的影片。

这部电影横跨西藏、福建、北京等五地进行拍摄。除了精心打造的剧本和大手笔的投资以外，它的制作阵容更是引人注目：导演是曾执导过《张思德》《无悔追踪》等影片的尹力；编剧是赫赫有名的作家刘恒；资深演员陈坤、李冰冰、我国台湾地区著名女演员徐若瑄以及凭《伊莎贝拉》获得2006年第11届香港电影金紫荆奖最佳新演员奖的香港女演员梁洛施领衔主演，此外这部电影还邀请了两代台湾电影金马奖最佳女主角、演技派女演员归亚蕾和杨贵媚以及影坛常青树、台湾电影金马奖最佳男主角秦汉倾情加盟。

扎实的制作班底造就了这部电影的优良品质，强大的演员阵容为这部电影增添了一层神秘且备受期待的色彩。

理论准备

隐喻式蒙太奇常以镜头、音画间的有机组合来含蓄地揭示事物之间的隐喻关系，往往借助于不同事物之间的某种相似点来实现这种隐喻。其经典性的例子如在苏联导演普多夫金执导的电影《母亲》中将工人游行示威的场面与春天河水解冻的画面组接起来，以此喻示革命运动如解冻的春水般势不可挡。

我们常常在一些电影中见到：用暴风骤雨来表现人物激动或愤怒的心情；用高山、青松来象征英雄不朽的精神；用鲜花来比喻爱情和幸福；用涌动的海水来表现人的欲望等。这些都可以视为隐喻式蒙太奇的实例。

隐喻式蒙太奇将巨大的概括力和极度简洁的表现手法相结合，往往具有强烈的情绪感染力。

在使用隐喻式蒙太奇表现手法时，我们一定要注意尽可能使前后画面有着情节上和环境上的联系，把故事中的某个有机部分提高为含义深远的象征，而不要仅仅是为了制造比喻而随意地安排一个画面，把一个肤浅的、生硬的比喻硬贴在影片里面。

鉴赏分析

人们听到《云水谣》这个片名就能隐隐地感受到其中蕴藏着的一缕挥之不去的忧伤，片如其名，主题故事在王晓芮"人世间，把生者和死者隔开的到底是什么，把相爱的人隔开的到底是什么"的问题中展开，让我们了解了"一段刻骨铭心的感情"，并久久难以释怀。

导演尹力采用了时空交错式的结构为我们讲述了一个凄美的爱情悲剧，让我们在过去与现在的情节中往返穿梭，实为快哉。影片中有两处时空转换的方式很是特别：一处是老年的王碧云拿着薛子路的肖像时，转动轮椅并通过光线由明变暗很好地达到了时空转换的效果；另一处是王晓芮找到曾经的王家并用手轻抚大门时，导演通过将门做旧的方式再一次将我们带回到过去。

在这部电影中，导演创造了两个十分优秀的隐喻式蒙太奇，内容都是"秋水寻碧云"。地点不同的是西螺的碾米场和西藏的卫生院，一群鸭子和三五个小孩，相同的就是陈秋水寻找王碧云的急切和艰辛。在两段寻找之路中分别有翠竹和木柴将画面完全遮挡，翠竹和木柴便成为极具象征意义的符号，其能指是翠竹和木柴，所指就是台湾与祖国大陆的分离。① 正是因为这种"遮挡"的分离喻示了"秋水寻碧云""碧云找秋水"的艰辛与无法团圆的悲剧。

说到符号，《云水谣》的另一个大符号更值得我们细细地品味。影片中的主人公中有3位是有缺陷的：王碧云的腿有风湿；陈秋水的腿在战争中被冻伤；而薛子路更是因为白血病而英年早逝。他们的缺陷与不完美不仅向我们预示着故事的结局，更向我们说明了正是因为台湾与祖国大陆的分离才酿成了这样的悲剧。所以，导演不仅仅是在为观众讲述一个故事，更是将其希望祖国统一的美好心愿倾注于电影之中。尤其是在影片的最后，一只鹰的飞翔带领着观众从高空中俯视着台湾与祖国大陆的版图时，不仅成为全片的画龙点睛之笔，而且也揭晓了王晓芮的问题答案：在人世间，把生者和死者隔开的到底是什么，把相爱的人隔开的到底是什么，原来是那湾浅浅的海峡。

导演尹力将安德烈·巴赞和西格弗里德·克拉考尔②所倡导的长镜头也运用得登峰造极。在影片的一开始，一个长达4分半钟的长镜头最大限度地容纳了当时台湾特有的景象，同时将男主人公慢慢地引入，在一种不疾不徐的平缓节奏中平静地向大家娓娓道来，为整个故事的渐起提供了一种期待，使观众的情绪慢慢生发，宛如我国古典的长卷画面，看似质朴但却蕴含着丰富的内容。其镜头拍摄与后期电脑制作结合得完美流畅、无懈可击，令所有看到这里的观众都叹为观止。当王晓芮在西藏与远在美国的老年王碧云用视频聊天时，导演同样运用了一个长镜头，先是拍摄在酒吧二楼的一对新人举办婚礼的场景，热闹无比，随后镜头缓缓地下降至一楼，再向电脑屏幕上王碧云苍老的脸上推移，悲伤无比，这一喜一悲将王碧云的不幸衬托得更加不幸。她也本该拥有这一切的幸福，可是她所拥有的却只有孤寂的一生。这时，她终于呐喊出来，虽然由于网络的问题我们听不到她的声音，但是，此时无声胜有声，观众有理由相信那会是一个女人最悲痛的声音，那声音中饱含着她的怨恨与等待的爆发。接下来我们便看到她将原本已画好的白色雪山改为血红色。当她满头银丝背对着我们看着自己的那幅画时，所有的观众已经完全被他们忠贞却又不幸的感情所打动。

陈秋水留在王家吃饭又被解雇的那个夜晚，以及陈秋水与王碧云分离的那个夜晚

---

① 有关能指、所指的概念及符号学理论参见本书第七章《用符号学来分析读解电影》的相关内容。

② 安德烈·巴赞是法国战后现代电影理论的一代宗师。1945年，他发表了电影现实主义理论体系的奠基性文章《摄影影像的本体论》。20世纪50年代，他创办了《电影手册》杂志并担任主编。安德烈·巴赞英年早逝，未能亲自经历第二次世界大战后西方电影的一次创新时期——法国新浪潮的崛起。但是，他的《电影手册》的同事们（即著名的"电影手册"派）掀起的新浪潮把他的理论实践于银幕，为电影带来了真实美学的新气息。因此，安德烈·巴赞被称为"电影新浪潮之父"。

西格弗里德·克拉考尔是德国电影理论家、艺术史家，主要电影作品有《宣传和纳粹战争片》（1942）、《从卡里加里到希特勒》（1947）和《电影的本性》（1960）等。

西格弗里德·克拉考尔在《电影的本性》一书中建立了自己完整严密的理论体系。该书的副标题"物质现实的复原"体现了他的中心论旨，因为他把电影看作是照相的一次外延，其全部功能是记录和揭示我们的周围世界，而不是讲述虚构的故事。他研究电影的目的是通过对各类电影的研究，寻找出一条最符合电影本性的发展路线。为此，他详尽地分析了电影的材料和方法，摒斥了一切"非电影化"的形式和内容，树立起自己的"电影化"标准。他的结论是，只有拿着摄影机到现实生活中去发现和摄录那些典型的偶然事件，才能拍出符合电影本性的影片。西格弗里德·克拉考尔被认为是西方写实主义电影理论的重要代表人物，但他对传统的故事影片所持的排斥态度引起了很多争议。

都用暴雨和电闪雷鸣做烘托，起到了烘托气氛、渲染人物情感的效果。而在剧本方面，巧妙设局、让观众补空也成为本片的一大特色：王金娣在火车站遇到陈秋水时追着叫的那一声"哥!"让所有的观众都愣了一下，他什么时候变成她的哥哥了？继而一想，原来这是编剧刘恒有意跳过了一段未写，既达到加快情节进展的作用，又起到了调动观众共同参与创作的效果。而陈秋水在王家任家教时偷偷递给王碧云一封信那一段更是绝妙，当所有的观众都以为他们的感情已经由一见钟情发展到公开递送情书时，王碧云突然把信撕了。难道是王碧云拒绝了陈秋水吗？观众的心中不免发出这样的疑问，接下来观众才明白，原来那封信不是陈秋水所写，而是善良的陈秋水在帮他的情敌薛子路。这种"欲扬先抑""步入误区"的手法充分体现了编剧刘恒的创作技巧。

　　李冰冰扮演的王金娣可以说是全片人物中最有亮点的，她敢爱敢恨、可爱率真。因为深爱着陈秋水，她竟愿为他改名，只做一个王碧云的替代品。她知道在陈秋水的心中永远不会删除真正的王碧云，而且会一直想着她、爱着她，所以在她和陈秋水结婚的当晚有意地摆了3个酒杯，就仿佛王碧云也存在似的。当陈秋水终于接受了王金娣的爱，一边拥吻一边落泪，面部因为痛苦而扭曲时，两个演员充分地表现出了内心的挣扎与痛苦，为本片增色许多。

　　这部电影还有太多可圈可点的地方。如陈秋水与王碧云在王家初次见面时的擦肩而过，导演就采用了高速镜头拍摄的方法，体现了两人的一见钟情和芳心暗许。影片中的情感道具如扣子、钢笔等也被导演贯穿得很是巧妙。还有陈秋水在王家被王母询问家境时伸回的未穿袜子的双脚。陈秋水被王母解雇时王父说的"你的朋友是教日语的吧"和"你要向你们校长学习啊"都体现出了王父有意地撮合他们。但是，王母的一句"你喝多了"又反映出在王家大事情是由王母做主的无奈事实。

　　《云水谣》作为一部优秀的电影，一方面它不仅具有极高的欣赏价值，而且还承载着深厚的社会意义。编导将陈秋水与王碧云的爱情置身于恢宏的社会大背景下，置身于几代中国人共同的心愿中，这就不单是扣人心弦的感情纠葛，更寄托了我们中华民族的共同心愿：祖国统一！

　　另一方面，主旋律电影一度被认为是普遍缺乏商业价值的电影品种，与此同时主旋律电影长期以来在我国投拍的电影中又占有相当大的比例。这是一种矛盾，而且是解决不好的矛盾。本片的成功之处就在于结合了主旋律电影的意识形态导向和商业大片的视听表现手段及运作规律，将一个宏大的政治命题以具有艺术感染力的视听手段表现出来，达到了双赢的效果。

第三节 精到的杂耍 成功的改编
——陈凯歌的电影《赵氏孤儿》赏析

▶ 影片资料

中文片名：	赵氏孤儿
国家/地区：	中国
类　　型：	动作/历史/武侠/剧情
导　　演：	陈凯歌
主　　演：	葛优　王学圻　范冰冰　张丰毅　海清　黄晓明　赵文卓　鲍国安

▶ 剧情简介

春秋时期，晋灵公不喜欢权臣屠岸贾（王学圻饰）当道，且厌烦丞相赵盾（鲍国安饰）专横。赵盾的儿子赵朔（越文卓饰）双喜临门，他不仅战功卓著，而且妻子庄姬（范冰冰饰）也身怀六甲。屠岸贾视赵朔为心腹大患，设计在朝堂上投毒，借晋灵公之口，灭了赵氏九族。

庄姬在大夫程婴（葛优饰）诊脉时，亲眼看见夫君赵朔身亡，在悲痛中她决定生下赵氏孤儿赵武。此时，屠岸贾的手下韩厥（黄晓明饰）前来灭种。临危之际，庄姬将赵武托付给赵朔的好友程婴，让他交给门客公孙杵臼（张丰毅饰），然后拔剑自刎。韩厥因此被屠岸贾砍伤，后者下令封城，挨家挨户搜查赵武。情急之下，程婴的妻子（海清饰）把赵武交上。程婴前去认领赵武，程婴的妻子去见公孙杵臼。由于封城，程婴的妻子和儿子被藏于夹壁墙内。屠岸贾设下苦肉计，逼程婴说出赵武的下落，并相继诛杀了公孙杵臼及程婴的妻子和儿子。程婴强忍悲痛，独自抚养赵武。韩厥在求医时了解到真相，与程婴结下生死同盟。程婴携赵武投奔到屠岸贾的门下，并让屠岸贾认下赵武为义子。从此，展开了长达15年的复仇计划……

▶ 拍摄背景

一、《史记》记载

司马迁的《史记》中有这样一段记载：赵盾死后，赵朔袭职辅佐晋景公，屠岸贾准备发动对赵氏的攻击，大将韩厥让赵朔逃亡，赵朔不肯，说道："只要将军答应我你不绝我赵氏后代，我死而无憾。"可是，他自己都没有想到这个后果有多么严重。屠岸贾不经晋景公的允许便带着军队围攻赵朔居住的下宫，杀死了赵朔和他的几个叔叔（赵同、赵括、赵婴齐等），并且尽灭其族。在这场大灾难中，只有3个人侥幸活了下来：赵朔的夫人庄姬、赵朔的门客公孙杵臼和赵朔的好友程婴。程婴把一个天大的秘密告诉了公孙杵臼："赵朔的老婆怀孕了。"而赵朔的妻子庄姬在晋宫中躲了几个月后终于分娩，生下了一个男婴赵武。屠岸贾很快就知道了这个消息，便向宫中索要这个孩子。很显然，此时的晋景公已经没有任何权力可言，屠岸贾守住宫门，自己亲自进来搜索。庄姬毫无办法，只好行了一步险棋，她把男婴夹在胯下，祷告说："如果天要灭赵氏，你就哭吧；如果天不想灭赵氏，你就别哭。"一通彻底的搜查后，屠岸贾只看到了在一旁默默伫立的庄姬，却没有搜到男婴。屠岸贾认为孩子肯定被偷偷地转移走了，便向城外搜去，这样赵氏母子才得以幸免。程婴得知此事后赶快找来公孙杵臼商议。公孙杵臼突然对程婴发问："抚育这孤儿成人与死，两者哪件难？"程婴回答说："死容易，抚育孤儿难。"公孙杵臼坚定地说："那请你承担难的那件事，我去承担容易的，让我先死去吧。"于是两人找来一个婴儿，让其穿上赵氏孤儿的衣服……一切安排妥当后，程婴突然向参与这次杀戮的将军们告密："谁能给我千金，我马上把孩子的藏匿之处告诉他！"这些将军们非常高兴，最高兴的当属屠岸贾，他马上拿出千两黄金给了程婴，程婴二话没说就带着这些人到了公孙杵臼的家门前。公孙杵臼见到程婴便破口大骂："程婴你这个小人！当初下宫之难你没死，口口声声说要与我好好抚养赵氏孤儿，今天又把我卖了。你纵然是不能抚养孤儿，又怎能忍心出卖他呢！"说完公孙杵臼抱起男婴大哭道："天哪天哪！这个孩子有什么罪？请你们放过他吧，只杀我公孙杵臼就可以了。"这出双簧演到这个程度怕是没人会相信其中有诈了，而公孙杵臼最后的那次求情也是一种忏悔，虽然死的不是赵氏孤儿，却也是个无辜的孩子。可是，那些将军们没有给公孙杵臼留下这个希望，杀死了公孙杵臼和这个可怜的婴儿。诸将以为赵氏孤儿已死，皆喜。赵氏孤儿就这样被留存了下来，被程婴藏匿在了山中，这个孩子就是日后的赵武。晋景公十五年（前585），晋景公突然病了，韩厥把一切实情和盘托出。当年参与屠杀赵氏的诸位将军前来问安时，都被韩厥的人拿下。不久，赵武率军攻打屠岸贾，屠岸贾就此被灭了族。赵武成人后，程婴辞去公职，向诸大夫辞行，然后告诉赵武说："当年你家遭遇大难，我没有死，就是因为要抚育你成人，今天这个愿望达到了，赵家也复位了，我有脸去见赵朔和公孙杵臼了。"赵武哭着对程婴说："您怎么能忍心离我而去呢？"程婴说道："公孙杵臼把生的希望留给我，他自己选择了死，就是认为我能把你养育成人，今天事情办完了，我也该履行我之前的承诺了。"说完，程婴就自杀了。

二、纪君祥所作元杂剧《赵氏孤儿》的故事

以战功起家的晋国贵族赵氏家族，其权势和声望不断地增强，甚至让国王晋灵公都艳羡且恐惧不已。心高气傲的将军屠岸贾一直遭到赵氏的轻视和排挤，在晋灵公的默许下将赵氏一家300人诛杀。

为了保护赵氏孤儿的安全，一批舍生取义的壮士牺牲了：先是赵氏孤儿的母亲庄姬把他托付给一位经常出入驸马府的民间医生程婴，为了消除程婴对于泄密的担忧，自己立即自缢身死。程婴把赵氏孤儿藏在药箱里，企图带出宫外，被守门将军韩厥搜出，没料到韩厥也深明大义，稍稍迟疑了之后便让程婴把婴儿带了出去，为赵氏留下了唯一的血脉。之后，韩厥拔剑自刎，因为他知道过不了屠岸贾这一关。屠岸贾得知赵氏孤儿逃出，竟然下令杀光全国一月以上、半岁以下的婴儿，违抗者杀全家诛九族。

程婴为了拯救赵氏孤儿，决定献出自己的独子以代替赵氏孤儿，并由自己承担"窝藏"的罪名，一起赴死。原晋国大夫公孙杵臼硬要以年迈之躯代替程婴承担隐藏赵氏孤儿的罪名，然后撞阶而死……20年后，程婴告诉了赵氏孤儿这一切，赵氏孤儿就把复仇的烈火射向了血债累累的屠岸贾。

理论准备

谢尔盖·爱森斯坦的《杂耍蒙太奇》一文于1923年发表在马雅可夫斯基主办的《左翼文艺战线》杂志上。这篇文章可以说是谢尔盖·爱森斯坦的艺术革新宣言。在伟大的十月革命时代，谢尔盖·爱森斯坦渴望探索一种能与时代相称的戏剧，于是他向旧的戏剧提出了挑战。他要求把戏剧舞台变成宣传革命思想的讲坛，他力求使戏剧不仅能提高群众认识生活的能力，而且还要影响群众的社会实践。从这种思想出发，他在艺术实践中提出了一种新的演出方法——杂耍蒙太奇。这种方法的核心就是要通过演出，最大限度地从思想上感染观众。为了达到这种效果，艺术家事先就要周密地设计好演出方案，以期丝毫不差地获得预期的结果。谢尔盖·爱森斯坦的这篇文章发表以后曾引起了很大的轰动，其后的几十年里围绕着它曾展开过激烈的争论，产生过截然不同的评价。有的人认为它是大胆的革新，有的人则认为它是形式主义的、破坏性的东西。

与戏剧相比，电影的杂耍蒙太奇是一种更注重理性、更抽象的蒙太奇形式。为了表达某种抽象的理性观念，往往硬切进某些与剧情完全不相干的镜头。

譬如，电影《十月》中表现孟什维克代表居心叵测的发言时，插入了弹竖琴的手的镜头，以说明其"老调重弹，迷惑听众"或讥讽其"说的比唱的还好听"。

对于谢尔盖·爱森斯坦来说，蒙太奇的重要性无论如何不限于造成艺术效果的特殊方式，而是表达意图的风格，传输思想的方式：通过两个镜头的撞击确立一个思想，一系列思想造成一种情感状态，尔后借助这种被激发起来的情感，使观众对导演打算传输给他们的思想产生共鸣。这样，观众不由自主地卷入这个过程中，心甘情愿地去附和这一过程的总的倾向、总的含义。这就是这位伟大导演的原则。

1928年以后，谢尔盖·爱森斯坦进一步把杂耍蒙太奇推进为"电影辩证形式"，以视觉形象的象征性和内在含义的逻辑性为根本，而忽略了被表现的内容，以至于陷入纯理论的迷津，同时也带来创作的失误。后人吸取了他的教训，不仅现代电影中杂耍蒙太奇的使用较为慎重，而且其含义也更加趋向于"灵活剪辑"四个字。

鉴赏分析

电影《赵氏孤儿》是陈凯歌的又一力作，剧本改编自观众耳熟能详的纪君祥的元杂剧以及相关传说，但与原著相比，陈凯歌此次的改编是大胆且具有颠覆性的。它虽然也是一个有关复仇的故事，但其真正探讨的主题却更深远，主要表现在：(1) 修改了救孤的动机；(2) 颠覆了人们以往熟知的人物形象；(3) 赋予了故事本身多层的含义。

在纪君祥的元杂剧中，程婴也好，公孙杵臼也好，救孤都是为了忠义，然而到了陈凯歌的电影中，托孤、救孤变成了一种命运的捉弄，而人在这种命运的驱使下只能选择被动地接受。这样的改编使得程婴的行为更加让人信服。他不是一个高大全的英雄，而只是一个有私心的凡人。他起初接受托孤重任，完全是机缘巧合而已；之后他之所以想把赵武养大，也是为了替死去的妻儿报仇，这也正是他不让赵武上学堂并寸步不离地看着他的原因。然而，他却忘了，孩子不是复仇的工具，当他心中的父爱已经大于复仇时，复仇早已变得毫无意义，只可惜这一点他直到最后才领悟到，所以他是一个失败者，死是必然的悲剧。

屠岸贾也是如此，他不像原著中那么大奸大恶，他灭赵氏是因为赵氏的权力威胁到了他的利益，境况堪忧。然而，他对赵武的爱也是真的，这也正是他在战场上明知这孩子是赵武还要去救他的原因。当他中了韩厥射来的有毒的弩箭，赵武亲手给他喂药时，他连声道："我找到了，我找到了。"他找到了什么呢？那就是他教给赵武的那句话："当你不把敌人当敌人时，你就天下无敌了。"他不把赵武当敌人，而赵武与他也其乐融融，享尽父子之乐，这是他穷尽一生所追求的理想，如今理想实现了，他当然会欢天喜地，老夫聊发少年狂。然而，遗憾的是，他却没能把这个道理真正地教会给赵武，赵武在明白了自己的身世后还是拔剑相向，没把"敌人"不当"敌人"，所以屠岸贾最终也成了一个失败者，他的死也是一个必然会到来的悲剧。

那么，赵武的复仇是如何完成的呢？我们看到，程婴想尽一切办法教儿子、影响儿子，却漏洞百出、危机四伏，之所以 15 年相安无事，全是靠了赵武的两次自我发现：一次是当程婴当着屠岸贾的面说是屠岸贾的兵杀了赵武的娘的时候，另一次是屠岸贾主动说出以前怀疑他是赵朔的儿子的时候。由此可见，陈凯歌在影片的下半部分已经偏离了复仇的主题，换句话说，他从来也没有想着在复仇这个主题上进行开掘，相反他的开掘主要表现在以下层面，那就是：一个男孩如何才能成长为一个真正的男人？答案有两个：第一，程婴让赵武从房顶上往下跳，自己却不接着他，这件事教会赵武要学会用自己的眼睛去发现事实的真相、去辨明忠与奸，任何别人教的都没用也不值得去相信的道理；第二，屠岸贾给赵武铠甲和剑教会他还要学会不把敌人当敌人，如此才能天下无敌。可惜的是，赵武只学会了第一点，却没能学会第二点，因此最终也没能成为一个真正的男人，所以屠岸贾才会在失望之余逼着赵武把象征着成为一个男人的"铠甲和剑"还给他。

从这个角度来说，赵武虽然最后复仇成功了，却也是一个失败者，一个在人生成长道路上跌倒了却不能爬起的失败者——三个人，两个爹，一个儿，一样的失败，一样的令人扼腕叹息，上演了一出彻头彻尾的大悲剧。由此，陈凯歌将一个商业色彩很浓的复仇情节剧上升到哲理层面，一以贯之地保持了他的作品多义、深刻、追求形之上的特色。

从总体来看，陈凯歌的改编是成功的，是符合现代人的人生观、价值观和欣赏习惯的。如果这部电影全都依照原著，观众可能会问：程婴的大忠大义从何而来？是什么能让他牺牲自己的妻子和儿子？正如陈凯歌自己所说：单纯建立在忠、义、礼、智、信上的选择，已经无法再说服现代人去相信一个人的价值判断了。在这部电影中，程婴只是一个平凡的小人物，他做的和他遇到的，或许就像影片所说的那样，只是命运的驱使而已。陈凯歌借助程婴的悲剧命运，把小人物的无奈与崇高放进这场宫廷斗争中，用新的视角赋予了故事以新的内涵，不能不说体现了其高超的艺术水准。

另外，陈凯歌作为第五代导演中的领军人物，在《赵氏孤儿》一片中继续保持了第五代导演重影像、重哲理、重符号的艺术手法，尤其是本片对杂耍蒙太奇表现手法的运用更是到了登峰造极的地步。这在国内众多的电影中是鲜见的，同样显示出陈凯歌不凡的导演功力。

前文说过，杂耍蒙太奇表现手法最重要的特征是"把随意挑选的、独立的感染手段（杂耍）自由组合起来，但是有明确的目的性，即达到最终的主题效果"。而"随意挑选的"意思是指在内容上可以随意选择，不受原剧情的约束，促使造成最终能说明主题的效果。

在电影《赵氏孤儿》中，这样的杂耍蒙太奇比比皆是，本片刚开场，镜头就在迎接赵盾、赵朔、庄姬夫人的大殿前和谋士、屠岸贾行走的道路上两个时空之间随意地切换，看似凌乱，实则交代了矛盾的根源，交代了人物的心理，也预示了赵氏即将被灭门的躲不掉的悲剧结局。而赵武被救下后，韩厥第一次去程婴家那一场，剪辑同样随意、凌乱：已经出现韩厥向程婴跪拜告别的镜头了，竟又出现了两人在屋里坐着谈话的情景，接着又切入了程婴准备画图教育赵武的过程，甚至还切入了程婴与一个邻居有关"这就是命"的对话，这些情节看似杂乱无章，甚至违背逻辑，却具有强烈的艺术感染力，堪称生花妙笔。

此外，在表现人物的伤痛时，《赵氏孤儿》也不像《唐山大地震》那样通过演员撕心裂肺的表演去"弄哭"观众，相反，本片注意了艺术的含蓄美。如影片中程婴在妻儿死后抱着赵武回家那场，观众没有看到他流泪、哀号，只是看到他钉死门板、倒酒、喝酒，然后烂醉如泥地躺在地上，可悲愤与忧伤却力透纸背。

本片中演员的表演也值得一夸，几位实力派演员对角色性格的把握近乎完美。葛优的隐忍、王学圻的纠结、范冰冰的处变不惊等都可圈可点，尤其是老戏骨王学圻把一个时而残忍、时而慈爱的屠岸贾的形象表现得淋漓尽致，而张丰毅、鲍国安等虽然戏份不多，也都拿捏适度、张弛到位。

当然，《赵氏孤儿》这部影片并非完美无缺，相对于托孤、救孤部分的紧凑、干练、无懈可击，后半部分情节的安排明显拖沓起来，既经不起推敲，也未将故事推向应有的高潮。另外，韩厥这个形象也显得苍白，甚至可笑。但瑕不掩瑜，《赵氏孤儿》仍可以视作陈凯歌继《霸王别姬》之后的第二部重要作品，它的艺术魅力值得我们在细细咂摸后慢慢地回味。

思考题

1. 请你简述谢尔盖·爱森斯坦所倡导的蒙太奇理论主要包括什么内容。
2. 请你浅析蒙太奇有哪些创造性的作用。
3. 在电影《辛德勒的名单》中，史蒂文·斯皮尔伯格是如何运用杂耍蒙太奇为全片的主旨服务的？
4. 在电影《辛德勒的名单》中，观众可以看到许多高超的蒙太奇表现手法的运用，试举例说明。
5. 请你找出并分析电影《云水谣》中两个精彩的隐喻式蒙太奇段落。

第五章

长镜头理论及写实主义

本章提要

蒙太奇是有缺憾的,于是就有了与之分庭抗礼的长镜头理论。

长镜头理论首先是由法国电影理论家安德烈·巴赞提出的,德国电影理论家克拉考尔延续了他的主张,其基本美学意义出发点在于真实。这一理论直接影响了后来享誉全球的意大利新现实主义电影运动,并将写实主义电影向前大大地推进了一步。

但是,安德烈·巴赞把长镜头的美学意义绝对化了,只强调真实,却忽视了外部蒙太奇组接技巧的艺术本质,因此,它也有缺憾。时至今日,在电影中,蒙太奇与长镜头往往是并存的,因为它们都是电影必不可少的技术手段。

本章将通过对美国电影《公民凯恩》、意大利新现实主义代表电影《罗马11时》、国产电影《我的父亲母亲》《钢的琴》《刺客聂隐娘》的鉴赏分析来加深读者对长镜头这一理论的了解与认识。

第一节　现代电影的里程碑

——奥逊·威尔斯的电影《公民凯恩》赏析

影片资料

中文译名：公民凯恩
国家/地区：美国
类　　型：剧情/传记
导　　演：奥逊·威尔斯
主　　演：约瑟夫·科顿　多萝西·康明戈尔　奥逊·威尔斯（等）

剧情简介

本片以 20 世纪初叶美国新闻业巨头威廉·朗道尔夫·赫斯特为原型，用新颖的艺术手法表现了一位报业大王查尔斯·福斯特·凯恩的一生。凯恩在上都庄园中留下"玫瑰花蕾"（Rosebud）的"遗言"后死去。年轻的新闻记者汤姆逊受报刊主编的委托调查这几个字的含义，通过查阅有关回忆资料他了解到凯恩在青年时代的经历及其母亲的艰难身世。报社董事长伯恩施坦介绍了凯恩的发迹历程以及他制造奥论使国家卷入 1897 年美西战争的往事。凯恩的生前好友李兰讲述了他与美国总统的侄女爱米丽的婚姻，他与第二个妻子、歌手苏珊的邂逅以及他在总统竞选中的失败。苏珊则在夜总会中介绍了她和凯恩由情人到夫妻的生活变迁，她在凯恩的支持下想饮誉歌坛，失利后便与凯恩一起在仙境般的上都庄园隐居。直到最后焚烧凯恩的旧家具时观众才发现"玫瑰花蕾"原来是刻在他童年时代所珍爱的那副雪橇上的字。

拍摄背景

1941 年，导演奥逊·威尔斯以美国新闻业巨头威廉·朗道尔夫·赫斯特为原型，加上自己童年时寄居他人时的经历及感受塑造出了一个名叫查尔斯·福斯特·凯恩（以下简称凯恩）的形象，并将其拍摄成电影史上的不朽名作《公民凯恩》。这部电影剧本的合作编剧赫尔曼·J.曼凯维支本人就认识威廉·朗道尔夫·赫斯特，并且是电影演员玛利昂·戴维斯的朋友。电影是秘密拍摄的，但由于威廉·朗道尔夫·赫斯特认为这部电影是在影射、攻击自己，因此提出了抗议，并企图以 80 万美元买下这部电影以禁止其公开发行并且上映。奥逊·威尔斯听到此消息后大为震惊，他只有一个挽救方法，就是拼命地在小范围内放映电影，把口碑传出去。果然，部分同行的高度评价使得拍摄和发行此片的雷电华电影公司顶住了压力，否则这部电影将永远保存在少数人的记忆里。这部电影一直到第二次世界大战之后才重新发行，先在是欧洲受到重视，转而在美国本土的电视上放映。

这部电影在1942年第13届奥斯卡金像奖评选中共获得包括最佳影片、最佳导演、最佳男主角、最佳黑白片摄影、最佳电影剪辑、最佳配乐、最佳黑白片艺术指导、最佳原创剧本、最佳录音等9项提名,但由于当时的历史背景与影片涉及的现实人物,最终只获得最佳原创剧本这项大奖。

理论准备

电影形成艺术的历史,正是电影的本性被人们认识的历史。电影艺术的基本特征有两点:第一是画面(光、色、影、字幕)与音响(声、乐、画外音)和谐的融合,它以真实的时间与空间产生的视听效果取代了小说艺术的文字叙事元素;第二,它享有时间与空间的切割、组接,以蒙太奇自由取代了戏剧艺术中的时空限制。电影艺术汇合了小说艺术中享有的时空自由与戏剧艺术中的视觉形象和听觉效果,形成了一门独特的艺术。有人看到蒙太奇思维给电影带来的魅力,便把这种组接视觉形象和听觉效果的手段视为电影艺术的本性,将电影的基本叙事语法笼统地归入蒙太奇中,诸如交叉式蒙太奇、平行式蒙太奇、杂耍蒙太奇等,风行传播、花样翻新、层出不穷。

安德烈·巴赞对此提出了尖锐的批评。他认为,叙事的真实性是与感性的真实性针锋相对的,而感性的真实性首先来自空间的真实。蒙太奇理论的处理手法是在"讲述事件",这必然要对时间与空间进行大量的分割处理,从而破坏了感性的真实性。相反,安德烈·巴赞所倡导的长镜头理论(也有人称其为"景深镜头"理论或"场面调度"理论),其目的在于"记录事件",它"尊重感性的真实空间和时间",要求"在一视同仁的空间同一性之中保存物体"。

安德烈·巴赞希望电影工作者认识到电影画面本身所固有的原始力量,他认为解释和阐明含义固然需要艺术技巧,但是通过不加修饰的画面来显示含义也是需要艺术技巧。所有这些构成了安德烈·巴赞的长镜头理论。

安德烈·巴赞提出的长镜头理论几乎在一切方面与蒙太奇理论相对立:蒙太奇出于讲故事的目的对时空进行分割处理,而长镜头理论追求的是不作人为解释的时空相对统一;蒙太奇的叙事性决定了导演在电影艺术中的自我表现,而长镜头理论的记录性则决定了导演的自我消除;蒙太奇理论强调画面之外的人工技巧,而长镜头理论则强调画面固有的原始力量;蒙太奇表现的是事物的单含义,具有鲜明性和强制性,而长镜头理论则表现的是事物的多含义,它具有瞬间性与随意性;蒙太奇引导观众进行选择,而长镜头理论则提示观众进行选择。长镜头理论带来的最有意义的变革是导演与观众的关系变化。那种斧痕累累的蒙太奇艺术只能加深这种关系的荒唐性与欺骗性,始终使观众处于一种被动的地位。而长镜头理论出于对观众心理真实的顾及,则让观众"自由地选择他们自己对事物和事件的解释"。

长镜头理论影响了整整一代人。弗朗索瓦·特吕弗[①]是安德烈·巴赞的忠实弟子,

---

① 弗朗索瓦·特吕弗,法国导演。他从小酷爱文学和电影,15岁在巴黎发起电影俱乐部。1953年,他进入法国农业部电影处,后在《电影手册》和《艺术》杂志任编辑和撰稿人,成为著名影评家。《论法国电影的某种倾向》(1954)被视为新浪潮运动的纲领与宣言;《法国电影在虚假中死去》(1957)预告了"第一人称"电影的到来。弗朗索瓦·特吕弗的主要电影作品有《四百下》《朱尔与吉姆》《日以继夜》《阿黛尔·雨果的故事》《最后一班地铁》《隔墙花》等。

他说:"没有正确的画面,正确的只有画面。"让·吕克·戈达尔①说:"电影就是每秒钟24画格的真理。"他们的电影观念同安德烈·巴赞的长镜头理论一脉相承。

鉴赏分析

1941年,当时只有25岁的青年才俊奥逊·威尔斯初涉影坛,小心翼翼地在一个小范围内捧出自己的力作——电影《公民凯恩》的时候,首先是在形式上而非内容上引起了全美影评界不小的震撼。很快,他就被封为第一个使用纵深镜头、长镜头、电影中的电影、音响式蒙太奇、带天花板的画面等技巧的人,各种赞誉蜂拥而至,如黄袍加身,布满光环。一如之前的《星际战争》②,奥逊·威尔斯又一次在全美扬名立万,只不过上次是在广播界,这次是在电影圈。

确实,在形式上,电影《公民凯恩》有不小的创新,这些表现手法在今天看来也许已经让观众习以为常,但在当年却有着破天荒的意义。

首先,我们看《公民凯恩》在结构上的创新。电影《公民凯恩》的结构和角度是复杂的,既彼此纵横交错,又构成了一个首尾呼应的环。

影片从凯恩76岁去世时开场,然后追述往事以便让观众认识这个人的一生和他的活动。使用闪回的动力是凯恩的临终遗言"玫瑰花蕾",一个名叫汤姆逊的青年记者想要搞清楚隐藏在"玫瑰花蕾"这个词背后的全部含义,但他在死者的公开历史中找不到任何线索,于是便去找与凯恩有关的各种人。这种侦探故事式的结构在现在时态中发展,提供了影片的横向结构。接受汤姆逊采访的每个人的讲述都打断了故事的发展进程,从而代表了结构的纵向方面。

电影《公民凯恩》的结构同时又是环形的。影片的开场是从外部拍摄的上都庄园(凯恩在佛罗里达州建造的城堡式的庄园)的全景镜头。导演用切入的手法变换镜头,使观众离庄园越来越近,直到摄影机进入室内。结尾时,奥逊·威尔斯又将镜头从室内移出,反向重复原来的场景,只是略有变化。摄影机的焦点定在一块牌子上,牌子上写着"私人产业,闲人免进"——影片至此结束,恰似绕了一个大圈后又回到了原点。

其次,电影《公民凯恩》出色地运用了视觉的技巧。如电影开场时介绍凯恩生平的那段新闻片的外观便像是旧胶片,节奏上颠簸不稳,胶片有划痕,颗粒也粗。

在放完新闻片以后,奥逊·威尔斯拍摄放映室,在场的人的面部大多数是暗的,只有从四周的窗户上射进来的光线。导演用这种方法迫使观众去听他们的谈话(在这里,语言要比他们的面部重要得多),但观众一边听,一边还是观看着那视觉上颇有特色的银幕。

---

① 让·吕克·戈达尔,法国著名电影导演,《电影手册》的影评人,法国新浪潮电影的奠基者之一,主要电影作品有《精疲力尽》《卡宾枪手》《狂人皮埃洛》等。

② 《星际战争》是英国作家赫伯特·乔治·威尔斯的代表作之一,作品以尖端的武器对抗侵略地球的火星人为故事主线,不仅深深地征服了世界所有的科学迷,而且还促进了一个世纪的科幻题材电影的发展。如今好莱坞的科幻题材电影框架大多取材自该小说,主要以外星人侵略地球而人类反抗为主线。1938年,《星际战争》被奥逊·威尔斯改编成广播剧在美国的电台播出,由于描写得太过惟妙惟肖,听众竟误以为真有火星人入侵,引起了大恐慌。此事成为美国历史上的一大离奇笑话。

汤姆逊第一次到夜总会拜访凯恩的第二个妻子——苏珊，奥逊·威尔斯在这个段落的开始用了一幅苏珊的广告画，一道闪电的光照亮了这幅画；然后摄影机在雨夜中向上移拍到屋顶，又一道闪电，画面进行了切换，摄影机从玻璃天窗照进夜总会，俯视着独自一边斟酒一边饮酒一边哭泣的苏珊。俯拍的角度，刻画出她潦倒的境遇。

在前华尔街金融大亨、国会议员赛切尔纪念图书馆里，一道光柱打到汤姆逊读回忆录的书桌上，使这间房间变得像一座教堂，圣洁而又空旷。当记者读到赛切尔与小凯恩初次相见的情景时，奥逊·威尔斯从雪白的稿纸一下子切入寄宿宿舍门前白雪覆盖的院落。

在凯恩收买《纪实报》的编辑时，奥逊·威尔斯先让观众看到《纪实报》办公室橱窗里该报编辑部人员的合影；然后摄影机向照片推进，切入《问事报》办公室的内景——我们看见了同一群人的同样的相片，6年以后生气勃勃地在这里出现了。

凯恩与爱米丽的第一次婚姻的破裂历经了好多年，但从画面和音响上它就像是一次谈话——从恩爱的语言、激烈的争论到怀恨的沉默（凯恩看《问事报》，而他的第一个妻子爱米丽则看《纪实报》）。奥逊·威尔斯使用凯恩和爱米丽交替的近景镜头和周期性的切入来造成变换。

在电影《公民凯恩》中最出名的移动拍摄是苏珊登台演唱的那场戏。可怜的苏珊声嘶力竭地唱她那支歌，奥逊·威尔斯的摄影机一直移到舞台的顶部，停留在两个舞台工人的身上，他们站在一条狭窄的跳板上朝下看。其中一个人转身看看另一个人，默默地用手捏住了鼻子。

当然，最激动人心的还是《公民凯恩》一片结尾处的移动拍摄。紧接在汤姆逊发表了他对"玫瑰花蕾"的看法之后，奥逊·威尔斯的摄影机在堆积如山的箱笼中间移动，这些是凯恩积年购置的物品，他买下它们为的是填补他不能爱人和他在生活中错过的一切所造成空白。通过一系列的叠化镜头，摄影机移近凯恩母亲的遗物……直到它的焦点落在那副雪橇上。

奥逊·威尔斯对声音的运用也同样出色。赛切尔对小凯恩说："好，查尔斯，圣诞快乐。"孩子回答说："圣诞快乐。"然后，赛切尔的声音接下去说"新年幸福"时，凯恩已经21岁了。奥逊·威尔斯在整部电影中运用这种声音的重叠进行场面的转换，特别是现在时的场面之间和闪回段落中跨时期的场面转换。奥逊·威尔斯把这种技巧称为"闪电式的交替"。

苏珊在她租住的住所为凯恩弹琴的镜头，切入另一个镜头，她仍在弹奏那首曲子，却换了一架钢琴，换了一处上等公寓。凯恩在为她鼓掌……接着切入一群人在鼓掌，这是李兰正在为凯恩竞选。李兰说："只有一个人能使本州的政治免受党魁的罪恶控制，我指的就是斗争中的自由战士、工人们的朋友、本州的下一任州长查尔斯·福斯特·凯恩，他参加这次竞选的……"镜头切入会场悬挂的凯恩图像的宣传画的特写；摄影机向下摇拍，现出凯恩正在向另一群民众做演讲。他接着李兰的讲话说："……唯一的目的，是指出并揭露党魁的政权机器的欺骗行为和不法行径。"

奥逊·威尔斯从事广播工作的经历使他对音响效果有着十分敏锐的感觉。为了强调上都庄园广阔的空间，同时强调凯恩与苏珊共同生活的空虚感，奥逊·威尔斯用了一个回声箱或者叫回声室的东西。新闻片叙事人的声音始终尖厉刺耳，而在赛切尔纪念图书馆里的声音听上去是空洞的，就像是上都庄园的回声。

对电影《公民凯恩》议论得最多的要数奥逊·威尔斯使用的纵深镜头，就是说从前景近处到后景深处的物体均在清晰的焦点之内。奥逊·威尔斯是第一个在一部电影中不断地应用这一技巧的导演。曾经有人问奥逊·威尔斯为什么在《公民凯恩》一片中运用了那么多的纵深镜头，奥逊·威尔斯的答复是："在生活中你看到的东西是同时尽收眼底的，在电影里为什么不能这样呢？"

在赛切尔的闪回中，奥逊·威尔斯在小凯恩决定命运的时刻运用了纵深镜头。前景是他的母亲、父亲和赛切尔，后景透过窗户看到小凯恩最后一次在雪地上尽情地玩耍。在谢尔盖·爱森斯坦会采用反复切换的地方，奥逊·威尔斯则用一个镜头同时展现给观众。

在电影的前一部分，汤姆逊访问了凯恩的前妻苏珊，她现在是夜总会酗酒的歌女。当汤姆逊未能找到任何线索时，他打了一个电话。他打电话和打电话之后的那个动作是在一个连续的大景深的场景中发生的，在画面中心坐着苏珊，光线笼罩着她，处在电话亭所形成的画框之中的是汤姆逊。汤姆逊始终处于阴影之中，有两名侍者在两侧使构图平衡了。在后面墙的左上端挂着一幅很像上都庄园的画，观众开始可能并没有注意到它，直到浏览了整个画面之后。这样，构图就使观众把这一场景中的突出的因素都联系在了一起。观众在一个没有中断的空间中发现了暗示。

在另一场戏中，凯恩代替醉得不省人事的李兰写完了抨击苏珊演出的文章，奥逊·威尔斯的纵深镜头用得很富于想象力，前景是坐在打字机前的凯恩，后景是朝着镜头踉跄而来的李兰。同样，在苏珊的声乐教师尽心竭力试图指导她的那场戏，奥逊·威尔斯也采用了纵深镜头，前景是钢琴边的苏珊和她的声乐教师；他们两人都不曾看见后景中凯恩进了房间。凯恩缓慢地向前走来，朝着苏珊和她的声乐教师、朝着摄影机、朝着观众而来。在这两场戏中，人物在清晰的焦点中缓慢前行，为观众做好了戏剧性冲突的思想准备。

当苏珊的演出又一次失败后企图自杀时，奥逊·威尔斯提供了一个3个层次的纵深镜头：近前景是一只玻璃杯和一瓶毒药；中景是枕头上苏珊的面部；后景是房门和门下透进来的一丝亮光。观众听到苏珊的喘息声和凯恩在门外拼命敲门的声音。安德烈·巴赞写道："这场戏的戏剧性结构基本上是靠不同音响的对比造成的，近处是苏珊的喘气声、门后传来她丈夫敲门的声音。两极之间形成紧张，却又因为纵深镜头造成两者之间的距离。"

奥逊·威尔斯还在一个镜头中采用了纵深镜头来描述凯恩和苏珊在上都庄园的关系。摄影机的位置正好位于凯恩的脑后（主观角度），越过这间宽阔却又空荡的房间，观众可以看到苏珊坐在壁炉边，正百无聊赖地摆弄着一副拼版游戏。这个镜头不仅强调了房间的规模，而且更重要的是暗示出丈夫与妻子之间的感情距离。

就这样，奥逊·威尔斯在电影的叙事结构、镜头运用、灯光照明、剪辑和声音等方面，通过以上的创新手法向传统的好莱坞发起了挑战，他因此被称作好莱坞的叛逆者，开启了现代电影之先河。

然而，如果我们认为《公民凯恩》的创新意义仅限于此，那是远远不够的。事实上，《公民凯恩》这部电影之所以伟大，形式上的革新固然是一方面，更重要的一方面却是它在成功地塑造了一个在美国新闻业被资本巨富、政治野心和极端自私的爱情占有欲驱赶着走完了自己全部人生历程的人——凯恩时，匠心独运地开创了一种名为"性格悬念"的艺术手法。

悬念，是电影艺术常用的手段。只不过在《公民凯恩》这部电影之前，电影对悬念的运用大都固守在情节悬念层面，其宗旨主要是为了推动电影故事情节的发展。只有奥逊·威尔斯在《公民凯恩》一片中才真正创造性地把悬念用于"人物"，使其为刻画人物的性格服务，从而第一次显示了性格悬念的审美价值，开一代电影艺术手段之先河。

凯恩的性格是复杂、立体的，丰富而有深度，而这一复杂性格的塑造与揭示与奥逊·威尔斯巧妙地"把凯恩一生的意义缩小为一句弗洛伊德式的警句"——"玫瑰花蕾"有关。正因为凯恩临终前沉重地、呻吟般地吐出了一个词"玫瑰花蕾"，才在电影的开头制造了一个巨大的悬念——"玫瑰花蕾"究竟是什么东西，它的特殊含义是什么，凯恩为什么直到临终前还对它念念不忘……这一连串问题直接关系到凯恩性格的秘密，一下子摆在了广大观众的面前。

正在这时，电影中走出了年轻的新闻记者汤姆逊（观众没有看清楚他的脸）。为了调查"玫瑰花蕾"这个词的含义，他受报刊主编的委托，也兴趣十足地同观众一起来推测和索解这个"玫瑰花蕾"之谜。

第一，汤姆逊来到前华尔街金融大亨、国会议员赛切尔纪念图书馆，通过阅读赛切尔生前留下的手稿的方式来了解赛切尔与童年的凯恩及其巨大财富的来源的关系。

第二，汤姆逊找到当年同凯恩合作办报的总经理伯恩斯坦，听他讲述了凯恩从办报到投身政治、制造舆论使国家卷入1897年的美西战争，直到他事业的顶峰，同总统的侄女爱米丽联姻的故事。

第三，汤姆逊找到凯恩大学时期的同窗、后任报纸"戏剧评论员"的李兰，听他讲述凯恩不为世人所知的私生活：与总统的侄女爱米丽的婚姻破裂，转而追求歌女苏珊，结果却被竞选州长的对手抓住把柄，并张扬为"桃色丑闻"而在竞选中败北等。

第四，汤姆逊再次找到上回拒绝他的凯恩的第二任妻子苏珊，她向汤姆逊揭示了凯恩的挥霍无度、专横自私以及在皇宫般的上都庄园"金屋藏娇"的荒唐行径。苏珊因不能忍受这一切而愤然出走，给凯恩的精神上重重一击，此后凯恩便走向了孤独而悲凉的暮年。

第五，凯恩的老管家雷蒙叙述了凯恩生命的最后几年，他作为一个遁世者的精神变态、喜怒无常及其悲剧性之死。

应该说这种结构方式是非常巧妙的，巧就巧在"每个叙述者都在凯恩的生活的不同阶段看到了他的不同侧面，但是每个人又都认为自己对凯恩的评价是肯定无疑的。对于赛切尔来说，凯恩是一个傲慢且自作聪明的家伙。在伯恩斯坦的心目中，凯恩是一个有高度原则的人，他很懂生意经，热爱普通人。在李兰的心目中，凯恩只爱自己，是一个没有信念的人，是群众的叛徒。苏珊则把凯恩看成是一个自私但又可怜的老人。而雷蒙眼中的凯恩则是一个暴露出他本性冷漠的、态度超然的、孤独的隐居者。

总之，这5个人都用自己的眼睛看到了凯恩的一个侧面，同时也都有自己看不到的地方，并依据自己的观察和理解对凯恩做出了不同的判断和评价。奥逊·威尔斯创造性地运用这种结构方式,其巧妙之处在于从表面来看似乎是一种常见的倒叙,而实际上他却是在用5个人的眼睛从5个不同的角度和侧面来观察;用5个不同的头脑来评判凯恩。就仿佛在影片的最后,老态龙钟的凯恩走过上都庄园那豪华而空荡的大厅时,四周的大面镜子里照出多个凯恩一样,凯恩的形象不再单一,而成了一个多侧面、多视角、内涵丰富的立体形象。这在世界电影史上,既可以称为一个破天荒的伟大创举,也充分彰显了性格悬念这一艺术手法的巨大魅力。

遗憾的是,性格悬念作为一种有着巨大生命力的艺术手法,既是奥逊·威尔斯的首创,也基本上到他的《公民凯恩》一片而终结。后来虽然有米洛斯·福尔曼[①]的《莫扎特》等电影努力追赶,但终因功力弱而显得差强人意。

电影《公民凯恩》的意义是非凡的,其首创还远不只这些。用弗朗索瓦·特吕弗的话说:"它是一部既能总结40年来的电影,同时又与过去所做的一切截然不同的影片,它既是一份决算表,又是一份宣言书——一份向传统电影宣战和向电影手段表示热爱的宣言书。"因此,长久以来,中外影坛都把《公民凯恩》定为现代电影的第一部,这一点它是完全当之无愧的。

---

① 米洛斯·福尔曼,1932年出生于捷克斯洛伐克,是在捷克斯洛伐克电影新浪潮中诞生的最具有国际知名度的导演,代表作品有电影《飞越疯人院》《莫扎特传》《黑彼得》《戈雅之灵》等。

第二节　意大利新现实主义电影的代表作

——德·桑蒂斯的电影《罗马11时》赏析

▶ 影片资料

中文译名：罗马 11 时
国家/地区：意大利
类　　型：剧情
导　　演：德·桑蒂斯
主　　演：卡波吉亚、耶瓦尔吉（等）

▶ 剧情简介

第二次世界大战后的意大利罗马，一个飘着细雨的早晨，在一家会计师事务所的门前人越聚越多，因为这里要招聘一名打字员。17岁的柯乃丽亚是个漂亮的年轻姑娘，她在等待面试的时候遇到了一个在车站等车的青年水兵，他要去前线打仗了，他们似乎已经一见钟情；艾德琳娜因为有了身孕而被占有了她的负心老板辞退了；西蒙娜是一个富家千金，但为了深爱的画家丈夫她离家出走了，她也想在招聘中试试运气；露仙娜和南多是一对年轻的夫妻，丈夫已经6个月没有找到工作了。前来应聘的人把几层楼的楼梯全部挤满，她们都希望得到这份工作来改变自己的命运。

面试开始了。艾德琳娜排在第三位，她打字的速度很快，但当会计师问到她原来的工作时，她不由得痛哭起来；门外，露仙娜见到应聘失败来接她回家的丈夫决定一定要得到这份工作。看见满楼道的人，会计师也变得不耐烦起来，他宣布只面试三四十人，露仙娜见状不妙，借口有重要的话要和会计师说便闯入办公室，屋外的人感觉很不公平，于是开始拥挤、争吵起来，楼梯出现了裂缝，很快就倒塌了，有的姑娘被埋在了废墟里，有的姑娘逃了出来却一身狼藉，还有的姑娘被困在了楼里……

警车、救火车、救护车同时出现了，他们救出了所有的人。警察开始调查楼梯坍塌事件发生的原因，记者也出动了，他们在现场采访受伤的人；走出大楼的露仙娜目睹了发生的一切，柯乃丽亚因为受伤过重而死。警察调查清楚后让所有相关的人都离开了，因为他们都没有重大的过失，是失业的痛苦、可怕的战争造成了这出悲剧。

出了院的艾德琳娜回到了父母的身边，西蒙娜还是和画家丈夫守在一起，其他的姑娘则有的返回了乡下，有的姑娘继续老本行……当然，还有一个姑娘嘉娜继续等在会计师事务所的楼下，希望得到那份打字员的工作。

拍摄背景

《罗马11时》这部新现实主义电影作品是根据发生在罗马的真实事件改编而成的。德·桑蒂斯等人对许多的受难者进行了实地采访,在此基础上,5个人参与了剧本的创作,表现了当时意大利妇女悲惨的生活。因其强烈的真实性,致使当时的意大利政府采取了全面封杀的态度,结果使这部电影的知名度大幅度降低,但本片无论是从表现手法、演员的表演,还是对社会、对人性的刻画和揭露,无不表现出深厚的功力和艺术水准。像《罗马,不设防的城市》这部电影一样,本片流露出了浓重的现实主义风格,如第二部分中的贫民区里,人们在路边围着火堆烤火的场景。电影的结尾,夜幕下一位姑娘依然坚持着想应聘那份工作。在电影中,每个姑娘的故事都可以独立成篇,但又彼此交织,令观众对她们的遭遇既表示同情,也对当时时政的混乱不公提出质疑和抨击。电影《罗马11时》借一群落难的妇女在最大限度上真实地反映了第二次世界大战后意大利经济复苏时期的社会现状,揭露出当时严重的失业和贫困问题,是一部意大利新现实主义电影的代表作。

本片的编剧之一塞萨·柴伐蒂尼于1902年9月出生在意大利的卢扎拉,20世纪20年代末从事新闻工作并进行文学创作。1935年,他开始撰写电影剧本,由他编剧并拍成电影的《我可付一百万》《云中四步曲》等为新现实主义电影的产生奠定了基础。从20世纪40年代开始,他与德·西卡长期合作拍摄了一系列电影,如《孩子们注视我们》《擦鞋童》《偷自行车的人》《温别尔托·D》《屋顶》《乔恰拉》《70年的薄伽丘》等。他还发表过许多的文章,阐述了新现实主义电影的理论和观点,成为这一流派的代表人物。20世纪60年代以后,他又写出了《昨天,今天,明天》《意大利式结婚》等社会悲喜剧电影。20世纪70年代,德·西卡又执导了由他编剧的《我们叫他安德烈》和《短暂的休息》等反映工人罢工斗争的电影。由于塞萨·柴伐蒂尼对世界电影艺术的贡献,1979年第11届莫斯科国际电影节和1982年第39届威尼斯国际电影节先后授予他荣誉奖。

本片的导演德·桑蒂斯于1917年2月出生在意大利的丰迪,毕业于罗马大学。1940年,德·桑蒂斯进入墨索里尼指令创建的"电影实验中心",但他很快成为一位反法西斯的影评家,并成为该中心的刊物《电影》杂志的骨干。1942年,德·桑蒂斯担任电影《沉沦》的助理导演,为他以后走向新现实主义创作风格打下了基础。1947年,德·桑蒂斯第一次独立执导了电影《悲惨的追逐》,这部反映意大利当时社会问题的电影获得成功,使他跻身于意大利一流电影导演之列。1949年的《艰辛的米》和1952年的《罗马11时》等电影都属于意大利新现实主义电影的杰出作品。德·桑蒂斯被称为第二代新现实主义电影的代表人物,1997年5月16日因心脏病在意大利的罗马逝世。

理论准备

新现实主义是第二次世界大战结束后在意大利兴起的一次具有社会进步意义和艺术创新价值的电影运动。一般认为,这一运动从1945年(即著名导演罗伯托·罗西里尼拍摄出电影《罗马,不设防的城市》这一年)起,持续了大约6年。但是,作为一种艺术风格、一种创作方法，新现实主义对现代电影创作一直有着深远的影响。

新现实主义产生和兴起时期的意大利，第二次世界大战刚刚结束，法西斯统治的创伤尚历历在目，经济十分萧条，大众生活在艰难困苦之中。新现实主义电影的创作者们从反对法西斯、同情人民疾苦的人道主义立场出发（加之受到自身经济条件的限制），"扛着摄影机上街"，放弃聘用高薪的知名职业演员，在锐意追求的创作实践中自然而然地逐步发展出一套在艺术表现上非常符合增强真实感的制片方式和创作方法，拍摄出了一大批影响深远的优秀电影。如罗伯托·罗西里尼的《罗马，不设防的城市》(1945) 和《游击队》(1946)，德·西卡的《擦鞋童》(1946) 和《偷自行车的人》(1948)，德·桑蒂斯的《艰辛的米》(1949) 和《橄榄树下无和平》(1950)，维斯康蒂的《大地在波动》(1948)，捷尔米的《以法律的名义》(1949) 和《两分钱的希望》(1950)等。在这一过程中，新现实主义电影的特点也逐步形成，并充分体现在上述具有代表性的电影中，包括：(1) 注重反映本国当代社会的现实问题；(2) 通过普通人的真实生活遭遇来反映当代社会问题；(3) 在拍摄方法上注重真实，尽量在实际拍摄中采用自然光；(4) 反对明星制度，尽量使用非职业演员等。

《罗马 11 时》的编剧之一塞萨·柴伐蒂尼被公认为是"新现实主义电影理论的奠基人"。他提出了"新现实主义创作六原则"，即"用日常生活实践来代替虚构的故事""不为观众提供出路的答案""反对编导分家""不需要职业演员""每个普通人都是英雄"和"采用生活语言"。电影《罗马 11 时》正是这些创作原则的产物。本片的导演德·桑蒂斯可以说是这一理论始终不渝的捍卫者。从 1947 年起，他接连拍摄出了一系列优秀的新现实主义电影：《悲惨的追逐》(1947，获第 12 届威尼斯国际电影节大奖)；《艰辛的米》(1949)；《橄榄树下无和平》(1950，获卡洛维·发利国际电影节大奖)；《罗马 11 时》(1952)；《一年长的道路》(1958) 等。这些电影不仅使德·桑蒂斯成为新现实主义电影的巨擘，而且也使他跻身于世界知名导演之列。

自 20 世纪 50 年代初起，德·桑蒂斯拍摄出了《罗马 11 时》，德·西卡拍摄出了《温别尔托·D》等电影，新现实主义电影已进入尾声。这以后，由于自身队伍的分化和创作原则的局限性，以及意大利政府的压迫和摧残，新现实主义电影逐渐走向解体和衰落。虽然如此，它的影响却遍及世界各国，直至今天。

20 世纪 50 年代以后，资本主义经济开始复苏，意大利有关当局对新现实主义电影强烈的社会批判因素采取敌视的态度，认为它是在"抖落脏被单"，有损意大利的国际形象，对其创作人员在政治上和经济上百般压制。德·桑蒂斯对此毫不妥协，但因为长期找不到制片人和拍摄资金，最后他不得不到国外拍片。他在美国屡屡获奖的反映家乡事的电影《一年长的道路》就是在南斯拉夫拍摄的。

鉴赏分析

一、主题及艺术特色分析

电影《罗马 11 时》不仅是德·桑蒂斯的重要作品，而且也是新现实主义电影的典型范例之一。据德·桑蒂斯说，剧本的初稿写成后，无论是内容还是形式都显得单薄、粗糙。德·桑蒂斯和他的助手、后来成为意大利政治电影代表人物的艾·佩特里等人接受塞萨·柴伐蒂尼的建议，对楼梯坍塌事件的当事人和目击者进行了广泛而深入的调查——"与他们谈了话"，还用"重复登广告的方法"招徕了许多人，"了解他们的忧虑、希望、争先恐后的心理"。以至于进入创作过程以后，德·桑蒂斯还不断地"回忆他们的脸色、手势、谈话"等。本片现在的面貌正是这些调查经过艺术加工的结果。

所以，电影《罗马11时》的第一个特点也是最大的特点就是高度的真实。

本片的第二个特点是发人深省。本片通过楼梯坍塌事件不仅揭露了第二次世界大战后意大利严重的失业问题，而且还提出了"谁是罪魁祸首"这一尖锐的问题，确实发人深省。虽然最后调查不了了之，但这个问题却留给了观众，他们自然会得出自己的结论。

本片的第三个特点是横断面式的故事结构。这很适合表现突发性的社会事件和社会问题。虽然它没有一个一以贯之的主要人物和故事内容，但每个姑娘的遭遇都是可以独立成篇。如嘉娜、洛列塔、艾德琳娜、乔杰塔、柯乃丽亚、克拉拉、安吉琳娜、卡捷琳娜、西蒙娜和露仙娜等人，她们每个人的遭遇都是当时社会生活断面上的一点。观众透过她们的遭遇是不难窥见当时意大利下层人民苦难生活的全貌的。而嘉娜在电影的开头和结尾蜷缩在铁栅栏门前的呼应镜头则不仅使本片多层面、多线索的结构有了一个完整的框架，而且还别具韵味和意蕴。

值得一提的是，这部颇受赞誉的电影上映后不久便被撤了下来，之后更被禁止发行，甚至不允许参加当年的戛纳国际电影节，错失了获奖良机。但是，这也许正好说明了这部电影不为意大利当局所容的社会批判意义和震撼效果。

二、人物分析

电影《罗马11时》中所表现的几位女性形象有着不同的出身、年龄、阅历和家庭情感生活及个性，虽然她们在电影故事中的动作是相同的，即都是来应聘打字员，但是却各有特点，一人一貌。在这个意义上，本片的主要目的不在于叙事，而是通过一件原本线索单纯、因果明了的突发性事件来刻画一组人物形象，进而借助这样一组具有高度真实感的人物形象来透射第二次世界大战后意大利社会特定的现实生活，传达出本片深刻的社会现实批判的主题。

我国著名导演谢晋对《罗马11时》这部电影钦佩有加，曾多次观摩、研究、学习，对人物的出场、性格展示和命运结局做了详尽的笔记分析，十分有助于我们学习如何塑造好电影中的人物。

（一）嘉娜

［形象的总体设计］一个没有妈妈无法过日子，应该上学却出来找工作，没有社会经验的少女。她找工作的目的，不言而喻。

［人物关系的安排］母亲，饱经世故，生怕女儿吃亏的中年妇女。

本片的开始是一个冬天的早晨，嘉娜紧裹着薄呢大衣，身子蜷缩，双手抱膝，头靠围墙打着瞌睡。她的腿上放着一张报纸，上面印有招聘一名女打字员的广告。嘉娜惊醒过来，冻得发抖，向街上走去向小贩买栗子。嘉娜买了10个栗子，一问价钱，立即退了5个。她一边吃栗子一边看人贴广告，看到有人来了立即回到大楼门前排队

（本片从报纸广告引出人物，点出事件的起因，简洁明快。通过动作点出嘉娜没有吃过早饭，身上的钱又不多。她边吃边看，神态悠闲，一见来人就立即慌乱地去排队，显然她是个没有多少社会经验的还在求学的孩子）。

［性格展示］

排队——嘉娜来得最早，排第一位，却落到了后面，她偷偷地抹泪。母亲一来就咋咋呼呼地把嘉娜推到前面去，别人说她不该打瞌睡，她哀求："妈妈别这样！"在母亲的坚持下，嘉娜又排到了最前面。后来，当大家涌进大楼时，嘉娜又被挤到了后面，又是母亲把她推到了前面去。

考试——嘉娜不敢第一个进去应考，听到会计师事务所内传出考试的打字声时，她紧张地总是看母亲的脸色。（由此可见嘉娜没有经历过这种场面，点出她胆怯的性格）

在医院里——楼梯坍塌，嘉娜幸好没有受伤，母亲却被送进医院。嘉娜找到母亲。母亲安慰她说只要一个月就会好的，还说："我什么也都不想，不管那些债，也不管那些倒霉的事情，只要我们都活着就行了！"（通过妈妈的嘴，点出他们家的经济情况和女儿没有独立生活的能力）

［人物的结局］嘉娜在大楼外徘徊。天黑了，警察局局长和记者开完调查会出来问嘉娜在这里干啥，她吞吞吐吐地说："那个打字员的位置，也许能让我做。"警察局局长对记者说："您不是要写文章的材料吗？这就是材料，您好好想一想吧。"夜色茫茫，警察局局长、记者走了。嘉娜决意等着。她坐下来，姿势完全和影片开始时一样——紧裹着薄呢大衣，身子蜷缩，双手抱膝，头靠围墙……影片结束。（本片巧妙地利用这个人物来开场和收场：坐着打瞌睡—挤到后面去—不敢第一个应试—病房中母女会面—再次坐等，一共5场很短的戏，只说了几句话，而过去、现在都清楚了，未来呢？楼梯坍塌事件虽然过去了，街上的霓虹灯照样闪烁，收音机照样播放着轻音乐，想找工作的少女照样在坐等。明天会不会再次排起长蛇阵？像嘉娜这样的女孩子能被录用吗？人物的结局很悲惨。创作者在本片结束时，通过警察局局长之口要记者想一想的提示，既含蓄点题又令人深思）

（二）洛列塔

［形象的总体设计］天天从外地到罗马来找工作的姑娘。

［人物关系的安排］无。

［人物出场］洛列塔提着皮箱，拿着报纸，东张西望地走着。

［性格展示］

排队——洛列塔排在第二位。因为嘉娜打瞌睡，洛列塔就排到前面去了。她回答嘉娜母亲的责问时说："这能怪我们吗？谁叫她自己不留心。"但是，洛列塔并不是蛮不讲理，她仍然让嘉娜排在第一位。

天下雨了，大楼看门女人不让姑娘们进大楼避雨，洛列塔大声地叫嚷："我是从维太堡来的！"

会计师来上班时，洛列塔敢于询问有几个空缺。当有人刚打开大门时，洛列塔就趁机钻了进去。于是，姑娘们像潮水一般涌进大楼。会计师乘电梯上楼，洛列塔带着姑娘们盘着楼梯往上追。洛列塔终于又排到第一位了，这一次她不肯再让嘉娜母女排到前面去。

当姑娘们在议论一则"需要一名漂亮女秘书"的广告时，洛列塔气愤地诉说着自己两个月前的遭遇：雇主说是搞艺术的，要她答应脱光衣服摆姿势才能雇用她。（和嘉娜母亲两次发生争执，和看门人争吵，大声地叫嚷，点出她是从外地来的，具有得理不让人的性格；敢于询问会计师，敢于领头冲进大楼，表现她敢作敢为和机智、利索的性格）

考试——虽然洛列塔害怕，但仍然咬着牙第一个进去应考。她打字打得很慢，甚至连按键都找不到。会计师当然不满意。她苦苦地哀求："让我练习练习。"她还说，"我不能再回我们那个小镇去啦。已经有两个月，每天早上我搭公共汽车到罗马来。人家已经给我取了个外号，管我叫白跑腿了！"（点出她已处于生活的绝境）

洛列塔明知自己没有被录取的希望，却还赖着不走，希望博得会计师的怜悯。（这一节是洛列塔的主戏。她在假装整理吊袜带时强露笑容，那种殷切盼望的眼神、处境尴尬的神态表演得自然真实，将人物的心情揭示无遗，令人产生同情）

出事以后——洛列塔本该走了，但还是抱着一线希望在大楼门口逗留。楼梯坍塌时，虽然洛列塔遭到波及，可是没有受伤。当医生为洛列塔检查伤情时，她极力挣扎着不想掀起上衣。原来她没有穿内衣，只穿了一件印有广告的背心（自行车队的运动背心）。一个漂亮的姑娘穿不起内衣被当众揭穿，羞得她号啕大哭。

洛列塔随身带的皮箱被压坏了。她在大街上叫嚷："我多倒霉，谁应该赔偿我的损失！"（连受伤的医药费都得自己负担，谁还能来赔偿她的皮箱）

皮箱里只有几件破衣服和核桃等食物，这就是洛列塔的全部家当。她愤怒地抗议着："你看，他们（指在现场的警察和救护人员）在这里跑啊、忙啊。可是，我们的职业谁管？"洛列塔对好心劝她回家去的"老机枪射手"说："不，我不能回去，不能回去！"她已是有家难归，只好饥不择食地顶替安吉琳娜的位置去做女佣人。

［人物的结局］洛列塔给安吉琳娜送来她留在主人家的箱子，不安地表示歉意并询问："那儿管饭吗？"

从外地来罗马找工作—排队发生争执—钻进大门—考试—检查伤情—问"谁来管"—做女佣人。这些情节清楚地交代了洛列塔的过去、现在和未来，写出了人物的生活窘境。创作者安排她顶替安吉琳娜的位置去做女佣人，这是她的安身之地吗？安吉琳娜就是她的镜子。

（三）艾德琳娜

［形象的总体设计］艾德琳娜原来有工作，受过被侮辱的创伤，想重新找工作。

［人物关系的安排］父亲，是一位马车夫，50多岁，正直善良的小市民。

［人物出场］艾德琳娜站在咖啡馆的门前探视。她的眼神深邃，神情暗淡，似有忧戚。艾德琳娜走进咖啡馆，向柜台上要了一杯咖啡。一个姑娘招呼艾德琳娜："你新烫了发，真漂亮"，并向同伴解释她们曾一起工作，自己被辞退了。

"如今我也不在那里工作了"艾德琳娜的回答使那个姑娘感到惊讶。但她似乎不大愿意搭讪，喝完咖啡后走了。那个姑娘像揭示秘密似地向同伴说："她怎么不在那里工作了……不过，她和老板可热乎呢！"（她进咖啡馆后的动作很熟悉，说明过去她曾独立工作，是个见过世面的姑娘。这个出场仅几个镜头、几句对话，点出她过去不烫发，很朴实；艾德琳娜有过工作，而且和老板很热乎，为什么不干了，为什么很忧戚，这

是个"谜"——悬念)

[性格展示]

排队——艾德琳娜和戴结婚戒指的少妇(以下简称少妇)排在一起,除了镜头表演以外,仅说了一句话。会计师乘电梯上楼后,见到姑娘们盘着楼梯往上追,个个气喘吁吁地重新在楼梯上排队时,流露出一丝无可奈何的微笑。少妇很不理解地说:"他看到什么可笑的事啦?"艾德琳娜却轻描淡写地说了一句:"看样子,他的公事很顺心。"(仅此一句话就点出她富有阅历,懂得老板的心理,而且善于察言观色)

当姑娘们在议论一则"需要一名漂亮女秘书"的广告时,听到露仙娜、洛列塔诉说求职时受到的非分要求后,少妇吓得目瞪口呆,她慢慢地把戒指摘下来以免被看出是结过婚的。

艾德琳娜一直在静听,看到少妇摘下戒指,她的眼睛变得更深沉了,头也慢慢地低了下来。(导演运用镜头,强调摘戒指和低下头的动作,给观众留下深刻的印象,引导观众去思索其中的含义,并产生疑问"为什么",使悬念加深)

考试——继洛列塔之后,第二个考试。

艾德琳娜走进会计师事务所,神情紧张,有些发抖,好像时时提防会计师会有什么举动。考试时,艾德琳娜的技术熟练。会计师问她在哪里做过打字员,她说:"在菲欧里大律师的事务所。"

会计师带着疑问问道:"你被开除了?"

"我不干了!"艾德琳娜答道。

会计师觉得奇怪:"那样好的工作会不干?"艾德琳娜说:"是的。"会计师又追问说:"为什么?"艾德琳娜突然掩面哭出声来。会计师又窘又气,立刻命令女秘书带她出去。艾德琳娜哭着出来,引起了姑娘们的误会,以为她挨了打。(几个镜头,几句对话,进一步写出人物的过去。这究竟是怎么一回事,观众更加关心她的命运)

出事以后——艾德琳娜和妓女卡捷琳娜站在一块没有坍塌下来的平台上。救火员伸手来救援时,艾德琳娜却吓得浑身发抖,连声说:"不,不!"救下来后,艾德琳娜就昏厥了过去,被送往医院。(吓得浑身发抖,为什么?明显埋下了伏笔)

在医院的病房里——艾德琳娜的父亲找到了女儿,趁医生检查时低声问道:"你工作的地方本来很好,为什么还要另外去找?你被辞退了吗?"(这也是观众想知道的谜)

艾德琳娜痛苦地:"我自己不干的!"

父亲问:"怎么不告诉我一声?"

医生检查完毕,对父亲说艾德琳娜没有流产,真是万幸。这句话让父亲愣住了,艾德琳娜伏在枕上抽泣。父亲询问艾德琳娜,女儿回答是真的。父亲呆若木鸡。(医生不知内情,把没有流产当成喜剧,谜底初步被揭开,构成了悲剧型的戏。但观众和父亲一样想要知道个究竟)

父亲愤恨地逼着艾德琳娜说出实情。艾德琳娜痛苦地说:"我现在还有什么说的。至于孩子,我自己会想办法,只要我能找到工作。"

父亲克制着:"不过,我想知道,他是谁?"

艾德琳娜:"将来再告诉你……"

父亲恼了:"不!现在说!"他猛地打了艾德琳娜一记耳光,以发泄胸中的怒火。

静场——艾德琳娜忍着委屈，瞪眼看着父亲；父亲对自己粗鲁的举动似乎有些后悔。（父亲从忍着怒火发展到打了艾德琳娜一记耳光，最后默默地走了出去，表现了正直的意大利普通劳动者受人欺侮的愤恨之情和善良的本性。艾德琳娜的隐私被揭露，已是痛苦万分，又遭到父亲的责打，但她没有哭，而是瞪眼看着父亲，内心之复杂，尽在不言中。这一静场很精彩，使观众联想到了很多）

回家——父亲赶着马车和艾德琳娜一起回去（父亲的职业至此点明）。他向女儿嘀咕："当你看出这个人有什么打算的时候，就该离开他的事务所。"（点出"他"就是那个大律师）

女儿："我怕被辞退。"（为了不失业只得忍受）

父亲又火了："另外再找事吗？"（可是另外再找事又谈何容易）

女儿苦笑："找工作并不那么容易。今天在那个楼梯上就有两百人。你也知道，原来那工作，我是找了两年才找到的。"（揭露了资本主义社会的失业问题）

父亲的火气更大，他停下马车，要把艾德琳娜赶下车。这时，一群街坊邻居拥来围住了马车，向父女道贺："没有受伤是万幸！""有福气！"这打破了父女之间的僵局。女儿无法下车，强装笑容，父亲也不得不笑了。

父亲继续向前走，他仍然在嘀咕："他要是不娶你，我就打死他！"

"他已经结过婚了！他说，他会离开他的妻子，跟我同居……"艾德琳娜含着眼泪在倾诉，"可是临到我有了孩子，他却对我说，谁能证明孩子是他的。"（过去的事情全部清楚了）

［人物的结局］到家了，又有一群邻居围着马车前来祝贺。父女两人下了车，面对面地站着。人们把他俩往一边挤，终于使父女两人紧紧地待在一起了。父女先后进了家门，父亲推了女儿一下说："去安慰你妈吧！"然后感谢了门外的邻居，关上大门。

艾德琳娜在排队时很少说话—考试时哭—在医院检查出有身孕，然后挨父亲打—在回家的路上交代出前情，几乎被赶下马车。这个人物共有4场戏，表现出意大利妇女在就业中的痛苦。情节是悲惨的，但没有哭哭啼啼的表演，却巧妙地利用邻居们的2次欢呼道贺强迫人物装出笑容，真是啼笑皆非。结尾合情合理，尽管令人悲愤交加，但最终还是得吞下这个苦果。

（四）乔杰塔

［形象的总体设计］举止端庄，有教养的退休将军的女儿。

［人物关系的安排］父亲，60多岁，过去是有身份、有地位、受人尊敬又爱面子的退休将军。

［人物出场］乔杰塔向远处挥手招呼着。远处，一个老人坐在长凳上面露笑意地向这边打着招呼。（开门见山，介绍人物关系。老人的衣服虽旧，却很有气派）

［性格展示］

排队——当避雨的姑娘们和看门女人争吵起来时，老人立即过来要女儿退出队伍。老人命令似的口吻，女儿不敢违抗，礼貌地向同伴告别，跟着老人走了。

排队的姑娘们议论开了。

刚才和乔杰塔排在一起的姑娘说："她说，他是个退伍的将军。"

另一个人说："将军的女儿也要找工作？"（几个镜头就表现出军人讲究纪律和习惯

发号施令的性格;女儿习惯性地服从,彬彬有礼的神态,显得很有教养)

当大家在楼梯上重新排队时,乔杰塔又从门外挤进来排进队伍中(为了生活,将军的女儿也只得如此)。

出事以后——乔杰塔从乱砖堆中爬出来就昏了过去。

在医院里——将军心情沉重,呆坐在乔杰塔的病床边。记者来采访,将军怕失面子,颇有顾虑。乔杰塔不以为然地说:"体面没有给我们任何好处,也永远不会给我们什么好处。"将军只得默许。(这是对现实的愤懑之言)

乔杰塔向记者发表谈话:"我父亲共有4个孩子。他已经是一个退休的人了。我们家里唯一有工作的人是我的哥哥,他如果要结婚,我们就完啦!本来我最好是出嫁,但是我没有未婚夫。以前有过一个,他很爱我,可是后来我们吵架了。我自己也说不清当时为什么要吵架。"

乔杰塔接着说:"找不到工作,只有在家混日子,帮母亲料理家务。每逢星期天下午,我总是和爸爸妈妈到市场中心去玩……我们家里也买彩票,我从来没有买过!我非常希望去旅行……"

记者可能对乔杰塔的恋爱史感兴趣,而乔杰塔却说到家庭经济窘迫的境况,于是他关掉话筒去采访另一个姑娘。(戏到此,没有再进一步描写)

设计这样一个人物,目的显然是"体面不会给人以任何好处",有退休金的将军的女儿也得找工作,以此针砭意大利的现实。

排队—离队—再排队—受伤—医院,在这5场很短的戏中,乔杰塔只说了两句话和一段广播谈话,但是人物的脉络仍然很清楚。

(五)柯乃丽亚

[形象的总体设计] 在家不出门,做家务,连一双较好的袜子、鞋子都没有,连爱情是什么都不知道的少女。

[人物关系的安排] 姐姐,20多岁,可能是低级职员或做工的姑娘;水兵,调皮可爱的青年。

[人物出场] 柯乃丽亚乘公共汽车前来。她跳下车就弯腰查看自己的破袜子。这个当街撩起裙子的稚嫩动作使过路的人侧目称奇,也引起了一个在车站等车的青年水兵的注意。柯乃丽亚发现水兵露出俏皮的笑容望着她,急忙放下裙子。柯乃丽亚向一个老妇人借针补袜。老妇人劝柯乃丽亚还是买双新的吧。柯乃丽亚既想看水兵,又想假装不看,真是矛盾之极。(柯乃丽亚的出场很有戏剧性,描写了少女的矛盾心理,颇有我国古典戏曲中一见钟情的味道)

[性格展示]

排队——柯乃丽亚虽然排在队伍中,但却心不在焉地偷看水兵。姐姐来找柯乃丽亚换鞋,她一边望着吹口哨在注意她的水兵,一边向姐姐哀求:"你让我再穿一会吧!"姐姐要穿着鞋去上班,她只好当着姑娘们的面与姐姐换鞋。(破袜子,穿姐姐的鞋子,柯乃丽亚的境况由此可见。从姐姐特地找柯乃丽亚换鞋以及所穿的大衣是旧式的来看,姐姐的境况也不佳)

当洛列塔带着姑娘们冲进大楼时,柯乃丽亚被挤在楼门口不时地望着水兵;水兵也跑过来说:"我想跟您通信,能把地址告诉我吗?"

柯乃丽亚含情脉脉地望着初识的水兵,却又端起架子:"不能!"然后潮涌一般的人群把他俩冲开了。柯乃丽亚被带进大门时才叫喊着报了自己的姓名和地址。

柯乃丽亚被挤上楼梯,和露仙娜排在一起,心却仍然留在水兵的身上。她出现在楼梯拐角处的窗口,望着街上的水兵。水兵高声地询问柯乃丽亚漏报的门牌号,并拾起一块石头把写有自己地址的纸包扔给她,然后搭乘公共汽车走了。

一缕阳光照在手中捏着水兵扔来的纸包、初次尝到恋爱滋味的柯乃丽亚的脸上。这时,画外传来克拉拉的唱歌声。(创作者采用了先扬后抑的手法)

柯乃丽亚回到露仙娜的身边。这时,排队的姑娘们都跟着克拉拉唱歌,歌声越来越响。(似乎是祝贺的歌声)

柯乃丽亚把水兵扔来的纸包给新朋友露仙娜看,并问:"人一见就能爱上吗?"这时,克拉拉的歌声也停了。

歌完了,恋爱也完了,创作者用了一石二鸟的表现手法:既歌颂了真挚的爱情,又点明了克拉拉的歌唱才能。这一场戏刻画了连爱情是什么都不知道的少女柯乃丽亚在初恋时的激动心情,展示了她缺乏社会生活经验、单纯、质朴的可爱性格。这个人物的戏基本结束,以后还有几个镜头只是展示她的无知和富于同情的性格。

当姑娘们在议论一则"需要一名漂亮女秘书"的广告时,柯乃丽亚很不理解,问露仙娜道:"为什么一定要找漂亮的?"(由此点出她的无知)

露仙娜要花招抢先应考受到众人的指责,而柯乃丽亚却大声地为她辩解:"可是她的丈夫失业了。"(这句话要是安排克拉拉说的话,我们就不会如此同情她。创作者将柯乃丽亚和露仙娜安排在一起,成为新结识的、相互关怀的朋友。柯乃丽亚为新朋友辩解的理由是不充分的,以至于引起了其他人更大的愤激,酿成惨祸。柯乃丽亚就在这次事件中因受重伤而死亡,使得自认为是肇事者的露仙娜更加内疚和悲痛,这也是一石两投的手法)

出事以后——柯乃丽亚受了重伤。她的担架经过露仙娜的身边时,露仙娜感到痛苦万分。

在医院里——也是人物的结局。

姐姐在手术室门外焦急不安,手里摆弄着水兵扔给柯乃丽亚的纸条……

柯乃丽亚被抬出手术室,安置在病房的最后一张床上。工友们用屏风遮住病床。四周受伤的姑娘们静静地看着这一切,显出悲恸的神情……一个姑娘低声哭了起来……哭声越来越大……画外传来警车的警笛声……

姐姐手中的纸条、刺耳的警笛声使观众想起柯乃丽亚的纯真形象。她的死不明着写,而是放在以后由报贩的叫喊声来作交代。

看袜、补袜—换鞋—与水兵谈恋爱—死,戏剧性的开始却以悲剧而告终,创作者写出了一个纯真、质朴、善良、家境艰难的少女形象。

(六)克拉拉

[形象的总体设计] 穷公务员的女儿,有歌唱才能,但是却患了扁桃腺肥大症,因父亲养不活一家人也来找工作。

[人物关系的安排] 父亲,一个无法为女儿割治扁桃腺的穷公务员;3个上学的妹妹;欧古斯托,在抢救克拉拉时与她相互爱慕的啤酒厂青年工人。

［人物出场］克拉拉由父亲和 3 个背着书包的妹妹送来。

他们在报亭里买了一本歌谱。父亲替克拉拉整了整大衣，叮嘱女儿在报名时说明父亲是政府公务员，母亲已故，自己还懂点法语，以便给人留下好印象。

克拉拉温顺地："好的，爸爸。"

父亲又叮嘱说："如果那里的情形不大正经……"他望着女儿，"你明白我的意思吗？"

女儿看父亲，只是摇头。这使父亲不知如何说明才好，只好说："难道有些事情还需要我来给你讲解吗，你已经是个大孩子了。"

克拉拉似乎明白了："好的，爸爸。"

买歌谱是伏笔，将贯穿到底。安排 3 个去上学顺路送她的妹妹，既合乎事实，也巧妙地说明克拉拉的妹妹多、负担重。加上父亲的叮嘱，克拉拉应考的目的自然很明显，但同时也点明克拉拉是个涉世未深的少女。

［性格展示］

排队——当柯乃丽亚接到水兵扔来的纸条，处在最幸福的时刻时，画外响起了克拉拉悦耳动听的歌声。然后，镜头转向这个和柯乃丽亚年龄相仿、命运却不相同的少女的身上。克拉拉正放声高歌，引得姑娘们跟着她一起唱，并夸她是天生的歌唱家，问她为什么不去电台试试。（进一步描写她的歌唱才能）

克拉拉回答说："电台，我自己当然很愿意去，可是到那里去找谁？另外我的扁桃腺有毛病，先要把它割了才行……"（点出克拉拉患了扁桃腺肥大症）

露仙娜抢先应考，受到众人的指责，克拉拉也斥责露仙娜道："你凭什么？"（态度和柯乃丽亚正好相反）

出事以后——克拉拉受了轻伤，被啤酒厂青年工人欧古斯托抱着抢救出来，送上啤酒厂的送货车。克拉拉问："带我到哪里去？"欧古斯托竟愣住了，问同伴送到哪里去。同伴说送到医院去，于是克拉拉就被送去医院。（他热情、体贴，又有些傻呵呵的，赢得了少女的好感）

在医院里——当医生为克拉拉检查完毕，父亲趁机要求医生为克拉拉割治扁桃腺。医生敷衍了一下就走了。父亲却信以为真。他满意地转身看女儿时却惊住了——3 个小妹妹静坐一边，瞪眼看着一个青年在殷勤体贴地服侍克拉拉。当他知道那个青年是女儿的救命恩人后，他委婉地道谢一番就立即下了逐客令。但克拉拉却握住欧古斯托的手不放。欧古斯托心领神会，借口今天休息仍然留了下来，惹得父亲很不高兴。

记者来采访，请克拉拉谈谈希望和理想，并请她唱了一支情歌。然后，记者请她的父亲也谈谈，父亲却说了一句"应该给所有的公务员加薪"，致使记者夺过话筒就走了。

为了割扁桃腺，父亲要求护士替克拉拉换个单独病房。护士告诉他，除了有救济证明享受社会保险者以外，住院费、医药费均需由本人负担。这下引起受伤姑娘们的愤慨，纷纷离院回家。父亲激动地抗议："临了倒要我们的女儿出钱，原来这都是她们的过错。"（要求为公务员加薪和抗议自己支付医疗费，再次触及本片揭示的社会问题）

回家——欧古斯托跟着克拉拉一家走着。突然，一处工地上响起了收工的汽笛声，吓得本来和父亲并排走的克拉拉惊慌地转身投入欧古斯托的怀抱（不就近投入父亲的怀抱，一个动作就说明了问题）。父亲很尴尬，又下了逐客令。欧古斯托在告别后重新又追赶上去。（两人到了难舍难分的地步。欧古斯托借口今天休息不用上班，又跟着他们走）

通过谈话，父亲对欧古斯托的薪水似乎很满意，他说："这说说，要是一共凑起来，你一个月能拿3万了，比编制内的二等公务员还挣得多。"

这时，电台播放了克拉拉的讲话和唱情歌的录音，似乎象征恋爱的阻力消除了。接着，父亲兴奋地告诉旁人将要播放自己的讲话录音，但是却被剪掉了。

［人物的结局］到家了，天也不早了，情丝难断的欧古斯托仍然不想回去。父亲心领神会，邀请他到家里吃点东西。父亲知道他俩都不会反对，便带着3个小女儿径自走进家去。克拉拉和欧古斯托交换了一下幸福的眼光，双双跟了进去。（喜剧性的结局）

父亲和妹妹陪着来，父亲的嘱咐、买歌谱—排队时唱歌—在医院唱情歌和欧古斯托恋爱，想割扁桃腺—回家的路上排除了父亲的阻力，恋爱成功。本片围绕着克拉拉的歌唱才能来展示她的性格。这个人物一共只有十多句话，在离开医院回家的路上几乎没有说过一句话。但是，这个具有歌唱才能，依靠父亲微薄的薪水勉强度日，无钱割治扁桃腺，没有社会经验的少女形象凸显出来。这使观众产生了很多的联想——有固定工资收入的公务员也难以为女儿割治扁桃腺。

创作者把柯乃丽亚和克拉拉做了一个明显的对比：同样是谈恋爱，但一个放在前半部描写，结局是悲剧性的；另一个放在后半部描写，结局是喜剧性的。看来这是创作者有意识的安排。克拉拉虽然恋爱成功，但是她一辈子将过着家庭妇女的生活，歌唱才能将永远被埋没，这仍然是带有悲剧意味的。

（七）安吉琳娜

［形象的总体设计］女佣人，农村来的姑娘，因为不甘心做女佣人，所以想另外寻找一份更好的工作，临时决定排队应考。

［人物关系的安排］男、女主人；罗莫洛，一个压路机司机。

［人物出场］安吉琳娜在大楼附近的一幢楼房当中，清早擦玻璃窗时她发现街上有人在排队。她问在街上修路的压路机司机罗莫洛道："姑娘们为什么排队？"罗莫洛叫她下来，她说："我还不知道你……"女主人走进屋，摆出主人的架势，命令安吉琳娜去买东西。（立刻点出安吉琳娜的佣人身份、与男、女主人的主仆关系和与罗莫洛的关系。主人的架势使安吉琳娜不满意，由此为她临时决定应考埋下了伏笔）

［性格展示］

排队——安吉琳娜买了东西回来，要罗莫洛替她看管一下食品篮以便去排队应考。罗莫洛不相信她要去打字。安吉琳娜不服气地说："怎么，难道我比不上她们。"（由此点出安吉琳娜的性格倔强）

罗莫洛问安吉琳娜："你在哪儿学会打字的？"

安吉琳娜命令罗莫洛："快点接过去，别叫老爷太太看见我。"

调皮的罗莫洛却趁接篮子的机会把安吉琳娜拉进帐篷里搂住亲吻。安吉琳娜挣扎出来，气呼呼地说："你欺负我是个女佣人"后丢下篮子，赶去排队。（由此可以看出她的自尊心很强）

安吉琳娜机灵地躲在一个茶房的身后混进大楼，她一头钻进大楼的电梯，想抢先登上四楼,却被看门女人拉了出来,训斥道:"女佣人是不准用电梯的。"

安吉琳娜无计可施,不服气地说:"不坐就不坐!可是我不走啦,什么时候高兴什么时候再走。"但是,她的眼眶中已经含着泪花。

安吉琳娜在一张硬纸板上练习打字,动作不熟练,字键也找不到。(这个镜头是在洛列塔第一个考完走下楼梯的时候接上的,既表现了她临时抱佛脚,希图侥幸的倔强性格,也暗示出她们两个人都不会打字,都摆脱不了当女佣人的命运)

出事以后——安吉琳娜受了轻伤,罗莫洛将她救出,准备送她回主人家去。安吉琳娜指着身上被撕破的衣衫说:"我不能这样回去!我不愿意让老爷笑话我。"

女主人找来了,大声地训斥安吉琳娜,更使她大为反感。听到男、女主人向记者夸耀对待她就像对待亲生女儿一样时,安吉琳娜反驳说:"像女儿一样?那才叫怪事!我从来都只是个女佣人。"(一语道出了她在主人家的遭遇)。安吉琳娜扔下篮子:"我没有什么好跟你们说的!我再也不上你们家的门!我给你们当女佣人当够了!"安吉琳娜一转身走了。洛列塔马上拎起了食品篮子,代替她做女佣人。

〔人物的结局〕罗莫洛为安吉琳娜筹集路费,她毅然回乡种地去。

擦窗—临时决定应考—钻进大楼,从电梯中被拉出—在硬纸板上练习打字—不愿被老爷笑话—不做女佣人,回乡种地等几场戏,写出了一个倔强、自尊、不甘心受人格侮辱的少女形象。这个人物的戏都和洛列塔的戏相互衔接,创作者如此安排深有用意。安吉琳娜拒绝再做女佣人,性格发展的逻辑令人可信、合理。创作者没有写明安吉琳娜在主人家的遭遇,但是通过情节的发展,观众可以猜想她所受到的人格侮辱。

(八)卡捷琳娜

〔形象的总体设计〕妓女。不甘心长此下去,想找工作来摆脱妓女生涯的姑娘。

〔人物关系的安排〕一个秃顶的胖子;外地来的推销员。

〔人物出场〕卡捷琳娜由秃顶的胖子陪同坐老式的汽车前来。下车时,秃顶的胖子轻佻地拍拍她的屁股。下车以后,卡捷琳娜用手指弹弹车门,胖子急忙将钞票跟司机兑换成小票,给了她一张,又给了一张。卡捷琳娜显然很满意,吻了一下胖子的脸说:"我的最后一个情人,你真是最后一个啦。"(立刻写出人物的身份以及她的愿望)

〔性格展示〕

排队——下雨了。卡捷琳娜撑起伞走去排队,在报亭前站住,擦掉口红,发现有人(西蒙娜和穷画家)在报亭的屋檐下用报纸遮着接吻。卡捷琳娜注视着他们的举动,对西蒙娜的高级衣料和漂亮的皮包发生了兴趣。画家走后,她让西蒙娜一同撑伞,借此询问她的皮包是多少钱买的。

西蒙娜说:"是别人送的。"

卡捷琳娜带着疑惑的神色,指着画家离去的方向:"是他送的?"西蒙娜说:"不是。"卡捷琳娜笑了:"我想也不是,他口袋里恐怕一分钱也没有。"接着,她又说:"我是多么喜欢你的皮包啊。"(羡慕别人的手提包,看出画家是穷光蛋,表现了她的观察能力)

她们两人排进队伍中去,不同的服饰、不同的气质引起了众人的注意。西蒙娜的态度大方自若,而卡捷琳娜却不耐烦地冲着姑娘们说:"你们从来没有见过两位小姐是怎样的吗?"(由此可以看出她的性格比较泼辣)

因为下雨,大家吵着要进大楼去。看门女人担心吵醒大楼里的房客,而卡捷琳娜偏是扯着嗓子叫嚷"房客们都起来",引得姑娘们一齐喊了起来。

当大家议论女打字员每月的薪水有多少时,卡捷琳娜神气十足,带着不屑的口气说:"没有一万五千里拉,我不干。"

西蒙娜嫌热解开了大衣扣,露出了连衣裙。卡捷琳娜惊叫:"我的天,多么好的衣料,腰带也漂亮。"她试探西蒙娜:"请原谅我的好奇,你真的需要找工作?"

西蒙娜笑笑:"如果不是真的需要,我大概不会到这里来的。"

卡捷琳娜像发现了什么秘密似地说:"我知道你是什么人了。你是个破产的贵族小姐。"(卡捷琳娜猜中了一半)

西蒙娜收起笑容说:"不,你不用再动脑筋了。"为了扯开话题,她取出半包香烟:"抽烟吗?"

卡捷琳娜慷他人之慨,将其余的烟扔给别的姑娘,为此引起了大家对西蒙娜的议论和猜测。西蒙娜既窘迫又伤心,转身欲走,卡捷琳娜急忙拉住了她。有个小妹妹说了一句:"她不找工作,到这儿来干吗?"卡捷琳娜便趁机借题发挥,针对那些抽了烟又说长道短的姑娘们指桑骂槐,故意提高嗓门:"你多什么嘴?你的乳臭还没有干呢!生活里的事情你懂啥?"(她尖利泼辣,镇住了众人,仗义之情油然可见)

当姑娘们在议论一则"需要一名漂亮女秘书"的广告时,卡捷琳娜自负地向西蒙娜说:"我算漂亮的。"她随即拉住一个容貌很不漂亮的姑娘向大家说:"那么她就该饿死吗?"(她对现实的愤懑之情溢于言表)

考试——艾德琳娜考试以后哭着出来,大家误以为她挨了打,卡捷琳娜也愤愤不平地叫唤:"这里还打人骂人?"她拉住艾德琳娜说:"告诉我谁打你了?"俨然像个保护人似的。(她的身上拥有打抱不平的江湖气)

露仙娜抢先应考,卡捷琳娜指责说:"咱们谁没有困难呢?"

出事以后——卡捷琳娜的腰部受伤,被救出来以后,跛跄地行走。卡捷琳娜只顾揉着腰,一头撞在一个外地来的商人的肩上说:"我什么都没有了,无论是手提包,还是鞋子。"

卡捷琳娜在广场上一边向人群诉说自己的遭遇,一面重新涂着唇膏。那个外地来的商人为她捧着镜子。一个消防人员给她送来一个比较蹩脚的皮包,她说:"不是!你看我像那种女人,就只配用这样的手提包吗?还是去给我找我的那个吧!你们不给我找到,我是不会离开这里的。"

卡捷琳娜见到记者在寻找拍摄对象时连忙摆出"红颜薄命"的架势,可是人家连看都不看她一眼就走开了。

外地来的商人劝卡捷琳娜明天再来取包。她不肯,说:"我这个人非有皮包不可。"为了找皮包,卡捷琳娜气势汹汹地和救援人员吵架,一再说"找不到我不走"。可是,当一个警察走来要她为这次惨祸作证时,她的神气收敛了,疑惑地望着警察。警察说:"你要回答几个问题。"卡捷琳娜紧张起来:"什么人问?"

警察:"局长!"卡捷琳娜更加紧张:"他找我干什么?"警察说:"为了调查……"

卡捷琳娜以为自己的身份被看穿了,向警察做手势说:"等一等,我马上就来",随即便溜之大吉。她向外地来的商人说:"我得离开这儿。这里有警察局的味道,我不喜欢受他们的审讯。"

外地来的商人问:"您到哪儿去?"

卡捷琳娜道:"回家"。

外地来的商人说:"我可以送您回去吗?"

卡捷琳娜当然立即同意。于是,他们两人坐上出租汽车走了。

回家——汽车在豪华的大门前停下,两人走下车来,外地来的商人以为那是座漂亮的别墅,可是越往前走,越觉得失望。这里原来是跑马场,现在一边堆着战争中遗留下来的破烂的坦克、大炮、卡车等废物,一边是难民营。难民营边上是花柳巷,几个浓妆艳抹的妓女正站在门口接客。卡捷琳娜告诉外地来的商人这里还不知道外面发生的楼梯坍塌事件。外地来的商人认为她们总会在报纸上看到这个消息的。

卡捷琳娜回答说:"在这里只能见到旧报纸,那是用来糊窗户的。"

外地来的商人看到花柳巷的妓女,明白了卡捷琳娜的身份,却故意装作若无其事。

卡捷琳娜向外地来的商人说:"能不能帮我找工作呢?随便做什么,不在罗马都可以。"接着她感叹地诉说:"已经有4年了,每天早晨起来我都对自己说,从今天起,我要开始过新的生活。可是,每天晚上我都得再回到这里来。"卡捷琳娜指着一个向她打招呼的女人说:"她是我的同乡,也是卡西诺的,我们是在打仗的时候来到这里的。不过,她没有我的这一套哲学,她只会哭。我总是说,今天不成,还有明天。你说,对不?"(叶捷琳娜辛酸的叙述使我们知道了她的过去及其想过正经人生活的强烈愿望)

〔人物的结局〕到家了,一间简陋的小屋。

他们两人走进屋去,一个老妇人(卡捷琳娜的母亲)知趣地避了出去。卡捷琳娜自己钻到一块帘幕后面一边更衣,一边隔着帘幕和外地来的商人说话,等到她更好衣,叫外地来的商人进去的时候却没有听到回音。叶捷琳娜掀帘一看外地来的商人早已走了,桌上放着一张钞票。

卡捷琳娜拿起钞票,赶出门去,向外地来的商人去的方向望了一会,然后疲惫地叫道:"妈妈,我什么人也不见了,要睡个好觉,这一天那……"

坐汽车来—谈论皮包—找皮包,与人争吵—想改行—要睡个好觉,创作者赋予叶捷琳娜这个人物以丰富的色彩,并运用富有特征的细节和性格化的语言塑造了一个因战争流落到罗马,住在难民营里,迫于生活当了4年妓女,却不甘心长此下去,迫切地想找工作,以便能过上正常人生活的妇女形象。叶捷琳娜这个人物形象有尖利泼辣的口语,有随时观察人的习惯,有对事物判断的能力,有同情弱者的性格,有外狠内虚的心理等。创作者并没有把她写得悲悲戚戚,而是通过她玩世不恭的态度来完成对人物形象的总体设计,这是本片中写得最好的一个形象。

(九)西蒙娜

〔形象的总体设计〕著名企业家的女儿,为了爱情离开富裕的家庭,甘愿和穷画家丈夫一起生活,因此不得不出来找工作的姑娘。

〔人物关系的安排〕父亲,反对西蒙娜和穷画家丈夫结合的著名企业家;母亲和姐姐;画家,热爱艺术事业的穷光蛋。

〔人物出场〕西蒙娜在报亭的屋檐下用报纸遮着和穷画家丈夫拥抱接吻。然后,她难舍难分,画家鼓励她去排队,说:"要我等你吗?"

西蒙娜说:"不,你去工作吧。"忽然她想起:"啊,床还没有收拾。"

画家说:"这你别管了,我会收拾的。"他吻了吻西蒙娜的手:"你要找到工作,家里的事我做,做得也许比画油画还好呢。"画家掏出半包香烟,留下几支,其余的交给西蒙娜,然后夹着油画走了。(人物关系、炽烈的爱情、职业、身份、心情都介绍出来了。这一切让妓女卡捷琳娜看在眼里。画家走后,她立即上前与西蒙娜谈话。创作者通过妓女的口来谈论皮包和画家的身边无钱,点出了两人贫富悬殊,语言很自然)

[性格展示]

排队——西蒙娜和妓女卡捷琳娜始终在一起。(创作者将富家女和妓女安排在一起进行描述,人物的身份、性格对比就很明显,是一石两投的聪明写法)

出事以后——西蒙娜的半截身子埋在乱石堆中。被救出以后,西蒙娜的衣袖被撕破,手在流血。记者要为她拍照,她用手遮住脸不让拍(和妓女要拍照形成了鲜明的对比);西蒙娜躲开记者的采访,不愿去医院,想偷偷地溜掉,但最终还是被强制送往医院。

在医院里——西蒙娜躺在病床上,不顾周围人多声杂又和画家紧紧地拥抱亲吻。西蒙娜要画家带自己回去。当西蒙娜想起身下床时发现床的另一边站着她的父亲、母亲和姐姐。他们衣着华贵,神色不安。画家只好让开了,父亲冷峻而带有敌意地看着画家。西蒙娜想要做介绍,父亲却不予理睬。画家只得慢慢地退到窗户跟前望着外面,下雨了。

父亲在画家走开后才上前吻了女儿。镜头移到他口袋中一张报纸上的标题"受伤者中有著名企业家沙凯蒂的女儿"。(至此,人物的身份点明了。西蒙娜不肯拍照,不愿接受采访,不愿进医院的原因也就明白了:她不愿暴露身份,是怕丢了父亲的脸,这都是由其身份和地位决定的)

父亲拒绝了记者的采访。他不满地问西蒙娜:"你要得到那个空缺,一个月能拿多少钱?"西蒙娜没有回答。父亲继续追问:"一万五千?"西蒙娜痛苦地闭上了眼睛……

画家在窗前,紧张地倾听着一家人的谈话,脸上表现出痛苦的神情。他的耳边传来了西蒙娜父亲的声音,这分明是专为讽刺他的话:"要女人,就得保证她的生活,而不是驱使她去做苦工……"父亲不顾母亲的阻拦,激动地说:"你看,我们落到了什么地步?"

企业家本可以帮忙解决女儿和画家的生活问题,但是他却不愿意这样做。因为他不愿意女儿嫁给一个穷画家。如今,女儿仅仅为了一万五千里拉的薪水而受伤住院,报纸上还披露了自己的姓名真是让他觉得丢脸。父亲的态度说明了贫富的冷酷关系。

医生同意了家属的要求,西蒙娜可以出院,但是因为身体虚弱得用车送。西蒙娜看了看画家,但画家哪里有车啊!

父亲说:"我们自己有车!"母亲、姐姐立即忙着为西蒙娜穿衣……

西蒙娜看看画家,又看看母亲说:"妈妈,我不跟你们走。"她望着画家,似乎是说你快点带我回家去吧。画家痛苦地望着西蒙娜。他走了过来,抓住西蒙娜的手,凄凉而又温柔地说:"亲爱的,跟他们走吧,你必须如此,你需要很多的东西,可是我什么也不能给你!我也是希望你好,希望你快乐,难道你不知道,我的生活有多艰难?也许是我错了,西蒙娜,但是我不能放弃我的职业,虽然这是叫花子的职业,但我不能改。"

西蒙娜不知如何是好，只是悲伤地流泪。她的父亲、母亲和姐姐也不知所措地望着西蒙娜。画家把手伸进口袋，继续说："如果我想把你接回去，我连叫辆出租汽车的钱都没有。"西蒙娜几乎要哭了："你干吗要这样说？"

画家坚决地说："我不要人家牺牲！"他轻轻地摸了摸西蒙娜的头，一声不响地走出医院的病房。

母亲和姐姐忙着给西蒙娜穿衣、梳头发，父亲显得很满意。

回家——企业家高级漂亮的大别克汽车奔驰着。车里的一家人似乎都很高兴。唯有西蒙娜神情阴郁，烦躁地望着车窗外面。突然，她喊了一声："停下"，车停了，她激动地对一家人说："我该下车了！"妈妈为难了，姐姐劝解着，但她坚决地说："到了这儿就很近了。"

父亲施加压力："明天你又得去排队，为了找一个毫无价值的工作，你知道吗？"

西蒙娜不听劝告，坚决地下了车。母亲还想挽留，姐姐要下车送别，却都被父亲拦住。他知道无法留下西蒙娜，径自开车走了。

西蒙娜转身朝一个巷子里走去，越走越快。

〔人物的结局〕到了画家的家。她激动地站在门口，脸上充满幸福的光彩。西蒙娜轻轻地推开门，眼前是一间宽敞的房间——画家的工作室兼卧室。此时，画家正坐在小凳上专心致志地钉画布。西蒙娜轻轻地走进屋来，深情地望着画家的背影。她激动又紧张地环视了一下那像是分别已久的房间，被子仍然没有叠好。西蒙娜很快把被子叠得整整齐齐。现在她感到劳累，静静地坐到安乐椅上，默默无言、含情脉脉地望着画家，沉浸在重新获得的幸福之中。激动和疲劳使她想闭上眼睛，她微笑着，温柔地唤了一声画家的名字。画家听到了响声，转过身来，好似看到一个含笑的西蒙娜的幻影坐在面前。他惊讶、高兴，简直不敢站起来，唯恐破坏了这令人心醉的情景。他的脸上渐渐地露出笑容，眼里闪动着喜悦的泪光，远处传来悠扬轻快的乐曲。

这一静场，情景交融，意境丰富，胜过很多场次。镜头对跳了4次，重复了2次，但观众不嫌长，仍然觉得短，真是此时无声胜有声，包含的内容很多：

画家不会叠被子，将悲哀倾注在工作中；

西蒙娜环视房间，似觉面熟又陌生，说明这样的回来已经不止一次了。

现在经过一场生活的暴风雨——姑娘们的讥讽，楼梯坍塌时的惊恐，在医院里与丈夫重逢时的喜悦，家庭压力的折磨，情人分离后的悲戚，重新燃起的激情—终于又和穷愁潦倒的穷画家团聚。他们将在一起生活下去，使观众也和他们一起沉浸在短暂的幸福之中……

然而，未来的生活如何呢，这个问题引人深思。

（十）露仙娜

〔形象的总体设计〕已经结婚，因为丈夫失业迫切需要找到工作以维持生活，因而抢先应考的少妇。

〔人物关系的安排〕南多，露仙娜的丈夫，失业工人。

〔人物出场〕露仙娜坐在自行车车架上，由南多骑着送来。南多看到队伍排得很长，似乎没有信心。露仙娜拥抱南多说："今天一定是个走运的日子。"南多不以为然地说："这些话都说腻了。"然后，他骑车去别处找工作。（夫妻关系、感情深厚、处境艰

难、心情焦急都表现出来了）

［性格展示］

排队——露仙娜和柯乃丽亚排在一起。在她们议论会计师为什么笑的时候，她轻声地对柯乃丽亚说："对我来说，他哭也好，笑也好，都没有关系，只要给钱就行。"柯乃丽亚问露仙娜有一见钟情的爱情吗？她回答说："我哪儿知道？我和我丈夫差不多自小就认识了。"（她和丈夫青梅竹马，所以感情深厚）在议论女打字员的工资时，露仙娜感慨地说："哪怕只给我一半，我也干。"

当姑娘们在议论一则"需要一名漂亮女秘书"的广告时，露仙娜说了一段自身的遭遇："还在我结婚以前，我到一家事务所。一个黑炭似的西西里人出来接见我。他对我说：'我要是雇用你，你会和我接吻吗？'我回答说：'不会。你既然提到接吻，我就没有必要再待下去。'他看了看，说道：'你还年轻，过于年轻了。'"（这些内容交代了她过去是个打字员，同时也抨击了资本主义社会的丑恶）

考试——"老机枪射手"第三个进行考试时，露仙娜听到传出来的熟练的打字声，真担心被人捷足先登。偏偏南多又来告诉他自己的工作没有找到。

会计师对"老机枪射手"的能力很满意，考完以后亲自将她送出门外，看到仍然有许多的人在排队，说："我亲爱的女士们，你们怎么还都在这里？"会计师的话音没有说完，露仙娜便激动地喊："对不起，菲欧里先生，请稍等一下。"紧接着她从楼下急忙跟上来，一边上楼一边说："我只讲一句话。"走进会计师事务所以后她立即关上门，央求说："考我吧，菲欧里先生。"

会计师责问她为什么不排队。露仙娜哀告说："我排得太远！我丈夫失业有半年了，我能找到一个工作也是好的。"会计师不回答，她又恳求："我打字打得很好，你考我吧。"（生活逼得她只能出此下策）

外面，姑娘们还在议论时，会计师事务所里传出快速的打字声，其熟练程度不亚于"老机枪射手"。至此，大家明白了，于是由疑问转为愤怒，发出一片责骂声，唯独柯乃丽亚的脸上露出笑意。

露仙娜出来了，她自知理亏，任凭姑娘们责问，她只着低着头向楼下挤去。指责声、咒骂声越来越响，她慌得不知所措，只好解释说："我，我不得不这样！"这个不充分的理由激起了人们更大的公愤。有人喊着："我也学她那样，挤上去！让我过去……"于是，人们开始推推搡搡，骚动了起来，排在后面、下面的人拼命地想挤到前面去、涌到上面去，而站在上面的人却极力挡住下面人的冲击。于是，惨祸发生了，刚退到楼下门口的露仙娜吓得目瞪口呆。

出事以后——露仙娜站在马路上，惊慌地望着出事的大楼。尘雾弥漫，乔杰塔首先从堆在大门口的砖石块中爬出来，一头栽倒在露仙娜的脚下；她望着救护人员抬着伤员从身旁经过。突然，露仙娜的视线停留在担架上那个穿着她所熟悉的衣服的姑娘身上——那就是她的新朋友，受了重伤的柯乃丽亚。露仙娜惊恐慌乱，非常悔恨地走着。她看到"老机枪射手"直挺挺地站着不动，不由得羞愧交加，流出了悔恨的泪水。

"老机枪射手"冷冷地盯着露仙娜，咬牙切齿地说："怎么，你现在哭了？你知道这是谁的罪过？你是罪魁祸首！"说完，她慢慢地走了。

露仙娜愈加惊恐，深深地感到不安和绝望。她马上跑开了。来到一个建筑工地，露仙娜找到南多，一头扑在南多的怀里失声痛哭，毫不隐讳地诉说自己抢先考试惹出了祸事。南多正要带露仙娜回家去，一个熟识的人跑来说警察正在寻找露仙娜。露仙娜吓得准备逃跑，南多坚持要她回家去，于是她被警察带走了。

调查——警察局局长来调查谁应该为楼梯坍塌事件承担责任。

露仙娜被带进会计师事务所，她的神色紧张不安、哆哆嗦嗦。局长让她站到姑娘们中间，随即开始正式调查。

看门女人指出是那个开门出去却被洛列塔趁机钻进大楼去的人给姑娘们打开大门的。那个人辩解说这两三百个姑娘不是他约来的。会计师声明说他只需要一名打字员，现在失业人数一天比一天多，一下子来了这么多人。建筑师则推说是大楼维修不当，人数来得过多，楼梯超过负荷。房东赶紧声明因为税收、战争、房租冻结法案等原因，他是亏本的。于是，房东和房客之间发生了争执。警察局长只好进行实地调查，对楼梯察看的结果是扶手禁不住挤压而引起坍塌的，而扶手被挤坏的原因是因为姑娘们吵架，警察局长问露仙娜："好像吵架是由你引起的？"这显然是想找一个替罪羊。

露仙娜害怕得浑身发抖……画外传来了报贩的叫卖声："一位小姐伤重毙命！"露仙娜颤抖得更厉害了。她有话要说，又说不出来。当其他的姑娘作证说露仙娜施了心计抢先应考，引起骚乱的情况后，露仙娜的脸上、额头上冒出了汗珠，她猛然转身向门外——朝已经坍塌的空洞洞的楼梯间扑去。在姑娘们的惊呼声中，露仙娜打开了门。只要再跨一步，露仙娜就会掉下去摔得粉身碎骨。南多正巧赶来，站在楼下惊呼。然而，露仙娜却昏沉沉显得毫无力气地倚在门框上顺势蹲了下去。原来那个曾经责备露仙娜是罪魁祸首的"老机枪射手"从后面紧紧地抱住了她、救了她，还望着她微笑，似乎在请求她的原谅。

南多跑上楼来抱住妻子，露仙娜像个小孩一样放声哭了起来，南多愤怒地向众人说："你们要把她怎样？你们就是要找一个倒霉鬼，把一切责任推到她身上，好拿到报上去发表。"

长时间的沉默，一连串众人面部的特写镜头。

〔人物的结局〕警察局长发了慈悲，表示同情，命令南多把露仙娜带回家去。（今后会如何，还是继续失业？）

坐自行车来—抢先考试—出事后的揪心—接受调查，露仙娜这个人物的过去是清楚的，但她的特点不够显著，促使抢考的伏笔铺垫得不足，以致抢考时人物的情绪似乎也不够。

罪魁祸首究竟是谁？创作者让观众自己来思索、来体会。

（十一）"老机枪射手"

〔形象的总体设计〕中年失业妇女，打字的速度像机枪射击一样快，因人老珠黄而失业，经常排队找工作。

〔人物关系的安排〕无。

〔人物出场〕"老机枪射手"已经排在队伍前。

〔性格展示〕

排队——艾德琳娜从咖啡馆出来，在队伍前犹豫时，"老机枪射手"厉声地说："请排队！"（一露面就训人，似乎很凶狠）

露仙娜吻别南多后，几乎撞到"老机枪射手"的身上，被她一把拉住（动作利索，为后来救下露仙娜埋下了伏笔）。她又厉声地说："排队，别特殊！"（又是一个排队，点出她有经常为求职而排队，不容别人插队的经验）

"老机枪射手"对富家女西蒙娜也来应考，既不理解也不高兴，她讽刺、挖苦地说："她到这儿来干吗？"（衣着讲究、气派不凡的人也来争夺职位，怎不令她感到气恼）

考试——她第三个进会计师事务所考试。

因为艾德琳娜的哭，会计师很气恼。他吩咐女秘书让下一个人进来的话音未落便听到有人回答："我已经准备好了。"会计师回头看时，"老机枪射手"已经坐在打字机前，熟练地装上打字纸，然后满怀信心地问："是您口述，还是照着打？"（由此可以看出"老机枪射手"老练、自信）

会计师命令"老机枪射手"照着打，然后自己走向窗口。他听到一阵快得不可思议、几乎达到疯狂程度的打字声，不由得开口称赞："你真是一个机枪射手。"

"老机枪射手"不看字键，只看稿子，一边打一边回答："是的，菲欧里先生，是个老机枪射手！"（处理这个人物，导演用了反衬法，通过会计师的耳闻目睹描写了一个经验丰富、技术熟练的老打字员。她自己在"机枪射手"的前面加上一个"老"字，包含了许多辛酸的经历。这种突出人物的处理手法，给观众留下了深刻的印象）

会计师赞赏"老机枪射手"的技能，亲自送她出门来。"老机枪射手"恭敬地告别说："再一次感谢您，菲欧里先生，再见。"接着，就发生了露仙娜抢先闯进会计师事务所应考的事。当时"老机枪射手"正要下楼，听到露仙娜的打字速度不亚于自己，而且又年轻美貌，不由得妒火顿起，责问大家为什么放她抢先进去。露仙娜出来后，她也厉声责骂。（表达了她对一个有力的竞争对手的愤怒）

出事以后——"老机枪射手"满身尘土、脸色苍白，神情呆滞地站在街上。见到露仙娜后，她咬牙切齿地责问："怎么，你现在哭了？你知道这是谁的罪过？你是罪魁祸首！"（这句话只能出于她的口中，同时也推动了露仙娜的性格发展）

"老机枪射手"被警察传去作证，和洛列塔在一起时，她善意地劝洛列塔离开罗马回家去。（根据她的经验，洛列塔就业是无望的）

调查——"老机枪射手"曾咬牙切齿地责骂过露仙娜。但当警察局局长进行调查时，她却一言不发，注意到露仙娜惊恐的神态。因此，当露仙娜夺门而出，几乎坠楼殒命之际，她紧紧地抱住了露仙娜。（按理说她应该滔滔不绝地诉说露仙娜的罪过，然而她知道这样做会把露仙娜推向监狱。创作者处理她不说话反而救了露仙娜是情理上的意外之笔。这一笔把一个一直给人以凶狠厉害感觉的人物形象全部扭转了过来，她原来是一个饱经世故、受尽生活甘苦的善良妇女）

［人物的结局］调查结束，回家去。

除了考试以外，这个人物没有专场戏，但给人的印象却很深刻。创作者设计这么一个人物形象，既丰富了全剧的形象色彩，又指出了资本主义社会中人老珠黄的妇女的命运。

（十二）戴结婚戒指的少妇

［形象的总体设计］为了增加经济收入也来应试，但无社会经验。

［人物关系的安排］丈夫，公共汽车司机。

［人物出场］她已经在队伍中。

［性格展示］

排队——会计师乘电梯上楼。姑娘们绕着楼梯追赶会计师上电梯时，会计师对姑娘们微微一笑。她问艾德琳娜："他看到什么可笑的事了？"（说明她毫无社会经验）

当露仙娜和洛列塔相继叙述过去应考，老板要她们答应接吻和脱光衣服摆姿势的遭遇后，她听得目瞪口呆。一个姑娘对她说："你最好把结婚戒指摘下来，他们要看出你结婚了，才不会要你。"她急忙用手遮住戒指，慢慢地把它摘下了。（这个镜头给观众的印象很深刻）

出事以后——她头破血流，被抬去医院进行急救。

在医院里——她叫嚷着头疼，深爱着她的丈夫从别的病房弄来一个枕头给她垫上，握着她的手安慰着，这时她发觉戒指丢了。丈夫问道："为什么要把戒指摘下来？"

她说："有人对我说，要是人家看出我是结了婚的，就不会要我！"

丈夫大为惊奇，愤怒地说："我可不是好惹的……"有个住院的老人走来取走枕头。然后，丈夫又责备妻子："你不该把戒指拿下来……"可是一见妻子又叫头疼，忙不迭地又去伺候妻子。（这个人物的戏仅此而已）

三、服装、道具、细节、音乐、音响的手法分析

服装，在《罗马11时》一片中，按照人物形象总体设计的要求，都是精心挑选的，使观众一眼就能对人物的身份、性格、经济状况等做出大致的判断。

道具，是表现人物性格、兴趣爱好、经济状况、社会地位的巧妙而有效的手段。本片中大小道具的应用严格遵守生活真实原则，起到了塑造人物的辅助作用，如皮包、香烟、纸条、汽车、歌谱、油画等。

细节，符合生活实际、性格特征、思想感情的细节，能够达到相应的艺术效果，如少妇摘下结婚戒指以及打字考试时的细节等。

音乐，本片中的音乐不多，但是每个姑娘基本上都有属于自己的音乐，并采用意大利当时流行的现成乐曲和歌曲，以增强生活的真实感。

音响，运用得合拍、逼真，扣人心弦。或在渲染气氛中表现人物，如"老机枪射手"飞速的嗒嗒打字声；或在人物的关键时刻，以音响推动剧情的发展，如工厂放工的汽笛声被误以为是警车的警笛，克拉拉像惊弓之鸟般浑身颤抖，本能地投入到欧古斯托的怀抱中寻求保护，表现了他们难解难分的恋情。

四、总结

电影《罗马11时》以含蓄、寓意深刻的一石数鸟、以一当十的笔法，从一点联系到事物的本质——意大利严重的失业问题，使观众既看到了一些现象，也产生了许多联想，具有极高的深度；本片对出场的10多位女性人物形象都采取了以局部带整体的形象表现原则，"以一斑窥全豹"，使得每个人物形象虽只占有很小一点的篇幅，却都表现出了极其丰富的生活背景和内容。

第三节 技术主义与写实主义的完美嫁接
——张艺谋的电影《我的父亲母亲》赏析

▶ 影片资料

中文片名：我的父亲母亲
国家/地区：中国
类　　型：爱情/剧情
导　　演：张艺谋
主　　演：章子怡　郑昊（等）

▶ 剧情简介

初恋是一个人一生中最美妙的经历。当骆玉生的父亲过世，年迈的母亲讲述她魂牵梦萦的初恋时，骆玉生不但体味到那初恋情愫的凄美动人，甚至还读出对美妙人生的执着追求……

母亲的乳名叫招娣，年轻时是远近闻名的美人，不仅心灵手巧，而且勇敢地成为十里八乡第一个自由恋爱的女孩。她暗恋上骆玉生的父亲——一个淳朴幽默的青年教师。招娣以家传的青花大碗为记号，给心上人花样翻新地送最好吃的"派饭"；她通宵达旦地织出最艳的"房梁红"装点他的教室；为了听到他的琅琅读书声，她不惜绕远路去担水；为了引起他的注意，她每天在他送学生的路边等着他。

终于，招娣的美丽和诚挚打动了青年骆老师的心，他们很浪漫又很传统地相爱了。一只塑料红发卡就是他给她的爱情信物，然而，就在心灵刚刚撞击的那一刻，悲剧降临了：骆老师莫名其妙地被打成"右派"，他没能吃上招娣特意为他做的晚饭——蒸饺子就被人带走了。她疯了一般地怀揣着蒸饺子沿路追赶，人摔倒了，蒸饺子烂了，青花大碗也碎了……

技艺精湛的锔碗匠锔好了青花大碗，却弥合不了姑娘破碎的心灵。招娣决心拖着病弱的身体去寻找初恋情人，瞎妈妈的泪水阻止不了招娣的决心。她蹒跚上路了，却昏死在半途，被路人送回。执拗的招娣挣扎着起身还要冒死去寻觅。恰在此时，骆老师却意外地回来了，招娣躺在病床上，大滴的泪珠从她美丽而又憔悴的大眼睛中尽情地滚落。

他再也没有离开她，两个人一相爱就是40年，彼此相濡以沫、心心相印。

丈夫的葬礼后，年迈的招娣在悲恸中又听到了世界上最好听的声音，那是骆老师自编的"识字歌"——人生在世、要有志气、读书识字、多长见识……招娣沿着当年的小路向学校走去。在教室里，她的儿子骆玉生像丈夫当年一样，以淳朴、清朗、穿越时空的声音在教孩子们读书。顿时，儿子和丈夫的身影在她的眼中叠化，在她的眼前又出现年轻俊俏的招娣穿着碎花红袄雀跃地走在让她走不完的那一条小路上。

拍摄背景

1997年，张艺谋的父亲张秉钧离开了人世。当时，张艺谋并不在父亲的身边，这也成了他心底的遗憾。因此，张艺谋下定决心要为父亲拍摄一部电影，也就有了拍摄《我的父亲母亲》的最初想法。经过酝酿，直到1999年，这一愿望才得以实现。

《我的父亲母亲》这部电影从父亲过世开始讲起：20世纪90年代，父亲去世了，主人公"我"把父亲安葬在了乡下，这里有许多父亲过往的激情，因此整部影片就在回忆与现实交叉的过程中将父亲曾经的那段感情再次生动、唯美的表现了出来。一位影迷看完后这样说过："不记得看过几次《我的父亲母亲》，也不记得是哪一段让我流泪了，但就是那样的欲罢不能，那样的心醉。"

《我的父亲母亲》改编自作家鲍十的中篇小说《纪念》，获2000年第50届德国柏林国际电影节银熊奖，2000年第6届中国电影华表奖优秀影片奖，2000年第23届大众百花奖最佳故事片、最佳女演员，2000年第20届中国电影金鸡奖最佳故事片、最佳导演，以及美国独立电影界盛事"2001圣丹斯电影节""世界电影组别"观众投票大奖等。

理论准备

电影评论家邵牧君先生曾用两大传统来概括西方电影迄今为止的全部历史。

自巴黎和纽约的银幕上出现最早的电影起①，也开始了两个电影传统：由卢米埃尔兄弟所拍摄的现实生活场景的电影确立的写实主义传统；以及爱迪生拍摄的娱乐性场景和他那座世界上最早的摄影棚所确立的，以后以好莱坞电影为代表的技术主义传统。

这两个电影传统的主要脉络如下：

（1）在电影艺术的形成时期，电影大师大卫·格里菲斯和美国电影导演罗伯特·弗拉哈迪②分别作为两个传统的代表性人物吸引着人们的注意。

（2）自有声电影问世后开始的成熟期是好莱坞电影的全盛时期。这一时期就是技术主义传统得到长足发展的时期。写实主义传统处于次要地位，仍在法国和美国继续发展。

（3）第二次世界大战结束以后，好莱坞电影日趋衰落，技术主义传统的绝对优势开始让位于写实主义传统。尤其是意大利的新现实主义电影运动和以法国的安德烈·

---

① 1895年12月28日在法国巴黎卡普辛路14号大咖啡馆的地下室里，卢米埃尔兄弟公映了他们自己拍摄的一批纪实短片，包括《火车进站》《水浇园丁》《婴儿的午餐》《工厂大门》等，标志着电影的诞生。卢米埃尔兄弟因此被称作"电影之父"。但也有一些人认为，美国的爱迪生才是电影之父，理由是他于1893年发明了电影视镜（活动电影放映机）并于1894年在纽约其建造的电影视镜观赏店里开始了放映。不过，当时他的电影视镜每次仅能供一人观赏，一次放映几十英尺的胶片，内容是跑马、舞蹈表演等。

② 罗伯特·弗拉哈迪（1884—1951）出生于美国密歇根州铁山，美国导演、编剧、制片人，主要代表电影作品有《北方的纳努克》《摩拉湾》《亚兰岛人》等。

巴赞等人为代表的写实主义电影美学的勃兴把写实主义传统推到了一个新的高峰，使写实主义在战后西方电影中取得了主要地位。

所谓技术主义和写实主义，首先是就电影的创作目的而言的，创作目的的不同才导致了技巧上的差异。

（1）技术主义就是把技术（技巧）放在重要的地位上。其目的是为了娱乐观众或达到某种教育或宣传目的，重视技术上的精美完整，因为这是通过电影的独特表现能力来反映和改造现实生活、美化和塑造理想人物的必要条件。技术主义者要求通过蒙太奇等技巧手段来重新组织生活景象，删除一切对故事情节没有直接推进作用的细节，加上以假乱真的布景和演员惟妙惟肖的表演来在观众的意识中造成完美的生活幻觉。

（2）与技巧主义相反，写实主义则强调对现实生活的原样再现，为了真实而追求真实，不重视电影的娱乐价值，否定主观的教育或者宣传意图（这也是为什么意大利新现实主义电影未对新中国的电影产生广泛影响的原因）。与此相适应，写实主义者在剧作上反对人工编造故事情节和类型化的人物与性格，鼓吹到生活中去发掘真实事件，尽量全面细致地表现时间的各个方面的细节，并在拍摄过程中随时发现事件的戏剧性元素。因此，他们一般不搞完整的剧本，强调即兴灵感的作用。为了给观众以直观的真实感，他们提倡走出摄影棚，到现实生活中去拍摄。他们反对"表演"，重视演员在拍摄过程中自然流露的感情。他们在技巧上反对精雕细琢的蒙太奇（但并不一定排斥蒙太奇），反对追求完美流畅的人工剪辑。

（3）从表面上来看似乎写实主义电影更接近于现实主义，而技术主义电影则容易成为逃避现实或粉饰现实的手段，其实并非如此。一部电影是否能正确地、能动地反映现实生活，传达时代精神，并不完全取决于电影的具体制作方法，而是决定于创作者的思想立场和观点。20世纪30年代的好莱坞电影和苏联电影固然同属技术主义的传统，但其思想和艺术价值却完全不同；意大利新现实主义电影和法国的新浪潮电影在强调如实反映现实生活场景上如出一辙，但在思想和艺术价值上则大相径庭。[1]

鉴赏分析

《我的父亲母亲》这部电影的中间部分像散文、像诗歌，人美、物美、事美、镜头美，而片头与片尾却又是绝对的写实，光是自然的，物是真实的，演员是非职业的。换句话说，这个故事是用回忆的方式展开的，拿今天现实的朴素与过去的浪漫相互对比、衬托。因此，本片理所应当地被分成了两个部分：现实的部分，主要描写死亡和葬礼；回忆的部分，主要描写爱情，而且不必写实，其中既有回忆也有联想。它表现的是骆玉生对亲生父母的美好印象与更美好的想象，还有人们对生命本身的肯定与赞美。

在色彩上，张艺谋颠覆以往的传统，用黑白色来表现现实的部分，而用彩色来表现回忆的部分，应该说是别具匠心的。它既体现了全片的主旨——即葬礼是对生命终结时的最隆重的祭奠，爱情是生命成熟时的最灿烂的升华，又强化凸显了本片在风格

---

[1] 邵牧君. 西方电影史概论[M]. 北京：高等教育出版社，2005：23-24.

方面的基本特色。那就是做到了技术主义与写实主义的完美统一。

在世界电影潮流中，有卢米埃尔兄弟开创的写实主义传统，有爱迪生开创、梅里爱发扬光大的技术主义传统，一些电影大师在此道路中自然分成了两极，尽管有时也会改变风格，但那只是一段时期或某个单个作品与另一个单个作品的不同而已。如黄健中在执导过《小花》《贞女》《良家妇女》等一系列女性题材的电影之后，突然转向执导了《龙年警官》这样的警匪剧；陈凯歌在执导了《黄土地》《孩子王》等影片之后，也推出了《霸王别姬》这样一部在注重影像造型的同时也注重叙事、情感、人物塑造的宏大作品。张艺谋也是如此，在执导了形式感极强的《红高粱》《菊豆》《大红灯笼高高挂》等影片之后，他不肯满足，也不肯重复自己，于是又执导了极具写实主义意味的《秋菊打官司》和质朴淳厚、完全是记录甚至一个职业演员也不用的《一个都不能少》，显示了他在风格方面的多样与变化，但像《我的父亲母亲》这样竟能融两种不同的风格于一体的尚属首次。单从这方面来讲，张艺谋就已经又一次给观众们创造了惊喜，成了一位前人从未走过的道路的探路者、领路人。

当然，张艺谋这样做从某种程度上也是出于电影主题与内容的需要，毕竟这是一个由于死亡而展开的爱情故事。死亡是一种残酷的现实，而爱是人性与自然融为一体的情感萌动，是绝对纯洁而且真诚的。在对死亡进行祭奠的同时，儿子骆玉生回想的却是美好的青春、纯真的爱情、理想化的幻想、充满诗意和华彩的浪漫，这既可以表达出儿子对父母的热爱，也可以阐释和揭示死亡与生命的主题。通过这部电影，张艺谋力图传达给观众这样一种信息、一种认识：一个有价值的生命，在行将终结时留给人们的一定是其一生中最美丽、最辉煌的段落和画面。

此外，张艺谋这样做也是想在形式上有所创新。从某种程度上来说，他是在做一个试验，而且是在做一个具有一定风险的试验。毕竟，在一部电影里糅合两类不同而且是矛盾的风格，呈现给观众的很有可能是一个像怪味豆般的东西，观众也许会喜欢、赞不绝口，但也许会唾弃，在世界电影史上似乎也还没有这样的先例。

然而，张艺谋成功了，成功得让人羡慕，甚至有同人发出了"亏他怎么想得出"的感慨。

难忘电影的最后，黑白色彩的晚年招娣脚步踉跄地去往学堂，与闪回时空中色彩艳丽的招娣叠化在一起，此时，在黑白现实时空中极少出现的音乐缓缓奏起，将世俗与美好、梦幻与现实、真实与印象完美地叠加在一处，同时也将本片的情绪、气氛推向高潮，尤其凸显了本片爱与回忆的主旨，更将技术主义与写实主义两种不同的风格水乳交融在了一起。

据说，《我的父亲母亲》这部电影诞生得颇为艰难，剧本写作中与开拍之初连剧组的工作人员都认为这部电影将有可能失败。然而，当电影剪辑完成后摆在人们面前的时候，他们先是哑口无言，既而佩服得五体投地，当然，余下的便是感动了。

第四节　诗意的现实主义
——张猛的电影《钢的琴》赏析

➡ 影片资料

中文片名：	钢的琴
国家/地区：	中国
类　　型：	爱情/剧情
导　　演：	张猛
主　　演：	王千源　秦海璐　张申英　周逵（等）

➡ 剧情简介

20世纪90年代初，东北的一个工业城市，原钢厂工人陈桂林（王千源饰）下岗后，为了维持生计，他组建了一支婚丧乐队，终日奔波在婚丧嫁娶、店铺开业的营生之中。与此同时，妻子小菊（张申英饰）却不堪生活重负，移情别恋，跟了一个有钱的商人。之后，小菊风光回归，要求与丈夫陈桂林离婚，并且要求得到独生女儿陈小元的抚养权。谁能给女儿一架钢琴成了他们双方争夺抚养权的关键所在。陈桂林希望将女儿培养成一名优秀的钢琴家。为了得到女儿的抚养权，他忍受种种压力，多方筹措为女儿买钢琴的钱。在四处受挫无果的情况下，陈桂林决定去偷，但是钢琴太重了实在搬不动。陈桂林又找朋友借，可是大家都穷得差不多。最后，陈桂林决定发挥自己的"专长"，用钢铁和木材自己造一架"钢的琴"。为此，陈桂林把当年的一班工友全部召集回厂，还找来老工程师设计图纸。虽然退役小偷、全职混混、江湖大哥、猪肉王子等一群落魄兄弟各怀心事、各有难题，但是曾经的工人阶级的豪气和认真还是让这架"钢的琴"成功奏响。

➡ 拍摄背景

一、导演张猛

张猛，1975年出生，导演、编剧、制片人，毕业于中央戏剧学院舞台美术系。2007年，他凭借电影处女作《耳朵大有福》获得第9届华语电影传媒大奖最佳新导演奖。2011年，他凭借自编自导的《钢的琴》入围第28届中国电影金鸡奖最佳导演奖、第48届台湾电影金马奖最佳导演奖。张猛的其他电影作品还有《胜利》《枪炮腰花》和《阳台上》等。

二、主演王千源和秦海璐

王千源，1972 年出生，毕业于中央戏剧学院。他主要的影视作品有电影《赢家》《漂亮妈妈》《山顶上的钟声》《太平轮》以及电视剧《浪漫的事》《关中男人》《黎明决战》等。2010 年，他凭借电影《钢的琴》荣获第 23 届东京国际电影节最佳男演员奖，第 7 届中美电影节最佳男演员奖。2017 年，他凭借电影《解救吾先生》获得第 31 届中国电影金鸡奖最佳男配角奖。

秦海璐，1978 年出生。2000 年，她因主演电影《榴莲飘飘》荣获第 38 届台湾电影金马奖最佳新演员奖及最佳女主角、第 20 届香港电影金像奖最佳新演员、第 6 届香港电影金紫荆奖最佳女主角奖。2011 年，她因主演《钢的琴》荣获第 8 届电影频道传媒大奖最佳女主角奖；同年，凭借她参与编剧并主演的电影《到阜阳 600 里》荣获第 48 届台湾电影金马奖最佳原著剧本奖。秦海璐主演的其他影视作品还有《红高粱》《妈妈向前冲冲冲》《你迟到的许多年》《河山》和《老酒馆》等。

三、《钢的琴》获奖情况

2010 年，第 23 届东京国际电影节最佳男演员奖（王千源）。

2010 年，第 7 届香港亚洲电影节"最佳导演奖特别提名"（张猛）。

2011 年，第 3 届悉尼中国电影节"评委会特别推荐奖"。

2011 年，第 28 届迈阿密国际电影节"最佳国际电影奖"。

2011 年，第 18 届北京大学生电影节"艺术探索奖""最佳女演员"（提名，秦海璐）、"最佳男演员"（提名，王千源）。

2011 年，第 14 届上海国际电影节国产新片展映单元暨第 8 届电影频道传媒大奖"最佳影片奖""最佳导演奖"（张猛）、"最佳男演员奖"（王千源）、"最佳女演员奖"（秦海璐）。

2011 年，第 14 届电影华表奖"优秀故事影片奖""优秀编剧"（张猛）、"优秀女演员"（秦海璐）、"优秀新人导演"（张猛）4 项提名。

2011 年，第 28 届中国电影金鸡奖"最佳故事片奖"（提名）。

2011 年，2011 年度 FIRST 青年电影展"瞩目无限"华语电影优选单元的最受国际大学生瞩目华语电影。

2011 年，第 28 届中国电影金鸡奖"评委会特别奖"。

2011 年，第 48 届台湾电影金马奖"费比西国际影评人奖"。

理论准备

一、让·雷诺阿

艺术电影的代表是法国电影，法国电影的代表人物是让·雷诺阿。

让·雷诺阿是法国著名的电影导演，诗意现实主义电影的大师，著名画家奥古斯都·雷诺阿之子。第一次世界大战期间，让·雷诺阿以准尉的军衔奔赴前线作战，数月后因右腿负伤回到巴黎养伤，开始迷上了卓别林的电影。为了完成父亲的遗愿，让·雷诺阿退伍后从事陶器制作。因偶然受到电影《爱的火花》的感染，让·雷诺阿决心投身于电影事业。此时正值先锋电影时期，让·雷诺阿以电影《水上姑娘》和《娜娜》为代表，糅合了文学上的自然主义与绘画上的印象主义，深受好评。

让·雷诺阿于1935年执导的《托尼》和1936年执导的《朗吉先生的罪行》被称为"法国电影的转折""标志法国电影的复兴"，也是世界电影史上新写实主义电影的先驱，同时也标志着让·雷诺阿的创作进入成熟期。

《托尼》是一部极端写实主义的电影，片中几乎没有内景，也没有用大牌演员，纯粹依据真实事件拍摄而成。《朗吉先生的罪行》是一部表现工人要求权利的电影，融入了苏联的现实主义精神。评论家们认为，这两部电影的深刻思想内涵比艺术技巧本身更具有价值。

1937年的《幻灭》和1939年的《游戏规则》是让·雷诺阿最重要的两部电影作品。这两部电影运用景深镜头和长镜头的叙事手法，为电影语言的发展做出了杰出的贡献。

虽然在20世纪40—60年代让·雷诺阿也有不少佳作，但都没能超越他在30年代的优秀作品。

让·雷诺阿在评述自己于1931年拍摄的电影《母狗》时说："这部影片标志着我艺术生涯中的一个转折点。我认为它使我接近一种新的风格，我把这种风格称为'诗意现实主义'。"从此，这个词汇作为法国电影的一个流派保留了下来。

二、诗意现实主义电影

通常，人们认为法国诗意现实主义电影指的是法国20世纪30年代以后至第二次世界大战前出现的一种创作倾向，是20世纪20年代中期的先锋派运动以及电影作为一门艺术逐渐走向成熟的标志。它并无明确的系统理论，在创作上强调遵循人道主义和人性论，往往以诗意的对话，引人入胜的视觉影像，透彻的社会分析，复杂的叙事结构，丰富多彩的哲理暗示，以及机智与魅力，散文化地对生活中的人、日常的事物和环境做诗意的再现，构成了一个复杂、细腻的混合体。

诗意现实主义电影的主要特征是：

(1) 大都表现法国的现实生活特别是下层人民的生活；

(2) 艺术家把对现实的悲观、对未来的迷茫情绪带到了自己的作品中，作品充满了宿命论思想和悲观色彩；

(3) 影片的表现手法细腻，多用实景拍摄，镜头风格阴郁、压抑；

(4) 艺术家虽然表现的是残酷的生活，但还是能在影片中寻找到一丝安慰，他们强调人道主义，主张在宏观表现现实社会生活时应具有的诗情画意，如光线、影调、画面气氛、音乐和有隐喻意义的道具等；

(5) 影片受以左拉为代表的自然主义文学的影响，流露出近乎纪录片的朴素风格，真实、自然成为他们追求的目标，表现形式多为采用长镜头和深焦距镜头，以达到真实的效果；

(6) 演员的表演朴实、自然，富有生活气息。

诗意现实主义电影创作的高峰时期是 1934—1939 年。由于这一期间大量电影的主题揭示了社会的黑暗，描写了小人物在社会重压下的悲惨境遇，故而又得名"黑色现实主义"。

诗意现实主义的代表人物有雷内·克莱尔、让·雷诺阿、让·维果、马赛尔·卡尔内等。其代表电影有雷内·克莱尔的《巴黎屋檐下》《百万法郎》《自由属于我们》《七月十四日》；让·雷诺阿的《幻灭》《游戏规则》；让·维果的《操行零分》；马赛尔·卡尔内的《雾码头》《天已破晓》等。

鉴赏分析

《钢的琴》讲述了一位父亲为了女儿的音乐梦想而不断地艰苦努力，最后通过身边朋友的帮助用钢铁为女儿打造出一架钢琴的故事。电影通过小人物的幽默与艰辛，展现了一段感人至深的亲情和友情。

从表面来看，《钢的琴》这部电影展现的是平凡和日常的生活，是写实的，可实际上，导演张猛却继承并发扬了 20 世纪三四十年代法国诗意现实主义电影的优良传统，在表现小人物平凡而又居于底层生活的同时，又不时地加入种种浓浓的诗情画意，做到了诗意与写实的完美结合。

我们知道，起源于法国的诗意现实主义电影并非任何理论学派，也不形成于任何特定类型，指的是一批继承了 20 世纪 20 年代印象派和先锋派电影的创新精神，又与社会现实保持着密切联系的电影。这些电影具有一个共同的特点，就是在营造秀美意境的同时，更突出反映现实的深刻内容。无论是雷内·克莱尔的《巴黎屋檐下》《百万法郎》，还是让·雷诺阿的《幻灭》《游戏规则》，以及让·维果的《操行零分》，马赛尔·卡尔内的《雾码头》《天已破晓》等都是如此，表现出法国电影在思想上和艺术上的极度成熟。

以让·维果的《操行零分》为例，影片表面上是写一群不服管教的孩子们的胡闹，深刻的背景却是寄宿学校对人性的压抑。在这部电影中，抑郁寡欢的孩子们在阴暗的宿舍里怨恨着自己的童年。最后，他们造反了，他们要去战胜大人。于是，一群穿着白衬衫的小学生把枕头抛向空中，羽毛飞舞，内心的积怨在这一刻得以淋漓尽致的宣泄。导演对这一场"枕头大战"的戏采用了高速摄影的拍摄方法，既突出了孩子们的心理和强烈的动作，也造成了一种罕见的诗意的美，更将影片的情绪推向了高潮。

《钢的琴》也是如此，片中不乏与之可以比肩的段落。如影片开场的画面就极具象征意味：布满阴霾的天空下，站着潦倒的陈桂林和衣着光鲜、与其形成鲜明对比的小菊，两人正在讨论婚姻破裂后孩子的归属问题。与之相映衬，在他们的身后是十分抢眼的一个破旧厂房的顶棚：陈桂林身后的半截，破败不堪、摇摇欲坠，已不能遮风挡雨；而小菊身后的半截却完好无损，还有钢筋、电线拉扯，似乎坚不可摧。刚开场，导演就在画面上给予观众以诗的意象，既奠定了这部电影诗意写实的风格，也喻示了主人公陈桂林落魄贫穷的身份和随后不着边际的梦想。

第二场戏在场景的选择及画面的拍摄上同样意味深长：前景是死者的祭坛，上写 4 个虚幻的大字"悼念母亲"；后景是 2 根大烟囱，尽管还冒着烟，但已是苟延残喘，随时会遭遇被炸掉的命运;画面的另一侧是齐腰深的枯黄的杂草、褐色的斑驳的院墙,加上一群穿着深色服装,唱着俄罗斯葬歌的下岗工人。这个场景非常反讽,看似是一个老人的葬礼,实际却隐喻今天,因经济、产业转型,一些人的生活陷入了一种尴尬、辛酸的窘境中。

接下来,主人公陈桂林盗窃学校的钢琴不成,索性返回,一束追光下,漫天飞雪中旁若无人地弹奏起他想要偷走的那架钢琴;准备造钢琴时,几个好友在 KTV 里激情地歌唱《怀念战友》,唱到浓情处,不胜唏嘘;而钢琴即将被造好的时刻,又加入了一段激情的《斗牛士之歌》伴奏下的狂舞,而且是在已经废弃的厂房里狂舞,将写实与诗意来了个酣畅淋漓地展示。

可以说,本片中类似以上段落的诗意生活写照有很多,这种诗意虚写的东西看似与写实风格不符,却把那个时代所培养出来的工人阶级的个性、生活里边既粗糙又浪漫的情境,以及工人面对困难的胸怀、执着感,以诗的韵味、诗的意境烘托、渲染出来,产生了强烈的艺术感染力。

话说回来,虽然《钢的琴》中许多场戏都很有味道,但总体来看,其所追求的仍是一种写实的风格,扑面而来的是一种实实在在的味道。

这种实在,首先体现在对人物的塑造方面:主人公陈桂林是实在的,既失去了生活方向,也找不到出路和目标。而他身边的人,退役小偷也好,全职混混也好,江湖大哥也好,猪肉王子也好,也都在这经济大潮的裹挟下自暴自弃、破罐子破摔,慢慢地沉沦,直至一无所有。这些人不是凭空捏造出来的,而是就生活在你我的身边,是无数个想"甲天下",最后却"夹生了"的人的代表。

这种实在,还体现在对人物所处环境的描写和营造上,灰蒙蒙的天,废弃的车间,半人高的蒿草,高耸入云却不再冒烟只能被炸掉的烟囱,简陋的居屋,痴呆的老父,姐姐的小理发屋,朋友的杀猪棚……所有的生活环境都是现实社会的真实写照。

甚至在主人公与女儿关系的设置上,也体现出现实生活残酷的一面,再次深化了这部电影的写实风格。

本片中,女儿的年龄虽然不大,却已饱尝人间冷暖,对生活有了最质朴也最无奈的判断。她清楚地知道耳背的贝(多芬)大爷弹的琴,"他听不见可别人能听见",也清楚地知道父亲给自己做的泡沫钢琴板就是聋子的耳朵——摆设;正因如此,她在父母的天平上放上了一个足以压垮陈桂林一方的秤砣,一句"谁给我钢琴,你们离婚后我跟谁"的话,彻底寒了陈桂林的心。

就在妻子离开了自己,女儿也即将离开自己的窘境中,陈桂林开始去造一架钢的琴,目的是要把女儿留在自己的身边。陈桂林似乎成功了,但在成功的前夜,他却主动放弃了对女儿的抚养权。抗争之后,在命运的面前,他又一次低下了虽不高贵却也不低贱的头颅,为什么?是因为他在这一刻感悟到了对女儿的培养寄托,得到的并不是追逐梦想的欢愉,而只会让贫穷的生活更加凄凉和痛苦。

好在陈桂林和他的伙伴们在造钢琴的过程中重新找回了能体现他们生活价值的欢乐,也因此而完成了对自己作为一个工人的形象重塑。这个主题是昂扬的,也是诗意盎然的,它将感伤的浪漫主义色彩和冷峻白描的写实风格再次胶着,也将一部独属于我国 21 世纪的"诗意现实主义"电影推向了极高的艺术顶峰。

第五节 青鸾舞镜，没有同类

——侯孝贤的电影《刺客聂隐娘》赏析

▶ 影片资料

中文片名： 刺客聂隐娘
国家/地区： 中国台湾
类　　型： 古装/动作/剧情
导　　演： 侯孝贤
主　　演： 舒淇　张震　周韵　阮经天　妻夫木聪（等）

▶ 剧情简介

聂隐娘（舒淇饰）是魏博藩镇的大将聂锋之女，10岁时被一个尼姑带走，将其训练成为武功绝伦的刺客，13年后聂隐娘返家，奉师命要取与她青梅竹马的表兄魏博藩主田季安（张震饰）的性命。当时正值安史之乱，藩镇割据、民不聊生，聂隐娘的师傅教导她杀一独夫贼子救千百人，而她的母亲聂田氏则告诉聂隐娘，杀掉田季安将使其妻元氏一族乘虚而入，魏博将大乱，为大义着想，田季安不能杀。与此同时，聂隐娘的父亲聂锋奉田季安之命，护送名义上遭贬谪的军队统帅田兴前往他处避难，路遇追来的元氏一族的暗杀队伍。聂隐娘尾随其后，遇磨镜少年和采药老者，一同救下了聂锋和田兴。除了在外猎杀魏博重臣以外，元氏一族也悄悄地在田季安的府内逐步肃清异己，田季安的妾室胡姬的性命也差点被纸人阴术拿去，幸亏被聂隐娘救了一命。至此，聂隐娘彻底放弃了刺杀田季安的计划，并与道姑结案，道姑遗憾她不能断人伦之亲。了结了一切之后，聂隐娘与磨镜少年和采药老者飘然远去。

▶ 拍摄背景

一、关于侯孝贤

1969年，侯孝贤进入台北艺术学校电影及剧戏系，毕业后加入电影行业，先是担任我国台湾地区著名导演李行的场记、助导，后独立拍摄出第一部长片《就是溜溜的她》，用长镜头造就出后来独属他自己的电影标识及风格。

1983年，由侯孝贤执导的电影《风柜来的人》荣获1984年法国南特三大洲电影节最佳作品奖；1984年，由他执导的电影《冬冬的假期》再次荣获1985年法国南特三大洲电影节最佳作品奖，并荣获第30届亚太影展最佳导演奖。

电影《悲情城市》是侯孝贤的代表作，这部拍摄于1989年的力作以台湾"二二八"历史事件为背景,讲述了一家兄弟四人的遭遇和生活,在平稳的叙述中蕴含着无限的悲情。该片荣获威尼斯国际电影节金狮奖,同时还荣获第 26 届台湾电影金马奖最佳导演奖。

1993 年,侯孝贤执导的电影《戏梦人生》荣获第 46 届戛纳国际电影节评审团大奖。1995 年,电影《好男好女》荣获第 48 届戛纳国际电影节"金棕榈"奖提名,并荣获第 32 届台湾电影金马奖最佳导演奖。

2007 年,侯孝贤在第 18 届东京国际电影节上夺得"黑泽明"奖。该奖项是 2006 年东京国际电影节新设奖项,用以颁发给在国际影坛颇具影响力的知名导演。侯孝贤是第一个获"黑泽明"奖的中国人。同年,在第 60 届瑞士洛迦诺国际电影节颁奖仪式上,他被授予终身成就奖——荣誉金豹奖。

2015 年,侯孝贤执导的电影《刺客聂隐娘》获得第 58 届戛纳国际电影节主竞赛单元"金棕榈"奖提名,他本人荣获最佳导演奖。

二、唐裴铏所撰《传奇》中记载的有关"聂隐娘"的故事

聂隐娘是唐朝贞元年间魏博大将聂锋的女儿,年方 10 岁。一天,有一个尼姑到聂锋家讨饭,见到聂隐娘,非常高兴,对聂锋说:"押衙(指聂锋)能不能将女儿交给我,让我教育她?"聂锋很生气,斥责了尼姑。尼姑说:"押衙就是把女儿锁在铁柜中,我也能偷去呀。"这天晚上,聂隐娘果然丢失了,聂锋大吃一惊,令人搜寻,没有结果。父母每思念女儿时,便相对哭泣。

5 年后,尼姑把聂隐娘送回,并告诉聂锋说:"我已经把她教成了,把她送还给你。"尼姑说罢,飘忽而去。一家人悲喜交加,问女儿学了些什么。聂隐娘说:"开始时也就是读经念咒,也没学别样。"聂锋不相信,又追问女儿。聂隐娘说:"我说真话恐怕你们也不信,那怎么办?"聂锋说:"你就说真话吧。"聂隐娘便把真实情况说了一遍。她说:"我初被尼姑带走时,也不知走了多少里路,天亮时,到一大石穴中,穴中没人居住,猿猴很多,树林茂密。这里已有 2 个女孩,也都是 10 岁,都很聪明美丽,就是不吃东西。她们能在峭壁上飞走,像猴爬树一样轻捷,没有闪失。尼姑给了我一粒药,又给了我一把 2 尺长的宝剑,剑刃特别锋利,毛发放在刃上,一吹就断。我跟那 2 个女孩学攀缘,渐渐感觉自己身轻如风。1 年后,学刺猿猴,百发百中。后又刺虎豹,都是割掉脑袋拿回来。3 年后能飞了,学刺老鹰,没有刺不中的。剑刃渐渐磨减到只剩 5 寸长,飞禽遇到,有来无回。到了第四年,尼姑留下二女守洞穴,领我去一个城市,我也不知是什么地方。她指着一个人,一一地把这人的罪过说了一遍,叫我在那人不知不觉中,把他的头割回来,像鸟飞那么容易。说着给我一把羊角匕首,3 寸长,我就在大白天把那人刺死了,没让任何人发觉。我把他的头装在囊中,带回石穴,用药将那头化成了水。5 年后,尼姑又说,某个大官有罪,无辜害死很多人,你晚间可到他的房中,把他的头割来。于是,我就带着匕首到那房中,从门缝中进去,没遇到一点障碍,爬到了房梁上,直到天亮,才把那个人的头拿回来。尼姑见了大怒说,怎么去了这么久?我说,我看那个人逗弄一个小孩玩,怪可爱的,就没忍心下手。尼姑斥责说,以后遇到这样的事,先杀了孩子,断其所爱,然后再杀他。我拜谢了尼姑,尼姑说,我把你的后脑打开,把匕首藏在里面,伤不着你,用时很方便。又说,你的武艺

已经学成，可以回家了。于是把我送回来了。她还说，20年后，才能再见。"

聂锋听聂隐娘说完后，心中很惧怕。以后，每到夜晚聂隐娘就不见了，天亮才回来，聂锋也不敢追问，因此，也不太怜爱聂隐娘。

有一天，一个磨镜少年来到聂家的门前，聂隐娘说："这个人可以做我的丈夫。"她告诉了父亲，父亲也不敢不应承。聂隐娘便嫁给了那个少年，她的丈夫只会制镜，不会干别样，父亲供给他们丰厚的吃穿费用，让他们在外居住。

多年后，父亲去世，魏博的统帅田季安从他人的口中听说了聂隐娘的一些情况，便花钱把她和她的丈夫请来，雇他们为左右吏。就这样又过了数年，到了唐宪宗元和年间，魏帅和陈许节度使刘昌裔的关系不睦，他派聂隐娘夫妇割去刘昌裔的头。刘昌裔能神算，聂隐娘刚辞别魏帅时，他就知道她要来，便召集衙将，命令他们在聂隐娘来时的那天早晨到城北埋伏。埋伏的人果然见到了聂隐娘夫妻，此时，有一鹊雀在夫妻二人的面前鸣噪，丈夫用弹弓射没有射中。聂隐娘从丈夫的手里夺过弹弓，只一丸便射杀了鹊雀。埋伏的人看到这儿，走出来对他们行礼一揖道："我们大人想见两位，所以让我们远远地出来迎接两位。"聂隐娘夫妻说："刘仆射果然是神人，不然的话，怎知我们要来呢。我们愿见刘公。"

刘昌裔来了，聂隐娘夫妻拜过后说："我们很对不起你，真是罪该万死。"刘昌裔说："不能这样说，各亲其主，人之常情，我和魏帅没什么不一样的，我请你们留在这里，不要有疑虑。"聂隐娘感谢说："仆射左右无人，我们愿意到你这里来，我很佩服你的神机妙算，魏帅不如你。"刘昌裔又问他们需要什么。他们说每天只要200文钱就足够了。刘昌裔便答应了他们的要求。

一天，聂隐娘他们来时骑的那两头驴忽然不见了，刘昌裔赶紧派人去找，但怎么也找不到。后来在一个布袋中，看见了两个纸驴，一黑一白。

一个多月后，聂隐娘对刘昌裔说："魏帅不知我们在这住下了，必定派人来，今天请你剪些头发，用红绸布包上，送到魏帅枕前，表示我们不回去了。"刘昌裔照办。到了四更，聂隐娘返回来了，对刘昌裔说："送去信了，后天晚间魏帅必派精精儿来杀死我，还要割你的头，我们也要多想办法杀了他，你不用忧愁。"刘昌裔听了，豁达大度，毫无畏色。

这天晚上，烛光通明，半夜之后，刘昌裔果然看见一红一白两个幡子互相击打，飘飘然在床的四周转悠。过了很久，见一个人从空中跌下地来，身子和头分开了。聂隐娘也出现了，说："精精儿现在已被我打死。"说着，她将精精儿的尸体拽到堂下，用药化成了水，连毛发都不剩。

聂隐娘又说："后天晚间，他会派空空儿来，空空儿的神术是神不知、鬼不觉，来无影、去无踪。我的武艺是赶不上他的，这就要看仆射的福分了，你用于阗玉围着脖子，盖着被，我变成一只小蚊虫，潜入你肠中等待时机，其余人不用逃避。"刘昌裔按她所说的办法做了。

到了三更，刘昌裔虽然闭着眼睛却没睡着，果然听到脖子上砰的一声，声音特别大。聂隐娘从刘昌裔的口中跳出，说："没事了没事了。这个人像雄鹰似的，只是一搏，一搏不中他便远走高飞，他没击中感觉很耻辱，还不到一更，他已经飞出1000多里了。"

他们察看了刘昌裔脖颈上的玉石，果然有匕首砍过的痕迹，很深。刘昌裔为感谢聂隐娘夫妇，送了他们很厚的礼。

唐宪宗元和八年（813），刘昌裔从陈许调到京师。聂隐娘不愿跟随他去京师，她说："从此我要游山逛水，遍访圣贤。只求你给我丈夫一个差使便可以了。"刘昌裔照办。后来，渐渐不知聂隐娘的去处。

刘昌裔死时，聂隐娘骑驴到了京师，在刘昌裔的灵前大哭而去。唐文宗开成年间，刘昌裔的儿子刘纵任陵州刺史，在四川栈道上遇见了聂隐娘，面貌仍和当年一样。还像从前那样骑着一头白驴。聂隐娘对刘纵说："你有大灾，你不应该到这里来。"说着，她拿出一粒药，让刘纵吃了下去，然后说道："来年你不要做官了，赶紧回洛阳去，才能摆脱此祸。我的药力只能保你一年免灾。"刘纵将信将疑，送给聂隐娘一些绸缎，聂隐娘没有要，飘飘然而去，如神似仙。一年后，刘纵没有休官，果然死于陵州。从那以后再也没有人见过聂隐娘。

理论准备

我们在看到蒙太奇的优越性的同时，也应当看到它的局限性。它确实有一种人工的痕迹，有时不免会破坏时间和空间的真实关系，有着做假的可能，但如巴赞、克拉考尔等所言完全否定蒙太奇、推崇景深镜头、连续拍摄等也具有很大的片面性。

首先，批评蒙太奇论者把单镜头看成是无意义的，这就很值得商榷。任何一部电影必然有大量的意义不完整的镜头，但其与其他的镜头连接起来后就具有了比较明确的或完整的意义。镜头是独立的，又是相互依存的，即使是系列镜头也不能离开电影总体的内容与形式而成为完整的艺术存在。

其次，不能因为对景深镜头、连续拍摄等的偏爱，就放弃蒙太奇所能取得的构成电影空间、电影时间的便利，景深镜头、连续拍摄的作用是巨大的，但也有它的局限性。景深镜头不能摆脱画面的框子，不像眼睛那样不受框框的限制，而且有透视问题的干扰。人物处在不同的层次上，远近事物的尺度就不同，所以就要用场面调度镜头来配合，最终"照相本性"还是要受到人的干预。而长镜头也不过是利用了场面与摄影机调度来代替蒙太奇组合，以实现画面的范围和内容的更替，所以也有人把这种手法称作"镜头内部的蒙太奇"或"纵深蒙太奇"。

这种蒙太奇不仅具有生活化和真实性的特点，而且还具有叙事的完整性和统一性，更能精准地体现电影作品的风格与主旨。如 2016 年荣获第 88 届奥斯卡金像奖最佳外语片的电影《索尔之子》就大量地采用了长镜头拍摄。导演奈米斯和编剧克拉拉·罗耶尔选取的狭窄视角，与摄影师马蒂亚斯·厄得利化繁为简的长镜头语言有机结合，使《索尔之子》这一描述纳粹集中营的本显陈旧的题材焕发了新的活力，取得了不凡的艺术感染效果。

电影《索尔之子》从头至尾，镜头始终跟随着主人公索尔进行拍摄，几乎从未离开过。如影片刚开始的镜头，先是主人公索尔缓慢地走入画面的焦点，然后，一批犹太囚犯蜂拥进入更衣室，等待他们的是一次"淋浴"。毒气室刚被关上的那一刻，索尔便像一个机器人一般迅速地清空了墙上挂着的所有衣物，对从毒气室内传出的绝望的呼救声和砸门声置若罔闻。影片就是通过大量的类似这样的长镜头，将一个举目望去皆是无边炼狱，没有任何喘息机会的集中营真实且艺术地营造出来，直击人心。

鉴赏分析

对于看懂了《刺客聂隐娘》的人来说，这部电影是个惊喜。之前观众还在担心传统老派的故事拍摄不出武侠的新意，没料到侯孝贤导演压根没想讲故事，其功力完全没有用在人物关系、剧情转折等传统叙事上，而是一如既往地在自己的电影中营造美到令人窒息的画面，炊烟农家、青山绿水、纱笼殿堂以及唐朝古风，与东方式传统含蓄和让人理解起来有些吃力的文言文对白一起，打造了一部从未有过的意境武侠创新电影。

对于看不懂全片的人来说，《刺客聂隐娘》的情节缓慢晦涩，人物留白跳跃，台词佶屈聱牙，镜头死板缺少灵性，武打场面少，还大多是远镜，不精彩，不刺激，曲高和寡。这恰好印证了本片中点睛的一句话"青鸾舞镜，没有同类"。侯孝贤是个思考的哲人，他用一般人近乎难以忍耐的克制速度和镜头，讲述了一个极尽克制的孤独故事。最终的他也是极尽孤独，一个人厮守在无人喝彩的舞台，孤绝清冷。

一、冷眼看生死

一般来说，我们认为我国台湾地区新电影的发轫之作是1982年的《光阴的故事》，由陶德辰、杨德昌、柯一正和张毅4位新手联合导演。与《光阴的故事》同段时间开始策划的另一部新电影代表作就是由侯孝贤、万仁、曾壮祥联合导演的《儿子的大玩偶》。与杨德昌等从美国深造回来的同辈导演相比，侯孝贤没有在国外精细地学习过电影，此前拍摄的几部片子都是依照电影制作惯例加上自己的直觉理解来完成的，虽然票房和评论都很好，但是他还不能摸清楚电影要怎么拍，更无法体现出他后来无人能及的大师气度。

1983年，侯孝贤在筹备电影《风柜来的人》时，没有弄清楚的问题依然困扰着他，而他又觉得应该弄清楚了"知而后行"地去拍摄电影，于是就和编剧朱天文进行交流。朱天文是作家出身，她自己对电影好像也很陌生，那时她写剧本也是照着小说来写，她就依直觉拿给侯孝贤一本《沈从文自传》。从此，侯孝贤犹如生出了垂天之翼，电影境界豁然开通。

后来，在许多时候，只要回顾自己的路，侯孝贤总要提起这段历史。如1985年，电影《童年往事》参加台湾电影金马奖评选，他在我国香港地区的《电影》杂志发表导演阐述时就这样说："……读完《沈从文自传》，我很感动，书中客观而不夸大的叙述观点让人感觉，阳光底下再悲伤、再恐怖的事情，都能够以人的胸襟和对生命的热爱而把它包容，世间并没有那么多阴暗跟颓废，在整个变动的大时代里，生离死别变得那么天经地义不可选择，像河水涓涓而流。我因此决定用这个观点来拍摄下一部片子。"

也就是说，侯孝贤强烈地认同沈从文那种"不是批判、不是悲伤，其实是种更深沉的悲伤"的观点，"沈从文看人看事不会专在某一个角度去挖、去批判，那些人的生生死死在他的文字里都是很正常的事,都是阳光地底下的事!"于是,从《风柜来的人》一片开始,他就用沈从文那种"冷眼看生死"的客观角度来拍摄电影,他认为自己的个性亦倾向于此,而这其中又包含了"最大的宽容与深沉的悲伤"。

电影《刺客聂隐娘》亦是如此,尽管它看起来是一个那么容易被推向武侠动作类型的题材,内容充满了生生死死、打打杀杀,然而侯孝贤却在风云变幻中仍然保持着悲天悯人的电影情怀,本片关注的不是爱恨情仇的传奇故事,不是山重水复的武侠情节,也不是刀光剑影的动作奇观,而是在静若处子般的客观叙述中,将笔触探至刺客聂隐娘的内心。杀与不杀,刺或不刺,只是表面,内心深处的挣扎却是武功高强的她能否摆脱人伦之情,家国之仇可否服从于恻隐之心。

二、沉静的展现

因为客观,便需冷静,大量静止一般的长镜头便被多次使用。

这是侯孝贤一以贯之的叙事态度:沉静地展现,只有展现。没有人为的跌宕起伏,张弛节奏,也没有热闹的戏剧冲突、纵横捭阖,只有过往生活的流程从镜头中缓缓涌出,技巧消融在似水流年之中。

侯式电影,从来都不是用"动"来征服观众的,而是用"静"穿透人心。之前的《悲情城市》《风柜来的人》等影片已经用富有表现力的长镜头、定点摄影震惊了世界,这部刺客题材的电影依旧是把摄影机当作一双洞察而温情的眼睛,观察并记录着将乱而未乱的大唐,在风不动之中让人心动。

在《刺客聂隐娘》中,多个镜头的拍摄都是把机器摆在顶角的位置,用全景(远)景把一场戏一镜拍完,如需强调就同轴跳一个中(近)景。侯孝贤在拍摄时机器通常很少运动,他甚至很少用标准的内、外反拍镜头,原因就在于为了保持画面情绪、人物心境以及相互关系的稳定、完整,使人、景、物融为一体,以便让观众能够全身心地去体验、去感受。

必须指出的是,侯孝贤对固定长镜头的运用,与安德烈·巴赞的长镜头理论还是有所区别的。安德烈·巴赞认为长镜头比蒙太奇能更完整地记录时空的连续性,因而更具有真实性,所以大量使用长镜头便是一种写实的拍法。但是,侯孝贤对长镜头的偏好并不在此,他看重的是中国古典美学的"静""远""空",也就是含蓄的美或曰意境。

三、空灵的意境

"意境"一词据说源自佛教的境界,指佛教中的六识(眼、耳、鼻、舌、身、意)所辨别的各自对象,同时亦指佛家所能达到的某种造诣。意境问题在中晚唐时期成为一种自觉,这绝不是偶然的,因为随着社会的发展、时势的变迁,此时文学艺术的重心已在于"更为细腻的官能感受和情感色彩的捕捉追求中"。中国诗歌和山水画的意境要求"通过对自然景物的描绘,表达出整个生活人生的环境、理想、情趣和氛围",并且"重视具有一定稳定性的整体境界,给予的情绪感染效果"[①]。这也正是侯孝贤使用

---

① 李泽厚. 美的历程(插图版)[M]. 2版. 南宁:广西师范大学出版社,2000:233.

的方法。

电影《刺客聂隐娘》对意境的追求是不遗余力的，表现之一便是全片穿插了很多空镜头，如片头半动半静的树林，时而暖色、时而冷色的湖面，缭绕的云海，耸峙的山峰等，俯拾皆是，犹若仙境。这些空镜头首先是用作情绪的延伸与扩展，再次是在结构上起到了很好的过渡作用。

意境表现之二是本片极力刻画人物所处的环境。环境在侯孝贤的作品中占据了一个非常突出的位置，他的环境已不单单是人物活动的背景，而是一种"生态环境"，是融进了他的思考和感受的社会生活的折射，也是他和他所表现的人物的心境情绪的物化寄托。

意境表现之三是多处留白与隐忍，恰如片中的聂隐娘，由始至终都目光深沉、面无表情，美丽而忧郁，即使受伤也是如此，唯一的一次爆发是在听闻嘉诚公主的死讯时，但也只是蒙着脸啜泣了几声而已。

另外，本片对所有的往事全部是侧写，在每个人的唠家常中，通过支离破碎的台词拼凑而成，看似风轻云淡，实则隐藏着多少权谋算计，波谲云诡、步步惊心。

即便是服装，也体现了导演对意境的追求，聂隐娘穿着的黑色，既能表现低调，也能展露个性；看似单纯，实则变化多端；既富于张力，也富于神秘性。未开言便道出了她孤独深沉的情怀，深藏不露的能力，独特大胆的作风。黑色还是水墨的主要颜色，身着黑衣的聂隐娘，犹如气韵生动的形象主体，在场景中渲染着生命力与节奏感，在武打场面里展现出劲道与气势。其中，不仅有灵动的外在形象，而且还有抒情细腻的个人意境。

四、总结

无论从哪种意义上来说，《刺客聂隐娘》都不是一部主流电影，而可视为一部反常规的另类电影、作家电影、实验电影。作为另类，其带来的观影体验也必然是另类的，不仅那一幅幅声画交融的运动的"画"需要观众心平气和地去凝视，就连本片的内容与主题也需要观众将支离破碎的空白填补完整后才会悟出：原来是从盛唐到中唐，在政治斗争中，在集权与分权的矛盾中，侯孝贤毅然选择了出世的隐，纵情于山水之间。

▶ 思 考 题

1. 为什么说《公民凯恩》是现代电影的纪念碑？它的首创性是表现在技术方面吗？
2. 长镜头与蒙太奇相比有哪些不同之处？为什么安德烈·巴赞说长镜头比蒙太奇优越？
3. 什么是意大利新现实主义电影运动？它对我国以及其他世界各国电影的影响主要表现在哪些方面？
4. 请你观摩《卡拉是条狗》《二十四城记》等写实主义的影片，并对其艺术特色进行总结分析。

第六章

类型电影与反类型电影

本章提要

　　类型电影，是指由不同的题材或技巧而形成的影片范畴、种类和形式。类型电影作为一种拍片方法，实质上是一种艺术产品标准化的规范。

　　类型电影最早在好莱坞兴起，也在好莱坞达到了顶峰。在类型电影的鼎盛时代，凡是不适应类型要求的题材和处理手法，均被视为有失败的风险。类型和票房也变为衡量创作者能力的尺度，创作者必须抑制个性的发挥，就范于一定的类型模式。因此，类型电影在某种程度上制约了艺术电影的发展，所以也就有了反类型电影的出现。

　　另外，类型电影迎合了观众的欣赏趣味，获得了高额的利润回报，在叙事时空和形式技巧方面也总结出了不少可资借鉴的规律，因此值得我们好好研究，加以重视。

　　本章将通过对类型电影《北京遇上西雅图》《西北偏北》《莫扎特》"回到未来"系列和《摔跤吧，爸爸》以及反类型电影《怪物史莱克》《阿凡达》等的分析，加深读者对类型电影与反类型电影创作规律的了解与认识，从而指导自己今后的创作。

第一节 "拜金女"与"落魄叔"
——薛晓路的电影《北京遇上西雅图》赏析

影片资料

中文片名：	北京遇上西雅图
国家/地区：	中国
类　　型：	爱情/喜剧
导　　演：	薛晓路
主　　演：	汤唯　吴秀波　海清（等）

剧情简介

"拜金女"文佳佳（汤唯饰）曾经是美食杂志的编辑，对爱情充满了像电影《西雅图夜未眠》一样的浪漫幻想。而在现实中，因为在国内没有办法开出准生证，她不得不远渡重洋只身来到美国西雅图的月子中心待产生子。

在月子中心，文佳佳炫富的作风引起了房东和其他孕妇的反感，感到孤独的她只能向司机弗兰克（吴秀波饰）倾诉心声。而看上去木讷老实的"落魄叔"弗兰克并不是一个平庸的男子，他在国内曾是一位一流的心血管疾病方面的名医。

在相处中，弗兰克的体贴和包容渐渐融化了文佳佳的刁蛮任性。当文佳佳的富豪男友突然失踪后，一夜之间变成穷人的文佳佳得到了弗兰克无微不至的照顾。跟弗兰克和他的女儿一起生活的这段日子里，文佳佳找到了家的温暖。渐渐地，两人产生了微妙的感情。

文佳佳的孩子出生了，富豪男友也再次出现，将她接回中国并结了婚。生活虽如过往般奢华，但文佳佳却频频想念弗兰克。这时的她才发现自己真正追求的爱情是什么。离开了西雅图并不代表结束，离开是下一次相遇的开始。

拍摄背景

在《北京遇上西雅图》这部电影中，薛晓路身兼编剧和导演两职，转战爱情轻喜剧片类型，讲述了北京"拜金女"文佳佳与西雅图"落魄叔"弗兰克的跨国爱情故事。本片的票房突破5亿元人民币，成为当年的国产爱情片的票房冠军。

这部电影是演员汤唯第一次出演爱情轻喜剧片。"文佳佳"这一角色是典型的北京女孩，性格豪放、牙尖嘴利，与汤唯一直以来的银幕形象完全不同，这也成为本片最大的看点之一。汤唯也坦言当初接下这部爱情轻喜剧片时，心情忐忑不安，没想到影片完成后，导演的夸奖让她感到很有成就感。

为了更好地诠释这个跨洋生子的北京女孩,"一开始怎么走怎么都不像"的汤唯除了洗澡之外,基本每天都在腰部绑着一个装着大米和铅球的背包,体验孕妇的生活。尽管只是"怀胎一月",汤唯已被"折磨"得叫苦不迭,频频感慨做孕妇真不容易,"有次半夜翻身,忘记有这个'肚子',翻得太过头一下掉地上去了"。

《北京遇上西雅图》推红了西雅图的旅游,然而本片的外景地其实不是在西雅图。据片方相关工作人员介绍,《北京遇上西雅图》中90%以上的戏份都是在加拿大的温哥华、美国的纽约等地实景拍摄完成的。导演薛晓路说:"因为西雅图并不是一个制片基地,在电影制作的很多方面都存在困难。而跟它相隔很近(车程3个小时)的温哥华有一个新建的电影制作基地。这两个城市离得非常近,海岸、地貌、环境都极为相似,很多美国的电影和电视剧也都会在温哥华制作。"

理论准备

一、类型电影的历史

所谓类型电影,是指由不同的题材或技巧而形成的影片范畴、种类和形式。在20世纪20年代末,美国类型电影(如西部片、喜剧片、强盗片、恐怖片、歌舞片和战争片等)已经初具规模。20世纪三四十年代好莱坞的制片商们在稳固的制片厂制度下,为了适应工业化生产的需要,迎合观众的欣赏趣味,获取票房的高额利润,愈加强化了类型电影的观念。类型模式规范了电影的叙事时空和形式技巧,凡是不适应类型模式要求的题材和处理手法,均被视为有失败的风险。类型模式和票房也变为衡量创作者能力的尺度,创作者必须抑制个性的发挥,就范于一定的类型模式。

对于类型电影的观念,在电影发展史上曾有过不同的看法和分歧。20世纪60年代前,电影史学家和艺术家们把好莱坞的类型电影看作是在电影工厂里按照固定的模式,成批量地生产出来的相互雷同的娱乐品而不是艺术品。20世纪60年代以后,"作者理论"派则认为,在一部好的电影的背后,必然隐藏着一个"作者",并声称如果你没有看过某位导演的全部作品,你便不可能真正地看懂他的某部影片。这种极端的观点不过是对前一种理论的否定,是要显示美国电影类型观念的重要性。因为,在"作者理论"派看来,一部电影的成功往往得益于某种类型的传统,而不是导演的独特贡献。这与20世纪三四十年代的美国电影不是追求艺术流派,而是追求确立类型电影的观念相比,两者并没有什么本质的区别。

好莱坞类型电影的制作和类型电影观念的发展,尽管在某种程度上丰富了电影的叙事形式和叙事语言,但从整体上来看,好莱坞类型电影的叙事模式仍旧隶属于戏剧性的叙事模式。类型电影强调以影片的故事情节取胜,人物关系也从属于情节关系。电影叙事的发展是人为的、形式主义的,并且像它的人物一样是定型的。好莱坞类型电影强调连贯性的剪辑和流畅性的时空组合,以利于一环扣一环的封闭的因果关系的线性发展。电影的情节和镜头也遵循逻辑的发展,竭力造成时空的连贯性,以便得到观众的认同。封闭的结构模式既造成了电影大团圆的结局,也决定了电影人物和环境的假定性和不真实性。这一叙事模式还带来了一系列技巧和手段的封闭性:画面构图的全部信息集中在银幕主人公的中心位置上；灯光照明造成通堂亮的效果，使人物与真实的环境隔绝开来等。而"三镜头"法作为好莱坞分镜头的程式化手法，谁说话镜头就给谁，以此来代替观众的思维，让观众跟着故事走，诱使观众简单地认同电影及人物的观点和态度。剪辑方法则不过是完成分镜头的任务，并使电影顺畅、连贯，让人看不到剪辑的痕迹。这种顺畅往往表现为台词接台词，因此声音也是封闭空间的表现。

二、类型电影与艺术电影的区别

类型电影很难说是一种艺术创作，只能说是一种产品生产，最多只是一种准电影艺术。因此，类型电影一向被艺术界忽视和冷落。历届国际性电影节的得奖影片中类型电影仍很难沾边，一部世界电影史实际上是由艺术电影和实验电影所构成的。但是，维系观众和电影艺术的是类型电影，维持电影生产的是类型电影，每年进入电影票房"龙虎榜"的大多也是类型电影。

通常，我们衡量电影的艺术标准是其他艺术的标准，这是一种脱离电影本体、电影特性的标准。由于这种标准的错误，电影自从成为艺术就开始陷入艺术与消费的"二律背反"怪圈之中。

三、类型电影的梦幻特征

我们在说电影是一种梦境时会发现，最能体现这一电影本质的恰恰是类型电影。这是就电影在目前担负的功能而言的。也就是说，电影目前担负着反映现实和超越现实两种功能。教化电影（如政治电影、改革电影等）担负着反映现实的功能，而类型电影却是为了超越现实。

从观众的观赏心态来看，观看类型电影和观看艺术电影的心境明显不同。面对瑞典电影大师英格玛·伯格曼、意大利电影导演安东尼奥尼等的作品，观众绝不会轻松，他会处于一种高度的理性紧张之中，他会不断地思考人类行为的哲学意义，揣摩镜头的象征含义。艺术电影，特别是实验电影剥夺了观众的欣赏愉悦性。而面对类型电影，观众的心态是绝对放松的，他可以完全投身于故事之中，不打折扣地享受视觉快感。

类型电影的这些梦幻特征表现在以下三个方面：

（一）情节公式化

如西部片中的铁骑救美、英雄解围，强盗片里的抢劫成功、终落法网，科幻片里怪物出世、为害一时，歌舞片的小人物终于成名等。

（二）人物类型化

如除暴安良的西部牛仔和警长、至死不屈的硬汉、仇视人类的科学家、能歌善舞的贫家姑娘等。

（三）视觉形象图解化

如代表邪恶的森林、预示凶险的城堡和塔楼、象征灾害的实验室里冒泡的液体等。

如果从经典艺术观上来说，这些公式化、类型化、图解化正是艺术所避之不及的，所以才有了反类型电影、艺术电影与之相抗衡。

鉴赏分析

一、类型电影之爱情轻喜剧片

电影《北京遇上西雅图》以类型划分,属于观众最喜闻乐见的浪漫爱情轻喜剧片,这种浪漫爱情轻喜剧片在我国的产量虽不多,在西方却是一种非常成熟的类型。中国人把一对情人有时称为冤家,所谓"不是冤家不聚头",便是此类电影的精髓。它表现的正是那种既是对头又是情人,同时还需要一阵时间的打闹、别扭才能相互了解、萌发并加深感情的关系。

这种类型电影的关键在于把爱情游戏化。如美国电影《一夜风流》确定了一个基本模式,一对陌生的男女萍水相逢,表面上针锋相对、打打闹闹,实际上却是在考验、磨合、增进了解,结局必然是有情人终成眷属。

1989年拍摄的美国电影《当哈里遇到萨莉时》,表现了一对青年男女展开了爱情马拉松,吵吵闹闹,分久必合,跑到终点时却如胶似漆了。编导在这样一部喜剧效果并不特别热烈的商业片中也试图探讨一些比较严肃的问题,如友谊、情欲和婚姻的关系,结果影片却出人意料地卖座,又一次把此类爱情轻喜剧片推到了炙手可热的境地。

因此,用猜忌、怀疑、嗔怨、嫉恨、试探等表现感情的建立过程往往效果更好,因为它比较符合普通男女的爱情经验。毕竟像《魂断蓝桥》里的罗依和玛拉一样,一见面就火花四射,爱得辗转反侧、寤寐思服的在芸芸众生中只是少数。

同样,苏联著名喜剧导演梁赞诺夫执导的电影《办公室的故事》《两个人的车站》等也是此类电影的典范之作。我国导演冯小刚的几部贺岁电影如《不见不散》《没完没了》《非诚勿扰》等也可以归入此种类型电影的范畴。

几十年的实践证明,这种类型电影是有生命力的,它的一些表现方式作为类型电影的套路是行之有效的。《北京遇上西雅图》之所以成功,正是编导在创作中认真遵循了此种类型电影的创作规律的结果。用本片编导薛晓路的话说,即是:"我做编剧已经这么多年了,对类型化的考虑是一个自觉,而不是有外界的压力或者制片人的要求我才考虑,既然要做的是一个浪漫爱情轻喜剧,就必然参照既定的成熟套路,而且这个套路是有它的规律性所寻,所以我的原则就是让现实和类型规律相结合。"①

二、喜剧性格和喜剧人物

喜剧电影,尤其是爱情轻喜剧片,应该具备三大要素:一是喜剧题材,如以弱胜强、以小胜大等;二是喜剧结构,是指剧情中应该包含喜剧冲突和喜剧情境;三是喜剧性格,在喜剧电影中,无论是正面人物,还是正面人物的对立面、中间人物,都应该具备让观众发笑的性格。

这一点在电影《北京遇上西雅图》中做得非常好,文佳佳和弗兰克,一个"拜金女",一个"落魄叔",相逢在美国这片并不能遮风挡雨的屋檐下,必然会发生许多有趣的事情,而观众也正是抱着轻松的、看热闹的心态来观看两人如何从唇枪舌剑到加

---

① 薛晓路.《北京遇上西雅图》很浪漫[J]. 电影,2013(03):39.

深感情。果然，本片没有违背观众的预期，开场没多久便火药味十足：弗兰克看不上文佳佳"有两个臭钱就显摆"，更看不上她的牙尖嘴利、颐指气使；而文佳佳也不满弗兰克接自己迟到了，车上居然还养着小动物，更看不上的是这位大叔整天唯唯诺诺，没有一点男人的气概。所以，在本片的前半部分，两人一直在"掐"，文佳佳不仅同弗兰克"掐"，而且还同月子中心的另外几个准妈妈"掐"，也就在这"掐"与"斗"的过程中，本片将人物性格的刻画以及心理转变作了十分精准的传达。

文佳佳的性格不仅是鲜明的，而且还具有双重性：一方面，她炫富、任性、自私自利、横行霸道；另一方面，她也有侠肝义胆，不仅能在周逸临产时挺着大肚子跑了3条街找人求助，而且还能倾己所有买下婚纱，为的是能让弗兰克在前妻的面前挺直腰杆，挽回颜面。更绝的是，随着剧情的发展，在经历了一系列的变故、邂逅、巧遇后，她不但恢复了会矜持、会脸红、自食其力、心灵手巧的淑女本色，而且还找到了属于自己的爱情，读懂了生命的价值与意义，从一个蛮横霸道、令人生厌的人蜕变成一个回归本真、重新选择人生的单亲妈妈。

至于弗兰克，在本片中被极力塑造成一个典型的居家好男人的形象。他为了女儿放弃了国内的工作而移民美国，对女儿呵护备至，对前妻也是尽心尽责，无论是对于家庭还是对于爱情他都是无可挑剔的，他简直就是完美男人的化身。但是，这样的好男人却不符合社会对好男人的评价标准，"当今社会对好男人的评价标准就两条——有权或者有钱，传统上的学识和品性等美德都退居其次了。我们电影中的男主人公弗兰克，除了没钱没权之外，他具备了一个好男人的所有优点，但他依然是社会中的失败者"[1]。好在这个好男人的魅力终于被女人发现，之后的故事便似格林童话描写的《青蛙王子》般有了一个理想的大团圆的结局，也使得本片表达的情感更加丰满。

三、双重拯救

早期的爱情类型电影几乎每部都是《格林童话》中《灰姑娘》或《青蛙王子》故事的翻版，其实质不外乎是我国古典章回小说或戏曲中早就有并十分推崇的情节：要么公主落难，王子相救；要么王子落难，公主伸出援助之手。但是，随着时代的发展，人们的爱情观念也发生了日新月异的改变，那种单纯的一方相救的故事已经因情感的不对等而迟滞于时代的步伐。今天，电影追求的是双重拯救的模式，即在一方落难被另一方拯救的同时，拯救人的一方也同时得到了被拯救者的救赎。

最典型的例子莫过于电影《风月俏佳人》，由理查·基尔扮演的富有的企业巨头爱德华拯救了由朱丽亚·罗伯茨扮演的街头妓女维维安出水火，他洋洋自得之余却被维维安一语点破：其实你和我没有什么区别，都是从别人的口袋里掏钱罢了。一句话点醒了梦中人，企业巨头摇身一变，收回了最早乘人之危想兼并那家濒临倒闭的船舶公司的动议，改为与和蔼可亲的莫尔斯父子一起经营。自此，两人在感情上完成了双重的救赎，所以便有了以下的台词：

爱德华：骑士爬上去救出公主后，发生了什么？

维维安：她也救了他。

---

[1] 薛晓路.《北京遇上西雅图》很浪漫[J]. 电影，2013（03）：39.

就这样，两人的相互拯救以及与这种相互拯救密不可分的浪漫爱情构成了《风月俏佳人》这部电影在内涵和包装上一阴一阳的双重主旋律。

电影《北京遇上西雅图》亦是如此，文佳佳在国外失去经济依靠后，弗兰克的不离不弃渐渐使她明白了爱情的真谛，她意识到金钱不等于一切，昂贵的包包、服饰不是爱，真正的爱是男人对女人的不离不弃、无微不至的照顾与体贴。有一种爱，平凡中见其伟大；有一种爱，在经历磨难之后见其珍贵。化作片中的台词，便是："他是世界上最好的男人，他也许不会带我去坐游艇、吃法餐，但是他可以每天早晨都为我跑几条街，去买我最爱吃的豆浆、油条。"

文佳佳如此，弗兰克亦如此，他在本片的后半部分的振作、重新奋起，乃至具有象征意味的刮去胡须，都来自文佳佳的激励。

四、借鸡下蛋，一箭双雕

电影《北京遇上西雅图》的成功还与另一部著名影片有关。在1993年上映的美国经典爱情电影《西雅图夜未眠》中，痛失爱妻的山姆带着8岁的儿子乔纳移居西雅图，久久不能从悲痛中走出来，儿子乔纳偷偷地在电台上为山姆征婚，却意外促成了山姆和女记者安妮的浪漫情缘，最终，这对素未谋面的恋人在纽约帝国大厦相逢，帝国大厦也因为这一幕成为爱情胜地。虽然《北京遇上西雅图》与《西雅图夜未眠》在剧情上完全不同，但仅仅因为名字中有了"西雅图"二字，就吸引了无数怀旧的观众。

虽然在情节上找不到重合点，但《北京遇上西雅图》和《西雅图夜未眠》这两部电影至少在两个方面是一脉相承的。"一个是影片传达的爱情概念——在世界的一个角落，永远有一份缘分在守候你，它会在你猝不及防的时候出现，以极为浪漫和动人的方式出现。还有一个元素是帝国大厦。因为多部爱情电影都以帝国大厦为背景，所以，它已经变成了爱情故事里具有标志性的一个符号。女主人公文佳佳虽然拜金，但是她内心还是保有一份对美好爱情的渴望，所以，故事最后，她放弃了对物质生活的追逐而重新回到了西雅图，出现在帝国大厦上。"①

正因如此，导演在本片中并不避讳，反而是大大方方地向这部前作致敬，开头就让女主角文佳佳点出了她来到这个城市的原因——因为《西雅图夜未眠》这部浪漫到恨不得冒起粉红泡泡的爱情电影。

另外，把片中主人公发生的故事的地点放在美国，也是这部电影在商业上获得成功的原因之一，它满足了很多中国人对异域文化了解的需要。

---

① 薛晓路.《北京遇上西雅图》很浪漫［J］.电影，2013（03）：40.

第二节 "追逃模式"与"麦克古芬"
——阿尔弗雷德·希区柯克的电影《西北偏北》赏析

影片资料

中文译名：	西北偏北（北西北）
国家/地区：	美国
类　　型：	悬念片
导　　演：	阿尔弗雷德·希区柯克
主　　演：	加利·格兰特　伊娃·玛丽·圣　詹姆斯·梅森　马蒂·兰道（等）

剧情简介

罗杰·索荷尔是个有点幽默感的普通广告商，在他和客户吃饭的时候忽然有两个人上来绑架了他，并叫他卡普兰。罗杰·索荷尔莫名其妙地被带到一间大房子里，见到了几个身份不明的人，为首的一个人也认定他就是卡普兰，并要他合作交出东西。

还没等罗杰·索荷尔明白发生了什么事情，几个人给他灌了大瓶的波旁酒，把他扶上一辆汽车，看来是要制造一个酒后驾车坠海而死的假象。罗杰·索荷尔在朦胧中居然没有出事，只是被警察指控酒后驾驶偷来的汽车。

第二天，罗杰·索荷尔的供词没有人相信，大房子里的人也一口咬定是他参加宴会后酒醉而去的。为了证明自己的清白，也是出于好奇心，罗杰·索荷尔根据前晚的线索找到卡普兰的酒店房间，但没有发现什么，却又被人追赶。他又来到联合国大厦，想找大房子的主人，却背上了杀害联合国官员的罪名。

罗杰·索荷尔根据其他的线索上了开往芝加哥的火车，一位迷人的年轻女郎坎多主动帮他逃过了警察的搜查，并和他一夜风流。火车到站后，坎多又替他联络了卡普兰，约定了见面的时间和地点。

在见面的地点，罗杰·索荷尔不仅没有见到卡普兰，反而被一架飞机追杀。当他逃过追杀去找卡普兰时，却发现卡普兰早已退房了，罗杰·索荷尔明白了坎多跟追杀自己的人是一伙的，于是他找到坎多。坎多见到他，心里虽然很高兴，嘴上却一个劲地催他赶紧离开。

罗杰·索荷尔跟踪坎多来到拍卖会，遇到了上次绑架他的男人维丹，当维丹再次准备绑架他时，他在现场开始胡闹，最后被警察带走。FBI（Federal Bureau of Investigation，美国联邦调查局）的负责人把罗杰·索荷尔带走，告诉了他真相，原来根本没有卡普兰这个人，都是FBI制造出来迷惑"冷战"间谍维丹的，而坎多则是FBI的卧底。

为了让坎多彻底得到维丹的信任，罗杰·索荷尔和坎多上演了一出空包弹的假枪杀，两人也冰释前嫌。FBI想利用坎多跟维丹离开美国以获取更多的情报，但罗杰·索荷尔不能无视坎多接受这样的结果。

罗杰·索荷尔赶到维丹的住所，正好遇到维丹识破了空包弹的计策，罗杰·索荷尔和坎多抢过装有情报胶片的古董逃走。双方在雕刻着美国历任总统头像的巨大山岩上展开了搏斗，最终维丹落下山崖，其同伙也被赶来的FBI击毙。

拍摄背景

一、关于悬念电影大师阿尔弗雷德·希区柯克

阿尔弗雷德·希区柯克（以下简称希区柯克）于1899年出生于伦敦经营蔬菜批发的普通人家。1920年，他进入电影界。在经历了字幕设计、美术导演、编辑等工作后，1926年希区柯克导演了他的第一部悬疑电影《房客》，并受到好评，树立了他在英国电影界的地位。

1934年的电影《暗杀者之家》、1935年的电影《三十九级台阶》在各国都很卖座，让希区柯克享有了国际名声。

1938年，希区柯克的电影《巴尔干超特急》也成功上映，引起好莱坞的注意。适逢第二次世界大战开始，希区柯克举家迁往美国，开始了他在好莱坞的工作。

1940年，希区柯克的第一部好莱坞电影《蝴蝶梦》便勇夺1941年第13届奥斯卡金像奖最佳影片、最佳黑白拍摄等奖项。紧接着他又拍摄了间谍片《海外特派员》、心理悬疑片《断崖》和精神分析片《爱德华大夫》。1946年，他拍摄了这段时期的总结性作品《美人计》，这也是英格丽·褒曼出演的最后一部希区柯克的电影。

20世纪50年代前期，希区柯克在摄影技术上不断地试验，制作了《电话谋杀案》《后窗》等代表作。继《后窗》之后，希区柯克在艺术性和娱乐性上同时高要求，拍摄了《捉贼记》《知道太多的人》《眩晕》《西北偏北》等一系列优秀的电影作品。

1960年，希区柯克向新的目标进行挑战，拍摄了一部让全世界观众感到惊悚的电影《精神病患者》。诡异的题材、意外的故事发展、低预算的黑白制作让这部电影成为希区柯克电影生涯的一个里程碑。

随后，1963年的电影《群鸟》和1964年的电影《玛尔尼》都是希区柯克不同的新尝试，开创了恐怖、悬疑电影的新世界。当时，法国新浪潮的电影导演们都或多或少地受到了希区柯克的影响。我们在观看当时的电影时都会有所体会，而在《特吕弗与希区柯克对话录》中可以更清楚地看到。

1972年，在伦敦首映的电影《狂凶记》让观众看到希区柯克雄风依旧。这部电影情节流畅、手法娴熟，是希区柯克后期的佳作。

希区柯克不断地完善和强化自己的电影理念和电影技术，创作出众多极具个人风格的经典电影，获得了观众及权威机构的高度评价和肯定，被尊称为"悬念电影大师"。1979年，希区柯克荣获美国电影学会特别颁发的"终身成就大奖"。希区柯克一生曾6次获得奥斯卡金像奖最佳导演提名，最终却无一所获，不禁令人感到遗憾。

1980年4月29日，希区柯克去世，为世人留下了超过50部的电影作品。

二、有关希区柯克电影的几个关键词

（一）悬念

希区柯克认为，骇人的东西不仅潜伏在阴影里或者潜伏在我们只身独处的时候，有时在光天化日之下，我们和正常、友好的人在一起时也会感到十分孤独、险象环生和孤立无援。在希区柯克的内心深处总有一种莫名的焦虑、一种绝望的感觉。当电影《破坏》初次放映时，希区柯克还特意在海报上加上了"当心背后有人"的副标题，以表现存在于人们潜意识中的恐惧。这种潜在的恐惧感被希区柯克当作悬念来发挥运用。

希区柯克有一个著名的例子：两个人走进一个屋子，坐下来谈话，突然桌子底下的炸弹爆炸了——这个过程让观众感到很惊奇。相反，如果在他们走进屋子前，观众首先看到一个凶手进了屋子将炸弹藏在桌子下面，接着两个人走进屋子却没有发现炸弹，仍然坐下来谈话，那么这整个过程就叫作悬念。所以，希区柯克一向都预先将答案告诉观众。比如，在电影《迷魂记》中，朱迪与玛德琳是同一个人的谜底在情节中间就被揭穿了——在当时曾引起过许多的争议，因为原著中这个谜底是最后才被揭穿的。然而，预先被告知答案后，观众自然而然地将焦虑的心情对准了主人公的命运。同样，《狂凶记》《西北偏北》也都是预先透露了真相，然后将焦点集中在无辜者的命运与选择上。

希区柯克最擅长的是利用时间的延展与空间的封闭来制造悬念气氛。在《精神病患者》诺曼沉车一段，他故意让车在泥潭中停留片刻；《夺命狂凶》中女秘书上楼发现尸体他也特地让尖叫声延缓；在《群鸟》《冲出铁幕》《西北偏北》中的几个场景都是利用分镜头逐步加重暗藏杀机的悬念。有时，希区柯克所制造的悬念的结果超乎常理，如《破坏》中将男孩炸死与《海角擒凶》里破坏分子成功地将军舰炸毁，如此打碎了观众的期待，在银幕上是非常罕见的。

（二）"麦克古芬"

"麦克古芬"是希区柯克的电影中最独特的词汇，这个字眼来自他最爱说的一个故事：一列苏格兰火车上有一个爱追根问底的人，他见隔壁的乘客带着一个形状奇特的包裹，就问那是什么，乘客答："麦克古芬。""什么是麦克古芬？""是在苏格兰高地捉狮子用的。""可是苏格兰高地没有狮子啊。""啊，这么说，也就没有了。"由此我们可以看出，"麦克古芬"是个并不存在或者不太相干的事物，但它却是谈话、行动甚至整个故事的核心。

《三十九级台阶》是"麦克古芬"得以流传的开端，在整部电影里都围绕着"三十九级台阶"这个间谍组织展开，但关于这个间谍组织以及他们窃取的情报却没有做什么交代。在希区柯克后期的力作《西北偏北》中有一个最为典型的"麦克古芬"，那个叫作卡普兰的间谍根本就不存在。在所有希区柯克的电影中都或多或少地用到这个概念，他总是在电影中利用一个虚化的人物作主线，如《房客》中的复仇者、《蝴蝶梦》中的丽贝卡、《迷魂记》中的玛德琳。有时他又利用虚化的事件作主线，如《后窗》中的推销员谋杀案。

（三）罪孽转移法

在电影《房客》中，希区柯克首次运用了罪孽转移法，虽然房客最终是无辜的，但整部影片将他完全塑造成一个古怪、诡秘的杀人犯的形象,尽管如此,观众仍然始终希望他能逃脱,而这种情绪完全来自希区柯克对画面语言的把握。像这样的"案例"还有许多,而且希区柯克对观众阴暗心理的控制也越来越自如。如在《美人计》的最后,观众大多同情起那个即将被同伙谋害的塞巴斯蒂安,尽管是他下毒想致美丽的英格丽·褒曼于死地。在《精神病患者》里,诺曼在将汽车沉入河底时,希区柯克故意让汽车停顿了一会,从而令观众着实地为他揪了一把心。最过分的还是在《狂凶记》中,变态杀人狂罗斯克在寻找遗失的罪证那段过程中,观众都希望他能找到。

在罪孽转移的同时,希区柯克也经常故意将反面角色塑造得风度翩翩、幽默有趣。如《海外特派员》中的费希尔起初就是一位我们同情的和平主义者,后来发现他竟然是个恶棍,但观众仍然保留着对他的同情。在《间谍末日》里,希区柯克甚至让那个德国间谍比主人公更可爱一些。

(四)楼梯与阴影

运用画面来制造悬疑与紧张的气氛是希区柯克最擅长的,而楼梯与阴影是他最常调用的元素。在拍摄《房客》时,希区柯克从德国表现主义者那里学习到了许多的东西,包括他们认为,当人物走上楼梯、逐渐进入黑暗时,观众会陷入恐惧。所以,《房客》中的男主人公在深夜带着白色手套从楼梯上走下时显得阴森恐怖,但希区柯克其实只是将镜头对准了楼梯扶手上慢慢滑下的手套而已。像这样的例子非常多,比较著名的如在《讹诈》中,爱丽丝随克劳上楼时,在楼梯间的墙壁上留下的不祥阴影就预示着悲剧的发生。最为著名的3个楼梯镜头分别出现在《迷魂记》《群鸟》与《狂凶记》里:《迷魂记》中教堂塔楼的旋转楼梯显得极高、令人目眩;《群鸟》中的阁楼楼梯充满了致命的吸引力;《狂凶记》里布兰尼在深夜到罗斯克的家中寻仇,在上楼梯时,反复切换的特写几乎令人窒息,因为观众无法了解将要发生的事情。

(五)窥视

用窥视者的视角进行拍摄是希区柯克的电影常常表现的一个方面。以前,我们可能会把窥视和窥视者当作是精神不正常的表现,就好像在《后窗》中格蕾丝·凯莉讲的那样,窥视者是要被判刑的。在希区柯克的电影中往往运用窥视的镜头角度来反映事件,从而随着窥视者的感觉一起进入他们的世界。

《后窗》是希区柯克的电影中运用"窥视"主题最为极致的一部作品,他显然认为每个正常人都有窥视他人隐私的欲望。在影片的一开始,观众就处于一种窥视者的角度,因为杰弗瑞的腿部受伤,他只能每天坐在家中透过窗口来观看他家对面的每一户人家,镜头从杰弗瑞家对面的邻居家的窗口一一扫过。由此看来,窥视他人的隐私并不是一些刻板、猥琐的人才会有的举动,许多正常人也会产生这样一种想法。

在《精神病患者》一片中,影片的第一个镜头横摇过燥热午后了无生气的城市全景,然后慢慢地推进一扇半掩的窗户内,观众的眼神随之偷偷地潜入一家旅社,玛莉安正和她的男朋友或躺或倚,旁若无人般地谈情说爱,观众不自觉地成为窥视者的角色。后来,在贝兹汽车旅馆里,诺曼·贝兹窥视更衣的玛莉安,也是不动声色就把赤裸裸的欲望表现了出来,甚至这种欲望是观众所有的。

(六)线索道具

在利用情节来制造悬念时道具是必不可少的。希区柯克常用道具来达到令电影中的人物"恍然大悟"或"大吃一惊"的效果，并加重紧张的气氛。最具有代表性的有《蝴蝶梦》中永远无处不在的"R"图案以及《擒凶记》中的那个音符（希区柯克甚至将镜头对准五线谱来强化情境）。有时，希区柯克用物体的特写来提示电影的核心场景，如《美人计》中的酒瓶，早在片头的酒会上，希区柯克就已经用画面为酒窖中那场惊心动魄的戏埋下了伏笔。《群鸟》也是这样，他将开场安排在鸟店中。

《绳索》是希区柯克运用道具最为经典的电影，影片中的绳索是杀死大卫的工具，又被杀人犯用来捆绑书籍赠送给大卫的父母，以达到其寻求刺激的目的。绳索是重要的道具，同时也包含着深刻的寓意——扭曲的心理背离了知识与道德。希区柯克用的片头字幕也呈拧成一团的绳索状。同样，《夺命狂凶》中的字幕也被设计成条纹领带状——那也是影片中用来杀人的工具，变态杀人狂罗斯克利用领带杀人；而主人公布兰尼与其相仿的领带被用来误导观众；警官奥斯福德的领带其实也是一样的，从深层次上将他们与无法满足的欲望等同在一起。当然，《狂凶记》还有一个最重要的线索道具——罗斯克剔牙用的胸针。从一开始，镜头就耐心地讲解了罗斯克的这个习惯，最后这个道具引发了影片的高潮。

其他比较著名的道具有《讹诈》中爱丽丝的手套、《心声疑影》中查理舅舅送的戒指、《火车怪客》中海恩斯的打火机以及《电话谋杀案》里的丝袜与钥匙，这些道具都在推动情节上起到了微妙的作用。

三、关于《西北偏北》

毋庸置疑，《西北偏北》是希区柯克最为经典的电影之一，如果只从形式上去看，那么还可以将"之一"二字除去。本片没有太多深层次的主题思想，魅力全在于情节的跌宕起伏。本片中的悬念并非像往常一样围绕单一的核心来发展，而是犹如连珠炮一样连续不断地制造疑问。情节的中心又是希区柯克最常使用的"麦克古芬"手法，即某人或某物并不存在，但它却是故事发展的重要线索。在本片中间谍卡普兰就是一个"麦克古芬"，这也是希区柯克最为成功的范例。

本片的构思是从希区柯克的两个想法开始的。他一直想拍摄一组在总统山上追逐的场面。后来，他又有了另一个想法：某次联合国大会，一位发言人在发火，说如果秘鲁代表再睡觉的话，他就拒绝往下讲。当人们去叫醒那位秘鲁代表时，发现他已经死了。于是，希区柯克和编剧将这两个想法合二为一，决定筹备一部从联合国总部到总统山，再到阿拉斯加的追捕惊险电影。由于故事里追逐的方向是往西北方向展开的，因此电影被命名为《在西北方向上》。在撰写剧本阶段，为了突出总统山上的镜头，本片曾一度更名为《站在林肯鼻子上的那个人》，后来编剧觉得太离谱，就在别人的建议下改为《西北偏北》。

希区柯克一向讨厌拍摄外景，但这次却在中央火车站大拍特拍，据说当时中央火车站布置了无数的灯光，差点让米高梅电影公司破产。本片的长度为136分钟，是当时公映的电影中最长的一部，米高梅电影公司要求压缩影片的长度，但希区柯克查阅了与其签订的合同，发现自己拥有最终剪辑权，虽然他根本没有在签约时提过这样的要求，于是本片还是按这一长度上映了。

《西北偏北》是希区柯克的悬念影片中内容最错综复杂、场景变化最多的一部。每个镜头都有令人喘不过气的感觉，所有的细节都经过他本人的精心策划。故事大纲是由希区柯克口述给编剧撰稿的，前后历经一年的修改与校订才完成，因此比其他改编自小说的电影更符合他的要求。除此之外，希区柯克更出征海外四处寻找合适的场景，甚至远至西伯利亚亲自感受当地寒冷的气候，以便发挥他丰富的想象力。希区柯克的动作片不同于其他充满血腥与暴力的动作片，只有惊险与刺激的镜头而没有令人作呕的画面，并且不时地穿插了一些笑料以疏解观众紧张的情绪。这种令观众时而尖叫、时而发笑的剧情拍摄手法是希区柯克一贯的作风。他本人曾经表示，他拍片的宗旨在于挑逗观众的情绪，使他们如同置身于剧中的情节一般。因此，他努力创造惊心动魄的镜头画面，希望给观众留下意犹未尽之感。

希区柯克的另一个特色是善于选派角色。他所任用的主演并非以外形取胜。相反，领悟力高、肢体语言丰富的演员才是他青睐的对象，包括加利·格兰特，也是因为演技洗练而受到他的肯定与重用的。整部电影就在王牌演员与王牌导演的完美组合下成为最值得收藏的经典名片之一。

英国绅士加利·格兰特出演了《西北偏北》的男主角，他曾成功地出演过百老汇的舞台剧，进入好莱坞后更是如鱼得水，并借助希区柯克的电影名扬天下，他主演的电影包括《美人计》《金玉盟》《气壮山河》等。本片的女主角伊娃·玛丽·圣出生于美国，凭百老汇的舞台剧《丰裕的旅行》荣获纽约戏剧评论奖，与马龙·白兰度合作的《码头风云》荣获1955年第27届奥斯卡金像奖最佳影片、最佳导演、最佳男主角、最佳女配角、最佳黑白摄影、最佳电影剪辑、最佳改编剧本、最佳艺术指导。她金发飘逸，曾被激赏为好莱坞两大美人格雷丝·凯利和泰比·赫德伦的混合体。

颇具演戏天分的希区柯克也不时地会在影片中亮亮相，而在本片中他也顽皮了一把，饰演了一个在影片开头赶不上巴士的倒霉乘客。

理论准备

悬念电影又被称作悬疑电影，顾名思义，其最大的特点便是以悬念构造影片的整个框架。换言之，即利用电影中人物命运的曲折遭遇、未知情节的发展变化或者无法看清的结局真相来吸引观众的注意力并产生疑惑、惊悚等艺术效果。

早在电影诞生之前，悬念在文学作品中已经普遍存在。如人们在我国古典章回体小说中经常见到的一句"欲知后事如何，且听下回分解"便是常用的构建悬念的手法。西方也有著名的悬念小说，如柯南·道尔创作的以福尔摩斯为主人公的系列探案小说，阿加莎·克里斯蒂创作的以大侦探波洛为主人公的系列探案小说等，都是以悬疑和神秘的氛围吸引了一代又一代的读者。

到了20世纪中期，悬念小说的表现手法开始和恐怖电影相结合，悬念电影由此诞生，多数具备以下特征：

（1）多利用观众关切故事发展和人物命运的期待心情，在剧作中设置大量悬而未决的矛盾现象。

（2）不同风格样式的电影有不同的表现方式：惊险片或情节片常以冲突不断带来

的"危机"或"突然转折"等情势,作为构成悬念的重要手段;一般的电影则多通过人物性格的刻画或人物心理的剖析以及命运的起伏来增加观众的兴趣,构成悬念。

(3) 悬念作为重要的结构技巧,其表现形态虽然受具体风格样式的制约,但其作用却大致相同,即能够集中观众的注意力,引导观众进入剧情发展,从而达到饱和状态的欣赏效果。

(4) 在对悬念这一结构技巧的运用中,渐渐形成了以下三个亚类型:

① 逻辑推理类:这是侦探片常用的类型,指电影的主角(也就是剧中的侦探)在破案时,多运用自己超凡的逻辑思维能力进行推理进而推动剧情的发展。这种类型的影片情节跌宕起伏、峰回路转、扣人心弦、引人入胜。

② 神秘惊悚类:顾名思义,这种类型的电影在将观众引入一个个悬而未决的问题时,突出营造恐怖、惊悚的骇人场面,从而达到刺激观众的感官、心理的效果。

③ 犯罪片:这种类型的电影通常以城市为背景,以一桩罪案的始末为内容,以一个犯罪分子(如强盗、谋杀犯)为主要人物,通过层层设局、部署悬念,抽丝剥茧地将犯罪的过程及罪犯的真实面目揭露出来。犯罪片是观众非常喜欢的类型电影之一,反映了观众的社会心理:第一,他们喜欢看到不法之徒在一个不公正的社会里哪怕是使用不法手段做出的反抗;第二,这类人最后不能幸存下来继续构成一种威胁公众安全的力量,这又使观众感到满意。好莱坞犯罪片正是由于具有这种特点,所以一直受到观众的欢迎,成为好莱坞电影的一个重要类型。

鉴赏分析

谈电影《西北偏北》,就不得不谈希区柯克于1935年拍摄的电影《三十九级台阶》,其主要原因在于《西北偏北》明显是从这部电影脱胎而来的,无非是场面更宏大,情节更严谨、更复杂,色彩由黑白变成彩色而已。

电影《三十九级台阶》是根据英国小说家、政治家约翰·巴肯的同名小说改编而成的。希区柯克一直非常推崇这位作家,他说电影《知道太多的人》就是受到约翰·巴肯作品的影响创作完成的。他称在约翰·巴肯的作品中英国式的叙事风格是"有节制的描述"。其具体的含义是一种留有余地的表述,近似于白描式的叙事手法,而不是过分渲染那些戏剧化的场景。在以后的电影创作中,希区柯克成功地借鉴了这种具有英国特色的表现手法。

约翰·巴肯有5部小说都是以"汉奈"这个人物为主角的,《三十九级台阶》是其中的第一部。

在约翰·巴肯的小说中有突如其来意想不到的阴谋和犯罪,无辜者和局外人莫名其妙地被追捕,在潜逃中经受种种磨难并同时经历了一番精神和心理的奇异旅程。希区柯克借用这些建构了他的电影的叙事框架。

但是,希区柯克和约翰·巴肯之间仍然有着明显的不同。约翰·巴肯笔下所有的冒险行为都有一个目标,"最终是政治目标,维护一个王朝或一种生活方式",因为他奉为精神导师的正是19世纪英国著名的历史小说家瓦尔特·司格特①。从这样的关系中我们可以窥见希区柯克创作的文学和历史的渊源。

但是,对于希区柯克来说,这种目标已经消失,一切动作都因所谓的"麦克古芬"而起,由此衍生了所谓"麦克古芬"理论。

在《三十九级台阶》中,"麦克古芬"虚构了一个企图盗窃国防机密的间谍网,仅此而已,观众不能在影片中了解有关这个间谍网的背景和活动的具体情况。

而在希区柯克后期的力作《西北偏北》中,最为典型的"麦克古芬"是那个叫作卡普兰的间谍,但他根本就不存在。

希区柯克这样做,首先自然是来自他对政治的回避,希区柯克用了约翰·巴肯的叙述方式,却抛弃了小说的政治色彩。当然,取消了政治主题不等于否认了作品的意义,在《三十九级台阶》等"无辜者逃亡惊险片"中,希区柯克对现代文明社会的人的命运的不可把握和险恶处境做了很有深度的探讨。

"麦克古芬"理论的另一个目的是为了更集中地安排作品的结构。希区柯克认为,在适当处理情节的情况下,如果把影片中的关键物缩小,这样做不会损害悬念的设置和展开。在《三十九级台阶》的剧本初稿中,希区柯克曾打算插进一个段落,让主人公跟踪敌人来到苏格兰的一个峡谷,那里藏有间谍网的庞大的飞机库,随之产生了主人公企图炸掉这个飞机库等十分吸引人的情节,但最终他还是放弃了,因为那样会过于复杂,而观众关心的实际上只是那个在逃的汉奈。希区柯克把自己电影的核心明确地定在"追"和"逃"的位置上,他关注的是这对矛盾自身的机制(包括它们的位置的转化)以及由此产生出的人物的心理含义。

《西北偏北》作为希区柯克高额投资的大制作,秉承了早年在《三十九级台阶》中便形成的套路,即男主角是一个无辜的家伙,在一个偶然的机会中卷入了一起间谍谋杀案中。面对这突如其来的厄运男主角不知所措,事情被不断地搅和,越来越乱,唯一的出路只有夺路而逃,并在逃跑的过程中去追查这伙间谍以洗清自己的冤枉。在此过程中,他受到来自警方和间谍组织的双重围追堵截,到处布满陷阱。尽管腹背受敌、饱受挫折,男主角最终却总能完成自己的使命,甚至还会获得美好的爱情。

由此可见,这个故事本身已成为一种创作模式或套路,也就是希区柯克所说的"追逃模式"。实践证明,这种模式是行之有效的,它总能唤起观众对剧中人物命运的关注和对情节的积极参与。20世纪80年代中期,受这种模式的影响,日本创作的电影《追捕》②之所以在我国受到热捧,便是此种原因。

有人曾称《三十九级台阶》是希区柯克前期作品中最像他后期作品的电影。这无疑是一种表扬,希区柯克在美国(尤其是20世纪50年代之后)的电影有着他在英国时期作品所不具备的深度(如《西北偏北》),另外,希区柯克后期电影的主题和风格必然是他前期电影的一个发展,我们可以在《三十九级台阶》等电影中发现种种端倪

---

① 瓦尔特·司格特的代表作有《红酋罗伯》、《艾凡赫》(又名《撒克逊劫后英雄传》)、《肯纳尔沃斯堡》、《皇家猎宫》、《昆丁·达沃德》和《修墓老人》等。

② 《追捕》是由佐藤纯弥执导,高仓健、原田芳雄、西村晃、中野良子、田中邦卫等主演的一部日本电影。这部电影讲述了为人正直的检察官杜丘在被人诬告后,一边躲避警察的追捕,一边坚持追查自己被诬告真相的故事。这部电影于1976年2月11日在日本上映。

和前兆，它们是希区柯克后期电影的基础和铺垫。正因如此，我们在分析《西北偏北》时不谈《三十九级台阶》这部影片肯定是不够的。

在《三十九级台阶》中，人们可以发现希区柯克已经形成了他关于悬念的原则，即宁愿舍弃一个短暂的惊奇而要一个持久的悬念。用希区柯克自己的话来说，他的作品不像侦探片那样以"藏而不露"开始，而是以"揭示真相"开始。《三十九级台阶》一开场就让主人公汉奈在游艺场遇到一个女特工，马上将全片事件的核心——保卫一项国防机密不被某个间谍组织窃往国外向观众和盘托出，由此将观众的注意力集中到汉奈的命运和他能否完成自己的使命上。这样便形成了一个直至影片结束才解决的持久的悬念。观众也同影片中的主人公一起共同参与了这个悬念的设置和完成，而不仅仅是个旁观者。

与《三十九级台阶》不同的是，在《西北偏北》中没有自始至终围绕一个悬念发展情节，而是采用一波刚平一波又起的手法，层次递增而又花样百出的段落悬念超越了总体悬念。

在《西北偏北》中令人拍案叫绝的当然是那些精心设计、前铺后垫的桥段：一声"卡普兰"的召唤恰是罗杰·索荷尔挥手向宾馆服务生招手示意的时刻；打开原来盛满酒的酒柜，里面装的却全是书；而那个院子中修剪花草的花匠站起身来时，我们惊诧而又紧张地发现他就是那个欲陷罗杰·索荷尔于死地的元凶；罗杰·索荷尔在联合国大厦内与唐森先生相见，彼此却互不认识，正在诧异时杀手突现，情节陡转；好不容易在车上遇见一位美女，却又是与间谍一伙的；再往后又发生了戏剧性的变化……凡此种种，以一个又一个的事件和场景紧凑扎实地构成了全片，每个小的事件和场景都可以看成是一个短小的惊险架构，观众当然会陶醉其中。

在人物方面，加利·格兰特演绎的男主角非常出色，虽亡命天涯却仍不失儒雅的风度，令人忍俊不禁的诙谐、幽默更是使人叹服。片中的经典镜头是他在荒漠中被飞机袭击和在总统山上勇斗歹徒，最滑稽的场面则是他搅和拍卖场和不断的脱口秀。而那个亦敌亦友、变幻莫测的由伊娃·玛丽·圣扮演的女主角坎多则在希区柯克所有的电影中独树一帜、别具特色。

《西北偏北》中有大量的幽默对白，由于编排适宜，不但没有冲淡本片的紧张气氛，反而使本片显得张弛得体。本片在人物刻画上也精练生动，尤其是罗杰·索荷尔母亲的角色虽然戏份不多，但给观众留下的印象却很深刻。这些都令本片在境界上高出普通惊险片一筹。

除了惊险加轻喜剧风格与"麦克古芬"手法被后世争相仿效以外，本片中若干细节此后也在好莱坞的电影中变得司空见惯：如用铅笔涂出纸上的字迹；在拍卖会上的危急关头，主人公用捣乱的方式招来警察使自己处于安全境地；用空包弹上演假枪杀等。

悬疑丛生、危机四伏的间谍电影如果少了动作性强的架构，而只是停留在具体的故事情节当中，无疑会令观众感到不满足，这一点希区柯克没有让观众失望。本片中罗杰·索荷尔在荒野上被喷洒农药的飞机追杀的一场戏已成为经典，发生在总统山上在4个美国总统头像之间的打斗追逐场面也令观众印象深刻，不少后来人亦步亦趋，却总也赶不上原片精彩。

有意思的是，罗杰·索荷尔在野外的大路上等待卡普兰，而后被飞机追杀的段落已成为电影剪辑课上的必读。这短短的 7 分钟总共采用了 131 个镜头，一方面完美地交代了时间和空间的关系，另一方面也表现出悬念和紧张的气氛。

请看在飞机正式攻击罗杰·索荷尔之前，希区柯克是如何打下伏笔以及夸张气氛的：(1) 罗杰·索荷尔搭车到来，并接了几个空镜头，交代出旷野中的空间关系，也用空旷程度来烘托不安的气氛；(2) 罗杰·索荷尔等待，连续 3 辆车飞驰而过，同时又接了几个四周的空镜头，他焦虑的情绪已经开始骚动，而在此时，一架飞机从他的背后远远飞过（最早的伏笔）；(3) 一辆汽车停在路边，车上下来一个男子，显然罗杰·索荷尔期望他就是卡普兰，于是走过去跟其搭讪，但对方不是，那人说起飞过的飞机，他并未在意；(4) 巴士将男子带走，又留下罗杰·索荷尔一人，这时飞机又在背景中出现，并掉了个头。此时，罗杰·索荷尔越来越焦虑，而且尚不知道飞机已经准备向他俯冲过来，这时观众的情绪完全被操纵着，仿佛自己置身于那个旷野的危险之下。接下来一场杀戮将全场气氛推到了不能喘息的地步。

在提到并分析飞机追杀这场戏时不能不提到"戏剧真实性"的问题。当脸黑似炭的加利·格兰特在镜头前沿空旷的野外公路奔跑着躲避一架飞机，而飞机上的人又是机枪又是农药地对他"狂轰滥炸"时，不能不说这个镜头的视觉冲击力的确惊人，以至于特吕弗对此做出如此评价：它最吸引人的地方，就在于其没有戏剧动机，这场戏抽光了所有的含义和所有的真实性。然而，当时有很多迷信"戏剧真实性"的影评人对希区柯克的这一处"神来之笔"却提出了质疑，指出此处希区柯克虽然用心良苦却处理不当，因为这里的情节存在明显的失实：飞机从何而来？为什么间谍组织居然采用了飞机这种吃力不讨好的杀人手段，派个杀手岂不干净利索？他们认为：以丧失"戏剧真实性"为代价，拍摄这样一场对情节发展没有任何帮助的纯视觉场面可能对增强本片的娱乐性大有裨益，但对电影的严谨性和整体性却是一个重大的伤害。而有趣的是，法国新浪潮电影的精英人物们却恰恰肯定了这种技巧，这很值得琢磨。至于希区柯克本人曾经多次表示，他拍片的宗旨在于挑逗观众的情绪。因此，他努力创造出惊心动魄的镜头画面，为的是让观众留下意犹未尽的回忆。

《西北偏北》这部电影从剧本、调度到剪辑都有着极高的水准，几乎每部现代电影的教科书上都会提到本片中的若干片段。从影片的整体气魄上来说，这部电影也是所有希区柯克影片中最为大开大合的一部。而每个看似漫不经心、信手拈来的细节又无一不是苦心经营、巧妙设计后才呈现出来的。正因如此，这部电影同《精神病患者》《迷魂记》《后窗》一样成为希区柯克的经典电影作品。

第三节 上帝面前人人平等,是吗?
——米洛斯·福尔曼的电影《莫扎特》赏析

▶ 影片资料

中文译名:莫扎特
国家/地区:美国
类　　型:剧情
导　　演:米洛斯·福尔曼
主　　演:莫里·亚伯拉罕　汤姆·赫斯　伊丽莎白·贝里吉 （等）

▶ 剧情简介

1823年一个下雪天的夜晚,在维也纳的一家精神病院里,一个名叫安东尼奥·萨列埃里的老人自杀未遂。他向一位让他向上帝忏悔的神父讲述了32年前自己妒忌和暗害天才作曲家莫扎特的经过。

年少时的安东尼奥·萨列埃里对莫扎特的天赋异禀早有耳闻,他向上帝祈祷,希望自己有朝一日也能在乐坛成名。安东尼奥·萨列埃里成年后果然当上了宫廷乐师,并深得皇上的宠爱。但是,莫扎特的到来让他感到自己的地位和成就受到了威胁,莫扎特那些才华横溢的作品仿佛是上帝对他平庸能力的无情嘲笑,所以他发誓要千方百计地找到机会来报复莫扎特。于是,安东尼奥·萨列埃里一方面通过诽谤动摇了皇帝对莫扎特的喜爱,并断绝了莫扎特的经济来源;另一方面他又收买了一个女仆安插到莫扎特的家里做奸细,以便了解他的家庭和创作的情况。安东尼奥·萨列埃里一次又一次用阴谋迫害莫扎特,但天性单纯的莫扎特却将安东尼奥·萨列埃里视为朋友。最后,安东尼奥·萨列埃里利用莫扎特对父亲之死的愧疚,化装成莫扎特父亲的模样,要求莫扎特为他创作一曲《安魂曲》。安东尼奥·萨列埃里的用意就是利用莫扎特对死者的怀念加大其工作量,迫使他无休止地创作,把他的身体搞垮。莫扎特最终在贫病交加中死去,临死前安东尼奥·萨列埃里还在逼迫他完成《安魂曲》的未完稿……

故事叙述完毕,安东尼奥·萨列埃里告诉神父,上帝结束了莫扎特的生命,而要安东尼奥·萨列埃里活着受罪,他的音乐已经死亡,而莫扎特的音乐却广为流传……

▶ 拍摄背景

电影《莫扎特》是根据英国剧作家彼得·谢弗的同名舞台剧改编而成,于1984年上映。1985年,这部电影荣获第57届奥斯卡金像奖8项奖项,即最佳影片、最佳男主角、最佳导演、最佳改编剧本、最佳艺术指导、最佳服装设计、最佳音响、最佳化妆。

这部电影可以视为两名音乐家的传记，除了莫扎特以外，还有他的同行宫廷乐师安东尼奥·萨列埃里。影片采用倒叙的方式，通过安东尼奥·萨列埃里的回忆，从一个独特的视角折射出莫扎特的音乐天赋，追述了莫扎特的一生，尤其是他生命的最后10年。

这部电影的外景地是导演米洛斯·福尔曼的故乡布拉格，这座城市既是受到第二次世界大战战火摧残最少的欧洲城市，也是莫扎特的多部作品首演的地方。

一、关于本片的导演米洛斯·福尔曼

米洛斯·福尔曼于1932年出生在布拉格郊外的卡斯拉夫，他的父亲和母亲均死于纳粹集中营，他从小在布拉格的亲戚家长大。19岁的时候，米洛斯·福尔曼进入著名的布拉格电影学院（几乎所有优秀的捷克斯洛伐克导演都是从这里诞生的），攻读电视电影专业。

或许这就是米洛斯·福尔曼的幸运，因为捷克斯洛伐克电影新浪潮在某个程度上也可以说是由20世纪50年代就读于布拉格电影学院的学生所发起的。荣登捷克斯洛伐克电影百大榜首的导演几乎都出自布拉格电影学院。而布拉格电影学院也的确扮演了传承的角色，尤其是捷克斯洛伐克电影先驱奥塔卡尔·瓦夫拉在布拉格电影学院的授课更让学生们获益匪浅。另外，布拉格电影学院占尽地利之便，它位于伏尔塔瓦河旁，楼下是著名的斯拉维亚咖啡厅，从卡夫卡时代开始这里就是捷克斯洛伐克知识分子的聚会场所；学院对面则是国家剧院，这一区的人文氛围给学生们提供了最好的创作灵感及养分。

1963年，米洛斯·福尔曼执导了自己的首部电影《黑彼得》，它以自传的方式讲述了一位捷克斯洛伐克青年的一生。这部电影在戛纳、纽约及瑞士等影展上大放异彩，引起了国际影评人的广泛关注。在《黑彼得》一片的结尾，顽固的父亲正在质疑青春期的儿子到底是什么样的理由让他做出一连串令人无法理解的行为时，镜头转到彼得的身上。而正当彼得要吐露关键性话语的当下，电影却在彼得欲言又止的画面上重复了好几次，然后凝结在话语出口前的那一刻，然后电影结束。到底什么是青春的苦闷，就停留在那欲言又止的姿态中。这似乎就是关于捷克斯洛伐克电影新浪潮自身命运的最佳隐喻，因为它结合了三个永恒的姿态——青春的动力、对世界的不满以及被强迫的结束。

20世纪60年代，捷克斯洛伐克国内日渐浓厚的艺术创作自由使得米洛斯·福尔曼的电影事业如鱼得水。他接下来的两部电影《金发女郎之恋》及《消防员的舞会》皆获得了奥斯卡金像奖最佳外语片提名，这使米洛斯·福尔曼更加受到国际影坛的重视。但是，在1968年，米洛斯·福尔曼被迫来到法国，继而赴美国发展，在好莱坞继续电影工作。他在美国的首部电影《逃家》参加了1971年第24届戛纳国际电影节，并荣获评委会特别大奖。1973年，米洛斯·福尔曼执导了《飞跃疯人院》。1984年，米洛斯·福尔曼回到故乡布拉格拍摄了《莫扎特》，这部电影再次为他赢得了第57届奥斯卡金像奖最佳影片及最佳导演等8项大奖。

在这之后，米洛斯·福尔曼陆续拍摄了《月亮上的男人》《戈雅之灵》《不如疾行》等叫好又叫座的电影。米洛斯·福尔曼的电影强调个人风格，善于描写人的行为及特性，他的努力使自己被誉为世界上最优秀的导演之一。

2018年4月3日，米洛斯·福尔曼因病在美国康涅狄格州去世，享年86岁。

二、关于电影《飞越疯人院》

《飞越疯人院》是美国20世纪70年代社会政治电影的代表作。这部电影在1976年第48届奥斯卡金像奖颁奖礼上荣获最佳影片、最佳导演、最佳改编剧本、最佳男主角及最佳女主角5项奖项。

这部电影的特点首先是题材奇特。它描写了一个人们不易看到的故事，即一所普通精神病院里的精神病人被迫反抗的故事，深刻地揭露了当时美国社会的种种弊端，它们打着人道主义的幌子，实际上是把病人当成了医护人员的实验物，成了非人制度的牺牲品，这种医院是一所真正的"人间地狱"。这并不是编导任意虚构、编造和假想的，而是当时美国社会的真实写照。其片名《飞越疯人院》实在是一种巧妙、辛辣的嘲讽和无情的揭露，这是一个带有闹剧色彩的悲剧。

昔日的好莱坞电影也很喜欢涉及精神病患者的题材，但目的是渲染病态心理。例如，希区柯克的《精神病患者》就极力刻画了一个具有严重恋母情结的男子在犯病期间疯狂杀人的故事；朗·霍华德的《美丽心灵》则描写了虽受到精神分裂症的困扰，但仍在学术上取得杰出成就的20世纪伟大数学家约翰·纳什。《飞越疯人院》尽管撷取了类似的题材，却有一定的寓意，语风犀利，富于揶揄色彩。这部电影颂扬的那种为了个性解放而孤军奋战的英雄，由于找不到正确的解放道路，最后还是被无情的社会所吞噬。

这部电影的另一个特点是人各有貌，不易混淆。精神病院中的这批可怜、怯弱、无望的病人不仅性格不同，而且外貌也各有特点，使观众看了印象十分深刻。如那个口吃、胆怯、文弱的青年比利，在造型上就和主人公麦克默菲有很大的区别，也和铁塔似的印第安酋长齐弗有显著的不同。这种人物造型的鲜明特征和差别，这种带有一定夸张色彩的表现人物的方法，和该片的题材、内容和怪诞奇特的艺术风格是一致、和谐的，因而使观众感到既夸张、又真实，既奇特、又合理，既怪诞、又可信。

三、关于安东尼奥·萨列埃里的扮演者莫里·亚伯拉罕

1939年，莫里·亚伯拉罕出生于美国宾夕法尼亚州的匹兹堡，他的父亲是叙利亚人，母亲是意大利人，童年时他就显示出过人的表演才能。他曾就读于德克萨斯大学，未毕业便辍学前往洛杉矶寻梦。十几年里莫里·亚伯拉罕从事过多种职业，成名前一直在百老汇及影视剧中充当跑龙套的小角色。

1983年，莫里·亚伯拉罕终于被著名的导演米洛斯·福尔曼看中，得以在电影《莫扎特》中出演宫廷乐师安东尼奥·萨利埃里一角，结果他不负众望，将角色阴险好妒而又心虚慌张的复杂内心演绎得淋漓尽致，一举赢得了奥斯卡金像奖、美国电影电视金球奖和洛杉矶影评人协会等多个影帝头衔，勇创个人演艺事业高峰。不过，此后莫里·亚伯拉罕并没有更大的发展，多出演一些配角，事业日走下坡。

理论准备

人物传记片是电影的类型之一，它以故事片的形式和艺术化的手段浓缩了政治家、科学家、艺术家等各个行业著名人物的人生精华，将他们对社会、历史的贡献展现于大银幕，让观众去评判、去体会，并从中得到启迪。不同国度的观众对一部人物传记片的理解可能不同，不同层面的观众对同一部人物传记片的理解也可能产生分歧，这就构成了人物传记片独特的艺术魅力。

《公民凯恩》《少年林肯》《巴顿将军》和《美丽心灵》等都是人们耳熟能详的国外人物传记片的经典之作。在我国，人物传记片同样是具有重要而独特价值的片种，20世纪的《武训传》《李时珍》《董存瑞》《白求恩大夫》《李四光》《孙中山》《周恩来》《焦裕禄》《蒋筑英》和《孔繁森》，21世纪的《邓小平》《吴清源》《梅兰芳》《孔子》和《铁人》等均系脍炙人口的上佳之作。可以这么说，经过多年的发展，国产人物传记片的表现手段愈加娴熟，表现对象愈加多元，在题材上已经从政治人物扩展到非政治人物、从历史人物扩展到当代人物。这种变化带来了人物传记片创作空间的拓展，为国产人物传记片的进一步繁荣提供了丰富的可能性。

人物传记片作为以历史上杰出或有影响的人物的生平业绩为题材的电影，它一方面受到历史真实性的制约，必须以历史材料为基础塑造典型人物、体现典型环境。另一方面，电影的艺术性和审美本性决定了电影的虚构本质，以情感、感性之力赋予人物以美和崇高。还有，从表演的角度来看，准确地选择主要演员是人物传记片成功的重要因素之一。如本·金斯利饰演的"圣雄"甘地就形神兼备，是电影《甘地传》获得巨大成功的保证。

人物传记片的创作还具有以下特点：人物传记片的创作要从生活当中找到它的灵魂，入乎其内、出乎其外，要深入生活，但又不能被生活本身所限制，想象力和创造力亦不可缺。如果没有想象力和创造力，艺术永远不可能成为一个高品格的东西。人物传记片的创作者要尊重生活本身的辩证法。生活本身是多层面的，人物也是多层面的。人物传记片如果单向地表现人物，跟观众的生活情感难以对接，肯定很难引起共鸣。其次，要找准叙事的支点，一部人物传记片必然要有一个故事的核心，即戏剧的核心冲突点。对于电影来说，虚构的故事对于观众来讲无论怎样强调也不过分。好莱坞人物传记片发展到现在已经不仅仅是还原历史和塑造人物，它把故事本身提高到了一个新的层面。最后，要找到感情和精神的支点。最感动人的还是一种个性化的东西。对于人物传记片来说，最重要的不是历史人物本身所经历的各种人和事，而是透过历史人物所经历的各种人和事所体现出来的丰富的人性内涵和人文内涵。美国电影理论家约翰·霍华德·劳逊曾经说过，最有创造力的电影艺术家喜欢从历史中寻找材料。历史提供了许多可以加以"个性化"的往事，从而显示了人们的意志的相互作用，决定了民族和国家的道路，以及人们如何掌握了他们的命运。

鉴赏分析

《莫扎特》这部电影可以用三句话来概括它的成就——人物传记片的巅峰之作，一流的视听享受音乐片,深刻洞悉人性的经典之作。

一、《莫扎特》一片在人物传记片上的成就

人物传记片有各种各样的写法,但大多脱离不开表现人物生平的窠臼,因而大多数的电影作品也就在自觉与不自觉中落入俗套。而电影《莫扎特》却不然,它没有以一代天骄莫扎特的生平为主线,而是以追逐名利但才能相对平庸的宫廷乐师安东尼奥·萨列埃里与才华横溢、不谙世事的莫扎特之间的矛盾和冲突为主线展开故事情节,记录了莫扎特坎坷而短暂的一生。这个比较加衬托的结构极似我国古典小说《三国演义》中"既生瑜,何生亮"一段,即让安东尼奥·萨列埃里的才华去衬托莫扎特更出色的才华,使智者更智、勇者更勇、高者更高、强者更强。这样描写莫扎特更能体现出他非同一般的音乐天赋。

另外,电影《莫扎特》又突破了人物传记片"高大全"的模式,一改把古典音乐家当成"完人"或"圣人"来描绘的传统。影片中的莫扎特,作为一个早逝的天才、一个古典乐派的终结者、一个与贝多芬齐名的乐坛双子星,一生写出了无数天籁般的音乐,且他的音乐中没有贝多芬的愤怒、没有瓦格纳的故作庞大、没有德彪西的虚无缥缈,只有快乐与纯真;然而在生活中,他毫无半点为人处世的经验,更别提圆滑与世故。他最终走向贫困潦倒,以致死后都不知葬于何处,这固然与安东尼奥·萨列埃里精心设计的阴谋有关,但更与其不谙世事、不懂人情世故、不懂交际、不肯为五斗米折腰有关。本片这样描写莫扎特就让这个人物有了可怜、可信的一面,很容易激起观众深深的同情。本片既还原了莫扎特不完美的人生,也写出了这种不完美的人生和完美的音乐之间的矛盾,将主题升华到了另外一个高度。

《莫扎特》一片之所以如此成功,在于它深刻地揭示了人性的复杂和矛盾,反映了人和上帝特殊而又微妙的关系,因而使本片由一个一般的人物传记片上升到了形之上的哲理层次。

在我国,《三国演义》里的周瑜之所以以其经典名言"既生瑜,何生亮"为君子所不齿,乃是因为他没有正确的心态。面对一个才能和智谋都高于自己的人,他不是去虚心讨教,而是选择了嫉妒和想方设法地与对方争斗甚至陷害对方,这种要不得的心态终究使自己的心愿难遂而英年早逝。试想,如果他能以一颗谦虚诚挚的心去接纳诸葛亮,那么我国历史上岂不就多了一段千古传颂的佳话?

而安东尼奥·萨列埃里与莫扎特的故事一样如此,或者说就是当年周瑜与诸葛亮的一个翻版。在本片中,一方面,安东尼奥·萨列埃里兢兢业业,但资质平庸;莫扎特才气逼人,但却不知天高地厚。妒火中烧的安东尼奥·萨列埃里最终害死了莫扎特。但是,另一方面安东尼奥·萨列埃里又是刚愎保守的维也纳音乐界中唯一能领悟到莫扎特作品精髓的人,是莫扎特绝无仅有的音乐知己。两人本可以成为西方的俞伯牙和钟子期,却由于一方的嫉妒,最后双双以悲剧告终。嫉妒,这一人类最原始的阴暗心理,在毁掉了莫扎特的同时也毁掉安东尼奥·萨列埃里自己。

本片在表现嫉妒这一人类劣根性的同时又将矛盾的笔触对准了西方宗教世界的上帝,提出了一个无法解决的两难问题:安东尼奥·萨列埃里开始一心侍奉着上帝,后来却发展到被上帝抛弃,与上帝决裂,自己也因负罪感在痛苦挣扎中度过了余生;莫

扎特不争名逐利，不畏权贵，不拜求上帝祈福，却得到了上帝的眷顾。正像本片的片名——"阿玛迪亚斯"，拉丁文指"上帝所钟爱的人"。莫扎特是上帝所钟爱的人，而安东尼奥·萨列埃里却一手毁灭掉了他的绝世才华。上帝爱之深，庸人害之切，这算不算是对上帝的一个绝妙讽刺？

在人世间，天才与庸才的较量从来就没有停止过，艺术上的创新与模仿、生活中的天真与世故、人生道路上的善与恶在天天上演。本片站在这一宏阔的角度揭示了人类文化发展史上因无知和缺乏鉴赏力而扼杀天才这一可悲事实，让人感叹、让人唏嘘。

以上种种都让电影《莫扎特》在人物传记片中独树一帜、脱颖而出。可以这么说，从《莫扎特》后，电影便在人物传记片领域竖起了新的标杆。

二、《莫扎特》一片在音乐手法上的绝妙运用

《莫扎特》可以说是最好的音乐电影之一。整部影片没有作曲，只有编配，它将莫扎特创作的音乐作为全片的背景音乐，使音乐与情节完美结合、水乳交融。其编配之绝妙若莫扎特在世一般，可谓匠心独具。特别是在本片的后段莫扎特在病榻上向安东尼奥·萨列埃里口授《安魂曲》一幕，极具戏剧张力，十分震撼！又如，安东尼奥·萨列埃里派人化妆成"鬼魂"找莫扎特写《安魂曲》那一段，当窗户外出现"鬼魂"行走的身影时正是曲子的最高点，悬念陡起，音符里交织着一种惊心动魄的力量。观看这样的电影，观众在体验到强烈的戏剧冲突的同时也会被美妙绝伦的音乐所打动。

本片的序幕可以说是声、画、乐的完美结合，莫扎特的喊声夹杂在音乐的空当，歌剧《唐·乔万尼》的不祥音乐响起，音乐随之变换成《G小调第二十五交响曲》，昏黄的灯光、燃尽的火堆、惨白的积雪、古建筑保存完好的城市恰到好处地与音乐一起烘托出当年的气氛，让观众回到了莫扎特和安东尼奥·萨列埃里所经历的时代。在这里，音乐起到了引导、过渡的作用，与画面相对应，强烈地突出了历史的感觉、本片的风格和浓郁的主题。

在本片中，一些歌剧的演出场面宏大而壮观，如《后宫诱逃》《费加罗的婚礼》《魔笛》等给观众以极美的视听享受。尤其是本片在表现这些宏大的演出场面时将观众、舞台、指挥、现实、闪回、讲述浑然融为一体，别具匠心，看似信手拈来，实则布满创作者的心血。

除此以外，安东尼奥·萨列埃里还充当了这些音乐的最佳评价者，每当莫扎特的音乐响起时，他在自我陶醉的同时也用最专业的语言讲述和评价着每种音乐的妙处，这就巧妙地引导着观众，仿佛上了一堂生动的音乐观赏课。

三、编剧和导演在手法上的绝妙运用

首先，本片无论是剧本，还是导演手法，都明显地受到被誉为"现代电影的里程碑"的《公民凯恩》一片的影响。电影《公民凯恩》中通过"玫瑰花蕾"这一弗洛伊德式的警句展开对凯恩一生的回述，化解在本片里成为另外两句话：一是安东尼奥·萨列埃里问神父"你对音乐了解多少"；二是神父告诉安东尼奥·萨列埃里说上帝面前人人平等，然而安东尼奥·萨列埃里却讳莫如深地盯着他看了许久，反问了一句"是吗？"由这两句话起，一切情节设置、铺陈都可以视作是它的答案了。

从结构上来看，本片也采用了《公民凯恩》所采用的时空交错的回述结构，其组织时空是安东尼奥·萨列埃里对神父一个晚上的讲述，其插入时空才是本片真正想表现的内容，即莫扎特的一生，尤其是最后10年。只不过与《公民凯恩》相比，本片在现实时空与回忆时空的切换上显得更加灵活、自由，充分体现了电影时间与电影空间自由结合的特性。而这一切与全片在剪辑时充分地运用美国导演奥逊·威尔斯所称的"闪电式的交替"是分不开的。

在电影《莫扎特》中，这种"闪电式的交替"可谓比比皆是：老年的安东尼奥·萨列埃里一边讲述自己童年的身世，一边头渐渐地往天上看，接下来是年轻的安东尼奥·萨列埃里在教堂唱诗时也双手合十往教堂的屋顶看，动作与动作在相似性上衔接得流畅、自然。同样的例子还有《后宫诱逃》里的女主角鲁莉在安东尼奥·萨列埃里的屋子里唱着唱着就唱到了舞台上，以及《费加罗的婚礼》的彩排与实际演出浑然一体等。至于在声画方面或声音与声音方面，则有安东尼奥·萨列埃里对神父说"打一次呵欠，还可以得到……"接着莫扎特暴跳如雷地对插入时空里的安东尼奥·萨列埃里说"……9次的演出机会"。彼时、彼地、彼人说的话，就在这巧妙的组接中，宛若变得同时、同地、同人在说话一样，显示出对话蒙太奇的巨大魅力。另外，莫扎特的岳母的聒噪化作歌剧《魔笛》中夜皇后的歌声一段也体现了本片在剪辑方面不凡的功力。难怪本片大受欢迎，在第57届奥斯卡金像奖评比中一举荣获8项大奖，实在是众望所归、名副其实。

第四节　穿越时空爱上你
——科幻电影作品"回到未来"系列赏析

▶ 影片资料

中文译名：回到未来1、回到未来2、回到未来3
国家/地区：美国
类　　型：冒险/喜剧
导　　演：罗伯特·泽米基斯
主　　演：迈克尔·J. 福克斯　克里斯托弗·劳埃德　莉·汤普森　克利斯丁·格拉夫（等）

▶ 剧情简介

回到未来1

马蒂是一个擅长玩滑板和喜欢音乐的高中生。他和热衷发明的布朗博士是忘年之交。同时，他还有一个美丽可爱的女友珍妮。但是，马蒂的家庭状况却颇为糟糕，他的母亲洛莲十分保守死板，而父亲乔治则懦弱无能，常受上司贝夫的欺负。

但是，布朗博士的一次实验改变了一切。在试验布朗博士发明的时间机器时，布朗博士不幸被恐怖分子杀害，而马蒂则在逃命时驾驶着时间机器从1985年回到了1955年。马蒂遇见了30年前的父亲乔治和一直在欺负乔治的贝夫。由于马蒂代替了乔治被洛莲父亲的车撞倒，他还遇上了少女时代的洛莲并被她追求。

马蒂设法找到了30年前的布朗博士，想出了利用闪电能量回到"未来"的方法。但为了防止自己消失，马蒂还得让乔治和洛莲相识并且恋爱。

马蒂想方设法让乔治与洛莲接近，但贝夫却总是出来搅局。而马蒂与贝夫的一次又一次的斗争也使洛莲对他更加迷恋。马蒂设计让乔治扮演英雄救美的角色，但贝夫的再次出现却使情况发生了变化。乔治面对贝夫欺侮洛莲的情景终于鼓起勇气与贝夫作对，并且打倒了贝夫。这使洛莲开始对他倾心。为了使乔治和洛莲的感情进一步发展，马蒂又代替吉他手在晚会上演出。就在马蒂快要消失时，乔治终于吻了洛莲，马蒂也避免了消失的噩运。而马蒂在狂喜之余的热情演奏也对音乐的发展起了重大作用。

在祝福了乔治和洛莲之后，马蒂匆匆地赶往钟楼去见布朗博士。他想告诉布朗博士未来他将要被枪杀的事，却被布朗博士拒绝了。虽然意外不断发生，但马蒂终于成功地利用闪电能量回到了1985年。而布朗博士也因为读了马蒂留下的信而采取了预防措施，从恐怖分子的枪下幸免于难。

马蒂悄然回到家中。第二天起来，他惊讶地发现家中的一切都发生了变化。由于马蒂在1955年的努力使乔治成了一个充满自信的成功者，而贝夫则成了擦车的佣人。

马蒂终于又见到了珍妮。但就在此时，布朗博士忽然从未来赶了回来。他告诉马蒂和珍妮他们的儿女在未来遇上了麻烦。马蒂还没来得及从时间旅行中缓过劲来就又和珍妮一起被拖上了改良后的时间机器飞向未来。

回到未来 2

为了帮助未来的儿女，马蒂和珍妮跟着布朗博士来到了 30 年后。在那里，马蒂遇见了老贝夫和他的孙子格里夫。马蒂装扮成自己的儿子。经过一场滑板大战，他使格里夫一伙自食恶果，避免了儿女的灾难，但却被老贝夫发现了时间机器的秘密。珍妮被送到了 30 年后的家里，目睹了马蒂 30 年后的生活。就在布朗博士和马蒂寻找珍妮时，老贝夫偷用了时间机器。

布朗博士和马蒂回到 1985 年，却发现城市已成了人间地狱，贝夫成了大富翁，控制了一切。马蒂和布朗博士明白了是贝夫搞的鬼。马蒂来到贝夫那里，探问出了贝夫获得在未来出版的《体育年鉴》的时间。在逃过贝夫的追杀后，马蒂和布朗博士又一次回到 1955 年，去修正被改动了的历史。

马蒂和布朗博士在 1955 年为了改回历史而奔忙。同时，他们还要避免遇上过去的自己和前一个来到 1955 年的马蒂。马蒂为了夺回《体育年鉴》而与年轻时的贝夫一伙进行了一场斗智斗勇的较量。但是，当他终于把《体育年鉴》拿到手后，却又因意外而使《体育年鉴》被贝夫夺回。马蒂用气垫滑板从贝夫的车上抢回了《体育年鉴》。贝夫再一次尝到了苦头。马蒂烧毁了《体育年鉴》，使历史恢复了正常，但一道闪电却把布朗博士和时间机器不知送往何方。马蒂被孤零零地抛弃在了 1955 年。在倾盆大雨中，马蒂收到了一封布朗博士从 70 年前寄来的信。马蒂知道了布朗博士无恙，但却无法离开 1955 年。他只有再去求助于 1955 年的布朗博士。刚把前一位马蒂送走的布朗博士见到又一位被困在时间中的马蒂，不禁晕倒在地。

回到未来 3

马蒂从他生活的 20 世纪 80 年代来到了 1955 年，根据好朋友布朗博士于 1885 年留下的信件，马蒂找到了布朗博士研制的时间机器。本以为可以坐着这台时间机器回到未来，马蒂却意外发现布朗博士的墓碑，原来他在留下那封信后不久便被人杀害了。为了拯救布朗博士，马蒂乘坐时间机器来到了 1885 年的美国西部。

马蒂化名克林特·伊斯特伍德①来到小镇，找到了当时从事铁匠工作的布朗博士，正当他们准备离开小镇时才发现漏油的时间机器在当时无法得到燃油的供给，无奈之下布朗博士想到了利用火车头的推力使时间机器达到每小时 88 英里，这样时间机器就可以正常运转了。在进行现场勘察时，布朗博士和马蒂救下了因马匹受惊而险些跌入峡谷的年轻女教师克莱拉小姐，布朗博士与她一见钟情。小镇上的无赖特恩一直在找布朗博士的麻烦，为了证明他在小镇中的地位，他甚至想要谋杀布朗博士。

根据 1955 年发现的墓碑上的记载，布朗博士被害的日子马上就要到了。布朗博士和马蒂准备返程的计划马上就可以实现了，但特恩却在头一天的舞会上找到布朗博士，

---

① 克林特·伊斯特伍德，1930 年 5 月 31 日出生于美国旧金山，美国演员、导演、制片人，参演过多部美国西部片，在片中扮演英俊潇洒的牛仔形象，如《荒野大镖客》《西部执法者》《不可饶恕》等。

企图将他杀害，是马蒂将布朗博士救下，并和特恩相约在第二天的早上决斗。马蒂知道这是唯一可以让布朗博士幸免于难的方法。马蒂利用智慧和勇气战胜了特恩，特恩被警察带走，马蒂改变了历史。

马蒂坐上了时间机器，在离开小镇的那一刻，布朗博士决定留下来和心爱的克莱拉生活在一起。马蒂告别了布朗博士转瞬间回到了他生活的80年代，感觉一切就像是一场梦。当马蒂带着女友来到已经损毁的时间机器前时，布朗博士突然带着克莱拉和两个儿子出现在这里。他研制了新的时间机器，并开始了与家人的时空旅行。

拍摄背景

一、关于《回到未来1》

在电影《尔虞我诈》上映之后，编剧兼制作人鲍勃·盖尔前往密苏里州的圣路易斯探望双亲，在整理地下室时，他发现了父亲母校的年鉴，得知父亲曾是高中毕业班的班长，并不禁联想到记忆中和自己格格不入的班长。鲍勃·盖尔突然萌生了一个想法，如果自己和父亲都是中学生，他们会成为朋友吗？回到加州之后，他将自己的想法告诉给罗伯特·泽米基斯，后者随即虚构出一个宣称学生时代从未亲吻过男孩的母亲。1980年9月，两人与哥伦比亚电影公司签订了关于剧本的协议。

罗伯特·泽米基斯和鲍勃·盖尔将故事的时间设定在1955年，17岁的少年马蒂回到过去邂逅了他的同龄父母，当时正值摇滚乐诞生和郊区扩张时期，年代背景非常鲜明。在两人的最初构思中，时间机器是一台冰箱，而马蒂则需要借助内华达试验场的核爆能量才能回到家中。后来，罗伯特·泽米基斯担心观看本片的儿童可能会将自己锁在冰箱里，而且拍摄高潮段落的费用也过于高昂，所以他决定将一辆德罗宁轿车改装成时间机器，因为曾有农民将该款造型前卫的跑车当作飞碟。

1981年2月，罗伯特·泽米基斯和鲍勃·盖尔完成了剧本的初稿，而哥伦比亚电影公司却无意进行拍摄。鲍勃·盖尔说："他们建议我们去找迪士尼公司拍摄，可我们希望找大公司合作。"在随后的4年间，虽然《回到未来1》的剧本又两易其稿，却始终被好莱坞所有的大公司拒之门外。因为在20世纪80年代初，美国青春喜剧的情节设计大多是为了迎合成年观众，其中的《开放的美国学府》和《反斗星》[①] 就颇具代表性。罗伯特·泽米基斯和鲍勃·盖尔只好找到迪士尼公司，而迪士尼公司却认为该剧的故事情节不适合作为一部家庭片。

罗伯特·泽米基斯和鲍勃·盖尔曾想邀请史蒂文·斯皮尔伯格加盟，因为他们3个人一起合作拍摄了《尔虞我诈》和《一亲芳泽》，不过他们心存顾虑，唯恐被人看作

---

① 《开放的美国学府》是1981年由艾米·海克林执导，西恩·潘、詹妮弗·杰森·李和祖德·莱茵霍尔德等领衔主演的一部爱情喜剧片。这部电影讲述了在喧闹的中学校园里，一群中学生正为了爱情和兼职忙得不可开交的故事。

《反斗星》是1982年由鲍勃·克拉克自编自导，美国和加拿大联合摄制的喜剧电影。这部电影讲述了一所高中的一伙处于青春期的顽皮男孩在学校胡作非为，一天他们来到一家酒吧胡闹，但由于未成年被酒吧老板扫地出门，于是精心策划了一个让酒吧老板永远难忘的复仇行动的故事。

是将史蒂文·斯皮尔伯格当作救命稻草的无能之辈。一位制作人曾有意加盟，但当他发现本片与史蒂文·斯皮尔伯格无关时就立即决定退出。罗伯特·泽米基斯随即执导了1984年的《绿宝石》，影片的高额票房证明了他的实力，于是与史蒂文·斯皮尔伯格和环球影片公司的合作自然水到渠成。

迈克尔·J.福克斯是扮演马蒂的最初人选，《回到未来1》原定的开拍时间是1985年5月，可制片方直到1984年年底才得知迈克尔·J.福克斯无缘本片。罗伯特·泽米基斯随后考虑到的人选是C.托马斯·豪威尔和艾瑞克·斯托罗兹，后者在《面具》中的表演给制片方留下了深刻印象，于是决定由他来扮演马蒂。由于选角的过程非常艰难，所以影片的开拍日期被一再推迟。

在影片开拍4周后，罗伯特·泽米基斯发现艾瑞克·斯托罗兹不适合扮演马蒂，虽然他和史蒂文·斯皮尔伯格深知重拍需要额外耗资300万美元，但仍决定将其换下。史蒂文·斯皮尔伯格曾解释说罗伯特·泽米基斯认为艾瑞克·斯托罗兹缺乏幽默感，而鲍勃·盖尔则觉得艾瑞克·斯托罗兹只是在进行表演，不像迈克尔·J.福克斯本身就具有马蒂的个性，甚至连站在滑板上都很不自然。艾瑞克·斯托罗兹曾在电话中向朋友坦言，他无法确定罗伯特·泽米基斯和鲍勃·盖尔的意图，并认为马蒂的角色不适合自己。

1985年1月，制片方再次与其中一位制作人古德伯格会面，终究争取到迈克尔·J.福克斯的加盟，但前提是必须先保证电视剧《家族的诞生》的拍摄。早就有意出演本片的迈克尔·J.福克斯兴奋不已，因为马蒂的角色非常贴近他的本色："我在高中所做的一切就是玩滑板、追女孩和参加乐队的演出，我甚至梦想成为一名摇滚明星。"为了出演本片，迈克尔·J.福克斯忙到几乎筋疲力尽，每天结束电视剧的拍摄之后他会赶往本片的拍摄现场，从晚上6点半一直工作到翌日深夜2点半，他的平均睡眠时间只有5个小时。每到周五，他都会从晚上10点工作到早上六七点，随后继续在周末拍摄本片的外景。

在获知约翰·利特高无法出演布朗博士后，另一位制作人尼尔·坎顿推荐了曾与他合作过《天生爱神》的克里斯托弗·劳埃德。克里斯托弗·劳埃德起初不愿扮演布朗博士，不过在妻子的一再坚持下，看过剧本的他一改初衷。他在片中即兴发挥了一些场景，并从爱因斯坦和指挥家列奥波尔德·斯托科夫斯基①的身上获取了塑造角色的灵感。

1985年7月，《回到未来1》在北美1200家电影院同步上映，罗伯特·泽米基斯曾担心本片可能会出师不利，因为迈克尔·J.福克斯正在伦敦拍摄《家族的诞生》，无暇出席宣传活动，而鲍勃·盖尔也对环球影片公司的宣传语大为不满。不过即便如此，《回到未来1》仍连续11周稳居票房榜榜首，最终，本片的北美票房高达2.1亿美元，全球票房足有3.8亿美元，当之无愧地成为1985年的票房冠军。

1986年，里根总统在国情咨文中引用了片中的台词："正如他们在《回到未来1》中所说，'我们要去哪儿？我们不需要路！'"另外，老布什总统也曾在演讲中提及本

---

① 列奥波尔德·斯托科夫斯基（1882—1977），美籍英国指挥家。他的指挥风格豪华壮丽、对比强烈，充分发挥了乐队的表现力。

片。本片除了荣获 1986 年第 58 届奥斯卡金像奖最佳音效剪辑以外，还被美国科幻恐怖电影学会授予最佳特效、最佳科幻电影和最佳男主角 3 项土星大奖。2007 年 12 月，"回到未来"系列被美国国会图书馆的美国国家电影登记处列为在文化、历史和艺术上具有重大意义的电影。

二、关于续集

罗伯特·泽米基斯称在最初创作《回到未来 1》时没有想到会拍摄续集，不过面对本片取得的高额票房，拍摄续集显然势在必行。除了要进一步拓展情节、提升喜剧效果和打造出 2015 年的马蒂家以外，制片方还面临着召回原班人马的艰巨挑战。主创人员希望克利斯丁·格拉夫能在续集中继续扮演马蒂的父亲乔治，但克利斯丁·格拉夫坚持要求将片酬提高到与主演迈克尔·J.福克斯相同的标准，双方的合作随即告吹。克利斯丁·格拉夫在 1992 年接受电台的采访时称，他和罗伯特·泽米基斯曾就乔治的角色产生分歧，而且仅以 5 万美元的片酬让他无法接受。

尽管《回到未来 2》和《回到未来 3》中的某些关键场景不能没有乔治，但主创人员巧妙地避免了镜头与人物的正面接触，并找来杰弗里·韦斯曼扮演乔治，出现在画面中的乔治要么是背影，要么在焦点之外的背景中，要么戴着墨镜。另外，制片方还重复使用了《回到未来 1》中有关乔治的画面，克利斯丁·格拉夫因此指控环球影片公司并要求得到补偿，因为当初《回到未来 1》的协议中并未包括关于续集的条款。在开庭前一天，环球影片公司终于同意和解，但拒绝透露支付给克利斯丁·格拉夫的具体金额。美国演员工会后来修改了沿用演员在电影或电视剧中镜头的相关规定，要求制片方和电视网支付适当的报酬。

在《回到未来 1》中扮演马蒂的女友珍妮的克劳迪娅·韦尔斯本打算继续出演《回到未来 2》，但因母亲身患癌症而未能如愿。制片方随即用伊丽莎白·苏取而代之，并随即重拍了《回到未来 1》的片尾场景。

在本片开拍前，主创人员耗时两年才完成了剧本和布景，由于时间跨度很大，剧组的化妆部门使用了当时最先进的化妆技术。为了打造出 2015 年正值中年的马蒂，化妆师每次都需要花上 4 个小时才能完成迈克尔·J.福克斯的妆容。

罗伯特·泽米基斯在电视访谈中曾开玩笑说，片中的飞行滑板确实存在，之所以尚未公开是因为会让父母们抱怨安全问题。令人惊讶的是很多的影迷竟信以为真，纷纷到玩具店求购。除此之外，影迷还曾寻找马蒂脚下配有自动鞋带的耐克网球鞋，2008 年 7 月耐克公司推出了限量版"Air McFly"，以此纪念本片中的耐克鞋。

三、关于"回到未来"系列的导演罗伯特·泽米基斯

1952 年 5 月，罗伯特·泽米基斯出生于芝加哥并在那里长大成人。1978 年，他执导并参与创作的处女作《一亲芳泽》问世，于是和编剧拍档鲍勃·盖尔又合伙创作了喜剧片《尔虞我诈》和爱情片《绿宝石》的剧本。

在合作《回到未来 1》中，罗伯特·泽米基斯开始运用当时最先进的特技手段，使本片成为 1985 年最卖座的电影，并为他们两人赢得了首个奥斯卡金像奖最佳原创剧本奖提名。之后的《谁陷害了兔子罗杰》是罗伯特·泽米基斯在电影史上第一次把动画

与真人结合在一起,因而获得多项奥斯卡金像奖大奖。随后,《回到未来1》的两部续集同样十分卖座,并成为电影史上最受欢迎的系列影片之一。

1994年,罗伯特·泽米基斯一改以往的冒险和喜剧路线,拍摄了讲述普通人的故事的电影《阿甘正传》,赢得了评论界和公众的一致好评。1995年,《阿甘正传》获得第52届美国电影电视金球奖剧情类最佳影片、最佳导演;第67届奥斯卡金像奖最佳影片、最佳男主角、最佳改编剧本、最佳电影剪辑、最佳视觉效果,其主演汤姆·汉克斯亦大受其益,获得了影帝的桂冠。此后,罗伯特·泽米基斯的主要电影作品有《超时空接触》《极地特快》《贝奥武夫》《云中行走》《欢迎来到马文镇》等。

四、关于主演迈克尔·J.福克斯

迈克尔·J.福克斯以《回到未来1》一片在影坛初露头角。一张娃娃脸和1.63米的身高使他很适合扮演青年学生的角色,而当时看起来稚气未脱的他在演技上却已十分成熟。他那轻快而自如的表演显得纯真而质朴,充满了青春的气息和活力。他的表演为本片增添了不少的喜剧效果。同时,《回到未来1》的成功也使得迈克尔·J.福克斯成为一位深受青少年喜爱的青年演员。

五、关于布朗博士的扮演者克里斯托弗·劳埃德

克里斯托弗·劳埃德曾出演过《外星人报到》《星际旅行》和《外星领航员》等多部科幻题材的电影,在本片中的表演可谓驾轻就熟。他的表演夸张而耐人寻味,把一个活脱脱的狂人、怪人、可爱的人的形象塑造得栩栩如生。遗憾的是,福克斯在1991年被诊断出患有帕金森氏症,不得已从演艺舞台半退休。此后,他成为积极推动帕金森氏症治疗研究的社会活动家,并创建了迈克尔·J.福克斯基金会。

理论准备

一、关于类型电影之科幻片

科幻片是电影类型的一种,其情节包含了科学奇想,颇具特色。1902年,法国导演乔治·梅里爱的《月球旅行记》是电影史上最早的一部科幻片。

科幻片是基于科学(包括现有的科学和假设的科学)而假想出来的;在今天的世界中,它们是不可能发生的或还没有发生的。科幻片与魔幻片、灵异片的不同之处在于,其被幻想出来的因素必定有一个科学依据的支持,哪怕这个科学依据看起来很疯狂。如《时光倒流七十年》可以被称作是一部科幻片,因为片中的主人公回到过去是借由一种在影片中被科学证实了的催眠术。而《土拨鼠日》就不是科幻片,因为该片并没有把男主角突然被迫反复过着同一天的理由告知观众。如果该片向观众解释那是因为他的时间机器出了故障,那么就能成为一部科幻片。

科幻片是好莱坞类型电影的一种。和其他的类型电影一样,它是随着电影工业化生产而出现的,其人物形象、叙事结构和价值观都有一定的模式。它是被批量化、重复化生产的同类产品,满足了人们在闲暇时对一部"很容易看懂"的娱乐电影的需求。

同样,也和其他的类型电影一样,科幻片大量生产的都是平庸之作,但也产生了一些在美学上、思想上和历史上具有价值的经典作品。

二、好莱坞科幻片的亚类型

好莱坞科幻片的题材丰富多彩,形式和趣味各有不同。按照科幻片和其他类型电影的交叉情况,我们可以大致将科幻片分成以下七个亚类型:

(一)科幻冒险片

科幻冒险片讲述了探险、旅行的冒险故事,主人公在其中历尽磨难,而观众则阅尽奇观,如《地心游记》《2001太空漫游》《侏罗纪公园》《超时空接触》和《星际探索》等。

(二)科幻动作片

科幻动作片往往表现一位英雄如何得身手不凡,如"终结者"系列、"黑衣人"系列,根据英雄漫画改编的"超人"系列、"蝙蝠侠"系列和"蜘蛛人"系列等也可以划入这一类。

(三)科幻史诗片

科幻史诗片常常创造"由于科学技术的异化而导致的独裁的、混乱的非理想社会",未来成了一个"背景",而真正演出的是气势宏大的星际战争和纵横捭阖的宇宙政治。如"星球大战"系列及其前传系列,还有"星际迷航"系列。"黑客帝国"系列则讲述了一个救世主通过自我牺牲而使机器和人重归于好的地下斗争的故事。《阿凡达》则创造了一个幻想的潘多拉星球,那里的纳威族人正过着宛如白人入侵前的印第安人般的生活。

(四)科幻灾难片

科幻灾难片常常假想外星人入侵、怪兽袭击、自然灾害或病毒传播给人类带来了灭顶之灾,如《独立日》《彗星撞地球》和《后天》等。至于《2012》则被称为《后天》的升级版,投资超过2亿美元,是灾难片大师罗兰·艾默里奇的又一力作。此类电影还有著名的"哥斯拉"系列、"生化危机"系列等。

(五)科幻惊悚片

科幻惊悚片假想神秘的危险物体危害到了一个小团体的安全,成员一个接一个受害。和主人公一样,观众体验着恐怖的阴影和死亡的威胁,如"异形"系列、《怪形》和《科学怪鱼》,以及讲述国际空间站的宇航员在对一份从火星取回的样本进行检测后,发现其中显现出生命迹象,而且是一种比人类预料的智慧的多的生命的《异星觉醒》等。

(六)科幻社会片

科幻社会片包括爱情故事、家庭问题、成长情节等。如在《时光倒流七十年》中,主人公依靠具有科学依据的催眠使自己回到了70年前,并展开了一段爱情。《隔世情缘》也利用时空交错来成就爱情。而"回到未来"系列、《E.T.外星人》和《A.I.人工智能》等其实提供给观众的是关于亲情、友谊和成长的故事。

(七)科幻喜剧片

科幻喜剧片以喜剧为主要风格,追求科幻加笑料的完美结合,多描写异星生物来到地球后因不适应等而产生的各种搞笑情节与细节，如《火星人玩转地球》《月球历险记》等。

当然，这些划分并非界限分明、不可逾矩，相反，几个亚类型之间总是相互包容的。例如，《黑客帝国》既可以说是科幻史诗片，也可以说是科幻动作片。同样，《黑衣人》虽然是科幻动作片，但它也充满了喜剧元素。由于和其他类型电影的交叉，不同亚类型的科幻片也会同时具有某种其他类型电影的特征。

三、关于混合类型电影

一般而言，类型电影之所以成为类型是因为它提供了一个关于无法解决的社会矛盾的两难框架，如穷人与富人（爱情片）、文明与蛮荒（西部片）、秩序与颠覆（侦探片）、速度与恐惧（灾难片）之类，然后运用各种技巧、手段去演绎、强化这种对立，并最终用一种假想的方式去解决那个事实上根本无法解决的矛盾。每种类型电影都包含了对观众不同欲望的挑逗、满足与规诫。

观众进入电影院是为了满足自己的情感，由于传统的类型电影无法将所有观众的需求融入其中，故几十年来美国的类型电影不断地发展，又生成了新的类型电影，更多的是混合类型电影，"回到未来"系列就是其中一例。

▶ 鉴赏分析

自英国著名的科幻作家赫伯特·乔治·威尔斯（以下简称威尔斯）的科幻名著《时间机器》问世以来，人类乘坐时间机器既可以驶向未来，也可以归返过去，这种跨越时间界限的旅行便成为科幻文艺作品的一种结构模式，它离奇生动、引人入胜，开拓了人类想象力的新界域。

电影"回到未来"系列就是依据这类模式虚构的一部作品，但与其他同类型的电影作品以及其他科幻片不同的是：

（1）本片具有把大胆的科学幻想与妙趣横生的喜剧因素糅合在一起的独特风格，因而可以当成是科幻片与喜剧片的混合；

（2）本片的实质是以归返过去为结构框架，落笔于普通美国人的现实生活与情感，从中引出无数极富人情味的笑料与情节。

应当说，传统的类型影片的不同表意系统的融合是美国类型电影的演进趋向之一，为了考察这种演进，本片具有相当的研究价值。

我们先来看其科学的一面。在"回到未来"系列影片中，主人公马蒂如孙悟空般上天入地，无所不能。他一会儿从1985年回到1955年，一会儿又从1955年回到1985年，再从1985年来到2015年，之后又回到1955年，甚至在这次返回时竟与1985年回到1955年的马蒂相遇。也就是说，假如时间机器可以如此反复，你就会在同一个时间点上看到无数个来自未来的和现实中的自己，真是神奇之极，也可以说是荒诞之极，但其中却不无科学道理。

我国古代就有"往古来今谓之宙，四方上下谓之宇"的说法。也就是说，所谓"宇"是指空间，所谓"宙"是指时间。

时间和空间是衡量物质世界的两项标准，也是一个不可分割的整体。空间的变化造成时间的流动，反过来，时间的运转又导致空间的移动。时间和空间是自然造物主为我们设定的结界。

高科技的应用使人类的活动空间增大，于是，人类自然而然地想突破另一个结界——时间。

人类之所以产生这样的想法是源于对自己命运的好奇。自人类学会思考以来便不断地重复着这样的问话"你从哪里来""你向何处去"。现如今人类已经足够强大，不再满足于"从哪里来""向何处去"这种看似智慧实际上却空洞无物的问题，而是强烈地希望了解自己过去的历史，强烈地希望探知自己未来的命运，从而最终把命运掌握在自己的手中。

终于，有一天，一个聪明人想到如果能制造一台时间机器该有多好。人们可以自由地在时间里遨游，修正自己从前的错误，安排自己未来的生活。

按人类的意愿改变时间可以说是人类最大也许也是最古老的一个科学幻想。陶渊明在《桃花源记》中描绘的"山中数日，世上千年"的图景就是这样一个幻想的境界；而在《西游记》中孙悟空到天宫，7日后回到花果山，它的猴群已子孙满堂也是这样的一个幻想情境。但是，把改变时空同人物命运、事件的结局等叙事因素紧紧联系到一起，还是到了现代的科幻片这种文艺样式中才屡见不鲜并且方兴未艾的。

在科幻小说中，最引人入胜、最不可思议的情节恐怕就是时间旅行了。威尔斯在《时间机器》一书中说过，科学家十分清楚，时间是一种空间，我们能够在时间中朝前和朝后运动，就像我们能够在空间中朝前和朝后运动一样。为了验证这个理论，我发明了一个遨游于时间中的机器，你把操纵杆往下推，时间就进入未来的时间，借助这台机器，我开始探索时间。

科幻片《时间机器》正是根据威尔斯的这部同名科幻小说拍摄而成的。

关于时间旅行的科幻片在科幻片里是非常特殊的一个亚类型，它同时也成为科幻片中永恒的主题。虽然超越时空这一构想可以说穷尽人类幻想之极致，但这类电影的制作成本并不是很高。而且，编导们可以抓紧时间这一要素，以曲折离奇、荒诞搞笑的情节来吸引观众，这也正是这类电影深受欢迎、畅演不衰的原因。

与其他许多打打杀杀、恐怖紧张的科幻片不同,《回到未来1》从始至终充满了轻松欢快的生活气息。片头那段自动装置开启狗食罐头的场景虽然和内容并无多大的关联，但却巧妙地营造出了一种生活化的氛围，使观众一开始就被吸引到一种轻松愉快而妙趣横生的气氛之中。这之后就开始尽情地享受巧妙的情节安排给他们带来的乐趣。

由于是关于时间旅行的故事，那么，前后不同时间里出现的人和物的对照自然也必不可少。本片的笑料正是由此产生。过去的"真实展现"与人物在30年后的表现一经对比便使观众笑个不停。如马蒂那个一向威严无比、高高在上的父亲乔治，有谁能想到在中学时代却是个懦弱无比、经常受欺侮的倒霉蛋呢？

还有，在外公家，1955年的外公指着1985年的马蒂对1955年时尚未成为马蒂妈妈的妈妈说，将来你要是有这么一个白痴小孩，我就把你从家里赶出去。

马蒂发现父母相爱后准备告别回到1985年，其临别赠言竟是：要是你们有一个男孩，他8岁时把地毯烧了，你们别太苛责他……

马蒂的父亲乔治在学校四处受人欺负，布朗博士一脸狐疑地问马蒂："你是不是被领养的？"

诸如此类的笑料在本片中比比皆是、层出不穷。

更绝妙的是，马蒂回到过去后竟一下子被自己的妈妈给爱上了，这种荒诞离奇却又完全可能的情节吊足了观众的胃口。而妈妈把他内裤上的商标当作他的名字，叫他凯文，以及接下来马蒂见到了年龄比自己还小许多的舅舅。在《回到未来3》中，马蒂竟然抱起了彼时还是个婴儿的曾祖父，而曾祖父也毫不含糊，当场尿了他一身的情节，也让观众深感乐趣无穷。

由此可见，"回到未来"系列中的所有笑料都是生活中既真实而又很平常地发生过的，也许放在一个正常的情境下并不可笑，然而一旦放在时间倒错的情境之中便会让观众忍俊不禁、频频捧腹。

除了时间的倒错产生笑料以外，不同年代之间文化背景的撞击也导致本片的笑料频生。80年代的马蒂返回50年代的家乡时，映入眼帘的正是当年总统竞选的宣传车，闯入耳里的正是50年代的流行音乐，电影院里上演的又正是后来在80年代当上美国总统的里根主演的影片《蒙大拿的牛皇后》。他走进一家咖啡馆，侍者竟指着他身上的羽绒服问他为何要穿救生衣。这样的喜剧效果、这样的幽默无疑也增强了全片的喜剧特色。

除了幽默、搞笑以外，"回到未来"系列还动用了惊险、打斗、追逐、歌舞等多种娱乐手段和类型因素。惊险的场景如最后一分钟营救，打斗的场景如利比亚人杀布朗博士，追逐的场景如太空滑板的运用，歌舞的场景如马蒂的吉他演奏等，观众观看这样的电影可以满足自己不同的观赏需求，自然会大呼过瘾、沉迷其中。

在《回到未来2》中有这样一个情节：马蒂和布朗博士到了2015年，马蒂顺手拿了一本《体育年鉴》，不慎被老贝夫发现并利用，以至于马蒂和布朗博士回到1985年后发现出现了一个平行的宇宙时间和宇宙空间。这个时候只有马蒂把那本《体育年鉴》销毁，才有可能让一切恢复。于是，马蒂开始行动，而他偷书的那一场戏可以说是情节惊险曲折、波澜壮阔、跌宕起伏。

在那场戏里，马蒂藏在贝夫的车后，随时准备偷回那本本来不该由未来回到过去的书，此时1955年的贝夫接过2015年的贝夫递过来的书后随手一扔，恰好扔在躲在贝夫车里的马蒂身旁，马蒂刚要动手，书又被2015年的老贝夫拿走，将书又重新塞到了1955年的贝夫的口袋中，至此第一个回合结束。接下来，贝夫开着车要去参加舞会，马蒂几次在车里想要拿走放在仪表盘上的书却没能成功，这可以算是第二个回合。贝夫到了舞会后，躲在一个无人的角落里看书，马蒂眼看就要得手，却又因学校训导官史特兰老师的到来而功亏一篑，随后，这本书落到了史特兰老师的手里，马蒂刚要跟过去，却又差一点与1985年回到未来的自己迎面碰上，此为第三个回合。终于，马蒂跟在史特兰老师的身后悄悄地溜进训导处，但依然不能顺利地拿到那本书，而且这中间手还被椅子重重地挤了一下，好不容易等到史特兰老师走了，他冲到垃圾桶捡起那本书，却发现书早已被贝夫调包，《体育年鉴》的封面里面包着的全是美女图，至此故事已达到第四个回合。而每个回合中的波折已非"一波三折"能够形容。

罗伯特·泽米基斯对于特技的纯熟运用也使他获得了"高科技导演"的美誉。在本片中，他不仅设计出了极其优美的特技画面，同时更成功地把特技融入剧情，且做得天衣无缝，应该说这才是真正的难度所在。如在《回到未来3》中，太空滑板救下了已经来不及上时间机器的布朗博士与年轻女教师克莱拉；在《回到未来2》中，会飞的时间机器救了楼顶上走投无路的马蒂；在隧道夺书那一场戏里，不经意间挂在车上的广告飘带也进入了剧情，它将马上要被贝夫的汽车撞个半死的马蒂高高拉起，使其脱离了危险的境地。

本片在细节和道具的安排上也十分周到巧妙，使本片在剧情上几近完美，做到了环环相扣、层层推进。如钚元素使布朗博士的时间机器正常运转，但也给布朗博士带来了杀身之祸，同时又成为马蒂回到1955年的动因，可谓一举三得。而雷电与时钟在《回到未来1》和《回到未来2》中更是起到了关键的构建剧情的作用。

当然，说到本片的艺术特色及手法运用，最精彩的恐怕还要属"最后一分钟营救"。这种手法的运用自大导演大卫·格里菲斯开始，从来屡试不爽，到了这部影片则更是运用得炉火纯青。无论是《回到未来1》和《回到未来2》里的马蒂能否顺利地借雷电回到1985年，还是《回到未来3》里的马蒂和布朗博士能否借火车回到1985年，"最后一分钟营救"都将本片的情节、节奏和紧张的气氛推向了顶峰。

"回到未来"系列从多层次探讨了时间旅行的可能性及其意义，并逼着观众去思考：科学发明的意义究竟是什么。在"回到未来"系列中，贝夫通过一本《体育年鉴》改变了自己的命运，让自己成了亿万富翁；而布朗博士明知自己在今后的某一天将死于非命，却坚决拒绝马蒂告诉自己未来死亡的时间和细节。他们从正反两个方面说明：如果科学探索是为了改变世俗的生活，那么，它就失去了应该具有的意义。这是为世人所不齿的。从这个角度来说，本片在轻松、搞笑、紧张、热闹的情节表象之下还包含着一个深邃而又准确的主题内容。

第五节　既要写好故事　也要写好赛事
——印度电影《摔跤吧，爸爸》赏析

▶ 影片资料

中文译名：	摔跤吧，爸爸
国家/地区：	印度
类　　型：	剧情/体育
导　　演：	尼特什·提瓦瑞
主　　演：	阿米尔·汗　萨卡诗·泰瓦　桑亚·玛荷塔　法缇玛·萨那·纱卡（等）

▶ 剧情简介

马哈维亚·辛格·珀尕（阿米尔·汗饰）曾经是印度国家级摔跤冠军，后来因生活所迫放弃了摔跤。他希望让自己的儿子帮助自己完成梦想——赢得世界级金牌。不料命运弄人，妻子接连生了4个女儿。本以为梦想就此破碎的辛格却意外地发现大女儿吉塔和二女儿巴比塔身上的惊人天赋，看到冠军希望的他决定不能让女儿的天赋浪费，像其他的女孩一样只能洗衣、做饭度过一生。再三考虑之后，辛格与妻子做了一个约定：用一年的时间按照摔跤运动员的标准训练两个女儿。于是，他让两个女儿换掉裙子、剪掉了长发，让她们练习摔跤。结果一发不可收拾，两个女儿赢得了一个又一个冠军，也赢来了成为榜样激励千千万万女性的机会。

▶ 拍摄背景

阿米尔·汗是印度宝莱坞著名的演员、导演、制片人，8岁时出演电影就轰动全国，后来练习打网球，获得了马哈拉施特拉邦的网球冠军。1988年，阿米尔·汗放弃网球重回银幕，成为印度国宝级的演员，代表作有《地球上的星星》《三傻大闹宝莱坞》和《我的个神啊》等。

在本片中，阿米尔·汗先是完成了角色在19岁青年时的戏份，随后在短时间内增肥28公斤，以演出该角色在55岁时发福的状态，此时阿米尔·汗的体重已达到了97公斤。为了贴合该角色在29岁摔跤运动员职业生涯黄金时期的体型，他用了5个月的时间，不仅减掉了25公斤的赘肉，更是学会了摔跤技巧，练出了拥有8块腹肌的魔鬼身材。有意思并需要特别说明的是，他完成角色19岁时的戏份之前身上的腹肌只有6块。

《摔跤吧，爸爸》自2016年12月23日上映截至2017年1月10日，在印度国内获得了34.5亿卢比的票房（约合3.5亿元人民币），在英国、美国、荷兰、挪威、巴基斯坦等国家的票房已累积至 2640 万美元。

2017 年 5 月 17 日，《摔跤吧，爸爸》一片在我国的票房突破 5 亿元人民币，5 月 31 日票房突破 10 亿元人民币，6 月 10 日票房突破 12 亿元人民币。2017 年 7 月 4 日本片以 12.95 亿元综合票房收官。

理论准备

体育电影是反映与体育活动有关的社会生活的故事片，其故事情节、人物、命运必须与体育事业或体育竞赛活动紧密联系，具有较多的紧张、精彩的体育比赛场面。为了适应内容的需要，体育片在导演和摄影艺术上往往更加注重节奏感和动作性，在演员的选择上有时甚至会启用专业运动员，如影片《女篮 5 号》《沙鸥》等①。

鉴赏分析

《摔跤吧，爸爸》是我国第一部票房突破 10 亿元人民币的非好莱坞引进片，这部制作成本不到 1000 万美元却口碑爆棚的电影，不仅在我国广受好评，而且在其他西方国家也受到了广泛的关注，究其原因，不外乎以下五个方面：

一、拓宽了体育电影的创作主题

体育电影，以运动为载体，一方面凸显了体育运动的美感，诠释了体育精神，融入国家责任、集体荣誉、个人奋斗等理念，一方面也展现了体育给人们生活带来的影响，如团队精神、公平精神、拼搏精神等。但是，这还不够，一部好的体育电影还应关注当代社会的现实，表现当代人的信念与追求，并且对体育精神进行深入的理解和剖析，透过体育运动本身传达更为广阔的主题和内容，如此方能使观众与之产生对话和碰撞，并产生更多的情感上的共鸣。

印度电影《摔跤吧，爸爸》即是如此，它在展现摔跤运动魅力的同时，围绕着国家荣誉、个人梦想、家庭情感和女权解放等四大现实问题，逐一展开了深入的论述。当然，这种论述并非刻板的教条主义，而是通过或激烈或平缓的戏剧冲突，通过充满情感又洋溢着幽默的情节，通过性格鲜明、呼之欲出的人物形象来实现的。本片在展现富有人文关怀和社会担当的主题的同时，尤其对印度社会男女地位不平等的现象给予了毫不留情的、猛烈的抨击，对挑战传统、挑战陈规、挑战陋习的积极向上和自强不息的现代奋斗精神给予了充分的褒扬。全片生活气息浓郁，既不回避问题，又饱含昂扬的情绪，在故事外表下包裹的是丰富的哲理内涵和文化主题。

对于我国的观众来说，喜欢《摔跤吧，爸爸》的另一个理由是，他们在片中看到了自己的生活、自己的短板、自己前进的方向。换言之，在我国，虽然社会有了长足的进步，但男性至尊、歧视妇女的封建陋习依旧存在，因此我国的观众看《摔跤吧，爸爸》，在获得观影愉悦的同时，也会自觉或不自觉地与自身所处的社会相比较，从而

---

① 许南明，富澜，崔君衍. 电影艺术辞典［M］. 修订版. 北京：中国电影出版社，2005：69. 有改动。

产生联想、产生共鸣。也正因如此，在 2017 年的上海国际电影节论坛上，上海电影（集团）有限公司的董事长任仲伦才这样说，"《摔跤吧，爸爸》把中国电影摔了一跤，它的故事题材有什么特点吗？没有。最本体的是抓住共鸣，电影其实是需要共鸣的，电影的需求不会消失，也会继续增长，我们需要思考的是我们能够给观众提供什么样的产品。"①

二、走平民化与励志的路线

体育电影不外乎有两类，一类是根据真实的、著名运动员的传奇经历改编的，另一类是在合理的基础上加以虚构。但是，无论哪种体育电影都是借助影像的方式传播体育运动真实、有趣、感人的故事，都是在彰显体育元素和时代特点，都是在展现运动员的奥林匹克之梦，并传播体育电影所特有的蓬勃向上的正能量，以起到感染人、激励人的积极作用。

其中，表现平民的子弟历尽磨难、不改初衷，并经千锤百炼最终成为奥运会英雄的故事最受欢迎，也成为体育电影常见的情节类型。

除此之外，也有影评家指出：成功的体育电影应该包括五大要素：一位或者一些不懈奋斗的人物；人性；催人泪下；令人难忘的对白；可以让运动员和观众热血沸腾。

具备以上诸元素的体育电影有很多，如《拳王阿里》《泳出一片天》《胜利大逃亡》《苏格兰飞人》和《冰雪公主》等，数不胜数。

《摔跤吧，爸爸》也是一样，这部改编自真人真事的电影作品，将个人荣誉与国家情怀紧密地联系在一起，通过男女主人公与体制的对抗、与世俗偏见的对抗、与自身惰性的对抗等情节设置，站在平民的角度，讲述了一个普通人最终如何获得杰出的个人成功和突破性的国家荣誉的故事，虽然情节并未跳出体育类型电影情节模式的圈囿，却因将一切类型的元素做足、做够，将人类心灵最朴素的情感凝结成动人的电影，从而变得跌宕起伏、感人至深。

三、在写好故事的同时也要写好赛事

一部体育电影成功与否，还要看它是否回归了体育本身，因此在写好故事的同时也要写好赛事，只有两者完美地结合才会让全片充满悬念、高潮迭起，也才会使观众感受到竞技体育的激情和魅力。

《摔跤吧，爸爸》即是如此，本片中出现的每场比赛中对摔跤运动的动作技巧的处理不仅真实，而且也展现了该项目的魅力，也难怪不少观众看完电影后惊呼"原来摔跤比赛这么好看"，这也符合编导对本片的另一种预期。

为了把赛事拍得好看，《摔跤吧，爸爸》运用了许多独到的艺术手段，以表现体育赛事的动与静、力与美。比如，吉塔最终取得胜利的最后一场戏，导演可谓多种视听手法并用，妹妹在场下时而揪心、时而兴奋的反应镜头，吉塔自身的主客观镜头，回想过去在父亲的逼迫下跳到水里的闪回镜头，被关在小黑屋里的父亲既焦急又无奈的面部特写镜头，电视机前正在观看赛事的街坊邻居的反应镜头，还有计时器的镜头等，

---

① 何天骄. 上影董事长任仲伦：《摔跤吧，爸爸》把中国电影摔了一跤 [N]. 第一财经日报：2017：A07.

这些镜头凌厉、流畅、混而不乱地交叉剪接在一起，不仅拉长了不同于真实时空的电影中的假时空，而且还制造出足以使观众屏息凝神的期待心理和悬念效果，真正做到了张弛有序、细致到位且情感充沛。

在片头，父亲辛格与高个摔跤手的比赛则巧妙地运用声画对位的方式来增加运动的紧张感与观影的乐趣——高个摔跤手几次扑来，几次被比他矮半头的辛格摔倒在地，按说此时两人的摔跤是不会有解说的，然而编导却有机地将电视机里解说国际赛事的声音嫁接于此，造成了完美的声画对位，取得了令人忍俊不禁的观赏效果。

本片还巧妙地将歌词与摔跤场面相结合，使之成为动作的注脚和补充——吉塔在取得了最初的胜利后一脸自信，穿着短裤和T恤昂首阔步地走来，此时歌声响起，其歌词——像阵旋风吹过/所过之处横扫千军/她是无人能胜的女超人假小子/你的骄傲会被烧毁/它操纵着毁灭之火/它将定义你的价值/不会有丝毫误差/然后猛然把你摔出去——正好吻合了此情、此景，一切意义都在这一组镜头中产生。

四、演员要表现出专业的体育素质

由于体育电影大多涉及专业、高难度的动作，因此一般演员大多视作畏途，一是不愿意进行长期训练，二是训练后也未必能达到专业运动员的专业水准，故许多的体育电影只好邀请专业运动员来出演，如美国的《胜利大逃亡》一片就请来了球王贝利，英格兰、苏格兰、法国、瑞典、阿根廷等国的著名球星——博比·摩尔、麦克·凯恩、奥斯瓦尔多·阿迪列斯等——来扮演剧中的重要角色，但这又带来了新的问题和矛盾，即专业运动员在表演上不一定能驾驭好人物的角色和性格。

应该说，这是每部体育电影都面临的不可避免的同时又必须要解决的矛盾。如果这个矛盾解决好了，那么电影的质量就会有所保障；反之，如果这个矛盾解决不好，那么电影经不起推敲，观众就无法感受到紧张、激烈的竞技场面，则必然会影响体育场景的真实性表现，也会拖垮、降低整部电影的质量。

《摔跤吧，爸爸》的创作者们深知这一点，为此，他们花费了大量的时间对演员进行训练，以期展现出专业技术水准。出演成年女儿吉塔和巴比塔的两名女演员为了这部电影训练了将近一年，两名儿童演员也训练了7个月，实实在在地体验到了从一个普通人转变为一名摔跤运动员所必经的艰辛历程。据说，本片最后吉塔那个将对手摔过头的动作全是真的，剧组当时虽然用了威亚，但不是给吉塔的，而是给被摔的演员，以防止她受伤。

本片的主演阿米尔·汗在拍摄这部电影时已经52岁了，因为要在本片中饰演父亲19岁、29岁和55岁这3个年龄段，他需要在拍摄期间增加体重。导演建议他先利用自己6块腹肌的身材拍摄19岁时的辛格，然后再拍摄29岁时的辛格，最后拍摄55岁时的辛格。阿米尔·汗却选择反其道而行之。在完成了19岁时辛格的戏份之后，他在半年的时间内增重25公斤，先拍摄了55岁时发福的辛格，完成占全片80%的戏份，然后他又通过拼命地减肥去演绎29岁时正处于摔跤运动员职业生涯黄金时期的辛格。看到阿米尔·汗为拍摄本片所付出的努力，观众就不难理解他为何能成为印度国宝级的演员了。这样一位敬业的演员，谁会不喜欢、不尊敬他呢！

五、其他方面的守成与创新

1. 印度歌舞的无缝衔接与巧妙化入

印度电影有一个特点，就是随时随地会在片中插入一大段或与剧情有关或无关的歌舞，这既与印度的宗教有关，也与印度观众的欣赏习惯有关，本无可厚非。但是，大篇幅、冗长的歌舞往往会破坏电影作为一个完整叙事的观感，因此为许多人所诟病。然而，此次《摔跤吧，爸爸》却不同，它虽然也保留了传统的歌舞元素，却从剧情出发，并不将其割裂为独立的桥段，而是以更为巧妙的形式将其融入剧情当中。例如，姐姐和妹妹训练得十分艰苦而两人又不能理解父亲为什么要这样做时，背景音乐出现了，曲调沉郁，歌词则充满了讽刺：为了完成你的梦想/为什么要如此折磨我们/剪掉我们的头发/叫我们怎么抬得起头/他是剥削者吗/为何如此对待自己的女儿/我们还是孩童/不该被掠夺走童年……这些歌声与画面有机地结合起来，生动、有趣地表达了孩子们的心声。

2. 重复蒙太奇与积累蒙太奇的反复使用

《摔跤吧，爸爸》一片的剧情跨越了30多个年头，如何将30多年的时间里发生的事情删繁就简地介绍给观众，本片采用了第三者——也就是辛格的侄子——讲述的方法，同时又大量地使用重复蒙太奇、积累蒙太奇等来表现两个孩子单调、繁杂、重复的训练及成长过程。比如，两姐妹穿着男孩子的衣服、剪着短发走在学校、街道上的镜头，跑出村口去晨练的镜头，跑过田野的镜头，在父亲为她们建造的简陋的摔跤场里练习摔跤的镜头等，不断地重复、不断地积累，也不断地在内容上产生变化——两姐妹长大、长高的变化，由一开始的怯懦、羞于见人到后来自信满满、昂首阔步的变化。而围观、议论他们的村民们也经历了同样的变化，先是以怪异的眼光望向她们，嘴里说着各种嘲讽的话，后来全变成了羡慕与仰慕。至于那对一开始还想欺负两姐妹的兄弟，到了后面却反过来成了她们欺负的对象。所有这些都是以镜头语言和蒙太奇来呈现的，简洁、明了，富于章法。

总而言之，《摔跤吧，爸爸》一片既是两个印度平民女孩的励志故事，也是一位父亲教育子女的心路历程。本片中的父亲不顾传统的禁锢，独自面对人们的质疑和嘲笑，用极端的方式和严酷的手段来培养女儿，最终让她们笑傲群雄，从一个落后的小村庄走向世界更广阔的舞台，体现出父爱的伟大与宽广。全片手法高超，主题昂扬向上，是一部非常值得我国的电影同行学习和借鉴的好电影。

第六节 颠覆迪士尼
——梦工厂动画电影作品《怪物史莱克》赏析

▶ 影片资料

中文译名：	怪物史莱克
国家/地区：	美国
类　　型：	爱情/动画
导　　演：	安德鲁·亚当森　维基·詹森
主　　演：	迈克·梅尔斯　卡梅隆·迪亚兹　艾迪·墨菲（等）

▶ 剧情简介

史莱克是一个奇丑无比的绿色怪物，在旁人的眼中，他凶狠残暴、生性孤僻。殊不知，在他丑陋的外表之下隐藏着一颗善良的心。史莱克早已习惯人们对他的误解，独自一人在沼泽地里过着离群索居、安然自得的生活。

有一天，史莱克的沼泽地里突然涌进大批的童话人物：7个小矮人、3只小猪、匹诺曹……原来，他们被杜洛国的法夸大人驱逐出境，流落此地。史莱克前去找法夸大人理论，却在无意中成了比武大会的冠军。阴险狡诈的法夸大人见史莱克骁勇善战，便想利用他替自己去解救美丽的费欧娜公主。原来，费欧娜公主被囚禁在古堡的高塔里，由一条喷火龙看守着，很多勇敢的骑士前去解救费欧娜公主但都失败了。法夸大人与史莱克达成协议，如果史莱克救出费欧娜公主，就可以要回沼泽地，恢复往日的平静生活。于是，史莱克和他唯一的朋友——一头喋喋不休的驴子长途跋涉来到古堡，他们打败了喷火龙，救出了费欧娜公主。

费欧娜公主一心以为真爱已经降临，而眼前的怪物却令她失望不已。史莱克连忙将原委告诉了费欧娜公主，并护送她回杜洛国与法夸大人成婚。一路上，费欧娜公主渐渐地发现了史莱克的纯朴与善良，而史莱克也被费欧娜公主的勇敢和豪爽所吸引。由此，他们产生了真挚的爱情。就在他们下定决心向对方表白的时候，一场误会却使这段感情戛然而止。按照协议，史莱克将费欧娜公主交给法夸大人，换回了沼泽地的地契。

驴子不忍心看到史莱克就这样与费欧娜公主分手，它来到沼泽地，痛斥史莱克不敢正视自己内心的感情。当史莱克最终意识到自己错怪了费欧娜公主时，费欧娜公主已与法夸大人步入教堂举行婚礼了……在驴子的帮助下，史莱克及时赶到中断了婚礼，并且告诉费欧娜公主，法夸大人之所以与她结婚只是想借助公主的身份登上国王的宝座。听闻此言，费欧娜公主感到无比惊讶，而法夸大人则恼羞成怒。争执间，黑夜悄悄降临，一件令人意想不到的事情发生了，在逐渐消逝的夕阳中，美丽的公主变成了与史莱克一样面目狰狞的怪物。原来，费欧娜公主在很小的时候被巫婆施以魔咒，太阳一旦落山，她的美貌便会化为乌有，而只有真爱的初吻才能将她解救。目睹这一幕，法夸大人暴露了凶恶的本质，他以国王的身份宣布将史莱克处以极刑，将费欧娜公主永远拘禁。这时，驴子及时赶到，救出了史莱克和费欧娜公主，而法夸大人也得到了应有的惩罚。

一切重又归于平静，史莱克终于向费欧娜公主表达了自己的爱意，费欧娜公主感动不已。在杜洛国臣民的欢呼声中，他们深情地拥吻着，真爱的初吻降临了，魔咒被破除了……

拍摄背景

一切都开始于独树一帜的美国漫画家威廉·史塔克创作的一个儿童短篇故事。当这个故事到了具有创造力和想象力的电影制作者手中后就发展成了娱乐史上最成功、最招人喜爱的系列动画电影。在电影技术取得飞速发展的今天，"怪物史莱克"系列也在人们密切的关注中经历着属于自己的"进化"：我们见证了史莱克从一个性情古怪的沼泽绿妖变成了一个总能结交到新朋友的"万人迷"，而它也在不断地面对一些新责任的情况下迅速地成长，被引领进预想不到的新生活中。

电影《怪物史莱克》于2001年5月在北美地区3587块银幕同时上映，第一个周末就以4234万美元的成绩冲进票房排行榜第一名，并雄踞票房排行榜榜首数周。本片曾荣获2001年戛纳国际电影节"金棕榈"奖提名。戛纳国际电影节一向重艺术轻商业，评委的品位都颇高。1953年，迪士尼公司的经典动画片《小飞侠》被邀请参展。半个世纪过去了，《怪物史莱克》有幸成为第二部参展的动画片，由此可见本片的品位不俗。

另外，本片的配音阵容堪称华丽，更值得一提的是3位配音的主角都以演喜剧著称，与本片的风格一拍即合：主演过《王牌大贱谍》的迈克·梅尔斯一改往日风格，以苏格兰口音演绎的史莱克，调侃中带有一分深沉，分寸拿捏之好令人叫绝；主演过《贝弗利山警探》的艾迪·墨菲为驴子配音，纯熟的黑人搞笑腔调，随便一句台词都令人捧腹；主演过《霹雳娇娃》的卡梅隆·迪亚兹为费欧娜公主配音，将现代女性的风格与古典气质融合得恰到好处，同时又不失侠女的飒爽。

理论准备

如前文所述，由于传统的类型电影无法将所有观众的需求融入其中，几十年来类型电影不断地发展，又生成新的类型电影，更多的是混合类型电影；又因为基于对类型电影的反讽、改写、破坏及现实世界的改变，反类型电影便成为借类型电影而生的另类价值片。

所谓反类型电影，就是对类型电影的反讽、超越、改写甚至破坏。[1]

---

[1] 史博公，凌燕. 电视电影的反类型策略 [J]. 电影艺术. 2003 (04)：82.

反类型电影以类型电影为基础，创作者可以不必从零开始，可以有更多的自由空间来发挥想象力。反类型化一个很重要的叙事元素是将观众带入规定的情境中，从而有利于其想象力的拓展。

反类型电影之所以能够被观众所接受，不仅仅是因为观众有求新求变的需要，也是因为维持类型电影的戏剧冲突基础——现实世界本身也在改变。确切地说，现实世界原本就不是单一的。影响类型电影发展和变化的外部条件有三个：第一个是时代性，时代的发展赋予类型电影新的评价标准以及促使其更改无法与时俱进的内容；第二个是社会经济结构的变化，它会影响类型电影的制作意愿和制作方向；第三个是社会的文化走向，它会左右类型电影的内涵。比如，西部片是美国最早出现的类型电影之一，其内容基本固定为代表文明的白人牛仔同代表野蛮与凶残的印第安人之间的殊死搏斗；至于当年印第安人作为白人残害掠夺对象的事实基本得不到如实地反映。但是，时代发展到今天，人们已经可以站在更高的角度来重新审视那场不对等的文化侵犯；也正因为这样，由美国著名演员凯文·科思特纳自导自演的电影《与狼共舞》对传统西部片所处理的基本母题——文明与野蛮的冲突——重新进行了编码，重新进行了叙述，不仅以恢宏的气势描绘了19世纪60年代骚动的北美西部的历史，更以令人信服的细致笔触生动地展示了印第安人帮一个白人寻找自我以及这个白人背叛自己文化的历程，热情讴歌了跨越两种文化的友谊和爱情。与此同时，该片也再现了美国政府的军队夺取印第安人的领地、围杀印第安人的不光彩历史。因此，在1991年第63届奥斯卡金像奖评选活动中这部电影一鸣惊人，荣获12项提名，并最终夺取最佳影片、最佳导演、最佳改编剧本、最佳摄影、最佳剪辑、最佳音响和最佳音乐共7项大奖；并荣获1991年第48届美国电影电视金球奖剧情类最佳影片，成为世界电影史上的一个永垂不朽的西部传奇。

鉴赏分析

一、对传统经典童话作品的回顾与颠覆

正像电影《世界末日》①将拯救人类的重任交付给几个钻探工人，而这几个钻探工人最后也不负众望完成了拯救人类的重任，在成为"英雄"的同时又颠覆了我们以往所司空见惯的"英雄"形象一样，《怪物史莱克》也是一个颠覆了传统经典童话故事的童话。

在这个童话故事里，主人公不再是白马王子，而是一个整天在臭水沟里洗澡，用虫子刷牙、用耳屎做油灯取亮的脏而丑的绿色怪物；而公主也不再是柔弱的、美丽的、善良的，而是脾气暴躁，甚至喜欢打打杀杀，有着《黑客帝国》中尼奥一般的凌利身手。至于史莱克英雄救美的动机也变得不再纯洁，而是出于一种无奈和被迫：因为法夸大人占据了遥远王国，大批的童话人物都跑到了史莱克的家，而史莱克要想恢复以

---

① 本片的导演是麦克尔·贝，主演有布鲁斯·威利斯等，讲述了人类与一个行将与地球相撞的彗星做斗争的故事。

往的平静与安宁就得去做那件他并不是十分乐意去做的事情——带着喋喋不休的驴子到塔楼上去解救被困的费欧娜公主。所以，当费欧娜公主被救出等待真爱的初吻时，史莱克无动于衷，以至于费欧娜公主只好主动求吻了。更绝妙的是在本片的结尾，当我们都期盼着像传统经典童话故事那样，史莱克用真爱的初吻来解除费欧娜公主的魔咒，使其恢复到美丽的模样的时候，费欧娜公主却变得和史莱克一样奇丑无比，连以往美丽的模样也不可能找回了。

甚至那从来都不讲假话的魔镜在这部影片里也变得见风使舵，而喷火龙这个强悍、凶猛的动物竟然也学会了向驴子大抛媚眼、一展柔情。至于本片的片头，先是采取了貌似传统的讲述方式：一本有着华丽插图的小人书，配以"在很久很久以前，在一个遥远的王国里……"的画外音，乍看之下，观众会以为接下来准会放映一部标准的迪士尼式的动画电影，然而随着史莱克的一只丑陋的大手将小人书撕破当成擦屁股纸，以及他的一句"这是根本不可能的"，一切的一切便被彻底地颠覆了。

至于个中缘由，有人说梦工厂动画公司三大老板之一的杰弗里·卡赞伯格曾当过迪士尼的要员，后被炒鱿鱼，这回便借"史莱克"这一角色大报私仇，狠狠涮了一回老东家。但这只是一种臆测而已，真正的缘由是今天人们需要看反传统、反类型的作品，否则便会掉入俗套的泥淖。

因为反类型，所以《怪物史莱克》的人物是全新的，情节是出乎意料的，场景也不再是浪漫的，而是充满了搞笑的情节，如费欧娜公主竟然模仿蜘蛛侠大吻史莱克，而史莱克也投桃报李对费欧娜公主示爱。至于史莱克骑的那头喋喋不休的黑驴（不是白马）更是将一切浪漫、纯洁、海誓山盟之类的煽情因素全部消解。

因此，《怪物史莱克》是一部后现代主义的经典之作。在这部电影中，既充分体现了对经典和传统的解构，又充分体现了对新的传统建构所付出的种种努力。

另外，这部电影也对传统经典童话故事中的人物、动物做了一次完整的盘点与回顾，从爱说谎的匹诺曹到采蘑菇的小红帽，从夸张的魔镜到眼神不好的小老鼠，从绿林大盗罗宾汉到3只可爱的小猪，简直就是一个童话世界的大观园。用《怪物史莱克》的制片人杰弗里·卡赞伯格的话说就是：观众看这样的电影，必会进入到一种"既熟悉又新鲜"的感觉之中，自然会产生一种既轻松又愉悦的心情，从而也就极大地加强了影片的观赏性。

二、浅显而又深刻的哲理主题

话说回来，无论反类型电影如何颠覆传统，最终的主题依然要回归至观众欣赏的主流文化和审美经验当中，否则便会对观众的意识形态形成一种挑战，而这不是好莱坞要做的事情。因此，《怪物史莱克》在形式上的搞笑、内容上的颠覆之后依旧为观众端出了一盘美好、幸福的爱情大餐。而这一笔是本片赢得一片喝彩的根本所在。

以往，迪士尼的电影可以归纳为"王子拯救落难公主，两人一见钟情，最后白头偕老"的定律。王子和公主心地善良不用说，更重要的是他们还郎才女貌。可是，世界上大多数人相貌平平，既没有演员的外貌，也没有模特的身材，难道他们只配当灰姑娘的姐姐或后妈吗？在这种情况下，《怪物史莱克》给我们讲述了一个认同自己的故事，告诉我们世间万事并不都像俊男美女所表现出来的那样。所以，人们应该自强，不要在乎自己是否漂亮，美并不只是外在的，更多的是内在的。

本片中的那头驴子是第一个不介意史莱克的长相并把它视为朋友的动物。史莱克脾气暴躁，自以为只有独自一人才能快乐，而驴子却把它视为救命恩人形影不离，史莱克不习惯这种跟随，但驴子还是紧紧地跟随……最终这一切打碎了史莱克自我保护的盔甲，两人也成了形影不离的好朋友。

至此，本片对爱情和友情这两个主题的阐释都已做得非常成功。

三、可爱、鲜明、好玩的童话人物

一位英雄、一个美丽的公主、一头爱唠叨的驴子还有一个可恶到极点的坏蛋，从某个角度来说，这是一个传统的童话故事，然而它又与以往的那些童话故事不一样。英雄是一个丑陋、脾气糟糕的怪物，公主也是满腹心事、秘密藏身，坏蛋则带有一些明显的缺陷，更重要的还在于本片中的幽默处处可见，精彩的桥段令人应接不暇。而且本片中的许多笑料来自以往人们所熟知所喜欢的童话故事，包括《木偶奇遇记》《小红帽》《白雪公主和七个小矮人》等，只要认为需要的都会被编导拿来作为本片中的一部分。观看这样的电影，无论是大人还是孩子，都可以从中获得无数的欢笑，而其中微妙的趣味则要以一个成年人的心态来慢慢地体会，绕梁三日后方知那幽远的余味。

四、细腻的三维动画制作

《怪物史莱克》之所以被称为动画片中的经典，还与其采用突破性的三维动画制作技术让本片的场景、人物的面部表情以及举手投足都变得栩栩如生有关。而这一切的实现都与PDI公司①和该公司特别为本片设计开发出的ShaPer技术软件。

"永远都不会对自己所取得的成就感到满足"是"怪物史莱克"系列的创作团队坚持不懈地希望超越过去的宗旨。他们期待有关"怪物史莱克"的每部电影都能起到让观众目不暇接的作用。由于电影技术的迅速发展，任何想提高相关角色的重要细节的想法都变得可行，只要有史莱克那巨大的身形和光滑的皮肤，就不会缺少那3只瞎眼老鼠纤毫毕现的皮毛。

但是，这一切说起来简单，做起来却十分困难。在《怪物史莱克》中共有36个不同的场景，比以往任何一部动画片都要多。在制作这个童话故事时，制作小组希望能制作一个充满真实感的环境，让观众有身临其境的感觉。每棵树上晃动的树叶，空气中飞舞的灰尘，大风掀起的尘土，制作小组希望让观众觉得所有构成环境的这些因素都是真的，甚至可以闻到它们的气息。这一点观众在极具创意的片头就可以体会到：伴随着低沉的画外音"在很久很久以前……"一本插图优美的小人书被人翻阅着，突然大手一挥，一页书被撕了下来，这就是本片中的主人公怪物史莱克的出场情景。

---

① PDI 的英文全称是 Pacific Data Images，成立于 1980 年。PDI 公司的成长与计算机动画的发展几乎是同步的。1990 年，该公司开始涉足电影特技领域，不久就将三维动画与真人动画制作列为发展的战略重点。1996 年，PDI 公司与梦工厂动画公司签署了合作协议，双方决定联手制作三维动画片，1998 年推出的《蚁兵外传》一经问世就广受好评。在电影特技领域，PDI 公司已经取得了不错的成绩，《谍中谍 2》《蝙蝠侠和罗宾》《永远的蝙蝠侠》《真实的谎言》《致命武器 3》《断箭》《少数派报告》《人工智能》等电影中都有该公司的成果。此外，PDI 公司还承担了可口可乐、别克、松下、福特等国际大公司的广告特效业务。

为了将沼泽地真实地再现出来，美工道格拉斯特意跑到南卡罗来纳州的木兰种植园内，也许是太靠近大自然了，在那里他被野猪追逐；在设计喷火龙的城堡时，他又跑到法国的老城堡；本片中的杜洛国在法夸大人的统治下，街道是笔直干净的，鲜花也是要时时更换的，在城市的正中间是一个可以升降的舞台。在设计这一部分时制作小组挑选了单一的颜色，让环境能够体现出人物的性格。为了到城堡救出公主，史莱克和多嘴的驴子必须通过一座摇摇晃晃的绳索桥，这给制作小组出了一道难题，要将平面图形拍摄出3D动画的效果还真不容易，制作小组只能先用摄像机从不同的角度进行拍摄，然后再进行制作。

　　史莱克和驴子通过流动岩浆上的绳索冲进城堡，打退喷火龙，救出费欧娜公主这段剧情，制作小组特别选取了俯拍的方式，并运用了大量的切换镜头，使它们的行动看起来既紧张又快速。另外，《怪物史莱克》中不同的人物也给制作小组增加了难度。在《蚁兵外传》中所有的蚂蚁高矮都是一样的，而在《怪物史莱克》中人物的体型都是不一样的，史莱克的身形庞大，费欧娜的身形苗条、柔嫩，而驴子的身形则矮小、肥胖，所以当这些人物都出现时很难找到合适的拍摄角度，制作人员只能改变人物的身材比例以适应剧情的需要。

　　为了使本片中的人物看上去更加真实，技术人员首先在电脑上绘制出人物的骨骼，再依次加上肌肉、脂肪、皮肤、毛发、衣服。这使人物的面部表情和肢体语言更加栩栩如生。甚至人物在运动时观众还可以看到他们衣服上的褶痕及脸上的皱纹。这套"ShaPer"技术软件对于制作本片中的背景环境起到了很大的作用。

　　正因如此，《怪物史莱克》才在电脑动画领域中达到了一个新的层面和新的高度。但是，话又说回来，随着电脑动画的技术以幂次方的速度发展，《怪物史莱克》所取得的成功也不会持续太久。正如《怪物史莱克》的制片人杰弗里·卡赞伯格所说，它可能只不过是一座寿命仅为一两天的里程碑，随时会被后来者超越。可是从故事的情节、主题、风格上来看我们却又有充足的理由可以相信《怪物史莱克》必将因其是一部后现代主义的经典之作而永久载入世界电影的史册。

第七节　科幻电影的集大成者

——詹姆斯·卡梅隆的电影《阿凡达》赏析

➡ 影片资料

中文译名：阿凡达
国家/地区：美国
类　　型：科幻
导　　演：詹姆斯·卡梅隆
主　　演：萨姆·沃辛顿　佐伊·索尔达娜　西格妮·韦弗（等）

➡ 剧情简介

故事从地球开始，杰克·萨利是一个双腿瘫痪的老兵，他觉得没有任何东西值得他去战斗，因此他对被派遣去潘多拉星球的采矿公司工作欣然接受。

潘多拉星球上有一种别的地方都没有的稀有矿物元素，它将彻底改变人类的能源产业，所以才吸引着人类不远万里来到这里拓荒。可是，资源丰富的潘多拉星球并不适合人类生活，这里的空气对人类是致命的，本土的动植物都是凶猛的掠食者，极度危险。这里的环境也造就了与人类不同的种族：10英尺高的蓝色类人生物"纳威族"。纳威族人不满人类拓荒者的到来，也不喜欢人类的机器在这个星球的土地上因为到处挖矿而留下的斑斑伤痕。

由于潘多拉星球的环境严酷，人类传统的宇航服、机甲都不足以保护矿工，于是科学家们转向了克隆技术：他们将人类的DNA和纳威族人的DNA结合在一起，制造了一个克隆纳威族人，也就是阿凡达。这个克隆纳威族人可以让人类的意识进驻其中，成为人类在这个星球上自由活动的"化身"。然而，并不是任何人都可以操纵这个克隆纳威族人，只有与其身上人类的DNA配型相符的人才有这样的能力。

杰克·萨利的哥哥是这个克隆纳威族人的人类DNA捐献者，他就可以操纵这个克隆纳威族人，然而他被杀死了，采矿公司为了不让砸下去的钱白费（克隆纳威族人的价格不菲），必须找到一个可以代替他操纵克隆纳威族人的人，这个人的DNA还必须和其配型相符，于是他们自然而然地就找到了杰克·萨利。杰克·萨利对此感到很高兴，因为那意味着他又能走路了。

几年后，杰克·萨利到了潘多拉星球，他发现这里的美景简直无法用语言来形容，高达900英尺的参天巨树、星罗棋布飘浮在空中的群山、色彩斑斓充满奇特植物的茂密雨林、晚上各种动植物还会发出光……就如同梦中的奇幻花园。不过很快他就体验到了这里的危险，一只毒狼（潘多拉星球上的一种本土生物）与他狭路相逢，眼看自己就要被吃掉,一支箭射死了这只毒狼,杰克·萨利得救了。救他的是一个叫奈蒂莉的纳威族女孩,杰克·萨利从她的口中了解到了更多关于潘多拉星球的知识。

纳威族人一直以来都与潘多拉星球的其他物种和谐相处,过着一种简朴天然的生活,杰克·萨利在和这个纳威族女孩的相处过程中逐渐转变了对人类来这里采矿的看法,他意识到自己已经找到值得为之战斗的东西了,于是在现实的逼迫下,他踏上了一段探索与救赎的征程。

不过,杰克·萨利如果要加入纳威族人对抗人类入侵者的战争就要付出很大的代价:他并不能永远待在"化身"中,当"化身"——克隆纳威族人睡觉时,他就会回到自己半身不遂的人类身体中,只有通过专门的连接设备才能重新回到"化身"中。一旦与自己的同胞为敌,他就失去了与"化身"结合的可能,只能困在残疾的身体里,并失去那个他越来越喜欢的纳威族女孩奈蒂莉……

最后,在利益的驱动下,人类派遣了战机去摧毁纳威族人赖以生存的家园树,尽管杰克·萨利等人一再争取希望可以不要那么做,但是采矿公司还是决意如此。杰克·萨利与他们协商,自己去和纳威族人交涉,让他们离开那棵大树,然而当他说明了一切之后,纳威族人都很愤怒,奈蒂莉更是愤怒异常,纳威族人就把杰克·萨利和女教授格蕾丝一起捆在了刑架上。采矿公司派遣的战机发现他们协商失败了,于是就下令开火,摧毁了他们前进的障碍——纳威族人赖以生存的家园树。奈蒂莉的父亲、纳威族人的领袖也被炮火炸死,临终之际他把手中的箭交给奈蒂莉,让女儿为他报仇,奋起反抗入侵者。

没有了生存之地的纳威族人被迫暂居在家园树之下。而杰克·萨利等人则被采矿公司关了起来。在同伴的帮助下,他们驾机离开了基地。杰克·萨利骑着"魅影"到达纳威族人暂居的家园树下,呼吁纳威族人做出反抗,他终于又得到纳威族人的信任。在他的呼吁下,他们联络了潘多拉星球上其他民族的人,一起组建了一支几千人的反抗军,形成了陆空两路的防线。

采矿公司的军队发现了纳威族人的反抗迹象,迅速装填了大量的高烈性炸药,准备提前消灭纳威族人。于是,纳威族人的反抗联盟和采矿公司的军队展开了血战。结果,纳威族人的反抗联盟打败了人类,而人类的军队指挥也被杀死,纳威族人在杰克·萨利的帮助下将采矿公司的人全部遣送回地球。

接下来,在纳威族人精神领袖的带领下,纳威族人用自己的感受器(辫子)与神树相连,借助家园树的力量,将杰克·萨利的精神(灵魂)转移到他的阿凡达身上,杰克·萨利最终成为这个星球上纳威族人中光荣的一员。

拍摄背景

一、关于本片的导演詹姆斯·卡梅隆

1954年8月,詹姆斯·卡梅隆出生在加拿大安大略省的一个中产阶级家庭,他的父亲是一个电气工程师,母亲是一个艺术家,这似乎注定他一生下来就会具有工程和艺术两个方面的才华。少年时的詹姆斯·卡梅隆就具有非凡的工程才能和组织能力,

他曾经带领小伙伴们制造过一个足以在地面上留下弹坑的抛石机，以及用一个自制的潜水艇把一只老鼠送到了尼亚加拉河河底。在艺术方面，詹姆斯·卡梅隆曾和母亲学习过多年的绘画，并在家乡举办过画展，并且很小就开始写科幻小说。他12岁时所写的一部科幻小说被看作是后来他拍摄的科幻影片《深渊》的故事原型。在詹姆斯·卡梅隆14岁的时候，他看到了大师斯坦利·库布里克的《2001太空漫游》，一下子就被惊呆了，从此在他的心灵中萌发了制作电影的愿望。

中学毕业以后，詹姆斯·卡梅隆被加利福尼亚州立大学的物理系所录取，但很快他就对大学的课程感到失望，跑出校园闯荡社会。他干过机械修理工，给别人开过大卡车。1977年，他又看到了乔治·卢卡斯的经典科幻片《星球大战》，激动地意识到这就是自己想要创造的东西。这使得詹姆斯·卡梅隆确立了自己的人生方向并开始为此忙碌起来，从未接受过专业训练的他四处寻找机会希望能成为电影人，并开始熟悉从镜头到摄影机导轨的各种电影制作器材，甚至和朋友制订了人生的第一个拍摄计划：想要利用手头的设备和自制的模型制作一部10分钟的科幻片。

詹姆斯·卡梅隆是幸运的，他的才华很快就得到了好莱坞制片人罗杰·卡曼的赏识，从罗杰·卡曼那里他得到了人生第一份在电影方面的工作——为卡曼工作室1980年的电影《星空大战》制作特技模型，第二年他就升职为这个工作室的另一部电影《恐怖星系》的第二小组导演和电影制作设计师。

詹姆斯·卡梅隆是少有的以特技设计和制作出身的导演之一，在以后的电影创作中，他一向把特技制作放在一个极其重要的位置，而且还经常亲自参与设计和实施特技制作。在他的电影里，卓越的特技制作不但总是能创造出令观众目瞪口呆、热血沸腾的视觉效果，而且还能够和剧情自然地融为一体，丝毫没有生硬和炫耀的感觉。但是，这并不是说特技就是詹姆斯·卡梅隆电影的全部。事实上，詹姆斯·卡梅隆不但是个优秀的特技工程人员，而且更具有一般的工程人员所不具备的想象力以及一些别的东西。

1981年，詹姆斯·卡梅隆执导的第一部电影问世。这部名叫《食人鱼2：繁殖》的影片全部在意大利拍摄，詹姆斯·卡梅隆和说意大利语的工作人员相处得并不愉快，而拍摄完毕后，制片方出于对这个羽翼未丰的导演的轻视，不让他参与电影的最终剪辑。25岁的詹姆斯·卡梅隆一气之下用一张信用卡撬开了工作室的门，自己想方设法学会了使用意大利的剪辑机，用几个星期的时间自己剪辑了整部片子。在这个过程中，詹姆斯·卡梅隆下定决心不再为任何人卖命，一定要制作自己的电影。

在意大利期间，詹姆斯·卡梅隆备受疾病、饥饿和贫困的折磨。痛苦的经历使他每晚噩梦缠身，有一次他做了一个噩梦：自己被一个来自未来的机器杀手追杀。根据噩梦的内容，詹姆斯·卡梅隆写了一个浸满其卓越才华的电影剧本《终结者》。他把这个剧本以1美元的价格卖给了电影制片人高尔·安尼·赫特，条件是让他以自己的方式来导演这部电影。高尔·安尼·赫特答应了他的要求。1984年，詹姆斯·卡梅隆推出了第一部自编自导的电影《终结者》。这部电影的拍摄只花费了650万美元却赚得了3600万美元的国内票房，并赢得了影迷和评论界的一致好评。

《终结者》的成功使得詹姆斯·卡梅隆获得了电影界的广泛关注。1985年，詹姆斯·卡梅隆和西尔维斯特·史泰龙一起撰写了《第一滴血2》的剧本，这部电影同样也取得了票房上的成功。

1986年，詹姆斯·卡梅隆自编自导的第二部电影《异形2》问世。这部电影是著名导演雷德利·斯科特的科幻经典《异形》的重拍版。詹姆斯·卡梅隆执导的这部电影的续集明智地避免了重复原片的风格，而是把人和异形的战场从单个的太空船搬到了一个巨大的太空基地，以一种动作片的风格重新演绎了发生在太空的恐怖故事，整部影片洋溢着一种英雄主义的精神。《异形2》的视觉效果也绝对一流，其美工设计给人一种詹姆斯·卡梅隆电影所一贯具有的、纯粹的（而非形式主义的）机械审美快感，而其特技制作也堪称达到了当时电脑生成影像参与电影制作的高峰。《异形2》获得了1987年第59届奥斯卡金像奖最佳女主角、最佳电影剪辑、最佳配乐、最佳视觉效果、最佳音响、最佳艺术指导、最佳音效剪辑等多项提名，并最终斩获最佳音效奖剪辑和最佳视觉效果。

1989年，詹姆斯·卡梅隆自编自导的第三部重量级电影《深渊》问世。这部科幻片和詹姆斯·卡梅隆的其他同类电影作品有些不同，虽然其中穿插了很多惊险的打斗和关于海底神秘生物的描述，但它的重点还是用一种比较慢的节奏，在一个科幻的背景下讲述了一个关于夫妻感情的故事。很多观众认为这部电影的节奏过慢，使人昏昏欲睡，这使得其票房不如詹姆斯·卡梅隆的其他电影卖座。但也有很多的影迷被片中人物的感情所打动。在撰写《深渊》的剧本时，詹姆斯·卡梅隆正在经历和第二任妻子——电影制作人高尔·安妮·赫特的感情危机，自然地把自己的经历带入到创作之中，把男女主人公的感情纠葛写得感人至深。

1991年，影迷们盼望已久的《终结者2》终于浮出水面。这部电影震惊了影坛，并且赚得了2亿美元的国内票房，获得了1992年第64届奥斯卡金像奖最佳视觉效果、最佳音响、最佳化妆和最佳音效剪辑等奖项。《终结者2》宣告了一个时代的来临，人们终于相信电影特技的表现已经无所不能，唯一的制约只是人们的想象力。在每个单个的场面中，詹姆斯·卡梅隆也发挥了卓越的导演和剪辑才能，在场面调度、蒙太奇的使用和时间的控制（太短会使观众觉得不过瘾，太长又会使观众感到厌倦）等方面达到了完美的境界。

在《终结者2》之后，詹姆斯·卡梅隆于1993年成立了自己的特技制作公司"数字领域"，和《星球大战》的导演乔治·卢卡斯创办的"工业光魔"分庭抗礼。1994年，由"数字领域"制作特技的第一部电影《真实的谎言》出炉。这部电影试图把间谍惊险片和喜剧情节有机地结合起来，成功地发掘出了动作演员施瓦辛格的幽默潜力，但它给观众留下印象最深刻的还是结尾那架"海鹞"式垂直起落战斗机。它在海天一色的背景下发射"小牛"导弹打中了跨海大桥的场面既壮观华美，又具有军事演习一样的真实感；而后来的机翼上的搏杀又呈现出繁复和夸张的卡通风格。作为导演，詹姆斯·卡梅隆能够选中这种独特的武器扮演片中的"重要角色"，并且把它的魅力发挥到极致，又一次证明了他对机器美的特殊爱好和感悟力。另外，和多数电影把特工人员描写成冷酷无情的杀人机器相反，《真实的谎言》把他们描绘成传统意义上的"好人"，再一次体现了詹姆斯·卡梅隆特有的乐观主义精神。

1997年，詹姆斯·卡梅隆拍摄了著名的电影《泰坦尼克号》。他一心追求自己心目中完美目标的精神在《泰坦尼克号》中得到了最高的体现，詹姆斯·卡梅隆亲自操办了几乎每件事，从给特技人员画受力分析图讲解大船沉没的原理，再到为片中的杰克提笔画素描。在拍摄的过程中，詹姆斯·卡梅隆对演员和职员的要求也非常严格。投资方的冷言冷语、手下的怨声载道、酷寒的海水，再加上拍摄过程中遇到的难以想象的困难，这一切使詹姆斯·卡梅隆几乎到了崩溃的边缘，但他仍然坚持着，并且喊出了近乎悲壮的豪言壮语："'泰坦尼克号'可沉，《泰坦尼克号》不可沉！"

这一切的努力终究没有白费。在《泰坦尼克号》推出3个月后，全美票房收入高达4.7亿美元，而国际票房更是超过了18亿美元，使这部电影成为很卖座的影片之一。这部电影更是获得了1998年第70届奥斯卡金像奖14项提名并获得了其中的11项奖项，平了《宾虚》的记录。詹姆斯·卡梅隆也因此获得了第70届奥斯卡金像奖最佳导演。在颁奖晚会上，他近乎疯狂地举起奥斯卡金像奖，大声地说出片中的著名台词"我是世界之王"。

辉煌之后，詹姆斯·卡梅隆却出人意料地选择了"消失"。《泰坦尼克号》之后他一直没有推出新的力作，直到2005年他才正式宣布开拍自己的新片——《阿凡达》，这是一部真人表演结合电脑CG①动画的科幻片。在接受美国《时代》杂志的专访时，这位好莱坞最会"烧钱"也最会"赚钱"的大导演承认，本片在票房上很难超越《泰坦尼克号》，但是他又立即补充了一句"没人能超越《泰坦尼克号》"。这位曾经在奥斯卡金像奖颁奖礼上高呼"我是世界之王"、被很多人形容为"暴君"的大导演，这次却低估了自己的水平和力量。

号称历史上最昂贵电影的《阿凡达》在全球公映39天后，就以18.59亿美元打破《泰坦尼克号》保持13年的世界电影史全球总票房纪录，詹姆斯·卡梅隆轻松地实现了自我超越，再次成为"世界之王"。

二、"阿凡达"原义解析

"阿凡达"的英文原名为"Avatar"，词根本源自梵文，意为化身。

在印度哲学中，"阿凡达"一词普遍被认为和众神在地面上的肉体表现形式有关。在梵文中，这个词具有经过深思熟虑，并且由于特殊目的而从较高境界"下降""转世"的含义。通俗地说，就是天神降临，或者说是天神附体，是毁灭之神湿婆凡身的化身。

詹姆斯·卡梅隆选择这个词作为电影的片名，无疑是非常点题的，不但将故事要点透露了出来，而且也把主题进一步升华，达到了在哲学、宗教以及现代科技三者语境中最自然的融合。

▶ 理论准备

反类型电影是有一些标准的，具体来说有以下三个方面：

---

① CG是Computer Graphics的英文缩写。随着以计算机为主要工具进行视觉设计和生产的一系列相关产业的形成，国际上习惯将利用计算机技术进行视觉设计和生产的领域通称为CG。它既包括技术也包括艺术，几乎囊括了当今电脑时代中所有的视觉艺术创作活动，如平面印刷品的设计、网页设计、三维设计、影视特效、多媒体技术、以计算机辅助设计为主的建筑设计及工业造型设计等。

（1）影片一定是具体反了某种类型，如反了恐怖片、战争片等；或者是反了某种类型元素，如"高大全"的英雄；又或者是难以归类的混合型电影。

（2）灾难、黑帮和武侠等，在严格意义上都不是好莱坞明确的电影类型，但这些影片已然自成格局，只要是对其原有体系的解构，都属于我们讨论的范畴。

（3）所谓"反"，或者是对类型电影构成元素的颠覆，或者是刻意违背某种类型电影固定的叙事模式，总之，这类电影的共性是最终效果在观众的期待心理之外。

有人批评商业化电影过于泛滥只会破坏艺术本身的价值，但实际上商业化操作有它必须存在的需求。一个充满抱负的导演若理念太过宏大，只愿拍摄出自己想要表达的艺术理念，终究会曲高和寡被观众所遗忘。与此相比，反类型电影却是一个很好的解决出口。尽管反类型电影也是出自商业化操作，但导演可以不必一味地依附无新意的传统类型电影，可以拍摄出自己的个性风格与诉求，这样不仅赢得了市场，而且还可以将自己的理念公之于世，可谓双赢。

鉴赏分析

一、颠覆

在科幻片中，人类对宇宙空间的认知与探险往往离不开同外星人交往这个内容。因此，描写地外生命便成了科幻片中最常见也最具有代表性的题材，以至于有很多人一提到科幻片就会自觉或不自觉地把它同"演外星人的那种影片"画等号。

的确，描写外星人的科幻片是很多的，它们占了所有科幻题材电影的70%还要多。比较令人熟知的有史蒂文·斯皮尔伯格的《E.T.外星人》《第三类接触》《世界大战》，蒂姆·伯顿的《火星人玩转地球》，罗兰·艾默里奇的《独立日》以及《独立日2：卷土重来》，保罗·范霍文的《星河战队》，巴利·索南菲尔德的《黑衣人》，奈特·沙马兰的《天兆》，以及《指环王》的导演彼得·杰克逊担任监制、尼尔·布洛姆坎普担任导演的《第九区》等。

如果以内容划分这些电影的话，我们很容易看出描写外星人题材的影片无非有以下两类：

（1）外星人被描写得凶神恶煞，是来自外太空的侵略者，是人类的敌人。他们的到来给地球人带来了灾难，地球人为保护家园而与其交战，也许在最初会失利，但最终的胜利却一定是属于地球人的。

这类电影最具有代表性和典型意义的当属罗兰·艾默里奇于1996年拍摄的影片《独立日》。这个来自德国的、有着"小斯皮尔伯格"称誉的导演充分张扬了他在科幻情节编织、科幻场面营造方面的才华，以横断面式的高超结构描写了地球在某年7月1日至7月4日的几天时间里，由于遭受外星人的入侵，人类又无法组织有效的抵抗，面临毁灭的边缘，后突发转机，人类最终赶走了侵略者，取得辉煌胜利的故事。其情节构思严谨流畅，人物塑造众多而不杂乱，再加上导演深谙煽情之道，节奏把握得极好，使其成为外星题材科幻片中的经典，至今畅演不衰，为人称道、为人赞叹。

（2）外星人是充满理性、善意和友好的朋友，他们来到地球是想与人类进行科学与文化、种族等之间的密切交流与接触,因此人类与外星人之间往往会上演许多先是隔膜、试探,继而相互交流,并最终相互帮助、相互认知、相互提高、相互友爱、相互进步的故事。

这类电影最具有代表性和典型意义的当属史蒂文·斯皮尔伯格的《E.T.外星人》。这部电影讲述一个小外星人在离家300万光年的地球上与同伴失散后,被善良而又充满爱心的小艾里奥特发现并拯救的故事。小艾里奥特不但救了这个小外星人,而且还天天照顾他,友谊与爱的桥梁把他们的心紧紧连在一起,虽然无法通过语言进行很好的沟通,但他们的感情超越了一切;虽然双方的外形有如此巨大的差异,却因为都有一颗善良和纯洁的心,他们之间便建立起了一种奇妙的心灵感应,成了最好的朋友。就这样两个生命因这场无止境的冒险和一段没有尘世界限的友谊而改变了。

《E.T.外星人》这部电影教会了观众什么是爱,爱就是穿越一切阻碍,让人获得幸福与欢乐的美好渠道。

至于史蒂文·斯皮尔伯格的另一部电影作品《第三类接触》,也是带着温馨与美好、带着探索与发现、带着沟通与理解,谱写了外星文明与地球人类展开接触的奇妙篇章。

有意思的是,外星人题材的电影无论属于上面哪一种,冲突发生的地点几乎从来都是地球,《独立日》是在地球的每个国家、每处角落展开反击战,《E.T.外星人》的故事则干脆对准了美国的一个再普通不过的小镇,而《第九区》则对准了种族隔离严重的南非。詹姆斯·卡梅隆的《阿凡达》却不同,它将战场由地球转移到其他的星球上,至少在地域上形成了对其他的外星人题材电影的颠覆。

当然,在《阿凡达》之前,将人类作战的战场转移到其他星球的电影并非没有,如保罗·范霍文的《星河战队》讲述的就是地球军队与其他星球生物之间的一场厮杀与战斗,然而与《阿凡达》恰恰相反并形成对照的是,那部电影在表现人类对外星虫族展开侵略和征服时,不仅没有任何的反思与谴责,相反却充满了鼓励和溢美之词,以至于片中的星河战队成了无数青年男女为之热血沸腾并希望积极参与得到历练的队伍。这样的电影与《阿凡达》相比,主题无疑浅薄而又俗套,内容也没能脱离科幻片的窠臼,即便其投资再巨大、视觉效果再震撼,水平也不及《阿凡达》。

除了战场发生的地点发生了转移以外,在电影《阿凡达》中,人物的善与恶也发生了颠覆性的改变。以往一向以"文明者"自居的地球人在本片中是可耻的,他们沦为了"技术"与"物质"的奴隶,为了满足自身的欲望而写下了血腥、野蛮、掠夺的强盗史。冠以"资源开发管理局"的采矿公司,带领着全副武装的军队,动用先进的机器,不惜使用一切手段和代价来攫取超导矿石。价值尺度的偏离和人性的缺失使得人类的形象与纳威族人口中的"魔鬼"十分吻合。所以,奈蒂莉的父亲在第一次见到杰克·萨利时才会皱着眉头说:"外星人的气味太难闻了。"这样,本片便走出了以地球人为中心的表现形式,转而上升到以生命为中心的高度。

地球人之所以派杰克·萨利到纳威族人那里,并非是为了与他们做有效的接触、沟通,相互学习,而是为他们提供情报,为的是赶走纳威族人,以夺取丰富的能源;一旦他们发现杰克·萨利有背叛地球人的嫌疑,则毫不犹豫地断开他与阿凡达的连接,即使他们知道那样做会对杰克·萨利有致命的危险也在所不惜。在知道杰克·萨利和纳威族人谈判无果的时候，他们便开始大肆地进攻，摧毁大树，投放烟幕弹、燃烧弹，涂炭生灵，使得美丽的潘多拉星球成为一片荒蛮之地；此等行为与《独立日》中的外星人侵者的所作所为无异，与《异形》中的"异形"一样令人恐惧而又憎恨。

而那些在人类看来尚属于"野蛮人"的纳威族人则不同，他们身高近3米，骨骼坚韧，可以驾驭各种战马飞兽，骁勇善战。更重要的是他们有完整的社会组织和虔诚的宗教崇拜，有天人合一的环保理念和认识。他们明白能量是个网络，并且是借来的，既然是借来的总是要还的。可贵的是他们也明白，财富不应当是生命的目的，它只是生活的工具。鸟翼上系了黄金，鸟就飞不起来了。而人类则不同，有的只是欲望的侵蚀、内心的枯竭、残酷的杀戮。

在本片中，纳威族人会与各种奇形怪状的野兽生活在一起，甚至与它们以兄弟相称。在捕猎时，纳威族人会说我看到了你，你的肉体将变为我们身体的一部分被延续下去。当杰克·萨利与伊卡兰合体的时候，奈蒂莉告诉杰克·萨利："用心倾听，倾听它的心跳。"这是一个有灵气的星球，这是一个有灵气的国度，所以当女科学家格蕾丝的生命即将走到尽头的时候，她对杰克·萨利说："我和它在一起，它（爱娃神）真的存在。"观众看到的潘多拉星球灌木丛生，群山星罗棋布，还有瀑布、会发光的昆虫与植物等。总之，一切生命的自由和洒脱都溢满了银幕，人、动物和自然都完美地融合在了一起。在这个星球上，没有规则、没有约束、没有利益争夺，是真正的伊甸园。当家园树被摧毁的时候，詹姆斯·卡梅隆利用电影独有的蒙太奇手段将时空拉长，表现了树的倒下，地球人的冷漠、残酷，纳威族人声嘶力竭、捶胸顿足的哭喊。这种痛苦的哀号展现了纳威族人对生命本真的敬意、对战争的憎恶和对自然的崇拜。对比人类可恶的嘴脸，纳威族人的高尚尽显。事实上，他们才是真正文明的符号。

就这样，本片站在全新的立场用全新的角度谱写了科幻片的新篇章，彻底对现有的外星人题材的类型电影进行了反讽、改写，乃至颠覆、超越，突破了一般类型电影所造成的俗套窠臼，为观众带来一种新奇与刺激的观影感受。

二、3D

电影《阿凡达》之所以能带给观众新奇而又刺激的观影感受，不仅体现在对类型电影的颠覆与超越上，而且也表现在技术的进步方面。尤其是片中那美轮美奂、立体感强、如同置身其中的3D效果与画面更是让观众如痴如醉、久久回味。

所谓3D中的"D"，是英语Dimension（线度、维）的字头，3D是指三维空间。国际上是以3D电影来表示立体电影的。

人的视觉之所以能分辨远近靠的是两只眼睛的差距。人的两只眼睛分开约5厘米，两只眼睛除了瞄准正前方以外，看任何一样东西，两只眼睛的视角都不会相同。虽然差距很小，但经视网膜传到大脑里，大脑就会利用这微小的差距产生远近的深度，从而产生立体感。人的一只眼睛虽然能看到物体，但对物体远近的距离却不易分辨。根据这一原理，如果针对同一景象，用两只眼睛视角的差距制造出两个影像，然后让两只眼睛一边一个，各自看到自己一边的影像，透过视网膜就可以使大脑产生景深的立体感了。各种各样的立体演示技术也多是运用这一原理，我们称之为偏光原理。

3D电影的制作有多种形式，其中较为广泛采用的是偏光眼镜法。它以人眼观察景物的方法，利用两台并列安置的电影摄影机，分别代表人的左眼和右眼，同步拍摄出两条略带水平视差的电影影片。在放映时，放映者将两条电影影片分别装入左、右两台电影放映机，并在放映镜头前分别装置两个偏振轴互成 90°的偏光镜。两台电影放映机需要同步运转，同时将画面投放在金属银幕上，形成左像、右像双影。当观众戴上特制的偏光眼镜时，由于左、右两片偏光镜的偏振轴互相垂直，并与放映镜头前的偏振轴相一致，致使观众的左眼只能看到左像、右眼只能看到右像，然后通过双眼的汇聚功能将左像和右像叠和在视网膜上，由大脑神经产生三维立体的视觉效果，展现出一幅幅连贯的立体画面，使观众感到景物扑面而来或进入银幕的深凹处，便能产生强烈的"身临其境"之感。

说起来，3D 电影并非始自《阿凡达》，而是在《阿凡达》之前便大行其道。像观众所喜闻乐见的由罗伯特·泽米基斯执导的《极地特快》就是历史上第一部 IMAX 类型的 3D 电影长片，但詹姆斯·卡梅隆这次所拍摄的 3D 电影《阿凡达》却为 3D 技术带来了历史性的突破。一些三维影动研究室的捕捉虚拟合成抠像技术在这里被詹姆斯·卡梅隆加以提升，当演员穿上有节点的动作感应紧身衣后，电影的制作者们就可以适时捕捉到逼真的动画。也就是说，当詹姆斯·卡梅隆手持 3D 摄影机拍摄主角穿上动作感应紧身衣的一举一动时，现场即可在电脑上看到主角变身成蓝皮肤、有 3 米高的个子且长着尾巴的纳威族人在特技森林场景中演戏的画面。这个实时观看 3D 拍摄效果的技术是史无前例的，同时詹姆斯·卡梅隆还在实景中进行拍摄，令观众难分真假。

更主要的还在于詹姆斯·卡梅隆深谙电影是叙事与造型相结合的艺术这一特性，他努力在本片中为观众奉献一个个精美的 3D 设计画面，其最大的成功之处就在于创造了一个观众从未想象过也从未见过的潘多拉仙境。

潘多拉星球是《阿凡达》虚构的一个天体，其属于阿尔法半人马星系，即阿尔法半人马星系 B-4 号行星，大小与地球相差无几。在潘多拉星球的地表，人们可以看到天空中长期有二三颗别的卫星（恒星波吕菲莫斯的其他卫星）。潘多拉星球拥有无与伦比的复杂而独特的生态系统，动植物种类众多：高达 900 英尺的参天巨树；星罗棋布飘浮在空中的群山；色彩斑斓充满奇特植物的茂密雨林。在晚上，各种动植物还会发出光，如同梦中的奇幻花园。

进入潘多拉星球，色彩变得丰富、艳丽起来，而绿色占据了人们很大一部分视野，由此体现了潘多拉星球的自然与美丽；本片中杰克·萨利与女主人公奈蒂莉骑着伊卡兰在天空中比翼齐飞，梦幻般的画面令人神往；可爱的树精灵落到杰克·萨利的身上，然后再翩翩而起，令人痴迷、令人陶醉；绿色的世界，宛如一个唯美的童话世界。而杰克·萨利与奈蒂莉在水中畅游的画面也是精妙之极，仿佛是一对伉俪在嬉戏。

当杰克·萨利被纳威族人接纳的那一刻，所有的纳威族人都把双手搭在杰克·萨利的身上，围成了一个极大的圆圈，圆圈又很自然地叠化成宇宙中那颗硕大的恒星波吕菲莫斯，星球上巨大的风眼酷似古希腊神话中的独眼巨人波吕菲莫斯的黑色瞳孔，仿佛它也在观望着潘多拉星球上正在发生的这感人的一幕，仿佛万物又一次有了灵魂……

就这样，詹姆斯·卡梅隆在美丽的幻化的画面中感受到杰克·萨利的英勇与无畏，感受到潘多拉星球的美丽，感受到纳威族人的纯真和善良，将《阿凡达》变幻成一个传奇般的"神话",跨越了星际的美丽。

三、桥段

电影《阿凡达》之所以能风靡全球,获得观众的一致好评和赞誉,还在于它在故事的编排方面运用了许多精彩的桥段,既丰富了影片的艺术表现力和感染力,又让情节变得跌宕起伏、前后呼应、生动有趣。

所谓"桥段",译自英语的"Bridge Plot"。"Bridge"的本义是"桥",引申义指"起桥梁作用的东西"和"过渡";"Plot"则有"情节""策划"等意思,主要是指一种叙事方式。在电影中,不论是噱头也好,还是情节也好,故事要有转折、有发展,就要有"桥"将两个故事连接起来。"桥段"作为段落与段落之间的衔接,是两个故事之间的一座桥。电影里情节安排的伏笔或抖包袱,乃至一个解决矛盾的办法、点子、主意、计策、方案等都是桥段的表现载体。

在《阿凡达》一片中,精妙的桥段设计主要体现在以下三处:

(一)死神兽

在本片中,杰克·萨利第一次进入潘多拉星球,便与一群锤头雷兽相遇。锤头雷兽向他扑来,刚到近前却似乎因为他的怒吼又停下了,这让杰克·萨利很是兴奋,以为是自己吓住了它们,哪里想到它们真正怕的是从杰克·萨利身后出现的死神兽。这种丛林中最可怕的动物有黑色的皮肤,上嘴唇向上折叠以便牙齿能最大地延伸,装甲覆盖了它的整个背部,是潘多拉星球上顶级的捕食者。它巨大而又有力,能在丛林里横行,是潘多拉星球上所有动物的梦魇,连最勇敢、最亲近自然的纳威族人对它也是谈虎色变。而地球人的部队更是以古希腊传说中的死神——塔纳托斯来命名死神兽。所以,格蕾丝才向杰克·萨利喊:"跑,使劲跑,能跑多远算多远。"

如此的情节设计给观众留下了深刻的印象,以至于当本片的后半部分奈蒂莉的坐骑死掉后,凶猛残暴的死神兽出现在她的面前时,所有的观众仍然心有余悸,然而接下来发生的事情让观众为之激动,死神兽竟伏下身来示意自己甘为奈蒂莉新的坐骑,这一既出乎意料又在情理之中的情节设计显示出了编导高超的设计桥段的水准。

(二)狮鹰翼兽

这种狮鹰翼兽(国内翻译为"魅影骑士")第一次在本片中出现是杰克·萨利和奈蒂莉正骑着伊卡兰在空中翱翔的时刻,狮鹰翼兽突然从他们的上空俯冲下来,杰克·萨利和奈蒂莉慌忙逃窜,好不容易才转危为安。接下来,奈蒂莉向杰克·萨利讲述了有关狮鹰翼兽的一些事情,尤其是提到在纳威族人的历史上出现狮鹰翼兽的机会只有5次,每次都是纳威族人遇到重重危机的时刻。而狮鹰翼兽的出现则使他们重新团结在一起众志成城、渡过难关、化险为夷。这样的铺垫过后不久,纳威族人在地球人的猛烈强攻面前没有了斗志,杰克·萨利也失去了他们的信任,怎么办?他想到了成为魅影骑士,他成功了,当他驾驭着硕大的狮鹰翼兽徐徐降落在纳威族人的营地时,纳威族人知道他们又将创造第六个拥有狮鹰翼兽的光荣历史。

(三)飞船上的炸弹

当上校得知纳威族人正在召集人马准备反抗地球人时,他决定先下手为强,将潘多拉星球夷为平地。他命令手下人在飞船上准备了足够的炸弹,浩浩荡荡地开往家园树所在的地区。在恶战中,飞船里的炸弹让观众的心弦绷紧,这一矛盾能否解决?这一危机能否化解?就见杰克·萨利此时骑着狮鹰翼兽而来,他跳到飞船上将炸弹掷向飞船的螺旋桨,随着轰的一声巨响飞船船体发生了倾斜,本已被士兵们推到舱口的炸弹又滑退回舱内,又是一声轰的巨响,这一难题迎刃而解。

除了以上列出的桥段以外,还有奈蒂莉的父亲给奈蒂莉的箭,她最终果然用这把箭给父亲报了仇;而格蕾丝临终之际对杰克·萨利说"我和它在一起,它(爱娃神)真的存在",也在后面的剧情发展中得到了强有力的呼应:所有的万物之灵、万牲之灵在最后的时刻都行动起来,加入保卫家园的战斗。那真是一个激动人心的桥段,也是全片桥段运用的又一个完美体现。

第七章

用符号学来分析读解电影

本章提要

电影符号学是运用结构语言学的研究方法来分析电影作品的结构形式的一种方法论。相对于常规的电影分析方法来说,它属于超常规的一类,因此又被称为读解。

读解电影重视对影片各因素的提取,却忽视了对电影的全面评价,因而更加注重影片中的符号。

符号有"能指"和"所指"两个基本属性。电影中的情节、台词和道具等,如果富有形之上的寓意,即可基本上认定其为符号。观众一旦通过对符号的读解理解了全片更为深层的含义,即可获得解谜一般的观影乐趣。

本章将通过对国产电影《江湖儿女》《太阳照常升起》和《我不是药神》的分析来深入讲解电影符号学的含义及其在电影鉴赏分析中所起的作用。

第一节　情与义
——贾樟柯的电影《江湖儿女》赏析

▶ 影片资料

中文片名：	江湖儿女
国家/地区：	中国
类　　型：	犯罪/爱情
导　　演：	贾樟柯
主　　演：	赵涛　廖凡　徐峥　梁嘉艳　刁一男　张一白　丁嘉丽　张译 董子健（等）

▶ 剧情简介

2001年的山西大同，模特巧巧（赵涛饰）与老板斌哥（廖凡饰）是一对恋人，斌哥每天在外面呼朋唤友，巧巧则希望能够尽快进入婚姻。一次，斌哥在街头遭到竞争对手的袭击，巧巧为了保护斌哥在街头开枪，结果被判刑5年。巧巧出狱以后，开始寻找斌哥以便两人能重新开始，然而事情却发生了意想不到的变化……

▶ 拍摄背景

《江湖儿女》是由贾樟柯编剧并导演的犯罪/爱情电影，由赵涛、廖凡领衔主演，徐峥、梁嘉艳等联合主演，于2018年9月21日上映。

本片讲述了巧巧与斌哥跨越17年，历经相爱与背叛、分离又重逢的故事。

本片取材于真实的人物，电影原来的名字叫《金钱与爱情》，因为斌哥追求世俗意义上的成功，即有钱有权，后改名为《江湖儿女》。

2017年11月29日，本片在山西大同正式开机。本片中的"旅馆分别"片段使用了胶片拍摄。为了拍摄好这段戏，贾樟柯要求剧组去100多公里外的驻地把胶片拉过来做足准备，然后运用一镜到底的拍摄手法，将正片中长达9分多钟长镜头的小旅馆戏份拍摄完成。

本片还使用了三段贾樟柯以前拍摄的素材：第一段是开场的公共汽车，车上的画面是2001年他用DV拍摄的；第二段是在迪厅跳舞时，镜头突然转到大街上有很多中年女性在跳舞，这一段是他在拍摄《任逍遥》时拍摄的；第三段是本片的后半段，巧巧在奉节一个人在听《有多少爱可以重来》，舞台上的镜头用的是他在2001年拍摄的素材。

2018年4月，本片入围第71届戛纳国际电影节主竞赛单元。同年10月，贾樟柯凭本片荣获第 54 届芝加哥国际电影节最佳导演银雨果奖；11 月，他又凭本片荣获第 25 届明斯克国际电影节最佳导演奖以及第 13 届亚洲电影大奖最佳编剧奖。

理论准备

超常规电影鉴赏手法称为读解，是指鉴赏者进入电影后，打破电影原本的形态，有选择地提取需要读解的部分、阶段或因素去进行分析和思考。读解电影的方法是分析，重视对电影各因素的提取，却忽视了对电影的全面评价。

电影算不上是一门语言，但是和语言却又非常相似，有着极其丰富的观看电影经验的人与那些很少观看电影的人相比看到的要多、听到的也要多。学习电影语言，可以为观看电影的人提供获得更丰富的含义的可能性，因此，借用语言来读解电影是有益的。

研究发现：第一，每个正常人都会观看并能认识视觉画面；第二，哪怕是最简单的视觉画面，在不同的文化中也有不同的解释。因此，我们了解到形象画面是必须"读解"的。

自电影历史的开端，理论家们就喜欢把电影和文字、语言相比较。到了 20 世纪五六十年代符号学诞生后，人们把电影作为一种语言来进行认真的研究。如果我们把镜头当作是电影的单词，把场面看成是句子，把一段戏看成是一个段落的话，那么我们就只能"读解"电影而不是"看"电影了。

所谓电影符号学，是指把电影作为一种特殊符号系统和表意现象进行研究的一个学科。它运用结构语言学的研究方法来分析电影作品的结构形式，基本上是一种方法论。

1964 年，法国学者麦茨发表了《电影：语言系统还是语言》，标志着结构主义符号学的问世。电影符号学以瑞士结构主义语言学家索绪尔的理论为基础，其代表理论家及理论著作有法国麦茨的《电影：语言系统还是语言》、意大利艾柯的《电影符码的分节》以及意大利帕索里尼的《诗的电影》等。电影符号学对西方电影理论产生了重要影响，使西方电影理论进入现代电影理论时期。相对而言，国内电影界对电影符号学的研究较晚且较肤浅，除了翻译介绍相关文献、清理电影符号学的学理源流并梳理麦茨、艾柯等代表人物的理论以外，再就是对电影符号学做评价，因此还处于起步阶段，存在很大的理论研究及实际操作空间。

鉴赏分析

贾樟柯是我国电影第六代导演的领军人物，纵观其电影作品，我们可见以下特点：他的镜头关注着时代的激变和激变中的人物，但他只是用一种客观及冷静的镜语记录、观察、凝视，除了表现出时代激变中小人物的迷惘、挣扎、离散和绝望，试图找出联系且给予理解以外，并不为其提供可能的出路。这点与意大利新现实主义电影倡导的"不为其提供有出路的答案"的主张一脉相承。

然而，《江湖儿女》却有所不同，从本片中"巧巧"这个人物理想化的塑造可以看出，他已开始试图探究困境的出路，并把希望寄托在有着强韧生命力和尊崇美好人伦的我国传统道德方面,所谓"为人要讲义气,待人要厚道,对父母要孝顺,遇事要勇敢"①,正是全片主题与魂魄的写照,也正因如此,情与义、江湖与非江湖便构成了本片情节编码及符号语言的主要内容。

一、情与义、江湖与非江湖

2001年,矿城大同正处在时代交替的夹缝中。小镇虽偏远凋敝,一些新产业却在暗暗开花。年轻的斌哥风流倜傥,"义"字当头,成为这一方江湖中风口浪尖上的人物。巧巧作为斌哥的女朋友,长偎在他的身旁,满眼透着说不尽的幸福。

在一场突如其来的街头斗殴中,眼看斌哥遇袭,巧巧情急之下毅然决然地朝天鸣枪,救了斌哥一命不说,还为其顶下非法持有枪支的罪名,心甘情愿地坐了5年的牢。

5年后,巧巧出狱,她想要找到斌哥重新开始,哪知一切已经物是人非。斌哥早已移"情"别恋,也不再追求"义",而是追求钱。在三峡,旅馆之夜过后,巧巧对斌斌的"情"彻底断绝,但却仍然有"义"。多年以后,斌哥患偏瘫后回到大同,巧巧心甘情愿地接他回家,招待他、照顾他。斌哥不解:"为什么你已对我无'情',还要这样?"巧巧笑着道:"你不是江湖人了,你不懂。"

不错,本片自始至终只有巧巧懂得"情"与"义"这两个字的分量。而斌哥在贾樟柯的笔下则成了一个自以为懂"情"、懂"义",最终却既负"情"又负"义"的家伙。

何谓"情"?何谓"义"?简言之,便是贾樟柯用大量的时代符号标记的心中的那个远去的江湖。

所谓"江湖",有多种含义。本意上,它是指广阔的江河、湖泊,后衍生出"天下"的意思,与江河、湖泊没有直接关系。在我国许多的文学作品(尤其是武侠小说)中,江湖则是指古代侠客与草莽英雄们的活动范围,也泛指古时或今时不接受控制指挥和法律约束而率性所为的社会环境。

至于《江湖儿女》中斌哥等口口声声所称的"江湖",除了包含以上意义以外,还与甚嚣尘上的港台地区的流行文化有关。正如本片开始后不久,斌哥率一帮兄弟西装革履地聚在录像厅里,抽着烟,庄重地、仪式感极强地看着港台枪战片,一边看一边心绪不平地幻想着自己能像其中的人物一样轰轰烈烈、打打杀杀、快意平生,说明港台流行文化中的江湖世界顺应了这些小镇青年内心的召唤,也使斌哥和他的"兄弟们"根据港台枪战片仿制出来了一个独属于自己的"江湖"。

"江湖"讲究的是社会关系,把人与人联结在一起的是情深义重。"江湖"也是一种约定俗成的兄弟规矩,做事要遵循团体内的原则和底线,对外为利益可以斗个你死我活,对内则要兄友弟恭、互帮互助。有人贪钱赖账,用嘴说不清的事,一旦请来关二爷的塑像就立刻摆平。

然而,斌哥是江湖人吗?不好说,巧巧是江湖人吗?也不确定。比较准确的故事走向是:斌哥以前是江湖人,后来不是了;巧巧以前不是江湖人,后来却是了。

以前,斌哥以江湖人自居,拿一把枪,领一帮兄弟,威风凛凛、声名显赫,所到之处狼奔豕突,真可谓潇洒英勇。然而,时代变迁的速度恰似飞驰呼啸而来的高铁,

---

① 贾樟柯. 贾想Ⅰ:贾樟柯电影手记 1996—2008 [M]. 北京:北京大学出版社,2009:47.

很快斌哥便连受冲击：先是蹦野迪的场子里跳起了最新潮的国标舞，再就是刚从监狱里出来没几天的"大学生"转眼间就发家了，给自己送上一大箱子钱和从没抽过的雪茄。更重要的是，他蹲进监狱一年，兄弟们就树倒猢狲散，出狱时竟没有一个人来接他，反而开着宾利车在其他的街道上耀武扬威。"情"与"义"早就被兄弟们弃如敝屣、不屑一顾。斌哥的"江湖"已经远去，无人会过问他心中是否有迷惘与巨大的落差。

好在斌哥是一个能与时俱进的人，当他意识到如今维系社会纽带的是"金钱"而非"情义"时，就马上改弦更张，投身到这时代的洪流中，或被动或主动地任其裹挟着，弃情弃义，求钱、傍别的女人，很快他便从一个所谓的"江湖人"变成了一个"买卖人"。

然而，巧巧却与斌哥正好相反。之前，她虽然跟着斌哥"混"，却始终不认为自己是"江湖"上的人，她的理想充其量是到新疆建一个小窝，同自己相爱的人还有年迈的父亲安稳地生活。新疆对于她来说，意味着安定、周全、富足。也正因如此，在那个以男性为主导的世界里，无论她如何似花蝴蝶般地来往穿梭，却都不是舞台上的主角，撑不起台面，也挑不起大梁。

然而，当斌哥将枪交到她的手中，带她打响第一枪时，她却发现自己通过观望与游走习得的"江湖"技巧已经及格，从那天起，她不再愿意置身事外，也不再能够置身事外。于是便有了后来的事，在斌哥受难之际，她挺身而出，毅然决然地走出车门开了枪。

这之后命运急转，仿佛三峡水流，湍急盘旋。斌哥说自己"已经不是'江湖'上的人了"，而巧巧却"跑'江湖'"来找他。这里"江湖"与"非江湖"的对立更加耐人寻味。换言之，当斌哥身处"江湖"大哥的位置时，巧巧更像是游离在"江湖"之外；而当斌哥说出自己不再是"江湖"中人时，巧巧才真正地扎入了"江湖"。

斌哥被曾属于自己的"江湖"抛弃，出走并企图追上时代变化的步伐；而巧巧虽然被斌哥抛弃，却痴心不改、意志坚定，内心被一个更加广大的"江湖"所接纳。这之间的鲜明对比意味是很明显的——本来不属于"江湖"的人，却懂得了"江湖"的含义；而所谓的"江湖"中人，实质上却是反"江湖"的。

二、《浅醉一生》与《有多少爱可以重来》

在《江湖儿女》一片中，故事发生的时间节点正是我国经济腾飞的时刻，我国面临改革与巨变。而贾樟柯则用大量的时代符号来标记自己心中的那个远去的"江湖"。

贾樟柯喜欢在自己的电影作品中用流行歌曲，在他之前的电影作品中流行歌曲比比皆是，《心雨》《选择》《霸王别姬》，以及王菲的《天空》等，你方唱罢我登场。到了最近的这部《江湖儿女》，贾樟柯依旧不改初衷，既用了叶倩文的《浅醉一生》讲述了"江湖"故事中的"情与义"，又让巧巧跟着当地的歌舞团用一首简直都要吼破喉咙的《有多少爱可以重来》唱出了自己难以言表的复杂心声："有多少爱可以重来，有多少人愿意等待。当懂得珍惜以后回来，却不知那份爱会不会还在。"

然而，沧海桑田，世事流转，从山西到三峡到新疆再到大同，17年的时间，故事里的每个人在每一天都发生着日新月异的变化。那气宇轩昂、提刀而立、威风凛凛、目光如炬的关二爷塑像早已被束之高阁；曾被奉为圭臬的老规矩也早已被当年的兄弟们嗤之以鼻引为糟粕。一切看起来都是那么顺理成章，唯有巧巧还在牵挂一个"承诺"，期待曾经的梦想会实现，其用情之深、义气之盛感人肺腑。这份义无反顾的流连恰如《浅醉一生》的歌词所言："让我编织海市蜃楼，一天一天浅醉一生。"

三、关二爷和枪

贾樟柯在《江湖儿女》一片中多次使用了"关二爷"这一文化符号，究其意义，当然是民间对桃园三结义之兄弟结拜的向往与实践，以及对"义薄云天"意义的追求与尊崇。

在我国的传统文化中，关二爷有着极高的地位。自汉代以来，他一直被视作忠义的代表和勇武的化身。到了清代，统治者更是将其奉为"忠义神武灵佑仁勇威显关圣大帝"，尊称其为"武圣"，并与"文圣"孔子齐名。也正因如此，清初文学批评家毛宗岗才称其为《三国演义》三绝中的"义绝"。

关二爷的金身塑像在本片中一共出现了以下三次：

第一次是斌哥与众兄弟打麻将时，老孙和老贾因为欠钱不还的事发生争吵，甚至闹到拔枪相向的地步，斌哥并未多说话，只是请出了关二爷的金身塑像便轻而易举地将矛盾平息、纠纷化解，说明此时"江湖"规矩是凌驾于金钱之上的。而接下来斌哥一番开导的话，以及将老孙和老贾的手握在一起的举动，则说明了斌哥不但是义之践行者，而且还是义之裁决者，是众人心目中响当当的"大哥"。

关二爷的金身塑像第二次出现是在片名字幕出现之后，镜头从关二爷提的大刀摇至其威严的面部，给人以心灵深处的震慑。再接下来，便是斌哥率领一帮兄弟痛饮混合酒，所谓"五湖四海皆兄弟，义字当头，肝胆相照"，关二爷在其中所起的作用不言自明。

关二爷的金身塑像第三次出现是在房地产开发商二勇被人杀害之后，巧巧目睹了斌哥凭吊二勇的情景，被其兄弟情义所感染，产生了认同感。回到家后巧巧将关二爷供奉在案上，焚香叩拜，自此她开始向着斌哥口中的"江湖"世界靠拢。

不过，使巧巧真正迈步踏进斌哥口中的"江湖"世界的不是关二爷，而是本片中另一个很重要的道具——枪。

枪在《江湖儿女》一片中的运用也是十分巧妙的，它不但是江湖上暴力和险恶的符号化表达，而且还清晰地演绎出了巧巧思想感情发展和演进的线索和脉络。

枪第一次出现是在麻将馆，在老孙和老贾争吵时，一方拿出枪来恐吓另一方，斌哥将事情摆平后，巧巧好奇地把枪拿到手中把玩，显示出此刻的她虽然是斌哥的女友，但却与"江湖"保持着若即若离的关系；之后，斌哥在迪厅狂舞时腰间的枪不慎掉落，巧巧的脸上露出惊恐与恼怒的表情，这表明她向往着平凡而安稳的生活，对暴力与险恶既恼怒又恐惧；这之后，斌哥被一对兄弟误打折腿后，巧巧显露出勇于担当的一面；斌哥带她至死火山的旷野中打枪，让她几乎只差一步就迈进了"江湖"。再接下来，斌哥遇袭，巧巧主动地对天鸣枪，救了斌哥，并认下了所有的罪行，代表着她不但成了名副其实的"江湖"中人，而且还说明她也跟斌哥一样也成了"江湖"道义的践行者。

四、玻璃感应门

有意思的是，在以死火山为背景的荒原上，斌哥握着巧巧的手教她放枪时，他始终躲在巧巧的身后，这几乎预言了后面的故事走向——斌哥后来消失了，在巧巧入狱的 5 年中，他不曾探望，独自远走。5 年后，他不但有了新的女友，而且还放弃了自己曾经尊崇的"江湖"道义，一头扎进商海，试图在商业大潮中取得成功，以挽回失去的所谓的尊严和面子。

而巧巧则不同，她对斌哥的感情是热烈而又纯粹的。她会在斌哥遇险时挺身而出，会为斌哥心甘情愿地承受 5 年的牢狱惩罚，当然也会为不变的"承诺"千里寻"夫"。贾樟柯通过巧巧这个人物让我们看到了他灵魂中的一点执拗。他是想通过这样的情节编码、人物设置来凭吊自己心目中那个已经远去的神圣的"江湖"。

巧巧来到奉节去潮州商会找斌哥时，一个有意思的物质符号出现了——完好无损的玻璃感应门竟然对她失灵了。无论巧巧怎样冲着感应区晃动手臂，玻璃感应门却始终紧闭，不做任何反应。无奈，巧巧只得用最原始的敲门的方式进入，这喻示着经历了 5 年的牢狱生活后巧巧对现今的社会已经产生了隔膜，现今的社会也排斥着巧巧的进入。另外，这扇玻璃感应门也可以看作是巧巧和斌哥在变化了的时代的关系的象征：门的里面，是放弃了对情义的坚守，在时代浪潮的裹挟中对金钱和名利展开疯狂追逐的斌哥；门的外面，是一如既往地期待和坚守着情义的巧巧。物是人非，门内、门外的人分明已属于两个不同的世界，中间被一个极具象征意义的物质符号相阻隔。

五、火山灰与火盆

17 年前，巧巧看到死火山时对斌哥说："火山灰是最干净的。"那时候，他们的感情既是炙热的，也是纯粹的，所以火山灰最重要的特点是"干净"。17 年后，巧巧推着瘫痪的斌哥又去看了一次死火山，这时候他们的感情已经变凉，火山灰最重要的特点是变成了"灰"。

而巧巧在奉节旅馆跨越的那个火盆也具有同样的意味，当火着起来时是炙热的，昙花一现后也成了"灰"。

跨越火盆，不是重生，而是心死，形若槁木、心如死灰。这之后，巧巧对斌哥便不再有爱了。

巧巧不是没有努力，也不是没有期待。两人坐在旅馆的床沿上交谈时，她的内心惴惴不安，她希望斌哥能回心转意，还能守住江湖人的那点底线，还能像以前那般待她。但是，斌哥没有这么说，也没有这么做，巧巧唯一的期盼破灭了。

尽管巧巧不情愿，但她还是听从了斌哥的召唤，从那个火盆上跨了过去，之后便义无反顾地离开了。自此，巧巧开始构建属于自己的"江湖"——在酒店，她很轻易地从行为不轨的男人那里骗来了一大把钱；在雨中，她支使开想和她"要一下"的司机，骑走他的摩托车，再去派出所报案说自己差点被强奸。

最典型的一场戏是巧巧打跑了正在揍小偷的人，然后自己冲上去打小偷，讨要自己的钱包。

这是因为在巧巧的内心深处始终觉得，打女人的人，该打；偷钱包的人，也该打，但必须是被被偷的人打。

这些一度统领着中国人行事的道德与观念，这些现如今被人们弃如敝屣的旧东西，就这样一点又一点地被巧巧捡拾了回来，她在以一己之力保护着什么，又对抗着什么。她成功了，17年后，在大同，斌哥已经被人遗忘，取代他的是巧巧由之前的"大嫂"变成了"巧姐"。

六、绿皮火车与高铁

对于出生于1970年、在山西汾阳这个小城长大的贾樟柯来说，火车是通往外面世界的工具。在他的电影作品中，《站台》的片名就来自火车，火车的符号充满了整部电影。在《任逍遥》中，斌斌和女朋友在车站相约，斌斌给即将去北京上大学的女友借钱买了一部最新款的手机，两人虽然相对而坐，但距离却像相隔万里。

在《山河故人》中，沈涛的父亲孤身去看望老友，在火车站猝然驾鹤西游，正巧一位大师路过，现场超度往生。她的儿子Dollar从上海坐飞机来汾阳，沈涛坚持母子一起坐绿皮火车回去，因为车越慢，两人在一起可以待得更久。

在《江湖儿女》里，巧巧坐着绿皮火车和徐峥饰演的克拉玛依小贩来到了新疆。在车上，小贩对周围的人说就应该坐慢车，看看大好河山，慢慢看，慢慢品。

《三峡好人》里的王东明也对搞拆迁的工人呵斥道"慢着点"，其中的流行歌曲《两只蝴蝶》也这样唱道：亲爱的，你慢点飞，小心前面带刺的玫瑰。是啊，时代变化过快，就仿佛是瞬间堆起的大坝，会将奉节这两千年的文化古城淹没在地下，而"从前的日色变得慢，车，马，邮件都慢，一生只够爱一个人。"①

与之相反，高铁则喻示着极快的速度、现代化的步伐，所以巧巧去新疆乘坐的是绿皮火车，而斌哥回大同乘坐的却是高铁，所以巧巧才要去子虚乌有的云中站去接他（斌哥）。

七、UFO与新疆

在《江湖儿女》一片中，新疆的符号意味也是很浓的。起初，巧巧对斌哥说想去新疆做个小买卖，好好过日子，斌哥听了不屑一顾。接下来，与斌哥重修于好的理想破灭后，她登上了去新疆的火车——新疆既代表失败远遁，也意味着现世安稳，代表着"生活的另一种可能"。正因如此，当克拉玛依小贩告诉她自己并没有什么旅行社，只不过是一个开小卖部的时，她毫不犹豫地回答说："没关系。"她很明白，如果当初斌哥去了新疆，现在很可能就是这个小贩的样子。于是，两人以一瓶水做桥梁，在站台上牵起手来了。

UFO在贾樟柯的电影中出现了两次。第一次是在2006年的电影《三峡好人》里面，沈红抬头看到了一个UFO，矿工韩三明也看到了一个UFO；到了《江湖儿女》，巧巧下了火车之后，在她最孤独、最绝望时，一个硕大的UFO划破了她头顶的夜空。这个颇具超现实意味的符号的出现，代表着对平凡生活的否定，自这一刻起巧巧有了

---

① 引自木心先生的《从前慢》一诗。木心，本名孙璞，字仰中，号牧心，笔名木心，我国当代作家、画家、诗人。

重建"江湖"的决心和勇气,她放弃了在新疆过平淡无奇生活的想法,毅然决然地回到大同,取代了之前的斌哥,轰轰烈烈,快意恩仇,以直报怨,以德报德。很快,她便由之前的"大嫂"变成了声名显赫的"巧姐"……

在《江湖儿女》中,巧巧也与 UFO 不期而遇,贾樟柯说这个 UFO 代表了现实。

八、手机与监控探头

《江湖儿女》一片中另一个意味深长的符号是手机。贾樟柯对此时代符号的使用极为严谨和细致,2001 年巧巧使用的是翻盖手机,2006 年换成了直板手机,到了 2017 年则变成了苹果智能手机,这不但符合人物的身份以及经济状况,而且也符合时代变迁的特征。

2017 年,斌哥重回大同时发现从前熟悉的世界已经变得陌生,无奈之下他只好靠手机导航来辨识自己之前所在的街区和道路。又过了些日子,老贾要用手机对落魄的斌哥做一个专访,从而羞辱他,而围观的人们又在用手机拍摄这一幕。就这样,媒介在改变了人们辨识方位的方式的同时,也支配和改变了人们的生活方式。贾樟柯的镜头准确地把握和捕捉到这一点,既写出了时代的变迁,也写出了人心的改变。

不光是手机,新技术已经渗透到社会的各个角落。巧巧的麻将馆也不例外,她找人装了监控探头,以便记录屋内屋外的实时影像。在本片的结尾,恢复了行走能力的斌哥留下一个装钱的信封,又通过手机微信给巧巧发语音后离开,巧巧发现后追出去却为时已晚。这时候,导演并没有按常规给巧巧一个特写镜头,而是突然间变换了叙事的主体,由导演的视角换成监控探头的视角,仿佛"死死盯着"一般,越推越近,然后定格、剧终,故事到此戛然而止。

这个监控探头画面的运用是绝妙的,它既将观众带入剧情,同时又将观众从影片中拉出,正像美国电影《风月俏佳人》的片头和片尾出现的那个嘴里说着"欢迎来到好莱坞,你到这里能做梦"的饶舌黑人,起到的是贝托尔特·布莱希特所一贯倡导的间离作用,也就是让观众看戏但并不融入剧情。

第二节 向福尔克·施隆多夫致敬

——姜文的电影《太阳照常升起》赏析

▶ 影片资料

中文片名：	太阳照常升起
国家/地区：	中国
类　　型：	荒诞/剧情
导　　演：	姜文
主　　演：	周韵　房祖名　姜文　黄秋生　陈冲（等）

▶ 剧情简介

第一部分：疯

开篇是一双女人的脚，走在一个云雾缭绕的村子里，村里的房顶上长着草，动物色彩绚丽，路上铺着红色的沙……

妈去买了一双鞋，之后遇见逃学的儿子，她干脆就让儿子退学。回家的路上，她在一棵树下解手，站起来后却发现挂在树上的鞋消失了。于是，妈疯了……

此后，疯妈就成了这世界上最迷人的巫婆，她抱羊上树，跟猫说话，刨树，挖坑……

疯妈的行踪诡异，而且每晚回来都要儿子念一些信给她听，无论读得好还是读得不好，最后都会有一个耳光落在他的脸上。

儿子不理解妈为啥而疯，再怎么努力抚慰也无济于事。日子一天天过去了，儿子当了村子里的小队长。

有一天，儿子在河对岸发现疯妈用石头给他盖了一座"白宫"，并且被布置成了新房的模样。也就是在那天，疯妈消失了，儿子只看见她的那双鞋和衣服漂在河面上……

第二部分：恋

在一所大学里，有个梁老师被劳动改造当了厨子。他是从南洋回来的，喜欢弹吉他唱歌。

有一天，梁老师的手被切菜刀给划破了，他来到学校医务室见到了林大夫。林大夫是一个很风骚的女人，名声不算太好。她替梁老师包扎了伤口，并让他帮忙拧床单。看得出，她是喜欢梁老师的。

一天晚上，学校的操场上放电影。在人群当中，突然有人大喊抓流氓，原因是有女人被摸了屁股。梁老师误打误撞地被众人追打。

林大夫为了"解救"梁老师，自愿报名查找流氓……

梁老师的朋友老唐（唐雨林）想尽办法，终于为梁老师平息了这件事情。老唐更是非常仗义地领着他出来，在空寂的校园内走动……

第二天，梁老师被人发现吊死在高高的水塔上，神态安详，嘴角甚至还带着微笑。

第三部分：枪

老唐拿着小梁给他的枪与老婆姚妹妹一起下放到那个云雾缭绕的村子，他们到达村子的那天也是疯妈消失的那天，而接他们的正是开拖拉机的小队长……

老唐在村里的工作就是带着一群小子成天打猎。在一个晚上他发现自己的老婆成了小队长的"猎物"，就在那座"白宫"里。"白宫"里灯火撩人，老唐听到自己的妻子跟小队长说："我老公说我的肚子像天鹅绒。"

第二天，愤怒的老唐在水田边上端着枪指向小队长的脑袋，但是从小生活在村子里的小队长却不知道天鹅绒是什么东西。

为了让小队长死个明白，老唐远去北京寻找天鹅绒。想通了的老唐并没有带着天鹅绒回村。然而，老唐手中的枪最后还是响了……

第四部分：梦

这其实是整个故事的开头。

在新疆民歌声中，落日映红了天空，戈壁滩上有两个女人骑着骆驼同行。老唐的未婚妻在讲述自己在南洋的时候和老唐的爱情故事，另一个女人则戴着一块黑纱一路沉默地听，她就是刚刚怀孕的年轻时候的疯妈。

两人在一个岔路口分开。

疯妈来到一个没有尸体的停尸间里，对着她的男人的一堆遗物自说自话。她的语气有时像是数落，有时像是倾诉，有时激动，有时安静，但是不哭，脸上很平静……

与此同时，老唐在五指山顶抱着老婆，陶醉地说："你的肚子像天鹅绒。"他朝天上开了一枪，这一枪开始了他们盛大的婚礼。

在载歌载舞的人群中，小梁正被姑娘们拥来推去，他显得很兴奋，女人发出夸张的欢叫……

在狂欢的婚礼上，一个被火点着的帐篷升上了天空，火光照亮了一辆火车。在那列火车上，疯妈忽然发现自己已经把儿子生在火车下了。火车停了下来，疯妈奔向新生的婴儿。

这个婴儿就是后来的小队长，这是他生命的开始。

婴儿躺在绚丽的花草中间安然无恙，他的微笑与疯妈的叫喊迎来了初升的朝阳……

拍摄背景

姜文在 2004 年 10 月的某天早晨得到灵感。据说，他醒来的时候，盯着透过窗帘缝隙射进来的阳光，感觉自己豁然开朗，一下子看见了电影的结尾，从而完成了整个故事的构思。

2005 年春节之后，姜文用心地把这个故事口述下来，做了个录音并找了一些朋友听，戏称这为"听电影"。

2006 年年底，姜文把电影拍完。当初的几个听者看了样片，全都感慨万千。"太阳照常升起"称得上这个故事本身无穷尽的咏叹调，也像是上天对这个故事的回答。

一、原著

这部电影部分取材于作家叶弥的小说《天鹅绒》。小说的主要内容是：1967年在一个贫穷落后的山村，穷女人让正要升高二的儿子李东方辍学回家挣工分，然后，她把学费拿去，买了2斤猪肉，上厕所时肉被偷走，于是她就"疯"了。李东方后来当上村里的小队长，唐雨林带着老婆姚妹妹和女儿一起被下放到这个村子的那天，疯妈清醒了，趁着清醒，她收拾打扮后跳河自杀了。唐雨林一家在村子里安顿下来后，被李东方安排去带村里的泼皮。他们整天上山打猎，留姚妹妹独守空房，导致后来姚妹妹和李东方有了私情。唐雨林发现后决定杀了李东方，然而李东方对姚妹妹说的"我们家老唐说我的肚子像天鹅绒"这句话感到疑惑。为了让他死得明白，唐雨林打算找一块天鹅绒给李东方见识一下，然而唐雨林找了很多地方也没有找到。回到村子里后，李东方不识趣地说了句："你不必去找了，我想来想去，已经知道天鹅绒是什么样子了，跟姚妹妹的皮肤一样。"唐雨林端起枪，以迅雷不及掩耳之势一枪打死了李东方，唐雨林最后进了监狱。

在谈到改编这部小说的原因时，姜文这样说："叶弥的原著《天鹅绒》给了我很大震撼，它棒在哪儿？棒就棒在它把生活的本质赫然推到你眼前。什么来龙去脉都不存在，所有的解释都是人们在极度不安的状态下强加进去的，但生活其实往往没有绝对的理由……所谓的来龙去脉已经麻痹了很多人，我不敢在这方面再耽误大家的时间了，我只想表达对未被格式化的东西的深刻缅怀。"

二、关于姜文和福尔克·施隆多夫

观众在观看《阳光灿烂的日子》时会发现片尾在工作人员表之前有感谢"福尔克·施隆多夫"的字样，姜文为什么要向《铁皮鼓》的导演福尔克·施隆多夫表示感谢呢？

原来，在姜文拍摄《阳光灿烂的日子》时，由于是第一次执导，经验略显不足，导致开支严重超过预算，通过刘晓庆的帮助找来了我国香港地区的编剧、导演文隽才勉强渡过第一次难关。但很快资金再次告罄。这时，王朔找来了法国制片人让·路易。让·路易又把40多分钟的样片拿去给福尔克·施隆多夫看，他看过之后非常欣赏，就把后面需要投资的钱全部投了，并从此和姜文成了好朋友及惺惺相惜的艺术伙伴。几年以后，当姜文和福尔克·施隆多夫回忆起合作的这一段时光时，一个表示感激，另一个则表示高度的赞赏。

甚至，福尔克·施隆多夫还这样写信给姜文：

亲爱的姜文：

安芝丽卡①从北京回来时给我带回一盘《阳光灿烂的日子》的DVD。我在昨晚宁静的雨夜里又观看了这部片子，倍感喜悦和激动。

时间在流逝，这是一部伟大的电影，并已经可以被称为经典。从一开场就表现出的从容自然的叙事风格、演员的选择和对他们表演的指导都非常出色。我从来没有在

---

① 即福尔克·施隆多夫的夫人。

一部中国电影中感到自己和影片中的人物是如此的接近。对观众来说这里不存在任何的文化差异，他们对影片中人物的认同就像他们对《四百下》①中的昂图安或者影片《浪荡儿》②中年轻的费里尼的认同一样，这两部前辈之作马上浮现在我的脑海里。这要归功于性感和画面表现出的那种本能的特质，无论是鞋带、白袜子，还是冲头发时留在脖子上的水珠的特写，我时时刻刻都感受到从导演的目光里流露出的那种少年时代的率真的爱情。这也是我曾在我的影片中经常试图捕捉的。奇怪的是比起《铁皮鼓》，我觉得它与《青年特尔勒斯》③更接近。带有喜剧色彩的浴室那场戏既有诗意又通俗，堪称经典。令我印象深刻的还有片中的人物看上去老得那么自然，没有任何明显的人为化妆，只是通过他们的表演让人们感受到从孩子的无忧无虑到不再抱有幻想的大人的某种成熟的令人伤感的转变。

亲爱的姜文，我希望能有人把这封信翻译给你看，因为我想让你知道我是多么喜欢你的这部电影，我又是多么骄傲曾参与过这部电影，尽管我的参与是微乎其微的。五年来，我很幸运又找回了作为独立艺术家的自由，而我们的这一次小小的合作将成为我作为管理者的经历中最美好的回忆。

顺致友好的敬意！

福尔克·施隆多夫
2004 年 10 月 7 日

而姜文的另一个合作者文隽则这样介绍说：姜文有大师相，无论是《阳光灿烂的日子》还是《太阳照常升起》，都和德国导演福尔克·施隆多夫的《铁皮鼓》一样，需要详细读解。

姜文与福尔克·施隆多夫的友谊与相互钦佩决定了前者的电影不能不受后者的影响。在电影《太阳照常升起》中，我们确实可以多次看到《铁皮鼓》的影子，无论是创作理念还是拍摄方法，姜文在许多地方都向福尔克·施隆多夫表示了致敬。

三、关于《铁皮鼓》

福尔克·施隆多夫于 1979 年拍摄的《铁皮鼓》是一部情节引人入胜却又艰涩难懂，充满了符号色彩，需要观众耐心去读解的影片。它根据君特·格拉斯创作的小说《但泽三部曲》中的第一部《铁皮鼓》改编，讲述了奥斯卡在 3 岁时目睹了成年人世界的丑恶，决心拒绝长大，反抗他的父母、纳粹、舅舅、情人的个人反抗史。

这部电影运用了许多视觉隐喻和象征的表现手法，甚至包括超出人们日常生活经验的荒诞化设计，表现了在长达二十几年的时间中，整个德意志民族的集体心理、历

---

① 又名《四百击》，是由法国新浪潮导演弗朗索瓦·特吕弗执导，让-皮埃尔·利奥德、帕特里克·奥菲、阿尔贝·雷米、雅克·德米联合主演的剧情片。该片于 1959 年 6 月 3 日在法国上映，讲述了 13 岁少年安托万在学校偷打印机被继父送到青少年罪犯拘留所所发生的一系列故事。

② 《浪荡儿》是由意大利著名导演费德里科·费里尼执导的剧情片，由弗兰克·英特兰希、弗兰克·法布里兹和阿尔伯托·索迪等出演，于 1953 年上映。该片讲述了生活在小城市里终日游手好闲的年轻人尝试摆脱无所事事的生活，并从中获得成长的故事。

③ 《青年特尔勒斯》是由福尔克·施隆多夫于 1966 年拍摄的电影，讲述了在一所寄宿学校里两个年轻人的故事。

史和命运。可以说，电影中的每个故事都有所指的意义，每个人物都是一个象征意义高度密集的符号，每个视觉元素和处理技巧都完美地贯彻了编导对主题的表达。导演着力于表现故事和人物的象征及隐喻性，努力追求能指之外的所指内容，因此，在含义上形成了互为观照的两个层面：一个层面是视听层面上的情节体系，它讲述了一个有始有终、人物鲜明、线索清晰的故事；另一个层面是电影有一个内在的隐喻体系，它超出了情节、人物的能指本身，获得了更普遍、更宽泛的所指意义。

理论准备

符号学在影像分析中的应用，首先在于对影像文本的分析，即运用电影符号学的方法分析蕴含一定意义的影像内容。索绪尔认为符号是能指和所指的结合，前者是符号的形式，表现为一种声音、文字或图像；后者是符号所代表的对象，指向被联想到的事物。

与语言符号不同的是，影像符号具有与客观相似的特质，它既可以生动、直观地模拟出表现对象，也容易引起观看者的联想。以镜头拍摄为例，仰拍的角度除了可以表达画面人物这一形式以外，也可以表达该人物的高大、尊贵、受人敬重的含义；而俯拍的人物画面往往表现的是人物的弱小、卑微、被人轻视。在影像色彩方面，同样隐藏着特定含义，如在《辛德勒的名单》一片中，色彩就有着极其深刻的可供读解的意义。

在影像文本中，符号在产生意义的运作过程中有两个不同的表意层次，即外延与内涵。外延是指电影符号学的表面含义或外在含义，而内涵则是指附加在传播形式上的文化含义。影像并不能完全记录被拍摄对象，它呈现给观看者的往往只是事物的具象，而影像的深层含义得以隐藏。

运用电影符号学来分析影像的目的就是要找出影像内容中被隐藏的内涵层面上的意义。而读解便是发现和重构影像意义的过程，并且发生在观看者和影像文本的协调或互动之时。

一方面，作为一种视觉符号，和语言符号相比，影像因其具象性更容易带来诠释的开放性。影像因其生动、直观的画面，似乎使得作为能指的画面符号与作为所指的对象情景获得了直观上的相似。但是，影像符号因剥离了高度概括的语言文字代码，无法像语言文字一样直接表示概念，其所指对象具有更多的可能性和不稳定性，即对象在不同的陈述背景下有不同的意蕴。此时，影像变成一个更为开放、多义的话语系统。

另一方面，影像符号的意义也来自观看者的审美与阐释。影像的观看者面对的不是社会的原始事件，而是经过传播者加工过的"译本"。由于观看者在年龄、文化程度、审美标准、意识形态、世界观等方面存在不同程度的差异，因此对于同一组符号也会产生不同的读解。所以，在理论上，观看者所发现的意义并不能保证就是影像本身或者传播者所注入的意义。

鉴赏分析

《太阳照常升起》是姜文执导的第三部电影，前两部分别是1995年的票房冠军

《阳光灿烂的日子》和 2000 年的《鬼子来了》。

如果说《阳光灿烂的日子》是一种既从容又充满激情，同时又很丰富的电影叙事，那么《太阳照常升起》就是一个梦，一个色彩绚丽的梦。

梦一般都是支离破碎的，而且有的只有开头，有的只有结尾，有的无头无尾。梦的典型特征是时空颠倒错乱，具有让人心驰神往的梦幻色彩、天才不羁的想象力以及一种趣味盎然的猎奇性。从这个角度来说，观众既不要奢望《太阳照常升起》一片充满逻辑，也不要奢望其所有的地方全能看得懂，更不要妄想姜文会自己去"填白"。也许，把这些"白"都"填满"了，电影看得明白了，却不是姜文想要表达的东西了。这恐怕就是电影放映至今，主创人员还未给出一个清晰答案的原因。

正因为是梦，所以在本片中充斥了大量的类似于"不怕记不住，就怕忘不了；忘不了，太熟；太熟了，就要跑"这样的跳跃性台词以及如斯的疯人疯语：

"你爸是最可爱的人。"

"我爸是志愿军？"

"不是你爸，是你爸的那支队伍。"

"你爸，先是这么长，后来这么长，再后来这么长……"

"我爸？"

"你爸的枪。"

还有就是对情节含混的表述：一会儿李叔死了，一会儿李叔又活着；一会儿是林大夫追小梁，一会儿是小梁要请唐雨林和林大夫；以及小队长的爸爸到底是叫阿辽沙呢，还是叫李不空……

在《铁皮鼓》中，阿格内斯曾一脸惶惑地问外祖母，说自己听不懂杨·布隆斯基和阿尔弗雷多在说什么。而在《太阳照常升起》中，我们也不断地听到类似的话语：

疯妈问："懂吗？"

儿子答："不懂。"

疯妈又问："懂吗？"

儿子再答："不懂。"

又一次重复问话之后，疯妈意味深长地说："只能说你不懂，不能说你没看见。"

疯妈还对猫说："你也不是什么都懂。"

而孔维扮演的姚妹妹也一脸怪笑地问小队长道："你呢？你懂吗？"

这真是一部令人费解的电影，想看懂它确实不那么容易，但也并非那么难。我国台湾地区的影评家焦雄屏如此评价《太阳照常升起》："充满了纷来沓至的符号、意象及隐喻，节奏又快，我自己和朋友有非常多解密的快感，尤其有关中国的近代政治思潮、社会及人的处境，几乎像《达·芬奇密码》[①]般繁复，一旦找到关键，就觉得此片非常清晰易懂。"

那么，解密本片的关键在哪里呢？

---

① 《达·芬奇密码》是一部改编自美国作家丹·布朗同名小说的悬疑惊悚电影，由朗·霍华德执导，汤姆·汉克斯、奥黛丽·塔图和伊恩·麦克莱恩主演，于 2006 年 5 月 19 日在全球同步上映。

一、疯

这部分无疑是全片最具有华彩、最富于电影语言的乐章，同时也是最难懂的一部分。时间是1976年的春天，出现了一大堆密集的、看上去似乎无从下手的符号，有黄须子的鱼鞋、砖、钱、算盘、上树、刨坑、鹅卵石、牛、羊、"白宫"、李铁梅等。

鱼鞋是《太阳照常升起》里周韵扮演的"疯妈"穿的一双绣花鞋，也是表面上引起疯妈发疯的原因——她的绣花鞋不见了。

在有关本片的访谈中，服装设计师许建树专门谈到了他的任务是做这双鱼鞋，也差点被其逼疯。他说他设计的10多种鱼鞋方案均被姜文一一否定，于是他又跑到贵州一个据说刺绣很拿手的村子，村长调动了30多个刺绣女给他绣了一双。姜文拿到鱼鞋后问："能不能把鱼鳞绣得像海浪？"

一个"海浪"把许建树"打"去了云南剑川。他找到一位76岁的民间刺绣艺人共同钻研。"海浪鱼鳞"达标了，可姜文又有了新的要求：鱼的眼睛要像活的；鞋底的厚度要是现在的3倍；而且要有13双大小不同的鱼鞋。

距拍摄鱼鞋还剩下5天，许建树一边在云南安排制作鞋底，一边把鱼鞋的样品带去贵州，两地的10多个刺绣工四天四夜连续赶工。

后来，银幕上的这双鱼鞋：鞋底来自云南剑川；鞋面是贵州水族的马尾绣；鱼眼睛来自云南大理。许建树说："光这双鱼鞋就比一辆车都贵。"

姜文为什么要在这双鱼鞋上下这么大的功夫呢？因为它是揭示全片主题的第一个最明显的象征。

按照弗洛伊德的观点，在人的潜意识中常以具体的物件作为人性的隐喻。在我国传统文化的积淀中，鱼和女人的脚，推而广之，女人脚上穿着的鞋，都对人的欲望或曰人性有一种强烈的指征[①]。

母亲把鞋丢了的那一刻，即意味着丢掉了人性，丢掉了人的欲望。而丢掉了人性和欲望的疯妈便有了许多发疯的举动，如砸儿子的算盘，不让儿子上学、上树、刨坑，认为树往"右"长歪了，希望将其向"左"的方向扳正，以及将家里的旧东西砸个粉碎，再用这些东西建一个"白宫"，在"白宫"里将儿子的照片与革命样板戏《红灯记》里的主人公李铁梅的海报宣传画放在一起等，这些很明显地与十年内乱时期的政治背景与疯狂状态形成了一一对应。

据此，我们可以得出结论，正像《铁皮鼓》中奥斯卡的停止生长是对当时德国社会、德意志民族的一种疯狂状态的隐喻一样，疯妈的疯、丢了鞋、上树、刨坑等也成了对那一时代背景、时代特色的隐喻与象征。

由此，也就解释了本片开始部分的"砖"和"钱"，在疯妈未疯之前，我们是有"砖"的（象征着建设），也是到处讲"钱"的（象征着经济），对算盘里打不出"提高警惕保卫祖国"大家也是心知肚明的。然而，自打疯妈疯了以后，这一切就全变了，"黄鹤一去不复返，此地空余黄鹤楼"。

儿子去"白宫"的路上不断地有羊、牛（经济建设）之类的动物挡住他的去路，

---

① 赵国华. 生殖崇拜文化论［M］. 北京：中国社会科学出版社，1990：11.

这说明他要去的地方是没有这些东西的,那里只有李铁梅的海报宣传画。而且,儿子过了河以后就和疯妈一样,把人性抛在了脑后(即裸身撒尿)。

母亲荷锄引导儿子过河时的潇洒动作让人联想起那个年代耳熟能详的诗"不管风吹浪打,胜似闲庭信步",而儿子正是在母亲的"巨手"指引下,才从河这边游到了河那边,之后去了母亲精心为他打造的新的"理想国"。只可惜,这个"理想"太过脆弱,甚至敌不过一个喷嚏传递的声波……

接下来,鞋找回来了,疯妈也不疯了,说自己不打"人",不骂"人",既不上树,也不刨坑了,让儿子去把"人"接回来吧,那么,即将接回来的是个什么"人"呢?生活在这样一个疯狂的时代里的"人"们,他们的状态又是怎样的呢?在某种程度上,本片的第二部分"恋"中可以视作是对这部分的补充与解释。

在这部分中,我们还要注意以下带有极强象征意味的符号:父亲到底是个什么模样;为什么母亲一会儿说父亲,一会儿又说父亲手中的枪;枪为什么一会儿长一会儿短;还有那个嘴里喊着"我知道我知道"的鹦鹉;以及疯妈提到此地是父亲的老家,自己的家却在离"海"不远的地方,因为父亲的缘故,自己来到了这里;以及疯妈死去后,她的衣钵是在《美丽的梭罗河》的歌曲伴奏中平静地"流向海洋"的;这个"海"会有什么寓意吗?她的"光荣历史"又为何将会永远被人记在心上呢……

二、恋

相对于"疯"这部分来说,这部分及后面的两个部分比较写实,似乎好懂,但由于情节的跳跃,多处出现了语焉不详的情况,所以,仍然有观众不好理解的地方,如梁老师既然已被吴队长洗清了冤枉,那么为什么还要上吊自杀呢?

对于这一点,其实倒好解释,只需注意林大夫问老唐的那句话:你怎么把它(鞋)搞大的?联想到本片的第四部分"梦"中姚妹妹转述的老唐的那句话"我能把鞋搞大……"我们就很容易搞明白,是老唐让林大夫怀孕了,这在那个风声鹤唳的年代,他们必然会担惊害怕,表面故作镇静但急需找到一个替罪羊,以逃脱手握"钢枪"的吴队长的批斗与惩罚。因此,林大夫才会在那个不准谈爱的时代主动、大胆地表达出对梁老师的爱,甚至不惜编造自己在放映现场的谎言,其真实目的就是希望能借此机会嫁给梁老师,以转嫁老唐酿就的危机。

接下来,本片又在多处强化印证了我们的这一判断:梁老师被追,跑进老唐的屋,林大夫正吊在老唐屋后的墙上,看得出她对这里的地形相当熟悉,肯定不是第一次来;还有,老唐一吹号她就去他那儿等,不一一而足。

可怜的是梁老师,先是困惑于在这种肃杀的时代怎么还会有这么多的人是流氓,或者有这么多的人热衷于抓流氓。接下来,当他明白自己差一点成了别人的替罪羊,而且想算计他的人还是他最要好的伙伴和朋友时,他对这个世界感到可悲、可怕、绝望,便用一根带子送自己上了天堂,也算是一种大彻大悟吧。

在这部分中,我们需要注意的是《美丽的梭罗河》中声画对位的歌词,以及吴队长对"万泉河""五指山"的"爱",为了保卫它们,他要把钢"枪"紧握,而这把"枪"和接下来梁老师送给老唐的"枪"之间是否有同日而语的意义,需要我们看完第三部分"枪"后再做解释。但至少我们知道,"梭罗河"也好,"万泉河"也好,总归要流向大海,那么"五指山"呢,它的命运将会如何?也许在第四部分"梦"中我们将得到这个问题的答案。

本部分伊始,小梁在厨房,嘴上叼着烟,一边唱一边陶醉地弹着吉他;几个少女,随着他的演唱,一边揉面,一面翩翩起舞,还不时地把面粉洒向空中,制造出一种迷蒙而又美好的浪漫景象。鲜艳的胡萝卜、红辣椒,高高的蒸笼,将"食"与"色"做了完美的叠加,其意义不言自明,与鱼鞋一样,又成了对人性一词的隐喻与象征。恰如本部分的最后,梁老师上吊自杀,铺在尸布上的还是各种食物。使梁老师悬梁自尽、撒手人寰的幕后凶手是谁?影片用隐喻性的符号做了明确的回答:是"食",是"色"。而"食""色"指的是什么?当然是如地火般运行的、即使是高压下也无法抑制、无法剥夺的人性。

这部分中"抓流氓"一场戏无疑是用最富有电影化的语言拍摄的段落,为此剧组专门从德国定做了滤色镜。当放映机播放电影《红色娘子军》时,银幕的光影打在剧中观众的脸上,斑驳陆离,水中的倒影将银幕上的画面映照出来,随着一颗颗石子投进水中溅起涟漪,营造了一种那个年代难得的极美的气氛。突然一声叫喊"抓流氓",梁老师在前面仓皇奔跑,后面每个人拿着手电筒到处乱晃,放映机的光影也从雪白的幕布摇到梁老师一路逃窜的路上,以及落在追赶的人们的身上,跳芭蕾的红色娘子军就在人的身上跳着。"整个就像一个大聚会",摄影师赵非如是说。

聚会是要花大价钱的,为了这场戏,剧组定制了70多把加长手电筒。因为普通放映机的亮度不够,剧组又从云南找到了一种数码激光的放映机,亮是够亮,钱又花出了很多,但是一切都很值得。

三、枪

在这部分中,小队长开拖拉机接上他们,路上,妻子一个劲地问:陌生吗?老唐也一个劲地答:陌生,仿佛这里就是老唐的故乡,然而这一笔并没有明说,只是老唐的妻子姚妹妹会时不时地冒出一两句让人感到困惑的话,如知子莫若母之类,小队长便疑惑地问你该不是她的儿子吧?老唐听了便哈哈大笑,说她就是这个意思。这种隐晦的台词使某些影评人的脑洞大开,他们随即得出小队长即是老唐与疯妈共同生的孩子的结论。那么小队长会是老唐和疯妈生的儿子吗?有这种可能,但联想到在第一部分中我们对"疯妈"这一角色的读解,就会发现这样的结论颇有些牵强附会,而且还会陷入一个主创人员时时告诫不许进入的逻辑误区里,理由很简单,就是刚才不断提到的一句话:陌生吗?陌生。如果我们熟悉并了解贝托尔特·布莱希特的间离效果①就会明白,导演在这里实际上是在营造一个陌生化的效果。所以,我们不建议做出上面的结

---

① 间离效果又称陌生化效果,最早出现在俄国形式主义艺术家维克多·斯克洛夫斯基的著名文章《艺术作为艺术手段》中,后来由德国著名戏剧家贝托尔特·布莱希特发展成为更成熟的艺术理论,并作为其最主要理论思想为世人所熟知。"间离"这个词有着比较广泛的含义。它首先是一种认识论,一种认识我与非我的途径。贝托尔特·布莱希特本人说过:"间离方法的反映是这样的一种反映:它能使人认识对象,但同时又使它产生陌生之感。"也就是说,在广义上讲,间离的方法是一种对事物"认识—不认识—重新认识"的过程,这受到了黑格尔及马克思的哲学思想的深刻影响。黑格尔说过:"众所周知的东西,正是因为它是众所周知的,所以根本不被人们所认识。"这也正是马克思所说的"否定之否定"的认识事物的过程。

论，倒愿意观众在这似巧非巧的故事中努力寻找本片在这一情节编码中想要表现的意义。

意义在哪里呢？姚妹妹40多岁了，来自南洋，举止性感，穿着时髦，浑身上下散发着一种诱人的魅力，很快小队长便被她深深吸引，两人在鹅卵石建成的"理想国"里发生了私情。老唐想不通，去北京请朋友为自己答疑解惑，朋友的一番连说带比画的开导让他明白了这是再自然不过的事情："疯妈"死后，"儿子"背离了母亲为其指引的方向，将极具隐喻色彩的李铁梅抛到脑后，反而与"洋人"弄到了一起，隐喻中国走出十年内乱的阴霾，进入了敞开胸怀、拥抱多元而又开放的世界的新时代。

老唐最终理解了他们，还送了姚妹妹一面镜子。问题在于，这个已经接触了"洋"的"土包子"在这一过程却始终不解爱的真谛，最终拿出一个锦旗来图解"天鹅绒"。老唐忍无可忍，这才愤而开枪将他打死。

什么是天鹅绒？这又是一个全片最难读懂的问题，天鹅绒平和柔滑，像极了女人的身体，也喻示着一种不用经过暴力即可取得的变化。老唐渴望这种变化，小队长却不懂这种变化，老唐一怒之下开了枪。

除了以上的读解以外，这部分最令人深思的便是梁老师送给老唐、老唐拿它打猎的枪了，联想到第四部分中姚妹妹说的"他把……叫打枪"，我们很容易读解出枪也代表着人性的意味。在第二部分中，"枪"紧握在以吴队长为代表的人的手上，梁老师有"枪"却不敢打、不敢放，还用"枪带"将自己吊死了；现在，疯妈去世了，老唐获得了打"枪"的自由，在肆意妄为的同时还做到了钓而不纲、弋不射宿，而小队长也找到了自己的理想，如果他在土"洋"结合的同时能够再明白"天鹅绒"的意义，那么该是多么值得庆贺的事啊。只可惜，小队长不懂风情，虽在姚妹妹处欢愉，也希望姚妹妹把自己当成阿辽沙（枪或大炮的名字），却始终搞不懂人性的真实含义，所以他死了，死在老唐的枪口下，一点也不冤，因为姜文说了："不懂风情的人全应该被干掉。"

在这里，主创人员借这样的情节编码和隐喻向今天的社会现实发出了强烈的呼吁和期冀。

四、梦

直到此时我们才明白，这部分才是全片的第一部分，本片的叙事采取了分段、插叙、倒叙等方式，也就是说故事发生的实际顺序是4、1、2、3。

故事4发生在1958年，是整个影片的开头，也是之后发生的故事的前因。在这部分中提到了路的尽头与非尽头。在路的非尽头，疯妈在经过了一番痛苦的表白后却发现火车停了下来，孩子已经出生，太阳照常升起；而路的尽头，就是吴队长引吭高歌时唱过的那个"五指山"，老唐迎上远道而来的妻子，往天空潇洒地放上一枪，说了声"你的肚子像天鹅绒"。

有意思的是，无论是尽头还是非尽头，结局似乎都是一样的，正像万泉河、梭罗河最终要回归大海，五指山上也终究会阳光灿烂。天会亮，人会笑，孩子会出生，有这样美好的世间万物、自然常态，阿辽沙也好，疯妈也好，确实不用再"害怕"了。

行文此至，我们终于明白，海、太阳象征的是世界的终极真理，这个真理是永远颠扑不破的，关键是我们如何去找寻。

在这部分中，父亲的模样终于清晰了。

阿辽沙是苏联人的名字，同时又叫李不空。他最爱看的书是中文翻译过来的俄国名著《怎么办》，在1958年，他与疯妈分手后不知所终。全片对父亲的描述一直不揭谜底，不过第三部分姚妹妹说：

"……阿辽沙？好像是苏联人的名字。喀秋莎呢？也是苏联人的名字，但同时又是大炮的名字，大炮用了个女人的名字，有意思。"

行文至此，公式如下：阿辽沙＝喀秋莎，喀秋莎＝大炮，大炮＝枪。枪的含义姚妹妹在这部分已被点破，原来它不是指具体的某个人，而是和鱼鞋一样是人性的代名词。

阿辽沙的衣服上有3个洞，母亲指着这3个洞啜泣着说："我知道，我知道，就凭这衣服上3个洞，就凭这一堆东西，你就想跟我说你死了，我不会相信的。"

在这部分中，讨论"枪"死与没死，正如阿辽沙的另一个名字李不空，是非常空泛的无意义的事情。真正有意义的是谁打死了象征人性的"枪"？答案已知晓，原来是"我知道"这3个字。而"我知道"又是谁呢？是第一部分中衔走鱼鞋（人性）的鸟。

在这部分中还需要注意的是那列开在沙漠中的火车，它出现在一个不该出现的地方。而且火车是那样的火车，不是大家心目中的火车，火车上有人在织毛衣，有人在炒菜，有人在打乒乓球、在学习，它是20世纪50年代工人的生活环境，他们就在车上。所以，你说它是写实的吗？不是，火车有很多主观的色彩处理，如车厢的色调，大家如果仔细看电影画面的时候就会发现，都是为了出现一种新的电影风格，它既是那个时代，又会带有主观的魔幻的感觉。

五、结语

自此，我们结束了对影片本身的分析。那么，《太阳照常升起》这部电影到底在说什么，相信大家已经有了结论，那就是年代与历史、人性与压抑、反思与焦虑。

（一）年代与历史

从电影所设置的时间段和所选用的台词我们都可以看出这部电影有着巨大的历史隐喻。1958年和1976年，中华人民共和国成立后两个重要的年份成为《太阳照常升起》中故事的载体，这当中到底包含了多少隐喻，相信只有姜文自己才能完全解释清楚。像当时苏联文化对我国的影响、苏联人与爱国青年的狂欢、阿辽沙、《怎么办》、"大跃进"、十年内乱以及当年对人性的戕害和压抑等，全都以若隐若现的形式出现在《太阳照常升起》这部电影当中。

因此，这部电影的外壳是娱乐的、商业的，但内核却是严肃的。全片的立场，就是对那个时代的反思。应该说这样的电影是有生命力的，当很多的商业大片被"时效性"所淘汰时，这种值得思考的电影仍然耐人寻味。

（二）人性与压抑

《太阳照常升起》一片充满了对人的欲望的真实描写，这一点在姜文的早期电影《阳光灿烂的日子》里已有表现。此次，人性与压抑又一次不可避免地被姜文选为电影《太阳照常升起》的叙事主轴和表现主题。而这也是世界电影所乐于表现的宏大母题。

（三）反思与焦虑

《太阳照常升起》一片的另一个主题是对历史的反思和对现实的焦虑。片名《太阳照常升起》源自《圣经》"一代人来，一代人走，大地永存，太阳照常升起"，本身就带有历史感。另外，全片讲述了一个跨越不同时代且发生在过去的故事，画面中不断地闪现那个时代特有的事物，历史感在观众的观影过程中呼之欲出。

本片的结尾，疯妈在鲜花簇拥中找到新生的婴儿，在色彩斑斓的朝霞中太阳喷薄而出。极富感染力的画面让人感受到生命的不断延续性，新旧交替的反思与焦虑毫无疑问成了全片的重要表现主题。

将以上三者联系起来看，我们就能清楚地感受到姜文在《太阳照常升起》一片中真正想表达的内涵：荒诞的年代，无论怎样严酷肃杀，人性的光辉却永久灿烂。太阳依旧会每天升起，一代人走，一代人来，大地永存。

谈到本片的艺术特色，在《太阳照常升起》一片中，导演姜文顽强地表现个人风格的努力有目共睹。这部电影可谓"猜谜式"结构的集大成者，它的4个故事"疯""恋""枪""梦"仿佛构成了一座迷宫。导演姜文打破了传统的叙述模式，有意模糊人物关系，混淆常规逻辑，设置情节断裂，制造陌生化效果，令观众陷入迷惑之中。它的深层意义在于透过混乱的叙事展现那个非常时代所造成的人性的压抑与欲望的骚动、生的迷茫与活的痛苦。本片中充斥着许多耐人寻味的符号，造成强烈的视觉冲击力，提供了多重阐释的可能性。这是我国电影中罕见的作品，导演姜文尝试着将实验电影商业化，但同时也陷入了实验与商业难以兼顾的困境。

第三节 为众人抱薪者,不可使其扼于风雪
——文牧野的电影《我不是药神》赏析

▶ 影片资料

中文片名:	我不是药神
国家/地区:	中国
类　　型:	剧情
导　　演:	文牧野
主　　演:	徐峥　周一围　王传君　谭卓　章宇　杨新鸣　王砚辉（等）

▶ 剧情简介

中年男子程勇（徐峥饰）经营着一家印度神油保健品店，门可罗雀，生意萧条。屋漏偏逢连阴雨，程勇的父亲病危，他正发愁如何去凑这笔昂贵的手术费，他的前妻又跟有钱人怀上了孩子，还要把他儿子的抚养权给拿走。走投无路之际，一天，不速之客吕受益（王传君饰）的到来却无意间让他找到了一条去印度买药做"代购"的发财新途径。于是，他一发不可收拾地做起了治疗慢性粒细胞白血病的印度仿制药的独家代理商。在赚钱的同时，他也认识了几个病患及其家属，如为救女儿被迫做舞女的思慧（谭卓饰）、说一口流利"神父腔"英语的刘牧师（杨新鸣饰），以及脾气暴烈的"黄毛"（章宇饰）等，几个人合伙做起了生意，在利润倍增的同时也危机四伏。程勇昔日的小舅子曹警官（周一围饰）奉命调查仿制药的源头，假药贩子张长林（王砚辉饰）和瑞士正牌医药代表（李乃文饰）也对其虎视眈眈，生意逐渐变成了一场关于救赎的拉锯战。程勇应何去何从，他感到彷徨而又困惑，终于，在吕受益死后，他毅然决然地做出了人生中最艰难却又是极其光彩的一次选择……

▶ 拍摄背景

一、原型人物

电影《我不是药神》是根据 2015 年轰动一时的"陆勇事件"改编的：2002 年，江苏无锡人陆勇被确诊得了慢性粒细胞白血病，需要长期服用抗癌药。当时，医生推荐他服用瑞士诺华公司生产的名为"格列卫"的抗癌药，售价为 2.35 万元/盒。昂贵的续命药前前后后花费了他 56.4 万元，这使得陆勇不堪重负，要想活下去就只能另寻出路。

2004 年，陆勇通过他人从日本购买了由印度生产的同类药品，他偶然发现该仿制药与正版药的药效基本相同，售价却是 4000 元/盒。从此，陆勇开始直接从印度购买

抗癌药，并且还帮助其他的病友购买此药。此后，药品的价格逐渐降低，直至每盒售价为 200 余元。为了方便给印度的供药公司汇款，陆勇网购了 3 张信用卡用于帮病友代购药品。而陆勇代购的印度仿制药，即使在印度是合法生产的，药效也得到了患者的认可，但在国内却仍属于假药之列。

2013 年，湖南省沅江市公安局在查办一个网络银行卡贩卖团伙时将陆勇抓获。随后，陆勇因涉嫌妨害信用卡管理罪被沅江市公安局刑事拘留，在看守所待了 135 天。随后，493 名深深感激陆勇的癌症患者在联名信上签字为他声援，一年后检方决定对陆勇不予起诉。

二、电影

电影《我不是药神》是宁浩、徐峥继《疯狂的石头》《疯狂的赛车》《无人区》和《心花路放》之后的第五次合作。

本片根据真实的事件改编而来，不过也有虚构和再创造的情节。

为了更好地呈现角色身上各种不同的性格，主演们都曾专门去体验过生活：饰演吕受益的王传君曾在血液科的病房里和病人们一起同住；饰演警察的周一围曾去体验警察的工作状态；饰演牧师的杨新鸣曾去教堂做了很多次的采访、探访病人等。

王传君为了表现角色的病弱，每天要完成 8000 次跳绳，体重减了 20 多斤。为了一场在病榻上的戏能在镜头前呈现出那种整个人塌下去的感觉，他熬了两天没有睡觉。

饰演思慧的谭卓为了一段只有 20 秒钟不到的钢管舞戏练习了一个半月，腿上都是瘀青，还导致膝盖软组织损伤。

完全不会英语的杨新鸣需要逐字背诵大量的英文台词。

2017 年 3 月 15 日，本片正式开机拍摄。除了印度部分以外，其他部分均在南京拍摄，如秦淮区的西方巷，奥体中心一带，经管学院、六合大厂一带等都是本片的取景地。

2018 年 7 月 5 日，电影首映，一炮打响，至 7 月 30 日本片的票房超过 30 亿元。

▶ 理论准备

对于符号学者来说，一个符号必定由两个部分组成：即能指与所指。例如"单词"这个词，是由一组字母或声音合成的，它就是能指；它所代表的又是另一事物，就是所指。

在索绪尔看来，所有的符号均有两面，即他所说的能指与所指。他曾经用纸打个比方，即纸的一面是表达面，即能指；纸的另一面是内容面，即所指。同样，儿童手里的一根竹竿，当他不把竹竿放到胯下且不对着它喊出一声"驾——"时，它就永远不能由能指（竹竿）上升到"马"（所指）的意义。

不难看出，能指是形象，所指是概念和意义，即画面的内涵及深度。能指和所指的关系就像水是由氢和氧两种元素组成的一样，把它们分开来考虑是没有任何意义的。影像读解能力培养的重要方面就是培养观众如何去读解影像文本"所指"的能力。如果把一幅或静态，或动态，或动静结合的画面中的所有影像看成是各种符号的集合，那么观众在观看时首先需要辨别各种"能指",然后逐渐深入到"所指"中去。前者对应的主要是对图像或影像的感知,即图像或影像的显性信息;而后者对应的主要是对图像或影像的认知,即图像或影像的隐性信息。

电影符号学认为,注重研究符号的表意功能,确定能指(表达手段)与所指(含义)的关系,深入探讨表意的结构,是电影符号学的根本任务。强调表意功能就是强调影像的产生不是现实的自然显现,而是一个创造过程。所谓对电影的"读解",就是细致分析电影中的各种表意方式。

鉴赏分析

一、现实主义题材电影的再振兴

毋庸讳言,近年来商业化浪潮冲击并主导了我国刚刚兴盛起来的电影市场,在"烂不烂票房说话,一切从观众的兴趣出发"的创作理念的指引并实践下,我国电影的审美生态正在发生着悄然并急剧的变化,那些直面现实、艺术手法精湛的题材、作品日益萎缩,一些闭门造车、胡编乱造、追求感官刺激、形式大于内容的平庸之作却开始大行其道,并屡屡收获高票房。在此形势的逼迫下,一些现实题材为了能在夹缝中求生存,也不得不对艺术手法做出调整,要么偏重于"轻"喜剧,要么执迷于"小"趣味,这极大地扭曲了观众尤其是青年观众的价值取向和审美风尚。

陷入美学困境的电影创作亟待注入扶正祛邪的正能量。人们期待并呼唤着,一度被创作者冷落的现实主义手法,会在当下的电影创作中重获重用;已呈式微态势的现实主义美学,会再因一部或几部重磅作品而振兴。

这个时候,平地响起了一声春雷,电影《我不是药神》来了。这部根据真实人物、真实事件改编的现实主义题材电影自从一上映便以雷霆万钧之势,扫除了银幕上的颓靡之风,体现出现实主义精神和主流价值情怀相结合的强大艺术魅力。在某种程度上,它也再次证明:源自西方的现实主义理论,自扎根我国的土壤后,历经沉浮,顽强生长,曾经是,如今是,将来也依然会是我国现代以来最有生命力的文艺理论体系之一。

什么是现实主义题材电影?简言之,就是直面社会现实,深入挖掘和探讨当今社会所面临的各种尖锐问题的电影。从这个角度来说,《我不是药神》的创作者们值得我们崇敬,他们所写的"禁药"题材触碰的是高压线,挑动的是人们敏感的神经,稍一不慎就很有可能血本无归。但是,他们没有退缩,他们直面社会现实,提出了生命与法律之间的悖论,展现出创作者们悲天悯人的高尚情操;他们还在电影中,用光明驱散黑暗、用善良战胜丑恶,让人们看到美好、看到希望、看到梦想就在前方。最终,这部电影挤压了被各类"幻片"题材所占据的生存空间,昭示了自己的主流地位,以现实主义美学品质赢得了市场的认可和业界的尊重,同时这也意味着现实主义题材的再次回归与振兴。

二、记录社会进步正能量,传递生命尊严与时代温暖

应该说《我不是药神》一片所展现的高价药问题在现实中其实远比在电影里更加

尖锐、更加复杂。高价药的背后是药品生产企业投入了巨额的成本（包括资本、时间成本、人力成本等）才获取的成果，仿制药贩坐享其成被起诉也是理所应当的，警察打击贩卖违规药品也是依法办事、职责所在，无可厚非。从这个角度来说，程勇他们本不值得同情。可是，面对价格高达数万元的天价药物，又有多少普通人能够承担得起如此高昂的费用呢？电影中有句台词说得好："这世界上只有一种病，就是穷病。"药能续命，但面对病魔、面对高昂的医药费，在现实生活，不可能每个人都是富翁，如此就更加凸显出国家对国民健康所应担负的责任。如何在保障现代医学进步的同时让普通人能共享现代医学的成果，既是一个在当下中国极难攻破的社会问题，同样也是为政者的社会使命。

本片中的程勇是平凡的，在平凡中做着不平凡的大事情；他同时也是善良的，最终成了一个救人出水火的平民英雄。由于他的努力，不但挽救了数千名白血病人的生命，而且还推进了我国的医药卫生体制改革。在电影的最后，国家将进口正版药列入医保，药品的价格下调，取消进口药品的关税，既显示了政府的主导作用，也说明了人性之美、之光辉才是最终打破利益与生命僵局锁链的最强斧头。

回到《我不是药神》影片本身，它直视现实但不刻意煽情，让人看到了推动体制的力量，确实是一部有理想、有担当的电影，给人以希望的正能量。它不歌颂权贵，也不歌颂超级英雄，它只歌颂我们身边的事情，歌颂普通人的平凡之光。它很独特。这份独特正是现如今我国电影所需要的。

三、一如辛德勒般的人物设置，既不矫情也不拔高

导演文牧野曾表示，《我不是药神》的群像铺陈让每个观众都能在角色中找到情感投射。此言不虚，《我不是药神》出色的情节与人物设置在完成叙事的同时也升华了主题，尤其是探讨并揭示了种种现实中的矛盾与困境：病人的生存困境；药贩子的道德困境；警察的法律困境；医药公司的商业困境等。本片在刻画这些困境的同时，更希望观众去思考怎样解决这些困境。

对于主人公程勇来说，他只有去走私违禁的仿制药才能去解救那些白血病人的生命。而对于警察来说，他们必须严格执法。无奈之下程勇只能在法律和道德之间挣扎游走，陷入了大文豪雨果笔下的警察沙威①曾经面临的困境中。沙威在这个两难困境中选择了自杀，而程勇则选择以一种个人英雄主义的方式去碰撞和挑战现实那堵坚硬的墙，也许个人英雄主义可以在一定的范围内去缓解这个困境，但它却起不到根本性的扭转作用。然而，无论怎样，堂吉诃德与风车战斗的出发点是高尚的，我们也愿意看到"有人不愿成熄灭的灯柱，要做那唯一的光"。

有意思的是，《我不是药神》里的程勇的形象总会让人自觉或不自觉地联想到史蒂文·斯皮尔伯格执导的辛德勒的形象。事实上，两部电影、两个人物也确实有很多相像的地方：第一，从人物塑造的角度来说，辛德勒和程勇都是先抑后扬，刚开始都是

---

① 沙威是雨果的名著《悲惨世界》中的角色，身为探长的他是维护当时落后腐朽的法律和秩序的偏执狂，他对冉·阿让的追捕使全书充满了悬念和戏剧效果。但在多次接触中，他逐渐发现冉·阿让不符合他头脑中固有的罪犯模式，他的精神世界随之坍塌，最终选择了自杀。

想获得利益，后面却发生了转变。第二，从表现手法上来看，在《辛德勒的名单》中辛德勒看见了小女孩代表的红色色块儿唤醒了人性之光，程勇则是在吕受益自杀后开始舍己救人并日趋变得高尚。第三，从结局来看，战争结束辛德勒被迫流亡时，犹太人围成一圈送他，还给他打造了一个刻有犹太人名言的戒指"救人一命就等于救全人类"；而程勇则是在囚车上看到了四面八方前来送别的病友，他们全都摘了口罩，露出满脸的悲愤和忧伤，因为他们不知道从此以后还会不会看到希望。

相对于救助犹太人这样的事，程勇和政府捉迷藏卖假药的事可能微不足道，然而它却点爆了社会舆论和话题，甚至在一定程度上助力了国家医疗卫生体制的变革进程。从这个角度来说，程勇和辛德勒一样都成了"圣者"，我们也需要这样的"圣者"。所谓"强者自救，圣者渡人"，程勇这个人物形象必将因其在历史上的功绩以及人性的光辉载入社会学及电影学的史册。

而这一切与创作者们的主客观努力及演员的精湛表演是分不开的。尤其是徐峥，他把一个有缺陷的平凡英雄的形象演绎得活灵活现、入木三分。在程勇的身上，我们既可以看到落魄者的玩世不恭、破罐子破摔，也可以看到市井之徒的狡黠算计、小肚鸡肠以及痞气、匪气，但同时还能看到他们身为人子的责任与身为人父的慈祥。正是这种多重矛盾的性格组合使得徐峥对程勇这一人物的塑造立体而丰满。

在其他群像的刻画中，王传君饰演的角色吕受益也是极其成功的。作为这部电影最大的痛点，他在表演时把握住了该形象让人可怜、可爱、可喜的多侧面，举手投足之间道尽了人世间的悲苦与辛酸，尤其是病床上那凄厉的惨叫和撒手人寰前那诡诞的一笑，给人以心灵上的极大震颤。

思慧是本片中"生旦净末丑"人物组合中的"旦"角，青年演员谭卓举重若轻地把这一形象演绎得挥洒自如。领班跳舞的时候，她使劲地起哄，是发泄，还是报复？两者兼而有之。因为女儿得了白血病，思慧只好无奈地去夜场跳钢管舞挣钱，生活的压力让她不得不面对混迹于夜场的屈辱。程勇的出现改变了这一切，而假药贩子的出现，既糊弄了不少偏听偏信的大爷大妈，又让他们这些真正的病人陷入困境，于是他们去搅场子。吕受益是去理论，牧师是去讲经，她却直接操起一把椅子抢了过去，疯狂且暴怒，烘托出时代的冰冷与坚硬。

周一围饰演的警察曹斌同样也经历了程勇所经历的心路历程，在了解了"假药案"背后的秘密之后，他勇敢地做出了自己认为正确的决定，甚至不惜以下犯上，令人肃然起敬。杨新鸣饰演的牧师总是透过眼镜缝看人，浑身上下透着一股知识分子的穷酸气，身上的喜剧元素也十足。王砚辉扮演的假院士同样表现出了性格的多个侧面，在被警察抓住后严守秘密，让人既恨又怜。

黄毛一个人远离家乡，独自打工多年，只因自己身染重病，不想成为家人的累赘。当他调侃地说着他家里人可能以为他已经死了的时候，观众却能从他年轻而又炽热的眼神中感受到他对生的渴望、对家的思念，青年演员章宇准确地把握住了这一点。

总体来看，《我不是药神》中的几个人物的设计是合理而又高超的，演员对角色的演绎也都是上乘的，他们给本片增添了不少的光彩。

四、商业化的叙事与黑色幽默的风格

现实主义题材电影是很难拍摄的，触及现实社会尖锐问题与矛盾的题材就更难拍摄。《我不是药神》的创作者们深知这一点，他们在创作中努力向经典叙事理论学习，用黑色幽默与现实主义相结合的手法，将"看病难，治病贵"这一群众最为关心的话题提炼出来，并将其高度戏剧化，也就是聚焦于生死之间，努力架构一座平衡道德与法律的桥梁。

有关生死的主题是宏大而又庄严的，因此最适合的载体是悲剧，但电影的创作者们深知如果能在悲剧中融入大量的喜剧元素，那么会更有助于主题的揭示与内容的表达，也会更有助于拉近同观众的距离，这也是将高尚的主题做商业化表达的最佳手段。

在这样的创作理念的指引下，本片在张弛有度地构建起了一个催人泪下的内核的同时，又不失时机地在多处穿插了喜剧性元素，以一种"绞刑架下式的幽默"来做到引人入胜，既凸显了本片浓郁悲剧性的主题，又化解了观众不安、悲伤的情绪，使之变得愉悦、轻松。

例如，程勇卖假药赚了点钱，便富而思雅，煞有介事地看起了《个人的资本主义论》一书。他没有什么文化，却爱掉书袋，信口雌黄地说："基督说，救人一命，胜造七级浮屠。"旁人笑着指正道："说这话的是佛祖。"

在欢乐幽默的基调中，加入深刻的现实意义，徐峥坦言："它是一种跟观众连接的类型，既具有一定的商业价值，又好看，又兼顾艺术性。"导演文牧野则这样阐释说："我觉得这是一个在外形上非常华丽，充满了乐趣和刺激的电影，但是内核直指人性的电影。喜与悲通过戏剧化处理有了一种平衡。"

确实，《我不是药神》的平衡策略是成功的，它有意识地不将批判的矛头对准医药公司、公安系统，也不对准与事件紧密相关的公共卫生部门，而是剑走偏锋，将矛头对准贫穷的现实与假药贩子的趁火打劫，对准人性的丑与恶。换言之，它在探讨深刻的现实问题时，追求并保持着流畅的商业化叙事节奏、恰到好处的娱乐性，以及对现实点到为止的黑色幽默和荒诞感，这就减少了负面影响，在揭露社会阴暗一面的同时也对光明一面给予了充分的肯定。也难怪著名导演田壮壮感慨地评价说："我觉得这是一个太久违的跟社会有关系的电影。"

五、湿婆和迦梨女神

《我不是药神》里有这样的情节，为了救自己的好兄弟吕受益，程勇再次回到印度买药。当他踏出药店时，看见在烟雾缭绕中一尊有着青色脖颈、3只眼睛、脖子上缠着蛇、拿着三叉戟的神像从面前经过，随后又经过了一尊皮肤更黑、吐着舌头、提着人头的妖异神像，有人在神像的附近喷洒着烟雾。

这个场面非同寻常，这两尊印度神像也寓意深刻，是本片极具象征意味的需要读解的影像符号。

第一尊经过的神像是印度三大主神之一的湿婆。

在通常情况下，和湿婆成对出现的是他的妻子——雪山神女帕尔瓦蒂。

但是，在电影中，第二尊印度神像却不是慈祥、充满母性的雪山神女本人，而是

她的化身之一——迦梨女神。

迦梨女神是湿婆的妻子帕尔瓦蒂的降魔相，往往全身黝黑、身穿兽皮，脖子上挂着一串人头，腰间挂着一排人手，而手上也拿着刀剑和人头，青面獠牙，鲜红的舌头吐在外面。在传说中，她徒手杀死了恶魔阿修罗的首领，又因为恶魔的血液滴到地上就会滋生出1000个恶魔而一口气吸干了恶魔的血液。随后，她却因为过于愤怒，用双脚践踏地面，祸及众生。丈夫湿婆为了保护人类，只能躺在迦梨女神的脚下任她踩踏，直到她的愤怒消散变回雪山神女。

在湿婆的神像之后出现的是迦梨女神的神像而非象征善良和母性的雪山神女的神像，这绝非偶然，而是创作者们刻意安排的。

前文说过，迦梨女神是雪山神女帕尔瓦蒂的化身之一，代表的是她黑暗和暴力的一面；但她也是铲除恶魔的女神，其本身代表着无尽的愤怒，既可以视为保护神也可以视为神的阴暗面。而湿婆作为印度三大主神的第三位，是象征"昌盛"和"吉兆"的神，同时也象征"毁灭"，是起死回生之神，一般被视为"破坏神"。

由此可见，这两尊印度神像的共同点就是通过自我毁灭来实现救赎，其寓意不言自明——就好比电影里的程勇，凭自己的力量与高价药对抗，创造了一个低价药市场，给病友带去希望，而后又迫于压力摧毁了低价药市场，从而也就摧毁了病友的希望。在经历了内心的痛苦和挣扎，以及目睹吕受益遭受病痛的折磨之后，他再次踏上买药的征程，此时这两尊印度神像的若隐若现喻示着主人公内心世界的变化，以前旧的他毁灭了，而新的他已涅槃再生。这次，程勇终于下定决心救人了，哪怕赔本也不计代价。

六、总结

电影的产业化变革是迅速而又剧烈的，在这场剧烈变革中，部分电影人受消费主义、资本逻辑的影响渐渐放弃了对艺术的坚守，一味用华而不实的商业元素来迎合观众。他们要么回避现实、脱离真实，要么思想空洞、天马行空，以为添加震撼的视听效果、炫酷的动作特技才是观众想要的。在这种情况与背景下，《我不是药神》仿佛一股清流迎风而上，用勇于探寻生命意义的博大情怀和反思时代的批判意识谱写了我国电影的新篇章，也释放出现实主义题材电影的巨大能量。

另外，电影《我不是药神》在努力做好常规叙事的同时，还将表意化的隐喻符号深藏其中，做到了情节表意与符号表意系统的完美结合，既拓展了物象的外延，也提升了自己的文化内涵，因此成为国产电影中不可多得的佼佼者。

▶ 思 考 题

1. 什么是电影符号学？我们应如何理解电影符号学中的能指和所指这两个概念？

2. 请你观摩张扬的电影《洗澡》《落叶归根》，找出片中的符号并用电影符号学的理论进行分析。

3. 请你观摩张艺谋的电影《千里走单骑》《归来》《影》，找出片中的符号并用电影符号学的理论进行分析。

参考文献

[1] 爱德华·默里.十部经典影片的回顾[M].北京:中国电影出版社,1985.
[2] 安德烈·巴赞.电影是什么?[M].李浚帆,译.武汉:华中科技大学出版社,2019.
[3] 约翰·巴克斯特.斯皮尔伯格——一个新好莱坞电影人的传奇[M].海口:海南出版社,1999.
[4] 胥戈.悬念大师希区柯克之谜[M].北京:中国电影出版社,1999.
[5] 程季华.中国电影发展史(第一卷)[M].北京.中国电影出版社,1963.
[6] 程季华.中国电影发展史(第二卷)[M].北京.中国电影出版社,1963.
[7] 克里斯蒂安·麦茨.电影语言:电影符号学导论[M].北京:中国电影出版社,1994.
[8] 姜文.长天过大云——太阳照常升起[M].武汉:长江文艺出版社,2011.
[9] 侯孝贤.恋恋风尘:侯孝贤谈电影[M].北京:新星出版社,2018.
[10] 托马斯·沙茨.好莱坞类型电影[M].冯欣,译.上海:上海人民出版社,2009.